高校继续教育变革与发展

Gaoxiao Jixujiaoyu Biange Yu Fazhan

包华影 编著

高等教育出版社·北京

内容简介

高校继续教育是我国终身教育体系的重要组成部分。随着我国经济社会步入新时代，经济发展方式发生了重大转变，社会对多样化、个性化、有质量的继续教育需求越来越迫切，高校继续教育处于快速变革的十字路口。本书回顾了我国高校继续教育的发展历程和功能变迁，从国际、国内和行业三个层面阐述了高校继续教育改革的背景，并对我国高校继续教育的现状及问题作了深入剖析，在此基础上，还从体制机制、在线学习、学分银行、质量保障等多个维度，对近年我国高校继续教育的理论研究和实践探索进行了系统阐释和案例呈现。同时，还对发达国家和地区的高校继续教育发展现状做了比较分析，提出助推我国高校继续教育变革与发展的重要启示。本书集理论研究、问题剖析和实践探索于一体，是一部综合集成高校继续教育领域新论述、新进展、新成果的著作。

图书在版编目（CIP）数据

高校继续教育变革与发展 / 包华影编著 . -- 北京：高等教育出版社，2019.12

ISBN 978-7-04-052865-7

Ⅰ.①高… Ⅱ.①包… Ⅲ.①高等学校–继续教育–研究–中国 Ⅳ.①G72

中国版本图书馆 CIP 数据核字（2019）第 231541 号

策划编辑	梁 洁	责任编辑	刘子寒	封面设计	王 鹏	版式设计	徐艳妮
插图绘制	于 博	责任校对	陈 杨	责任印制	赵义民		

出版发行	高等教育出版社	网 址	http://www.hep.edu.cn	
社 址	北京市西城区德外大街 4 号		http://www.hep.com.cn	
邮政编码	100120	网上订购	http://www.hepmall.com.cn	
印 刷	三河市潮河印业有限公司		http://www.hepmall.com	
开 本	787mm×1092mm 1/16		http://www.hepmall.cn	
印 张	19.25			
字 数	460 千字	版 次	2019 年 12 月第 1 版	
购书热线	010-58581118	印 次	2019 年 12 月第 1 次印刷	
咨询电话	400-810-0598	定 价	40.00 元	

本书如有缺页、倒页、脱页等质量问题，请到所购图书销售部门联系调换
版权所有　侵权必究
物 料 号　52865-00

> **主　编**

包华影

> **副主编（按姓氏笔画排序）**

闫树涛　李振宇　黄文峰

> **编　委（按姓氏笔画排序）**

王法新　王书海　叶　青　包华影　刘远霞　刘奉越

刘承邠　闫树涛　李振宇　张　震　陈慕菁　赵　敏

高美慧　黄　钢　黄文峰　盛　筠　曾海军

主 编 简 介

包华影,化学博士,北京师范大学教授、博士生导师,北京师范大学继续教育研究与发展中心主任,中国成人教育协会副会长,全国教师教育网络联盟秘书长,中国辐射固化专委会荣誉副主任。享受国务院特殊津贴。曾任北京师范大学外事处处长/港澳台办主任、北京师范大学继续教育与教师培训学院院长、教育部教师资格认定指导中心主任、教育部高等学校师资培训交流(北京)中心主任、教育部全国重点建设职业教育师资培训基地执行主任、教育部"国培计划"——中小学骨干教师培训项目执行办公室主任、教育部"国培计划"——中西部项目执行办公室主任等;曾兼任中国高等教育学会全国高校继
续教育分会常务理事、北京地区普通高等学校继续教育工作指导委员会委员、亚洲辐射固化协会秘书长、中国辐射固化分会副理事长、中国辐射化学专业委员会常务理事、全国高校引智工作研究会副会长、中国国际交流协会理事、《辐射研究与辐射工艺学报》编委、《中国远程教育》杂志常务理事等。

近年来,先后主持多项研究项目(课题),涉及辐射化学和环境化学、继续教育、教师资格、教师培训、学分银行等领域,包括《高等学校继续教育课程学分标准及质量内涵和学分转移制度与机制的研究及应用》《教师资格定期注册制度与教师资格有效性研究》《中小学师资培训服务模式研究及标准规范制定》《北京高校继续教育办学综合改革》《磷酸酯类有机磷农药降解机理的研究》《电离辐射处理饮用水的应用研究》等。发表论文(专著)100余篇(部),研究成果获省部级奖励3项。

序

继续教育一般是指在完成某一阶段学业以后，为寻求某种专业技能或其他所需要的知识而继续学习的一种教育形式，可以是学历教育，也可以是非学历教育。例如英国学制中就设有继续教育，为中学毕业不能升入高等学校的学生提供"中学后教育"，这种教育不算高等教育，只提供职业性或非职业性课程。

我国开展继续教育很早，但常常和成人教育混淆在一起。成人教育应该是一种补偿教育，即对在学龄阶段没有完成学历的人进行补偿教育，使他达到一定的学历水平。如新中国成立初期我国学制中专门设有成人教育体系，设有业余初等学校、业余初级中学、业余高级中学，为当时未能完成学历的工农兵青年进行补偿教育。"文革"以后不久，劳动部曾经为大批工人组织的文化补习教育，也属于补偿教育，也可以称其为继续教育。随着我国教育的普及，此类继续教育已经不复存在。二十世纪八九十年代，成人教育兴起，许多高等学校都办起成人教育学院，招收未能进入普通高校的青年，使他们获得高等教育的学历。其实这也是一种补偿性的继续教育。由于入学的门槛要求比较低、教师也非高校的优秀教师，因此成人高校毕业生的水平与普通高校还有相当大的差距。这种成人高等教育随着我国高等学校的扩大招生，也在逐渐萎缩。

那么，高校的继续教育有没有必要再存在下去？回答是肯定的，不仅要继续存在，而且要提高水平，提高质量。今后高校的继续教育应该摆脱补偿教育的模式，而成为终身学习的主要形式。当然，为未能进入普通高校而愿意进一步提高学历水平的学习者提供教育服务的成人高校仍可以存在，但高等继续教育一定会向高水平、高科技方向发展，以适应科学技术不断变革的世界。因此，继续教育的对象不是没有高等教育学历的青年，而是要面对已经具备高学历的青年，满足他们终身学习的愿望。

终身教育产生于二十世纪六十年代，即科学技术迅猛发展的年代。正如1972年联合国教科文组织的报告《学会生存——教育世界的今天和明天》中所说的，今天"教育的目的，就它同就业和经济进展的关系而言，不应培养青年人和成年人从事一种特定的、终身不变的职业，而应培养他们有能力在各种专业中尽可能多地流动并永远刺激他们自我学习和培养自己的欲望"。当今世界，科学技术日新月异，瞬息万变。人的学习已经不是一次学完就能适应这种变化，需要不断学习。同时，新的科学技术革命不仅对教育提出了新的要求，同时也为建立新的教育体系创造了条件。信息技术的发展及其在教育中的应用，特别是互联网的发展，使教育和学习冲破了学校教育的牢笼，使得教育随处都在，随时都是。"科学与技术的革命、人们可能获得的大量知识、庞大的通信传播网的存在，以及其他各种经济的和社会的因素，已经大大地改变了传统的教育体系，表明了某些教学形式的弱点和其他一些教学形式的优点，扩大了自学的活动范围，并且提高了获取知识的积极性和自觉性。"

高校继续教育发展应该向终身教育转变，才能适应科技的发展、时代的变革。《高校继续教育变革与发展》一书，阐明了高校继续教育发展的背景，梳理了我国高校继续教育的历程及其存在的问题，提出了在信息化时代高校继续教育发展的方向、管理体制的变革等问题。本书主编包华影教授长期担任北京师范大学继续教育与教师培训学院院长，积累了丰富经验，也发现了许多问题。本书经过她的梳理，既有理论论述、实际经验，又有为未来发展提出的建设性意见。它的出版对我国高校继续教育的更好发展具有重要意义。

2019年5月

前 言

继续教育是我国终身教育体系的重要组成部分,对推动国家经济发展、提高人口素质具有重要作用。经过多年努力,我国继续教育规模不断壮大,体系逐步健全,多元化办学格局基本形成,为数以亿计的社会成员提供了学历补偿、技能培训和文化教育,有力促进了劳动者素质和国民科学文化素养提高,对国家现代化建设发挥了重要支撑作用。新时代背景下,党和国家不断全面深化各领域改革,社会对人才需求呈现多元化、层次化的态势,各行各业既有对研究型、创新型人才的需求,也有对应用型、技能型人才的需求。作为培养生产一线急需的实用型、技能型人才的主战场,继续教育在推动国家经济发展、提升劳动者素质的过程中扮演着极其重要的角色,是实现人的全面发展和构建学习型社会的重要途径。

高校继续教育是高等教育和高校人才培养体系的重要组成部分,在我国经济发展方式转变和产业结构调整、人力资源强国和学习型社会建设中发挥着主力军作用,是实现国家富强、民族振兴、人民幸福的"中国梦"的重要支撑。高校继续教育可分为学历继续教育和非学历继续教育两大类型。众所周知,高校学历继续教育在我国高等教育资源相对短缺的历史时期,为广大社会人员的学历补偿做出了突出的贡献,推动了高等教育的大众化。据统计,截至2015年年底,全国举办学历继续教育的高校占全国高校总数的65.7%,仍然是继续教育的重要组成部分。此外,近十年来,各高校也不遗余力地鼓励和发展非学历继续教育和职业培训,服务国家发展战略,完善终身教育体系。

然而,新的时代背景下,长期以来已经形成的高校继续教育发展模式和特点能否满足时代发展的需要,继续发挥效应?高校继续教育显然已经走到了一个关键路口。随着社会经济的发展和综合改革的不断深入,随着清华大学、北京大学等一些重点高校陆续停办学历继续教育,高等学历继续教育的变革呼之欲出。信息技术的发展促进教育资源的开发和利用,数字化教学、网络化学习逐渐成为新的人才培养模式。多种学历继续教育并存的发展现状已无法适应经济社会发展新常态的要求。同时高校非学历继续教育发展虽然迅速,但在管理体制机制、办学秩序和质量监管等方面缺少与各高校定位相符合的非学历继续教育发展的总体方案、框架和目标。在高校继续教育转型发展阶段,如何结合国家产业升级、就业、人口等布局调整,对高校继续教育进行重新定位,破除旧有体制机制的束缚,建立权责明确的教育管理体制,减少和规范对学校的行政审批和直接干预,落实和扩大学校办学自主权,提升高校继续教育办学与管理质量,探索适应时代发展需求,与国家宏观经济政策相配套的继续教育发展模式,已成为高校继续教育发展面临的新课题。

2015年,"北京市高校继续教育办学综合改革研究"(京财教育指〔2015〕014号)项目组通过文献研究、会议研讨、问卷调查、实地调研、专家访谈等多种方式进行深入研究,分析了北京乃至京津冀地区高校继续教育推进创新性改革的必要性,形成了立足于北京高校继续教育综合改革的意见和建议。基于以上背景及已有研究成果，本书编写团队放眼全国乃至世界的高校继续教育发展机遇与面临的挑战，邀请高校继续教育领域资深专家学者、互联网教育企业家等，旨探索高校继续教育在转型背景下发展的新思想、新路径，旨在与同行专家和广大继续教育从业者交流与分享。

本书由改革背景、现状分析、体制机制、在线学习、学分银行、质量保障和比较视角7部分组成。改革背景部分梳理了部分高校继续教育的相关概念及理念，回顾高校继续教育的发展历史与功能定位，并从宏观层面介绍高校继续教育的改革背景；现状分析部分主要对高校学历继续教育与非学历教育的发展现状进行剖析并提出发展所面临的问题；体制机制部分重点探索转型时期高校继续教育体制机制创新，介绍高校学历继续教育功能定位，网络教育公共服务体系建设、校政企合作办学模式以及独立设置成人高校转型发展的研究与实践；在线学习部分主要探索新的技术背景下继续教育发展趋势和教学模式，重点介绍一些高校网络化教学平台建设以及教学的实践经验；学分银行部分主要探析我国学分银行制度模式选择和架构设计，并从全国教师教育网络联盟网络学历教育以及现代远程教育理工科课程互选及学分互认的实践方面，提出对学历继续教育课程学分认定及转换规则的思考；质量保障部分主要探索高校学历继续教育课程标准的构建、专业课程体系建设、质量保障体系构建以及利益相关者视角下的高校继续教育质量保障体系；比较视角部分重点分析美国、英国和日本高校继续教育发展的现状及特点，介绍发达国家和地区学习成果认证和学分累积与转换的经验及启示。

本书在继续教育改革与发展探索的理论与实践方面，凝结了众多专家学者以及行业领导者优秀的研究成果，得到顾明远、钟秉林、王英杰等著名教授的指导。同时，在本书的出版过程中，高等教育出版社的编辑付出了大量的时间和精力，在此一并表示最诚挚的感谢！

能正确提出问题并直面挑战就是迈开了改革的第一步，开创则更定百度，尽涤旧习而气象维新。真诚期待本书为各位同仁及读者对高校继续教育变革带来新思想，激发新作为。尽管我们为本书的编撰贡献了极大的智慧和努力，但是由于各种因素所限，难免存在各种错误和不足，敬请广大读者批评指正。

2019 年 5 月

目　录

▶ 改革背景 ·· 1
　　高校继续教育的基本概念及理念 ·· 3
　　我国高校继续教育的历史回顾和功能变迁 ···································· 8
　　我国高校继续教育改革背景 ·· 16

▶ 现状分析 ·· 27
　　我国高校学历继续教育发展现状分析 ·· 29
　　京津冀地区高校学历继续教育发展比较分析 ·································· 41
　　新常态下我国高校学历继续教育发展面临的问题 ······························ 52
　　普通高等学校非学历教育发展现状及问题 ···································· 61

▶ 体制机制 ·· 73
　　转型期高校继续教育体制机制创新 ·· 75
　　高校网络教育公共服务体系建设及其发展经验 ································ 85
　　高校学历继续教育的功能定位 ·· 94
　　高校继续教育校政企合作办学模式的研究与实践 ······························ 101
　　终身教育理念下独立设置成人高校转型发展的探索与实践 ······················ 106

▶ 在线学习 ·· 113
　　数字化学习环境下在线教育的发展 ·· 115
　　面向应用型人才培养的网络教学平台建设研究 ································ 129
　　"MOOC中国"联盟的建设与发展 ·· 135
　　新技术背景下的教与学 ·· 142
　　"互联网+"时代高校继续教育的挑战与应对 ·································· 151
　　"互联网+"背景下地方高校成人教育网络化教学改革与应用实践 ················ 156
　　适应继续教育改革新形势　谋求公共服务体系新发展 ·························· 166

学分银行 ... 173

我国学分银行制度模式选择和架构设计 ... 175
高校学历继续教育课程学分认定及转换规则的思考 ... 192
全国教师教育网络联盟网络学历教育课程互选和学分互认机制研究 ... 200
现代远程教育理工科课程互选及学分互认标准研究初探 ... 208

质量保障 ... 219

普通高等学校学历继续教育课程标准构建 ... 221
基于学分制的学历继续教育专业课程体系建设 ... 232
高校学历继续教育的质量保证体系构建 ... 240
利益相关者视角下的高校继续教育质量保障体系探析 ... 249

比较视角 ... 255

美国高校继续教育发展分析与启示 ... 257
英国高校继续教育的主要特点与启示 ... 266
日本大学继续教育制度设计的分析与启示 ... 273
发达国家和地区学习成果认证和学分积累与转换的经验及启示 ... 282

后记 ... 293

改革背景

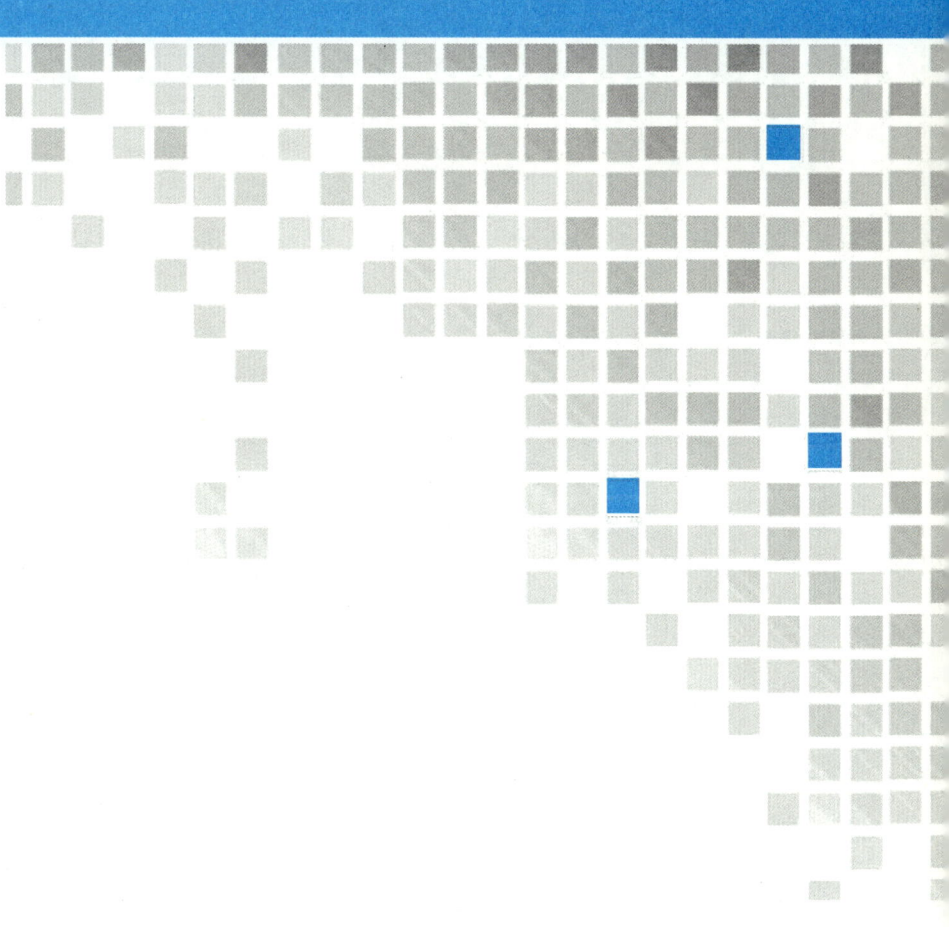

高校继续教育的基本概念及理念

高校继续教育是高等教育的重要组成部分，它与本科、研究生教育一起构成高校的人才培养体系，同时还是高校服务社会职能的重要体现。我国经济社会的持续发展，对继续教育提出了更高的要求，高校继续教育的内容越来越丰富、形式越来越多样，实践越来越深入。与此同时，与高校继续教育相关的概念及理念也在不断的变化发展之中。

一、继续教育核心概念

与高校继续教育相关的概念很多，其中经常提到的有"成人教育""继续教育"和"终身教育"等核心概念。这些核心概念在政府文件、机构名称、学术著作，以及媒体报道中都在频繁使用，有时甚至是相互混用，因此容易造成一定的混淆。实际上，它们之间的内涵和外延不尽相同，并且随着经济社会的发展，还会被赋予新的时代含义。

（一）成人教育（Adult Education）

现代意义上的成人教育概念源于欧洲。1816 年，英国人托马斯·波尔（Thomas Pole）出版的《成人学校的起源与发展》最先正式使用"成人教育"一词，用来指代与普通学校教育不同的成人学校的活动。[1]我国的成人教育出现于 20 世纪初，新中国成立后，特别是改革开放以来，成人教育工作得到蓬勃发展。但是，我国政府真正使用"成人教育"概念的时间相对较晚，1982 年教育部将此前设置的工农（业余）教育司改建为成人教育司，这是我国历史上首次用"成人教育"来命名政府的职能部门。[2]

对于成人教育的理解，多数是从对"成人"的界定出发来阐释的。成人教育是指对社会各类成年人实施的有组织的教育过程的全部[3]。也就是说，只要是成年人，其所接受的有组织的教育，都应该属于成人教育的范畴。但是，由于不同国家、地区或组织对"成人"的理解不一致，就造成这一概念本身具有不确定性。例如，《不列颠百科全书》对成人教育所下的定义是："为年龄达到足以工作、投票、战斗、结婚以及已经完成了在儿童时期开始的连续教育学习阶段的人们所设的一切种类的教育。"《国际教育标准分类》中对成人教育所下的定义是："为不在正规学校和大学系统学习、通常年龄在 15 或 15 岁以上人们的需要和利益而设计的有组织的教育计划。"[4]可见，要厘清成人教育的概念，首先要对"成人"做好界定，而且不能简单地从一个标准维度去界定。我国《成人教育大辞典》定义的成人"是一个进入了生理成熟期，心理和情绪等达到成熟，能扮演社会成人角色，参加全日制工作、履行公民、配偶、父母的权利和义务，享有法律上规定的各种权利、被所在的社会承认的人。"[5]

此外，对成人教育的理解，并不是"成人"与"教育"的简单结合，它是与基础教育、职业教育、高等教育等教育体系有所区别但又有内在联系的教育体系[6]。《学会生存——教育世界的今天和明天》指出："成人教育可能有很多定义。对于今天世界上许许多多成人来说，成人教育是代替他们失去的基础教育。对于那些只受过很不完全的教育的人们来说，成人教育是补充初等教育或职业教育。对于那些需要应付环境的新的要求的人们来说，成人教育是延长他们现有的教育。对于那些已经受过高等训练的人们来说，成人教育就给他们提供进一步的教育。成人教育也是发展每一个人的个性的手段。"[7] 也就是说，成人教育是根据教育对象原有的不同基础而施加的一种教育行为，可以是提供基础教育、职业教育、高等教育，也可以是提供延续性的教育或进一步的教育。可见，成人教育概念的外延相当广泛，既包括成人学历教育，也包括成人非学历教育，当中还蕴含着"继续"的意味。

（二）继续教育（Continuing Education）

继续教育作为一种有别于传统教育的新型教育，最早出现于 20 世纪 60 年代的欧美发达国家，是 20 世纪初美国的"继续工程教育（Continuing Engineering Education）"概念的拓展和延伸。继续工程教育通常是对具有较高学历的工程技术人员进行再教育和培训活动，以此来促进工程技术人员掌握新知识、新技术，创造更高的生产力。受继续工程教育的影响，除了工程技术领域外，卫生、教育、文化、管理等领域的再教育活动也开始有组织地进行，使继续工程教育从原有意义上扩展开去，由此产生了意义更加宽泛的继续教育概念。[8]

1979 年清华大学张宪宏把"继续教育"的概念和情况介绍到国内。1983 年，我国著名的科学家和知名人士华罗庚、王大珩等人在第六届全国人民代表大会上共同提出开展继续教育并建立机构的倡议，受到政府的高度重视，并于 1984 年 11 月成立"中国继续教育工程协会"。[9] 可见，继续教育这一概念在引入中国之时是有特定含义的，它是指大学后成人的再教育，包括大学后在职的专业技术人员和管理人员的再教育[10]。也就是说，继续教育属于成人教育的较高层次。《教育大辞典》（1991）也认为"继续教育是对已获得一定学历教育和专业技术职称的在职人员进行的教育活动。"[11] 这里所说的在职人员往往都是成人。

然而，作为现代科学技术迅猛发展的产物，继续教育应该是一个不断发展变化的概念，经济社会的不断发展将赋予其以新的内涵。广义的继续教育是指在任何教育基础上进行的教育。在继续教育与初始教育之间，可以是连续的，也可以是间断的。由于初始教育在不同国家和地区，或者在同一国家和地区的不同发展阶段有不同的理解和规定，这就造成对继续教育内涵的理解存在差异。此外，继续教育的形式也是多种多样的，可以是在职的也可以是非在职的，可以在正规学校或培训场所进行，也可以在非正规的学校或场所进行，还可以采取自学的形式或者在线学习的形式等等。[12] 再者，随着知识经济社会的发展，继续教育的对象也趋于多元化，继续教育应该面向全社会人士，让所有人都有机会利用知识，促进自身和社会发展。也就是说，继续教育不应再是有一定学历或者专业技术职称的人员的特权，而应该是一种全民化的教育。[13]

（三）终身教育（Lifelong Education）

终身教育概念首先是由法国著名成人教育家保罗·朗格朗于1965年在联合国教科文组织成人教育促进委员会第三次会议上提出的，随后受到了国际组织的积极响应，并首先在发达国家得以应用和推广。保罗·朗格朗认为，数百年来把人的一生分为两半，前半生用于接受教育，后半生用于劳动，这是毫无科学根据的。教育应当是贯穿于每一个人的一生的过程，在每个人需要的时候，随时以最好的方式为其提供必要的知识。这可以说是关于终身教育思想的最初表述。在我国，1995年实施的《中华人民共和国教育法》（以下简称《教育法》）第一次用法律的形式确立了终身教育在我国教育事业中的地位和作用。《教育法》中明确规定"建立和完善终身教育体系"、"为公民接受终身教育创造条件"。据此，终身教育理念在20世纪90年代中期在我国得以确立。[14]

由于终身教育思想博大精深，发展迄今，被世界各国纷纷追捧，但各国学者对终身教育概念的理解却不尽相同。结合终身教育思想的基本内涵，笔者认为终身教育是指人在一生中所接受的各种教育的总和，是人所受不同类型教育的统一综合。横向而言，它涵盖家庭教育、学校教育和社会教育等领域，包括个体的正规学习、非正规学习和非正式学习。纵向而言，终身教育贯穿于人生的婴儿期、幼少年期、青年期、中年期和老年期，也就是说，个体从出生开始学习，并一生持续进行。

综上所述，成人教育、继续教育和终身教育三者之间既有联系，又有区别。首先，根据教育对象的年龄来划分，成人教育包含继续教育；根据教育的连续性来划分，继续教育包含成人教育。其次，随着整体社会文化水平的提升，以及受教育对象的多元化，成人教育与继续教育之间的相似度越来越大。再次，终身教育是在成人教育和继续教育发展的推动下产生的具有革命性影响的教育理念，成人教育、继续教育共同包含在终身教育之中。

二、高校继续教育遵循的理念

高校继续教育是指由高等学校提供的，面向学校教育之后所有社会成员（特别是成人）的各层次的学历教育和非学历教育，旨在帮助学习者增加或更新知识和技能，应对日益复杂的技术与社会发展需要，促进学习者的自我实现。当前，高校继续教育发展遵循的理念主要有终身教育、以人为本、质量至上、泛在学习和开放共享等。

（一）终身教育理念

正如保罗·朗格朗所说，终身教育并不是指一个具体的实体，而是泛指某种思想或原则。终身教育不再是一个人由初等学校、中等学校或大学等任何一个学校毕业之后就算完结，而应该是通过人的一生持续进行。终身教育要把社会整个教育和培训机构及渠道进行统合，从而使人们在其生存的所有部门，都能够根据需要而方便地获得接受教育的机会。可见，终身教育突破了正规学习的框架，把教育看成是人的一生中连续不断的学习过程。这里的"人"包括愿意接受终身教育的所有的人，没有年龄、性别、种族、贫富等限制。在终身教育思想的推动和影响下，继续教育呈现普及化和终身化趋势。

(二)以人为本理念

以人为本,是科学发展观的核心。以人为本,就是以实现人的全面发展为目标,从人民群众的根本利益出发谋发展、促发展。以人为本的管理本质是一种把"人"作为管理活动的核心,以促进人自身完善与发展为根本目的,强调个人价值与集体价值、个人目标与组织目标辩证统一为原则的管理理念。人本化管理就是让人们自主、自信、自强,不断地开发自身资源,以发挥无限的潜能;同时,让人们认识自身,强调自我,塑造自己,提高主体地位。就教育而言,教育是培养人的社会活动,教育活动离不开人,人既是教育的出发点,也是教育的归宿,以人为本是教育发展的应有之义。教育中的以人为本是尊重和关爱学生的生命本性,是培养学生丰富多彩的社会属性与个性,是关注学生的全面持续发展。[15] 继续教育作为促进人自身和谐发展的重要途径,在以人为本理念的指引下,需要以学习者为中心,围绕人的发展需要(特别是个性化需要),提供更加丰富多样的服务支持。

(三)质量至上理念

质量是产品(或服务)的生命线。质量至上的理念就是以质量管理为中心,以全员参与为基础,目的在于通过让顾客满意和本组织所有成员及社会受益而达到长期成功的管理途径。就教育而言,教育质量有宏观与微观之分。从宏观层面看,教育质量即整个教育体系的质量,也可称之为"体系质量"。从微观层面看,教育质量最终体现在培养对象的质量上,是指教育水平高低和效果优劣的程度,其衡量标准是教学质量和各级各类学校的培养目标。提高继续教育的体系质量和教学质量是高校继续教育内涵式发展的重要目标,并直接关系到我国高等教育的整体质量水平。当前,优质的继续教育往往具有以下特点:办学理念先进,培养模式清晰,质量标准明确,教学制度健全,教育资源和师资力量独特,教育平台完备,教育成果得到社会和学生的认可等。

(四)泛在学习理念

泛在学习(U-Learning)是指无处不在的学习,是一种任何人可以在任何地方、任何时刻获取所需的任何信息的学习方式。泛在学习与人人皆学、时时能学、处处可学的学习型社会的价值理念一致,它符合人们终身学习的需求,是经济社会发展的必然选择。信息技术的发展,尤其是互联网、移动互联网等网络技术的发展,正在快速改变现实世界,对教育产生了革命性影响。据统计[16],我国网民中手机上网比例越来越高,截至2017年12月已经达到97.5%,手机等移动设备上网的普及正在迅速改变着人们与周围环境进行交流互动的方式。网络已成为实现泛在学习的主要路径,移动学习(M-Learning)正逐渐引入泛在学习体系。高校继续教育应遵循泛在学习的基本原则,为学习者提供实用而便捷的学习服务,使学习者能在任何时间、任何地点、以任何能够使用的方式获得个性化的、高质量的学习资源。

(五)开放共享理念

开放和共享是国家"十三五"规划提出的"五大发展理念"中的重要内容。伴随着教育国际化和信息化步伐的加快,我国高校继续教育正在重塑一个开放、共享的教育新生态。

高校继续教育需要突破原有的思维模式，充分发挥高校的资源优势，大力推进继续教育资源的开放和共享，扩大继续教育领域的合作空间，打造融合发展、与国际接轨的新型高校继续教育。"一带一路"战略实施以及 MOOC 等网络共享课程的大规模建设和应用，将进一步推进继续教育的开放与共享，促进新时期继续教育顺利实现转型。高校一方面要扩大国外先进继续教育资源的引入和对接，充分利用好国际一流大学的优质课程资源，加强适合我国高校继续教育的国际优质资源的引入和对接；另一方面要加快我国优质继续教育资源的输出，打造一批具有国际化视野的优质公开课程，建设具有中国特色的高校继续教育的 MOOC，创立属于自己的品牌，实现优质课程资源的输出。

总之，高校继续教育的基本概念和遵循的理念是随着经济社会发展而动态变化的。与此同时，高校继续教育作为我国终身教育体系的重要组成部分，它的变革与发展对推动经济社会发展又发挥着重要作用。

参考文献

［1］刘奉越. 英国成人教育专业化发展的历史沿革 [J]. 继续教育，2009（5）.

［2］丁保朗. 成人教育、继续教育、终身教育概念之诠释 [J]. 成人高教学刊，2006（2）.

［3］叶忠海.《规划纲要》应体现成人教育的作用和地位 [J]. 教育发展研究，2009（9）.

［4］王丽，王晓华. 成人教育、继续教育与终身教育——概念的解读与辨析 [J]. 继续教育研究，2010（11）.

［5］齐高岱，赵世平. 成人教育大辞典 [M]. 青岛：石油大学出版社，2000.

［6］龙汛恒，张妙华，武丽志. 成人教育与继续教育：概念的内涵与发展 [J]. 中国成人教育，2013（7）.

［7］联合国教科文组织国际教育发展委员会. 学会生存——教育世界的今天和明天 [M]. 北京：教育科学出版社，1996.

［8］同［2］.

［9］晋银峰. 论中国继续教育内涵的发展 [J]. 继续教育研究，2001（1）.

［10］同［3］.

［11］顾明远. 教育大辞典 [M]. 上海：上海教育出版社，1991.

［12］南海."继续教育"概念研究 [J]. 继续教育研究，2002（6）.

［13］张伟远. 继续教育应是一种全民化教育——论继续教育与成人教育、职业教育、远程教育的关系 [J]. 中国远程教育，2007（1）.

［14］同［2］.

［15］姚姿如，杨兆山."以人为本"教育理念的意蕴 [J]. 教育研究，2011（3）.

［16］中国互联网络信息中心. 第41次《中国互联网络发展状况统计报告》[EB/OL].（2018-03-05）[2018-05-15]. http://www.cnnic.net.cn/hlwfzyj/hlwxzbg/hlwtjbg/201803/t20180305_70249.htm.

（黄文峰、包华影）

我国高校继续教育的历史回顾和功能变迁

继续教育是我国终身教育体系的重要组成部分，对推动国家经济发展、提高人口素质具有重要作用。经过多年努力，我国继续教育规模不断壮大，体系逐步健全，多元化办学格局基本形成，为数以亿计的社会成员提供了学历补偿、技能培训和文化教育，有力促进了劳动者素质和国民科学文化素养提高，对国家现代化建设发挥了重要支撑作用[1]。

高校是开展继续教育的骨干力量。高校继续教育是高等教育和高校人才培养体系的重要组成部分，在我国经济发展方式转变、产业结构调整、人力资源强国和学习型社会建设中发挥着主力军作用，是实现国家富强、民族振兴、人民幸福的"中国梦"的重要支撑[2]。

我国高校继续教育于 20 世纪 50 年代开始起步，经过多年的发展，形成了多层次、多形式的办学体系，在不同历史阶段发挥了不可替代的作用和价值。本文分三个阶段论述我国高校继续教育的发展历程和功能变迁。

一、探索和起步阶段

新中国建立初期到"文革"前的 17 年（1949—1966 年），国家以发展工农教育为主，各种类型的工农干部教育、职工教育、农民教育广泛开展，此时的高校继续教育尚处于探索和起步阶段。以中国人民大学为代表的一批普通高校开始积极举办高等函授教育和夜大学教育，成人高等教育产生并开始发展。在普通高校的积极带动下，各类业余高校也迅速兴起，成人高等教育的规模逐步扩大，但质量参差不齐。"文化大革命"开始后，高校继续教育发展被迫中断。

（一）发展概况：兴起与初步发展

新中国成立初期，针对当时文盲占人口总数 80% 以上的具体情况，国家将工农教育列为教育工作的重点，如火如荼的工农干部教育、职工教育和农民教育提高了广大人民群众的文化素质，也为高校继续教育的产生和初步发展奠定了坚实的基础。为了积极发挥高校的优势，国家提出通过创办函授教育和夜大学等方式满足工农干部进一步提升文化素质和业务水平的需求，成人高等教育成为这一时期高校继续教育最主要的形式。

1950 年 9 月，中国人民大学马列主义夜大学和夜校开学。1953 年 1 月，中国人民大学函授部在北京、天津、太原设立函授辅导站，在北京和天津开设经济计划、工业经济、工业会计、工业统计、国内贸易、对外贸易、银行等专业的函授专修科，在太原开设工厂管理、统计两个专业的函授专修科[3]，开创了我国采用函授、夜大学形式举办正规成人高等教育的先河。随即,北京师范大学和东北师范大学也相继举办了函授教育,我国高等函授教育逐步开展起来。

1955年5月15日,《人民日报》发表社论《举办业余高等教育》,提出为了提高在职干部的文化水平,应学习苏联先进经验,积极创办和发展高等学校的函授部、夜大学和大型厂矿附设的夜大学。全国文教工作会议也提出要举办从小学到大学的业余工农学校。到1961年,全国已有277所高校设置函授部或夜大学,学员数量达到26.6万。1963年,教育部发出《关于全日制高等学校举办的函授部和夜大学人员编制的暂行规定》,明确函授部和夜大学应用单独的人员编制,并且规定了函授部、夜大学的行政干部定额。高校继续教育得到了进一步的制度保障。到1965年年底,各类业余高等学校共有964所,在校生人数超过41万人。

"文化大革命"十年,高校继续教育发展进入停滞状态。

(二)主要功能:小规模精英培养

新中国成立初期,人民群众受教育程度普遍不高,提升广大人民群众基本的科学文化素质,扫除文盲、半文盲是相当长一个历史时期内教育领域最为重要的使命。因此,在这一阶段,整个国家的继续教育以工农教育、扫盲教育为主体,层次主要是初等和中等教育。高校继续教育层次较高,在整个国家的继续教育发展中所占的份额非常少,1949年,全国只有一所成人高等学校,在校生仅124人[4]。经过一段时间的扫盲和工农教育,业余高等教育的需求开始逐步增加,但高校继续教育的总体规模一直不大,和这一时期的中等教育和初等教育相比,存在很大的差距。以1965年为例,成人中等学校在校生人数达854万人,成人初等学校在校生人数达823.7万人,成人高校的在校生规模为41万人,低于初等教育和中等教育总规模的1/40[5]。

鉴于当时高校继续教育的层次较高,且高等教育资源稀缺,这一阶段的高校继续教育仍是以小规模的精英培养为主。从外部功能来看,这一阶段高校继续教育的培养对象主要以干部为主,主要目的是提升新中国社会主义建设在职干部的文化素质和能力,为社会主义建设培养高素质的人才;从内部功能来看,主要是通过学历补偿的方式提升学习者的科学文化素质。

二、成长和发展阶段

1977年至1998年是我国高校继续教育成长和发展壮大的时期。这一阶段,我国进入改革开放和集中力量进行社会主义现代化建设的新时期,国家发展需要大量人才,社会学历补偿需求激增,高校继续教育规模不断扩大,并呈现多样化发展的趋势。1995年和1998年,《教育法》和《高等教育法》相继颁布,为我国各层次教育的发展指明了方向,普通高等教育和成人高等教育协调发展。

(一)发展概况:形式多样,规模激增

"文化大革命"时被迫中断的高等函授教育、夜大学教育再度发展壮大。1980年,国务院批准教育部下发的《关于大力发展高等学校函授教育和夜大学的意见》提出"积极

恢复、大力发展"高等函授教育和夜大学的方针,并将函授、夜大学教育纳入高等教育事业计划。党和政府对大力发展高校函授教育与夜大学的决心促进了成人高等教育的蓬勃发展,普通高校先后恢复成人高等教育,到1985年,已有各类成人高等学校1216所,在校生172.5万人[6]。1986年,国家教委、财政部印发《1986年各类成人高等学校招生规定》,建立了全国成人高等教育统一招生考试制度,促进了成人高等教育招生逐步走向规范化。到1998年,成人高等学校共有960多所,绝大多数普通高等学校举办了函授、夜大,在校生人数达282.22万人[7]。在这一时期,一种新的成人高等教育形式——全日制成人脱产班也应运而生,特别是20世纪90年代后期,一批普通高校相继开始举办全日制成人脱产班,全日制成人脱产班为学习者提供了更充足的学习时间、更适宜的学习环境和更系统的人才培养方案。鉴于成人脱产班的人才培养质量和社会认可度较高,它曾一度成为很多高考落榜学生的优先选择。

广播电视大学如雨后春笋般迅速成长。1978年,邓小平亲笔批示统一建立中央广播电视大学,开启了广播电视大学发展的先河。1979年1月,国务院批准教育部与中央广播事业局制定的《中央广播电视大学试行方案》,2月6日,中央和28个省、直辖市、自治区的广播电视大学同时开学,共招收电大学生32万多人,还吸纳了10万多名试读生和视听生[8]。20世纪80年代,广播电视大学呈现出空前繁荣的气象。中央广播电视大学面向全国统一开设了4类21个门类的大专学历教育,累计招生200多万人次。1986年,广播电视大学纳入全国成人高考计划,也开始进一步规范化[9]。但随着规模的不断扩大,广播电视大学教育的问题逐步暴露,培养的人才社会认可度不高。

首创高等教育自学考试制度,触发了全社会继续教育的学习热潮。1981年1月13日,国务院批准教育部《关于高等教育自学考试试行办法的报告》,决定建立高等教育自学考试制度。该试行办法规定,凡属中华人民共和国公民,不受学历、年龄的限制,可以自愿申请,由各省、直辖市、自治区根据不同情况,采取不同的方法组织考试。考试合格者由自学考试委员会发给毕业证书或单科成绩证明书。无论在职人员或待业人员经过业余自学获得毕业证书者,国家都承认其学历[10]。高等自学考试作为我国教育制度的创新,为广大求学者开辟了一条灵活多样和讲求实用的学习道路,极大地推动了我国高等教育事业的发展。

高校非学历继续教育开始蓬勃发展。党的十三届三中全会以后,为适应"四化"建设需要,高层次岗位培训和非学历继续教育开始受到高校的重视。非学历教育的发展开辟出高校继续教育的另一片广大空间。没有了学历的硬性要求,知识的传递、技能的提升成为非学历继续教育的主旋律。虽然这一时期非学历教育在高校继续教育的总规模中所占份额不大,但却显示了极强的生命力和活力,成为高校继续教育未来发展的最强有力的增长点。

(二)主要功能:大规模学历补偿

改革开放后,党和政府为了适应社会经济发展对高素质人才需求的压力,开始大力发展高等教育,而在普通高等教育远远无法满足社会需求时,通过大规模的继续教育实现对社会主义现代化建设人才的学历补偿就成为了高等教育发展的重要举措。

形式多样的学历继续教育大规模蓬勃发展,突出反映了这一时期激增的学历补偿需求。从外部功能来看,高校继续教育的对象逐步扩大到从十几岁到几十岁、不同年龄阶段的人群，成为这一时期普通高等教育的有益补充，为改革开放和社会主义现代化建设培养了大批人才，为提升高等教育的毛入学率、推动高等教育由精英化阶段向大众化阶段过渡做出了重大贡献；从内部功能来看，"文革"十年积累了大量学历补偿的需求，仅靠普通高等教育无法满足，学历继续教育成为这一时期学历补偿的主力军。但这一时期的高校学历继续教育，对于学习者本身和兴办学历继续教育的高校而言，围绕的核心仍是学历资格的授予，人才培养方案也大多为普通高等教育的弱化版，面向岗位的知识和技能提升尚未成为学历继续教育的主要功能。而随着改革开放的不断深入，非学历继续教育也开始蓬勃发展，成为大批人才岗位技能提升的重要手段之一。

在这种激增的学历补偿需求下，学历继续教育的各类问题也开始暴露出来。在商品经济大潮的洗礼下，一些学习者希望用最便利、最快捷的方式获得学历资格，一些办学单位也希望能够扩大学习者的规模从而实现最大限度的利润创收。社会上开始出现了一些不良现象，学历继续教育的质量难以得到保证。当时最主要的学历继续教育类型——成人高等教育因在师资配备、教育资源等方面的弱势，其人才培养质量无法和普通高等教育相提并论，加上一些高校为追求创收无节制地扩大规模，质量更无法得到保障，逐步发展为弱化版的普通高等教育，社会认可度也开始逐步下降。

三、变革与转型阶段

1999年起，高校继续教育进入机遇与挑战并存的转型阶段。2001年，"构建终身教育体系，创建学习型社会"的目标被首次提出，继续教育是构建学习型社会不可或缺的组成部分，高校继续教育也必须从建设学习型社会的高度重新审视自己的定位，主动应对社会需求的变化。

（一）发展概况：互联网技术的发展引发高校继续教育变革潮流

网络教育兴起并逐步成为高校学历继续教育发展新的主力军。1999年3月，教育部批准清华大学、浙江大学、湖南大学、北京邮电大学四所高等院校开展远程教育试点。自此，"网络教育"一词开始出现在历史舞台上。到2002年2月，教育部先后批准61所普通高等院校开展远程教育试点，加上中央电大、"首批四校"和2003年批准的东北师范大学，共有68所试点高校举办网络教育。随着网络教育规模的不断扩大，网络教育招生、考试等环节开始陆续出现违规行为和管理漏洞。2002年7月，教育部出台《关于加强高校网络教育学院管理提高教学质量的若干意见》，明确提出："高校网络教育学院要以在职人员的继续教育为主。要减少并停止招收全日制高中起点普通本专科网络教育学生。"2004年1月，教育部规定网络教育学员必须通过"高校网络教育考试委员会"举办的语文、数学、英语、计算机统考，成绩合格者方有高等教育学历证书电子注册资格。之后，教育部又规定在网络教育毕业文凭上加注"学习形式（网络）"的字样，这一系列政策的出台，使得我国的网络教育由一种"新型的教育方式"变成了继续教育的高级手段，网络教育被定位为一种学历继续教育形式。2007年，"发展远程教育和继续教育，建设全民学习、终身学习的学习型社会"写进党的十七大报告。教育部批准"知金教育"和"弘成科技"两家公司开展现代远程教育公共服务，加上之前的"奥鹏"，教育部已经发出高校现代远程教育公共服务体系试点的三张"牌照"[11]。网络教育规模激增，到2016年，全国网络教育在校生规模已近645万，年度招生规模近230万。

应用互联网技术手段使学习方式发生深刻变革。由于网络教育在学习时间、空间上的灵活性，越来越多的继续教育学习者开始投身到网络教育中，成人高等学历教育的生源被分流，一些举办成人高等学历教育的高校开始尝试改变面授为主的教学模式，将网络技术手段引入到教学中，采用混合模式的教学，提升学习方式的灵活度，以吸引更多的生源。近几年，慕课（MOOC）兴起，引起了教育领域的关注和热议。2013年5月，北京大学、清华大学、香港大学、香港科技大学加入edX；2013年7月，复旦大学和上海交通大学申请加入Coursera，中国开启了"MOOC元年"，也迎来了中国在线教育翻天覆地的新时代。各种类型的在线学习平台不断涌现，网络手段开始广泛应用于各种类型的继续教育中。而随着智能手机的普及，智慧学习的概念被提出，继续教育作为面向在职学习者的主要学习形式，如何适应智慧学习时代学习方式的深刻转变，成为摆在所有继续教育人面前的重要课题。

（二）主要功能：学历补偿功能逐步弱化，知识技能更新等复合功能显现

随着普通高等教育在1999年起大规模扩招，高校学历继续教育的学历补偿功能逐步弱化。1987年，我国高等教育毛入学率为3.6%，其中成人高等学历教育的贡献率约为41.6%；2002年，我国进入高等教育大众化阶段，高等教育毛入学率达到15%，成人高等学历教育对毛入学率的贡献率约为36.9%；2015年，我国高等教育毛入学率达到40%，成人高等学历教育和网络教育对毛入学率的贡献率只有17.7%。显然，普通高等教育的大规模扩招，较大幅度地稀释和弱化了高校继续教育的学历补偿功能，而且这种趋势还在进一步延续。加之学历继续教育社会认可度的逐步降低，高校学历继续教育虽继续提供着大量的学历资质，但其向社会输送人才的功能在逐步弱化。

高校非学历继续教育的复合功能逐步彰显。以职业素养提升为目的的大规模、周期性的非学历继续教育成为高校继续教育新的增长点。互联网技术的兴起加速了知识更新的速度，终身学习成为时代发展的新主题，无论什么样的人才，都需要知识的补缺、更新甚至转换，而这些需求更需要各种灵活多样的继续教育形式来满足，所以这一时期高校继续教育最重要的内部功能，是满足在职人员知识补缺、更新甚至转换专业领域的需求。这一点从近年来非学历继续教育的数据统计中也可窥见端倪。2004年开始，非学历教育数据开始在教育部公布的年度教育统计数据中公开发布。从总规模来看，2004年，全国非学历教育结业人数318.4万人，到2016年，全国非学历教育结业人数达到936.3万，12年增长了接近2倍。从内部结构来看，2004年进修及培训人数为288.2万人，占比为90.52%，2016年进修及培训人数为920.4万人，占比98.3%，增长了接近8个百分点。

（三）宏观政策变化引领高校继续教育发展新方向

近年来，国家先后出台了一系列与高等教育相关的政策文件，从宏观政策层面针对不同类型的高校发展进行分类定位。高校继续教育作为高等教育的重要组成部分，在适应社会经济发展和顺应国际发展潮流的同时，还必须考虑是否与高校本身的定位相符。为此，推进高校继续教育定位转型，使其面向行业和区域提供高质量的学历与非学历继续教育，

是一项迫切而紧要的任务。

1. "双一流"战略对国内一流高校继续教育发展的导向

2015年,国务院颁发《统筹推进世界一流大学和一流学科建设总体方案》,指出"推动一批高水平大学和学科进入世界一流行列或前列,加快高等教育治理体系和治理能力现代化,提高高等学校人才培养、科学研究、社会服务和文化传承创新水平,使之成为知识发现和科技创新的重要力量、先进思想和优秀文化的重要源泉、培养各类高素质优秀人才的重要基地,在支撑国家创新驱动发展战略、服务经济社会发展、弘扬中华优秀传统文化、培育和践行社会主义核心价值观、促进高等教育内涵发展等方面发挥重大作用"。并提出了"到本世纪中叶,一流大学和一流学科的数量和实力进入世界前列,基本建成高等教育强国"的发展目标[12]。

在国家宏观政策的引导下,将有越来越多的高校向世界一流大学的目标迈进。而在建设一流大学、一流学科(简称"双一流")的目标指导下,高校对继续教育的定位和关注也会随之发生变化,有些学校已经或即将停办目前双轨制下的学历继续教育。这些高校的关注点将集中在如何提升人才培养的质量上。从一定意义上说,为确保人才培养质量的国际声誉,舍弃培养目标和质量明显低于普通高等教育的学历继续教育,也是高校的一种发展战略选择。但是,更多的大学在建设世界一流大学的过程中,仍要考虑继续教育在大学发展中的定位,一流大学需要有一流的继续教育,而且应该是更加开放和领先的继续教育。

2. 普通本科高校向应用型转变对高校继续教育的影响

2015年,教育部、国家发展改革委、财政部联合下发了《关于引导部分地方普通本科高校向应用型转变的指导意见》,指出积极推进转型发展,必须采取有力举措破解转型发展改革中顶层设计不够、改革动力不足、体制束缚太多等突出问题。特别是紧紧围绕"创新驱动发展"、"互联网+""大众创业万众创新""一带一路"等国家重大战略,找准转型发展的着力点、突破口,真正增强地方高校为区域经济社会发展服务的能力,为行业企业技术进步服务的能力,为学习者创造价值的能力。[13]可见,加强高校为区域经济社会发展服务是新时期国家对高等教育发展的重大诉求。

在区域协同发展的指导思想影响下,将产生大量的应用型人才的培养需求,面对这些群体,普通高校继续教育领域的资源优势应得到充分体现。高校继续教育的人才培养定位需要从单一的学历提升逐步向应用型、复合型人才培养转变[14]。普通高校需要针对区域产业结构的变化,分类发展高校继续教育,探索满足个性化需求的定制化人才培养模式,推动校企合作、定向培养,为提升劳动力密集型企业的人员素质贡献力量。

此外,对于向应用型转变的普通高校的继续教育来说,也面临着重新定位的问题。普通高校向应用型转变,意味着普通高校要进一步明确人才培养方向,形成更加专业化的应用型人才培养体系。在此背景下,以培养应用型人才为目标的高校继续教育该如何定位和发展,成为摆在继续教育人面前的新课题。

3. 职业教育发展规划对高校继续教育发展的影响

2014年,教育部等六部委共同印发了《现代职业教育发展规划(2014—2020年)》,提出"坚持各级各类教育协调发展。统筹职业教育和普通教育、继续教育发展,建立学分积累和转换制度,畅通人才成长通道"。[15]可见,国家在顶层设计层面已将职业教育与继续教育的发展进行统筹考虑,继续教育的发展不能挤占职业教育的空间,不能进行人才的重复建设，而应实现与职业教育的衔接互通，为接受过职业教育的在职人员提供学历提升的通道。

此外，《现代职业教育发展规划（2014—2020年）》还提出要"推进高等学校分类管理。建立高等学校分类体系，探索对研究类型高校、应用技术类型高校、高等职业学校等不同类型的高等学校实行分类设置、评价、指导、评估、拨款制度。鼓励举办应用技术类型高校，将其建设成为直接服务区域经济社会发展，以举办本科职业教育为重点，融职业教育、高等教育和继续教育于一体的新型大学"。[16]国家鼓励普通高校与高职院校的融合协调发展，将高职院校的职能并入应用技术类高校中，这样更有利于高校继续教育的统筹发展，减少市场的盲目竞争。

4. 高等学历继续教育专业设置管理办法的影响

为加强对高等学历继续教育专业设置的统筹规划与宏观管理，促进各类高等学历继续教育健康、有序、协调发展，2016年，教育部印发了《高等学历继续教育专业设置管理办法》，这是从国家层面加强高等学历继续教育基本制度建设、提升专业管理水平的固本强基之策，也是教育部统筹规范高等学历继续教育专业设置的第一份文件。

《高等学历继续教育专业设置管理办法》的主要思路是：简政放权，规范管理，统一各类高等学历继续教育专业设置管理政策，明确责任和程序，加强过程监管与信息服务。主要体现在四个方面：一是统一政策。统一普通本科学校、高等职业学校、开放大学、独立设置成人高校举办的各类高等学历继续教育专业设置及自学考试专业开考的管理政策。二是目录管理。在普通高等学校本、专科专业目录基础上，结合继续教育的特点，制定了《高等学历继续教育补充专业目录》，既解决与全日制本、专科专业相衔接问题，体现了规范性，又解决经济社会发展和学习者多样化需求，体现继续教育的灵活性。三是告知管理。除国家控制专业的设置要按照教育部现有审批办法进行管理外，高校可依照相关规定自主设置和调整高等学历继续教育专业。四是信息管理。教育部将建立全国高等学历继续教育专业管理和公共信息服务平台，对高等学历继续教育专业设置实行全程信息化管理与服务。[17]

《高等学历继续教育专业设置管理办法》第十一条明确提出"普通本科高校、高等职业学校须在本校已开设的全日制教育本、专科专业范围内设置高等学历继续教育本、专科专业，并可根据社会需求设置专业方向，但专业方向名称不能与高等学历继续教育本、专科专业目录中已有专业名称相同，不能涉及国家控制专业对应的相关行业"。[18]这意味着，本科院校如没有设置全日制教育专科专业，将不能再继续举办专科层次的学历继续教育，此举将助推普通高校继续教育的分层分类发展，还可能导致部分高水平大学因此停办学历继续教育，转而全力发展非学历继续教育。

四、结语

回顾我国高校继续教育的发展历程和功能变迁，我们不难发现，高校继续教育无论是曾经还是现在，都是我国教育事业的重要组成部分，在终身教育体系建设中发挥着不可或缺的作用。从小规模的精英教育功能，到大规模的学历补偿功能，再到适应新时代背景下综合素质提升、职业技能提升等复合功能，高校继续教育为社会主义现代化建设事业培养了大批的人才。当前高校继续教育所处的宏观背景复杂多变，各方对继续教育的需求日趋多样，继续教育的发展可谓机遇与挑战并存。在新的历史条件下，新的时代背景下，高校继续教育人应该思索的，是如何实现和普通教育的有机衔接，如何实现与国际接轨，如何扭转"继续教育"长时间在人们心中留下的"低水平"标签化的印象。只有认清国际国内形势以及行业发展趋势，才能有的放矢、精准发力，更好谋划继续教育的长期可持续发展。

参考文献

[1] 刘延东在全国继续教育工作会议上强调加快继续教育改革发展促进人力资源强国建设 [EB/OL].（2011-12-24）[2018-05-15].http://news.xinhuanet.com/politics/2011-12/24/c_111293380.htm.

[2] 刁庆军.继续教育理论探索（上）[M].北京：清华大学出版社，2016.

[3] 新中国六十年成人教育大事记编委会.新中国六十年成人教育大事记[M].北京：北京工业大学出版社，2010.

[4] 同[3].

[5] 同[3].

[6] 同[3].

[7] 同[3].

[8] 严硕勤.中国现代远程开放教育历史沿革[J].广播电视大学学报（哲学社会科学版），2001（1）.

[9] 同[8].

[10] 同[3].

[11] 毕丹丹.中国网络教育发展二十年述评[D].长春：吉林大学，2015.

[12] 国务院.国务院关于印发统筹推进世界一流大学和一流学科建设总体方案的通知[EB/OL].（2015-11-05）[2018-05-15].http://www.gov.cn/zhengce/content/2015-11/05/content_10269.htm.

[13] 教育部，国家发展改革委，财政部.教育部国家发展改革委财政部关于引导部分地方普通本科高校向应用型转变的指导意见[EB/OL].（2015-11-13）[2018-05-15].http://www.moe.edu.cn/srcsite/A03/moe_1892/moe_630/201511/t20151113_218942.html.

[14] 李翠红等.高等学校继续教育转型发展推进路径与政策建议[J].继续教育，2015（2）.

[15] 教育部，国家发展改革委，财政部，人力资源社会保障部，农业部，国务院扶贫办.教育部等六部门关于印发《现代职业教育体系建设规划（2014—2020年）》的通知[EB/OL].（2014-06-16）[2018-05-15].http://old.moe.gov.cn//publicfiles/business/htmlfiles/moe/moe_630/201406/170737.html.

[16] 同[15].

[17] 教育部.教育部职业教育与成人教育司负责人就新发布的《高等学历继续教育专业设置管理办法》答记者问[EB/OL].（2016-12-06）[2018-05-15].http://www.moe.edu.cn/jyb_xwfb/s271/201612/t20161206_290962.html.

[18] 教育部.教育部关于印发《高等学历继续教育专业设置管理办法》的通知[EB/OL].（2016-12-02）[2018-05-15].http://www.moe.edu.cn/srcsite/A07/moe_743/201612/t20161202_290707.html.

（包华影、王法新、刘远霞、黄文峰、高美慧）

我国高校继续教育改革背景

继续教育是面向学校教育之后所有社会成员的教育活动，是构建终身教育体系和学习型社会的重要基础和途径。进入21世纪，我国高校继续教育事业获得了快速发展，继续教育的内容越来越丰富，形式越来越多样，但与此同时，高校继续教育也面临着国际环境、国内形势和行业发展带来的一系列新挑战，这对新时期高校继续教育的发展提出新的要求。

一、国际背景

从国际环境来看，当今世界各国间的教育交流日益频繁，竞争更加激烈，形成了教育国际化的大趋势。教育国际化既是经济全球化的必然产物，也是各国教育发展战略的重要目标。就继续教育而言，各国政府在确定继续教育人才培养目标、教育内容、教育形式和手段上，不仅要考虑本国社会经济发展的需求，还要适应国际经济文化交流与合作的新形势，用国际视野来把握和发展继续教育。

（一）终身教育与学习型社会建设的国际共识

终身教育理论奠基人保罗·朗格朗于1965年在联合国教科文组织召开的第三届促进成人教育委员会的会议上正式提出终生教育提案。1972年，联合国教科文组织发表了《学会生存——教育世界的今天和明天》的报告，将终身教育思想带入了更高的认识层面和更加广泛的全球推进平台。

随着教育国际化的发展，终身教育理念迅速被各国接受，并在国际范围内达成共识。在世界各国和国际组织的努力推动下，终身学习的内涵不断地得到更新和发展。终身学习的本质内涵是不受时间和空间的限制，使人持续地、主动地、积极地追求自我能力的提升来适应社会和个体发展的需求。自我能力的提升不仅包括职业和生活技能方面的提高，更注重关心人们的思想和人格的完善。而其终身性的特征更是打破了传统正规学校教育的局限，强调覆盖正规教育、非正规教育、非正式教育以及包含所有教育体系中的不同层次和形式。建立终身学习体系即是确保所有不同年龄和生活背景的人们通过各种学习方式实现个人的全面发展，进而为国家和社会的发展进步提供强大的内在动力。

终身教育不仅停留在理念上的发展，而且引导国际社会纷纷采取相应的措施和行动促进终身学习并逐步迈向终身学习的学习型社会。在过去的几十年发展进程中，许多国家先后出台相关的法律法规保障终身学习和学习型社会建设在国家经济和社会发展中的重要地位。例如，1976年，美国率先制定了目前在国际范围内公认的第一部比较完备的关于终身教育的成文立法——《终身学习法》，它使终身教育从理论研究走向实践，以法律的形式正式确立了终身学习在美国的地位[1]。进入 21 世纪以来，欧盟为了突出终身学习的重要性，在《终身学习备忘录》和《欧盟终身学习行动计划》等政策文件中，着重强调五个方面的行动策略：一是扫除学习者参与学习的障碍，提升社会成员特别是成人继续学习的参与率，其中特别关注低技能人群；二是保证成人继续学习的质量；三是认可和承认学习的成果；四是老年人和外来人员的学习加大投入；五是建立指标和基准[2]。在亚洲，日本有着比较丰富的学习型城市和社区建设的经验。以世界公认的学习型城市的样板城市大阪为例，终身学习以高等院校为依托，调动各方面的资源为市民学习提供方便条件。大阪大学免费面向全体公民开设公开讲座和交流会，其中不仅有大学专业院系的学者提供的研究与学术观点的交流，更具特色的是"21 世纪怀德堂"以"社学连携"的形式，即大学与地方政府及企业合作，将最新的研究成果和实践经验惠及社区和广大市民，努力营造终身学习的文化氛围。

可见，终身教育已经成为国际社会和教育界的普遍共识。终身教育理念不仅主导着当前国际社会教育改革和努力的方向，同时也代表着 21 世纪世界教育发展和进步的趋势[3]。建设终身学习体系和学习型社会也是我国全面建成小康社会的基本要素和基础。在此过程中，大力发展高校继续教育，统筹发展正规、非正规以及各类非正式学习显得尤为重要。高校继续教育既可以满足学习者的正规学习和非正规学习的需求，还可以为学习者的非正式学习提供资源和工具支持。

（二）《教育 2030 行动框架》提出新要求

为积极应对快速变化的劳动力市场、技术进步、城市化、移民、政治不稳定、环境恶化、自然危害与灾害、自然资源竞争、人口结构挑战、全球失业率的上升、贫困的持续、不平等的扩大等因素带来的系列问题，在终身学习理念的引领下，联合国教科文组织提出"教育 2030"可持续发展的总体目标——确保全纳、公平、有质量的教育，增进全民终身学习的机会。2015 年 11 月，联合国教科文组织审议通过了《教育 2030 行动框架》（Education 2030 Framework for Action，以下简称《行动框架》），为保障和落实该目标提供了行动指南。成人继续教育作为终身学习的重要组成部分，也是落实这一总体目标的重要环节。《行动框架》在具体目标 4.3 中指出"到 2030 年，确保所有人平等的获得包括大学教育在内的可负担、有质量的技术、职业及高等教育"。包括大学教育以及成年人的学习、教育与培训在内的职业技术教育与培训、高等教育，都是终身学习中的重要因素。促进终身学习需要各行业共同参与，包括各个年龄段的人的正规、非正规和非正式学习。有必要为大龄成年人提供平等的进入大学的机会，尤其要关注成年人中的弱势群体[4]。

随着社会经济发展和劳动力市场的变化，在高增长的人口失业率、劳动力老龄化以及第三次科技革命带来的技术进步等全球背景下，人们对于学习新的技术和相关领域的职业能力的需求日益突出。在继续增加提供高层次教育机会的同时，应在不同的教育层次上提供技术和职业教育与培训。《行动框架》明确提出"到 2030 年，大幅度增加拥有包括技术和职业技能在内的相关技能的青年与成年人的数量，以促进就业、体面工作和创业"[5]。这就要求高校打破继续教育的固有模式，同时避免学校的专业设置与社会和职场需求相互脱离。不同类型的高校不仅要增加学习机会以满足所有青年及成年人平等的获得工作与生活相关的知识和技能，同时需要不断收集适应社会和劳动力市场变化所需要的技术技能和能力，根据不同层次人才需求灵活制定合适的高校继续教育人才培养方案，与社会行业企业共同开发合适的教育与培训项目，完善职业技能发展部门和高等教育机构的跨部门协同合作机制等。

在不同层次获得职业技术和教育的机会得到增加的同时，也要避免为扩大各种形式的继续教育而忽视其发展的质量。《行动框架》提出要"确保高等教育资质的质量保障、可比性和认证，促进被认可的高等教育机构之间的学分转换"[6]。各类教育机构应统筹发展正规和非正规的学习方式，搭建不同学习路径之间的立交桥，使学习者能够积累并转换在不同类型的教育体系和不同类型的学习方式下获得学习成果。

（三）主要发达国家和地区高校继续教育发展现状

随着全民终身学习的发展，国际社会纷纷加大对高校继续教育的重视程度，特别是发达国家和地区积极地采取相应的措施，促进各类高校继续教育规模不断扩大，为公民的终身学习提供有质量保障的教育服务。我们调研了美国、英国、加拿大和日本等发达国家和地区的代表性院校的继续教育办学情况。调研结果显示，发达国家世界一流大学都广泛提供多层次的学历继续教育和非学历继续教育，并设立专门的入学制度保障"非传统学生"的学习权利；而以提供本科学位为主的大学，则根据自身的规模和资源情况，通过积极发展特色继续教育项目来提升学习者的能力，从而促进社会和经济的发展。

1. 多元的项目类型

在调查的欧美院校中，各大学的学术体系主要是由院系（Schools/Faculties/Colleges）、院系下的各部门（Departments）和分支机构（Divisions/Centers/Institutions）构成，各个学术单位可能存在嵌套或重叠的情况。而所调查的日本大学中学术体系比较简明，主要由本科学院（学部）、研究生院（大学院）和附属研究所构成。虽然欧美和日本的高校学术体系不尽相同，但是从提供继续教育的学习项目来看，大学内各学术单位往往都提供学历和非学历项目。学历继续教育项目包括本科、研究生的学位项目（Degree Programs）和文凭项目（Diploma）；非学历继续教育项目主要包括证书课程（Certificates）、学分课程（Credit Courses）、非学分课程和讲座培训。

2. 多样的学习方式

通过调研发现，无论是学历继续教育项目还是非学历继续教育项目的课程，学习方式既可以是传统面授，也可以是网络学习，或者是二者混合的方式。继续教育项目的学习时间比较灵活，课程多安排在夜间或周末。在各高校所提供的学历项目中，完全通过网络进行学习的项目比重非常小，而网络作为一种学习手段与面授相结合的混合式教学则比较常见。例如哈佛大学本科项目（BLA）中，大部分的课程都提供网络授课形式，但是学生必须完成16学分（约4门课程）的在校面授。斯坦福大学硕士层面的荣誉合作项目（Honors Cooperative Program, HCP）以远程学习为主，但是要求一定的面授时间。

多数发达国家和地区大学都有自身的网络平台，以便为学习者提供网络课程资源。在网络课程资源提供方面，由于专业院系没有足够的资金建设和运营学习管理平台，而继续教育部门虽有平台，但是离开专业院系的师资就无法提供学分课程。因此，网络课程主要由专业院系来提供课程内容、教学方面的指导和课程学分，继续教育部门则提供学生服务、院系支持和经费管理。[7]此外，发达国家和地区的大学还通过开发和利用一些在线平台的资源来展示世界一流大学在教学和研究领域的强大优势和实力。例如，加拿大多伦多大学通过共享课程资源服务社区和大众，同时，利用慕课资源更好地与大学学历课程进行对接。

3. 灵活的办学机制

通过调研发现，继续教育作为高等教育的重要组成部分，是发达国家大学和地区所有院系部门的共同责任。大学提供继续教育的学术单位（Academic Units）可以是专业院系下的一个分支机构，也可以是学校专门的继续教育部门（School/Department）。专业院系下的继续教育机构以承担行政管理职能为主，负责院系内所有继续教育的学习。专业院系通过参与提供继续教育，不仅使专业教师了解所在行业的动向，及时调整教学，继续教育项目的收入也可以促进科学研究和教学服务工作。同时，多数排名前列的世界一流大学在学校层面都设有专门的继续教育学院或部门，表1-3-1是发达国家和地区代表高校中专门的继续教育部门列表。学校专门的继续教育部门主要依托专业院系办学，但是部分项目可独立于专业院系来开展，也就是说，继续教育部门也可以自行发展师资和项目，特别是一些跨院系、跨学科的综合性项目，需要通过学校层面的继续教育部门进行统筹。

表1-3-1 发达国家和地区代表高校中专门的继续教育部门列表

国家/地区	学校	专门的继续教育部门
美国	Harvard University（哈佛大学）	Harvard Extension School
	The University of Chicago（芝加哥大学）	Graham School of Continuing Liberal and Professional Studies
英国	University of Oxford（牛津大学）	Department for Continuing Education
	University of Cambridge（剑桥大学）	Institute of Continuing Education
加拿大	University of Toronto（多伦多大学）	School of Continuing Studies
	University of British Columbia（不列颠哥伦比亚大学）	UBC Continuing Studies
中国香港	The University of Hong Kong（香港大学）	School of Professional and Continuing Education
新加坡	National University of Singapore（新加坡国立大学）	School of Continuing and Lifelong Education

专业院系与大学专门的继续教育部门之间有着不可分割的联系。虽然专门提供继续教育的部门通常处于高校体制中的边缘地位，但是研究发现，发达国家和地区大学继续教育部门的定位正在逐步转换，由原来的比较孤立的边缘地位转变为逐步与大学的学术主体广泛开展合作的机构[8]。这样的合作是大学专业院系与继续教育部门之间的一种双向参与，包括研究、教学和服务管理等方面，而非仅仅将继续教育部门作为大学的行政管理部门来提供服务。也就是说，继续教育部门可以借助专业院系师资力量进行市场化运行，针对社会及个人的需求提供一些职业化和个性化的"学习产品"。事实上，无论哪一种类型的高

校，无论提供继续教育的部门是单独设计继续教育项目还是与专业院系合作开发项目，本质职能都是为各类学习者提供更多的学习渠道，在职业能力提高和学历补充等方面给予优质的教育服务。而在此过程中，专业院系与继续教育部门相互合作，各尽其责，建立了灵活的继续教育办学机制。

二、经济社会发展背景

从国内形势来看，做好高校继续教育的综合改革，首先要考量经济社会发展的整体背景及其对人才发展的新要求。"十二五"时期，我国经济保持持续较快发展，经济总量稳居世界第二位，人均国内生产总值增至49351元（折合7924美元）[9]。经济结构调整取得重大进展，第一产业增加值占国内生产总值的比重降至9.0%，第二产业增加值比重降至40.5%，第三产业增加值比重增至50.5%，首次突破50%[10]。但与此同时，三次产业的就业结构严重滞后于产业结构的调整，2015年全国第三产业的劳动力数量占就业总数的比例为42.4%，第二产业的劳动力数量占比为29.3%，第一产业的劳动力数量占比为28.3%[11]。就业结构与产业结构的发展矛盾，意味着有大量的劳动者需要转岗再就业，为这批劳动者提供利于再就业的继续教育服务成为继续教育工作的现实任务。随着供给侧结构性改革、国家"十三五"规划、京津冀协同发展规划等多项国家宏观政策相继出台，社会各个领域正酝酿着深刻的变革，高校继续教育应顺应时代潮流，从满足国家经济社会发展的宏观要求出发，进行新的发展定位。

（一）供给侧结构性改革对继续教育提出的要求

所谓供给侧结构性改革，是从提高供给质量出发，按照创新、协调、绿色、开放、共享的发展理念，加大结构性改革力度，矫正要素配置扭曲，扩大有效供给，提高供给结构适应性和灵活性，提高全要素生产率，更好满足广大人民群众的需要，促进经济社会持续健康发展[12]。

供给侧结构性改革包括经济和社会两个领域。其中，经济领域存在的结构性困境往往是由人才结构所致，由于没有新型人才，所以相应的新兴行业难以发展，传统经济转型升级面临着人才结构困境，而人才结构困境背后必然存在教育结构的困境。可以说，教育结构困境既是经济结构困境的产物，也是制约经济结构调整的"症结"之一。要突破经济结构的困境，根本之策是突破教育结构的困境。经济领域供给侧结构性改革必须把教育结构调整作为基础性、先导性、全局性的任务来抓[13]。因此，在供给侧结构性改革中，坚持教育优先发展具有极其重要的现实意义，其落脚点是建立以化解深层矛盾为指向的教育优先供给机制。就继续教育而言，一方面要顺应经济领域供给侧结构性改革对人才发展的要求，优化人才结构；另一方面，作为社会领域的一部分，继续教育要加强自身供给侧结构性改革，在满足广大学习者对继续教育的需求的同时，不断开拓和创造继续教育新的发展领域和模式。

此外，在供给侧结构性改革中，去产能被列入近期经济工作的五大任务之首。去产能必然涉及企业兼并重组、限产停产或依法破产，这将影响到部分职工就业。据估计，未来两到三年，如果产能过剩最严重的行业减产30%，就意味着近300万的劳动力过剩。这里

"传统人才数量过剩"和"新型人才短缺"将同时并存。可见，供给侧结构性改革，对人才发展、从业人员的素质提出更高的要求。高校继续教育将肩负促进广大从业人员顺应经济发展需要，更新专业知识，提高工作技能，提升综合能力的新使命。

（二）国家"十三五"规划对继续教育发展的要求

2016年3月，《中华人民共和国国民经济和社会发展第十三个五年规划纲要》（简称"十三五"规划）正式发布，在第五十九章第四节"加快学习型社会建设"中，对继续教育发展做出了明确要求。"十三五"规划指出，"大力发展继续教育，构建惠及全民的终身教育培训体系。推动各类学习资源开放共享，办好开放大学，发展在线教育和远程教育，整合各类数字教育资源向全社会提供服务。建立个人学习账号和学分累计制度，畅通继续教育、终身学习通道，制定国家资历框架，推进非学历教育学习成果、职业技能等级学分转换互认。发展老年教育。"[14]

"大力发展继续教育，构建惠及全民的终身教育培训体系"是"十三五"规划对继续教育的定位和发展目标。也就是说，国家将继续教育放在了构建全民终身学习体系和建设学习型社会的战略高度。"推动各类学习资源开放共享"，"发展在线教育和远程教育，整合各类数字资源向全社会提供服务"，是实现继续教育发展目标的具体手段和措施。高校继续教育在这方面拥有得天独厚的优势，一些高校已开展网络高等学历教育十多年，在资源建设、办学经验上都具备深厚的发展基础，积累了大批优质课程资源，形成了相对成熟的学习支持服务模式。以高校网络教育为基础，充分利用现代远程教育的先进技术手段和优质课程资源，探索创新继续教育人才培养模式，有利于推动各类学习资源面向全社会开放共享。"建立个人学习账号和学分累计制度，畅通继续教育、终身学习通道，制定国家资历框架，推进非学历教育学习成果、职业技能等级学分转换互认"是实现继续教育发展目标的制度保证。"十三五"规划还提出"包括教育在内的服务行业要"发展针对个性化需求的定制服务"[15]。从满足学习者的个性化需求，保障学习者终身学习的角度来说，只有建立了个人的学分积累制度，让个人能够积累转换学分，才能调动起学习者参与继续教育的积极性，从而建立全民终身学习的学习型社会。

"十三五"期间，对高校继续教育的发展而言，如何提高办学水平，满足经济社会发展需要；如何深化改革，在将建立的国家资历框架中与普通高等教育、职业教育接轨，打通相应的壁垒；如何优化制度，实现学历继续教育和非学历教育培训的衔接和沟通，建立学分累计制度，是继续教育发展面临的主要挑战。

（三）区域协同发展与继续教育发展

区域协同发展已经成为新常态下国家经济发展的重要方式。以京津冀协同发展为例，2015年4月，中共中央政治局召开会议，审议通过《京津冀协同发展规划纲要》。推动京津冀协同发展是一个重大国家战略。战略的核心是有序疏解北京非首都功能，调整经济结构和空间结构，走出一条内涵集约发展的新路子，探索出一种人口经济密集地区优化开发的模式，促进区域协调发展，形成新增长极。

京津冀协同发展规划将京津冀整体定位为"以首都为核心的世界级城市群、区域整体协同发展改革引领区、全国创新驱动经济增长新引擎、生态修复环境改善示范区"。北京市定位为"全国政治中心、文化中心、国际交往中心、科技创新中心";天津市定位为"全国先进制造研发基地、北方国际航运核心区、金融创新运营示范区、改革开放先行区";河北省定位为"全国现代商贸物流重要基地、产业转型升级试验区、新型城镇化与城乡统筹示范区、京津冀生态环境支撑区"[16]。京津冀区域整体定位体现了三省市"一盘棋"的思想,突出了功能互补、错位发展、相辅相成;三省市定位服从和服务于区域整体定位。与之相呼应,高校继续教育的发展也要服从国家对京津冀协同发展的定位,服从三地对多样化、差异化人才需求的现实。就三地人才需求来看,因定位不同,人才需求就会有差异,会有大量的人员流动,除新留毕业生和人才引进外,原有人员的提升、新技能学习是必然的,这就是高校继续教育的职责。在此过程中,高等教育资源集中的北京在京津冀协同发展背景下还肩负着输送优质资源,促进教育公平、协调发展的责任。

三、"互联网+"背景下的教育新生态

"互联网+"是把互联网的创新成果与经济社会各领域深度融合,推动技术进步、效率提升和组织变革,提升实体经济创新力和生产力,形成更广泛的以互联网为基础设施和创新要素的经济社会发展新形态[17]。随着云计算、大数据、物联网、移动互联、人工智能等新技术的广泛应用,社会经济各领域信息化程度不断加深,信息技术对教育的影响也日趋明显。从正式学习到非正式学习,无不感受到互联网技术对教育创新的推动作用。高校MOOC(慕课)运动和移动学习的发展,正在助推包括继续教育在内的高等教育学习方式的变革,传统课堂学习的边界正变得越来越模糊。

(一)"互联网+"教育的国际趋势

国际上,随着互联网技术的发展与应用,互联网学习对高等教育领域产生越来越深刻的影响。高等教育互联网学习呈现出以下显著特征:一是资源的开放共享更加明显,二是混合式学习方式的优势逐步显现,三是正式与非正式学习的边界变得模糊。

基于开放共享理念的开放教育资源(OER)运动,从2001年美国麻省理工学院开启开放课件项目以来,已经成为带动全球高等教育开放教育资源的重要力量。2008年,慕课成为突破开放教育资源运动的新进展。随着2012年"慕课元年"的到来,慕课的影响范围愈加广泛,其独特优势也逐渐展现。慕课提供了实现优质的高等教育普及化的重要路径。以Couresa、edX和Udacity等为先导的在线教育平台为全球各地的学习者提供了世界一流大学优质的在线课程资源,并提供在线学习的支持服务。

互联网学习的出现,不仅丰富了教学资源,促使课件制作、管理系统等功能的应用和完善,更蕴藏了一个重要的组件,即混合式学习方式的创新与资源应用的结合。据巴布森调查(Babson Survey)显示,截至2015年年底美国28%的高等教育学生至少学习了一门在线课程,美国几乎所有的高等院校都提供在线课程[18]。传统学习方式与网络学习相结合的混合式学习正在越来越多地被高校采用。混合式学习充分利用在线学习和课堂教学的优势,以学习者为中心,发挥教师引导、启发的主导作用,为学习者提供灵活多样的学习体验。从教师的角度来看,混合式学习促使教师与学生教学互动的方式发生变革,教师能够从传统课堂以知识传递为主的教学方式中解脱出来,对学习者进行个性化的教学辅导。

从学生的角度来看,混合式学习能够引发学习者转变被动接受知识的学习意识和状态,为培养学习者自主学习意识和能力提供了有效的途径。

在线教育的出现,增加了学习的灵活性,使得学习者可以跨越专业、学历门槛与物理维度进行学习,进而构建互联网时代的教育生态———一种新的、泛在的教育生态。互联网学习正在突破正式学习和非正式学习的边界。2016年,学习者在慕课学院获得认证的课程证书,可以一键分享至LinkedIn,在其个人主页面予以呈现,通过"晒证书",就能让雇主对其学习力、求知心、职业生涯成长路径一目了然。目前支持验证分享功能的证书包括Coursera课程认证证书(付费证书)、edX课程证书、NovoEd课程证书、学堂在线课程证书。此外,在学历和文凭认证方面,提供在线课程的大学也纷纷采取积极的措施和办法。如美国伊利诺伊大学厄巴纳-香槟分校(UIUC)商学院2015年推出全球第一个学生完全通过慕课在线学习完成并获得MBA学位的项目,这个项目面向全球学习者开放,同时其学历学位也将得到其他学校的认可。再如,美国亚利桑那州立大学,提供了本科、硕士和其他文凭项目,保证在线学习的学习者同样拥有优质的师资和教学资源,并且只要顺利完成课程内容和相关任务,就可以获得相应的文凭证书。

(二)我国"互联网+"教育的发展

2012年,教育部发布了《教育信息化十年发展规划(2011—2020年)》,提出"到2020年,教育信息化整体上接近国际先进水平,对教育改革和发展的支撑与引领作用充分显现"。2016年,教育部发布的《教育信息化"十三五"规划》进一步明确了目标,"到2020年,基本建成'人人皆学、处处能学、时时可学'、与国家教育现代化发展目标相适应的教育信息化体系;基本实现教育信息化对学生全面发展的促进作用、对深化教育领域综合改革的支撑作用和对教育创新发展、均衡发展、优质发展的提升作用;基本形成具有国际先进水平、信息技术与教育融合创新发展的中国特色教育信息化发展路子",提出了创新"网络学习空间人人通"建设与应用模式、从服务课堂学习拓展为支撑网络化的泛在学习等发展任务[19]。可以看出,教育信息化已经成为助力我国教育现代化的关键支撑力量。

国外"互联网+"教育的发展对高校产生了前所未有的影响,这对国内高校的教学模式改革、在线教育的运行机制也产生巨大冲击。信息化促进教育的改革发展到今天,互联网助力各类高等教育发展已成为必然。我国现行的网络教育从某种程度上讲其实是"互联网+"高等教育的先行先试,是高等教育中最先与互联网进行融合的领域之一。2015年,教育部发布《教育部关于加强高等学校在线开放课程建设应用与管理的意见》,明确指出需要建设一批以大规模在线开放课程为代表、课程应用与教学服务相融通的优质在线开放课程,加强在线开放课程建设应用的师资和技术人员培训等[20]。目前在国内,不仅有清华大学、北京大学等知名高校加盟edX平台,更有学堂在线、好大学在线、华文慕课、中国大学MOOC等自主研发MOOC服务平台为学习者提供丰富的高质量大学课程的在线资源。此外,近年来,教育部、文化和旅游部和各类大学联盟已经开发了大量在线精品课,成立了全国文化信息资源共享项目和中国开放式教育资源共享协会,旨在为教师、学生和公众提供优质学习资源。

（三）"互联网+"行动带来继续教育发展新契机

2015年，国务院印发《关于积极推进"互联网+"行动的指导意见》（以下简称《指导意见》），《指导意见》围绕转型升级任务迫切、融合创新特点明显、人民群众最关心的领域，提出了11个具体行动。教育作为"互联网+"行动的重要内容被纳入第六项具体行动——"互联网+"益民服务之中。"互联网+"行动的提出，最大的焦点在于推动互联网由消费领域向生产领域拓展，加速提升产业发展水平。针对教育领域而言，"互联网+"教育就是要推进教育供给侧改革。理解"互联网+"的内涵，需要把握以下几点：其一，"互联网+"中的"互联网"既是基础设施，也是创新要素；其二，"互联网+"中的"+"是互联网的创新成果与经济社会各领域的相"+"，这里的经济社会各领域自然包括教育领域，而且"互联网+经济社会各领域"带来的变革会深刻影响到教育的变革；其三，"互联网+"中的"+"是互联网的创新成果与经济社会各领域的"深度融合"，这种"深度融合"的价值在于技术的进步、效率的提升和组织的变革，进而提升创新力和生产力，形成发展新形态[21]。

《指导意见》指出"探索新型教育服务供给方式。鼓励互联网企业与社会教育机构根据市场需求开发数字教育资源，提供网络化教育服务。鼓励学校利用数字教育资源及教育服务平台，逐步探索网络化教育新模式，扩大优质教育资源覆盖面，促进教育公平。鼓励学校通过与互联网企业合作等方式，对接线上线下教育资源，探索基础教育、职业教育等教育公共服务提供新方式。推动开展学历教育在线课程资源共享，推广大规模在线开放课程等网络学习模式，探索建立网络学习学分认定与学分转换等制度，加快推动高等教育服务模式变革"。可见，探索新型教育服务供给方式是"互联网+"行动对新时期教育发展提出的新要求，也为教育变革带来新的契机。

高校继续教育作为我国教育体系的重要组成部分，需要顺应"互联网+"行动的新要求，深入推进"互联网+"继续教育，促进优质继续教育资源的共享利用。一方面要根据继续教育学习者的学习特点，以学习者为中心开展"个性化定制"的教育项目，满足学习者自主学习和个性化学习的需要；另一方面，要充分利用企业的技术优势和高校的资源优势，加强高校间和校企间的合作，搭建合作共赢的良性机制，推动优质继续教育资源面向全社会开放共享，建立包括高校学历在线课程在内的继续教育课程学分认定、积累和转换制度。

参考文献

[1] 徐君，宫丽丽. 美国终身教育的经验与启示[J]. 河北大学成人教育学院学报，2011（13）.

[2] 中国教育发展战略学会学术部. 终身学习的进展、发展趋势和制度建设——上海国际终身学习论坛综述[J]. 教育研究，2010（10）.

[3] 刁庆军. 继续教育理论探索（上）[M]. 北京：清华大学出版社，2016.

[4] UNESCO. Education 2030: Incheon Declaration and Framework for Action—Towards inclusive and equitable quality education and lifelong learning for all [EB/OL]. (2015-11-04) [2018-05-15]. http://www.ineesite.org/en/education-2030-framework-for-action.

［5］同［4］.

［6］同［4］.

［7］Ashcroft J. C. From access to excess: Changing roles and relationships for distance education, continuing education, and academic departments in American Universities [J]. New Directions for Adult and Continuing Education, 2013 (140).

［8］Fleming J. The expanded development periphery: Framing the institutional role of university continuing education units [J]. International Journal of Lifelong Education, 2013 (3).

［9］中华人民共和国国民经济和社会发展第十三个五年规划纲要 [N]. 人民日报，2016-3-18（001）.

［10］中华人民共和国国家统计局. 中华人民共和国 2015 年国民经济和社会发展统计公报 [EB/OL].（2016-02-29）[2018-05-15].http://www.stats.gov.cn/tjsj/zxfb/201602/t20160229_1323991.html.

［11］中华人民共和国国家统计局. 中国统计年鉴 2016[M]. 北京：中国统计出版社，2016.

［12］国家行政学院经济学教研部. 中国供给侧结构性改革 [M]. 北京：人民出版社，2016.

［13］刘云生. 供给侧结构性改革：教育怎么办？[J]. 教育发展研究，2016（3）.

［14］同［9］.

［15］同［9］.

［16］京津冀协同发展建以首都为核心世界级城市群 [EB/OL].（2015-08-24）[2018-05-15].http://finance.chinanews.com/life/2015/08-24/7485862.shtml.

［17］国务院. 国务院关于积极推进"互联网+"行动的指导意见 [EB/OL].（2015-07-04）[2018-05-15].http://www.gov.cn/zhengce/content/2015/07/04/content_10002.htm.

［18］Babson Survey Research Group. 2015 Online Report Card—Tracking Online Education in the United States [EB/OL]. (2016-02-25) [2018-05-15]. https://onlinelearningconsortium.org/read/online-report-card-tracking-online-education-united-states-2015/.

［19］教育部. 教育部关于印发《教育信息化"十三五"规划》的通知 [EB/OL].（2016-06-22）[2018-05-15].http://www.moe.gov.cn/srcsite/A16/s3342/201606/t20160622_269367.html.

［20］教育部. 教育部关于加强高等学校在线开放课程建设应用与管理的意见 [EB/OL].（2015-04-13）[2018-05-15].http://old.moe.gov.cn/publicfiles/business/htmlfiles/moe/s7056/201504/186490.html.

［21］周荣斌. "互联网+"国家行动的教育际遇 [J]. 思想政治课教学，2016（12）.

（黄文峰、包华影、高美慧）

现状分析

我国高校学历继续教育发展现状分析

改革开放以来，我国继续教育事业持续发展，特别是信息化时代的到来，知识更新速度加快，终身教育理念深入人心。国家逐步提升继续教育的战略地位，构建学习型社会、建设全民学习的终身教育体系已成为实施人才强国战略的重要举措，在提高人才队伍能力素质中发挥着越来越重要的作用。

随着普通高等教育不断扩招，高等教育进入大众化阶段，高校继续教育的学历补偿功能逐步弱化，各类学历继续教育对高等教育毛入学率的贡献也逐步走低。而高校学历继续教育人才培养质量和社会认可度不高的问题也暴露得越来越明显，随着《高等学历继续教育专业设置管理办法》的出台，没有设置全日制教育专科专业的本科院校将不能再继续举办专科层次的学历继续教育，此举将助推普通高校继续教育的分层分类发展，在不久的将来将会对高校学历继续教育的整体办学格局带来深刻的改变。

结合教育部公开的教育统计数据，从高校继续教育的结构变化、高校学历继续教育的规模现状、地区规模差异、专业分布差异以及高校学历继续教育的潜在生源规模五个方面对高校学历继续教育的发展现状进行分析。

一、高校继续教育的总体结构

随着我国进入高等教育大众化阶段，参与普通高等教育的机会变得越来越多，高校学历继续教育的学历补充功能逐步弱化。而为适应更快节奏的时代变迁和知识更新，各类以知识拓展、技能提升、视野开阔等为目标的非学历教育蓬勃发展，这种变化也在近几年悄然改变着高校继续教育的结构和市场格局。

（一）非学历教育成为高校继续教育新的主力军

统计了自2008年到2016年各年度学历继续教育招生人数与非学历培训注册人数（图2-1-1）。通过对比可以发现，2010年以前，学历继续教育年度招生人数仍然高于非学历教育培训人数；2011年开始，非学历继续教育逐步与学历继续教育接近持平；2013年起，非学历继续教育开始大幅度超过学历继续教育；到2016年，非学历教育年度培训规模达到862.83万人次，而成人教育和网络教育年度招生的总人数为430.84万人，非学历教育注册人数已接近成人高等教育和网络教育总招生人数的2倍。

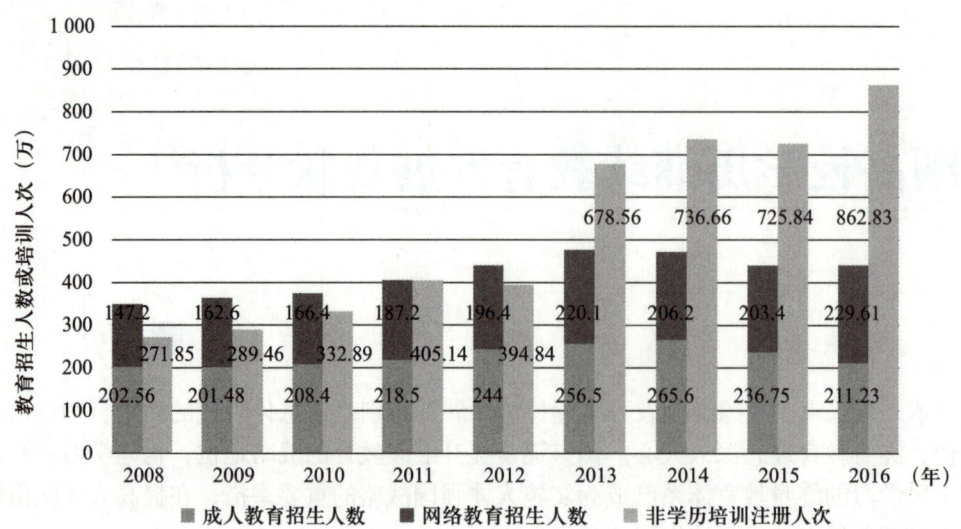

图 2-1-1　2008—2016 年学历继续教育招生与非学历培训注册人次统计图

（数据来源：教育部网站 2008—2016 年统计数据）

从年度增长情况来看，成人高等教育招生在 2008 年到 2014 年呈现小幅增长趋势，但 2015 年以后又开始大幅回落；网络教育招生在 2013 年前呈增长趋势，2014 年起也趋于相对稳定；而非学历教育培训规模以 2013 年为界，前后呈现截然不同的发展趋势，2008 年到 2012 年间只是小幅增长，2013 年陡增后趋于稳定，2016 年又有一次较大幅度的增长，已达到 862.83 万人次。

综上，无论从规模对比还是增长情况来看，非学历继续教育都已成为高校继续教育新的增长点，而且将在未来高校继续教育的发展中占据更大的市场份额。非学历继续教育的突飞猛进，将对高校继续教育的发展思路、指导思想产生强大的影响。在经济新常态的背景下，知识更新速度更快，短平快的非学历培训将更有利于满足学习者灵活多样的学习需求，也更适应信息化、碎片化的时代发展趋势。因此，对于高校学历继续教育的发展来说，更应该思考的是如何将学历与非学历继续教育统筹考虑，将二者有机结合起来，既发挥非学历继续教育周期短、效率高，有利于满足个性化学习需求的特点，又让学习者的学习能够成体系、成系统，达到学历继续教育的整体要求，实现二者的沟通和衔接。

（二）学历继续教育的内部结构发生改变

从办学形式来看，成人高等学历教育和网络教育是目前学历继续教育最主要的两大类型，随着互联网技术的不断发展，学历继续教育的内部结构也开始变化。

由表 2-1-1 可以看出，虽然能够开展网络教育的高校数量不多，但是其规模仍然逐步膨胀，市场份额非常高，到 2016 年，网络教育招生占比已经超过成人高等教育招生，这对高校学历继续教育市场到底意味为着什么，网络教育是否还应继续作为一种单独的学历继续教育形式存在？成人高等学历教育如何更好地适应互联网技术极速发展的趋势？这些都是继续教育工作者不得不思考的问题。

表 2-1-1　成人高等教育、网络教育招生人数比重统计表

年份	成人高等学历教育占比（%）	网络教育占比（%）
2010	55.6	44.4
2011	53.9	46.1
2012	55.4	44.6
2013	53.8	46.2
2014	56.3	43.7
2015	53.8	46.2
2016	47.9	52.1

（数据来源：教育部网站 2010—2016 年教育统计数据）

从办学层次来看，本科层次比重的提升也反映出学历继续教育的需求层次开始逐步变化。由表 2-1-2 可以看出，2010—2016 年全国高校学历继续教育的层次有一定幅度的提升，本科所占的比例由 37.6% 上升到 41.2%。而随着《高等学历继续教育专业设置管理办法》相关政策的落地，从 2018 年起没有设置全日制教育专科专业的本科院校，将不得招收专科层次的学历继续教育学生，受上述政策影响，高校学历继续教育办学层次必将进一步改变。

表 2-1-2　2010—2015 年全国学历继续教育本、专科招生人数比例

年份	本科比例（%）	专科比例（%）
2010	37.6	62.4
2011	37.6	62.4
2012	38.0	62.0
2013	38.2	61.8
2014	38.7	61.3
2015	39.9	60.1
2016	41.2	58.8

（数据来源：教育部网站 2010—2016 年教育统计数据）

二、学历继续教育规模概况

从近几年的全国学历继续教育招生总规模来看（图 2-1-2），2010—2016 年，全国高校学历继续教育的总招生规模呈先增后减的趋势，拐点出现在 2013 年，2014 年起，学历继续教育的总规模出现一定的回落。

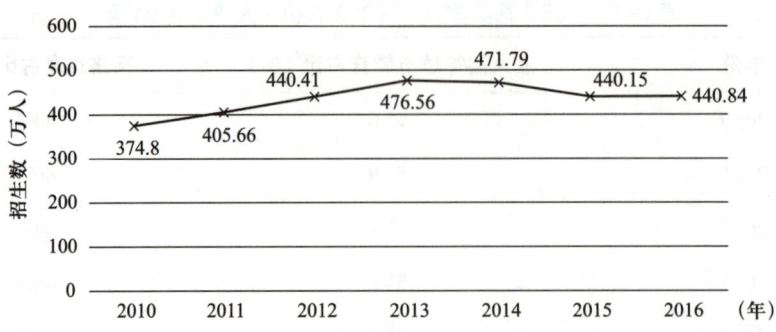

图 2-1-2 2010—2016 年学历继续教育招生人数统计图（单位：万人）

（数据来源：教育部网站 2010—2016 年教育统计数据）

（一）网络教育规模

2010 年至 2016 年，网络教育总体规模呈现增长趋势，这与互联网技术的不断提升，学习者对学习方式的要求更加灵活有直接的关系。

从在籍生角度来看（表 2-1-3），网络教育在籍生规模呈逐年增长趋势，年均增长率约为 7.8%，2012 年增长最多，后面又逐渐趋于平稳。网络教育在籍生中，本科生所占比重一直变化不大，一直在 36% 左右徘徊。

表 2-1-3 2010—2016 年网络教育在籍生人数统计（单位：万人）

年份	总人数	本科生人数	本科生所占比重（%）
2010	453.14	164.04	36.2
2011	492.48	175.48	35.6
2012	570.41	200.27	35.1
2013	614.64	217.51	35.4
2014	631.45	228.7	36.2
2015	628.47	229.48	36.5
2016	644.93	233.93	36.3

（数据来源：教育部网站 2010—2016 年教育统计数据）

对于网络教育的在籍生规模来说，一个不可忽视的问题是一些高校的网络教育在籍生中有一部分沉淀的注册学生，他们虽然取得了学籍，实际已经长时间未参与网络学习，但是高校仍然为他们保留了学籍，网络教育的学籍管理仍有待进一步规范和完善。

从招生规模角度来看（表 2-1-4），2010—2013 年招生规模逐年扩大，四年增长了 32.3%，到了 2014 年，网络教育的招生规模出现拐点，由增长转变为减少，而 2016 年又再创了历史新高。2014 年以前，本科层次在网络教育招生中所占比重在逐步提升，2015—2016 年，又稍有回落。随着《高等学历继续教育专业设置管理办法》的出台，很多举办网络教育的高校因没有对应的全日制专科专业，将无法再继续进行网络教育专科层次的办学，加上一些争创"双一流"的高校退出学历继续教育市场，网络教育的结构、层次在不久的将来将可能出现大幅度的变化。

表 2-1-4　2010—2016 年网络教育招生人数统计（单位：万人）

年份	总人数	本科招生数	本科招生所占比重（%）
2010	166.37	55.58	33.4
2011	187.15	64.4	34.4
2012	196.45	69.67	35.5
2013	220.07	80.44	36.6
2014	206.19	78.14	37.9
2015	203.4	74.87	36.8
2016	229.61	84.76	36.9

（数据来源：教育部网站 2010—2016 年教育统计数据）

从毕业生角度来看（表 2-1-5），网络教育的毕业生一直呈现增长趋势，而且增长势头基本保持稳定，年均增长率保持在 12.7% 左右。网络教育毕业生中，本科毕业生所占比重呈现先降后升的趋势，2013 年后一直保持在 35% 以上。

表 2-1-5　2010—2016 年网络教育毕业生人数统计（单位：万人）

年份	总人数	本科毕业生人数	本科毕业生所占比重（%）
2010	111.55	42.25	37.9
2011	129.93	46.01	35.4
2012	136.09	47.79	35.1
2013	156.08	53.67	34.4
2014	166.13	58.63	35.3
2015	179.98	64.91	36.1
2016	187.48	70.09	37.4

（数据来源：教育部网站 2010—2016 年教育统计数据）

（二）成人高等学历教育规模

与网络教育总体上升的趋势不同，成人高等教育在近几年受到的冲击和影响更大，总体规模呈现先升后降的趋势，特别是 2015 年以后，下降趋势比较明显。究其原因，一方面，成人高等学历教育一直以学历补偿为主，而随着普通高等教育的不断扩招，成人高等教育的学历补偿功能在逐步弱化；另一方面，绝大部分的成人高等学历教育仍以面授为主，网络教育学习方式更加灵活，不受时间和空间限制，对成人高等学历教育的生源形成了分流；再加上成人高等学历教育学费长期偏低，办学投入不足，质量下降，活力逐步丧失。

从在籍生层面来看（表 2-1-6），成人高等教育在籍生规模呈现先增后减的趋势，2014 年在籍生规模最大，达到 653.12 万人，到 2016 年则下降到了 584.39 万人。成人教育在籍生中，本科生所占比重呈现逐年增加的趋势，到 2016 年，已达到 45.97%，这也从另一个侧面反映出，成人高等学历教育的需求层次在逐步提升，低层次的学历补偿需求将进一步减少。

表 2-1-6　2010—2016 年成人高等学历教育在籍生人数统计（单位：万人）

年份	总人数	本科生人数	本科生所占比重（%）
2010	536.04	222.05	41.4
2011	547.5	233.61	42.7
2012	583.11	247.55	42.5
2013	626.41	265.46	42.4
2014	653.12	279.79	42.8
2015	635.94	279.34	43.9
2016	584.39	268.66	46.0

（数据来源：教育部网站 2010—2016 年教育统计数据）

从招生层面来看（表 2-1-7），招生规模的变化与在籍生规模的变化趋势相同，也是在 2014 年达到最高点，2016 年又大幅度的下降，但招生规模比在籍生规模下降的比重更大，2016 年的招生人数比 2014 年下降了 20.47%（在籍生下降比重为 10.52%）。成人高等学历教育招生中，本科招生所占比重也呈现逐年上升的趋势，2016 年也突破了 45%，这一点与在籍生呈现的发展趋势相同。

表 2-1-7　2010—2016 年成人高等学历教育招生人数统计（单位：万人）

年份	总人数	本科招生数	本科招生所占比重（%）
2010	208.43	85.33	40.9%
2011	218.51	89.72	41.1%
2012	243.96	98.48	40.4%
2013	256.49	103.82	40.5%
2014	265.6	110.24	41.5%
2015	236.75	101.47	42.9%
2016	211.23	96.94	45.9%

（数据来源：教育部网站 2010—2016 年教育统计数据）

从毕业生层面来看（表 2-1-8），成人高等学历教育的毕业生呈现逐年增长的趋势，毕业生中本科所占比重一直稳定在 40% 左右。

表 2-1-8　2010—2016 年成人高等学历教育毕业生人数统计（单位：万人）

年份	总人数	本科毕业生人数	本科毕业生所占比重（%）
2010	197.29	80.39	40.7%
2011	190.66	75.54	39.6%
2012	195.44	80.1	41.0%
2013	199.77	81.12	40.6%
2014	221.23	89.91	40.6%

续表

年份	总人数	本科毕业生人数	本科毕业生所占比重（%）
2015	236.26	96.25	40.7%
2016	244.47	102.18	41.8%

（数据来源：教育部网站 2010—2016 年教育统计数据）

三、学历继续教育规模的地区差异

由于各地经济水平和教育水平的差异，学历继续教育的发展也呈现出地区的差异性。本研究统计了 2016 年全国各省份（不含港澳台地区）普通高等教育、成人高等教育、网络教育招生人数及全国排名情况（表 2-1-9），并按照学历继续教育（网络教育 + 成人高等学历教育）与普通高等教育人数比值高低进行排列。

表 2-1-9 2016 年全国（不含港澳台地区）各类高等教育招生人数对比统计表

序号	省份	普通高等教育		成人高等学历教育		网络教育		学历继续教育（网络教育+成人高等学历教育）与普通高等教育人数比值
		招生人数（万人）	全国排名	招生人数（万人）	全国排名	招生人数（万人）	全国排名	
1	北京	15.1	22	6.3	14	119.7	1	8.34
2	吉林	17.3	21	5.0	16	11.0	4	0.92
3	四川	41.5	5	12.2	5	19.5	2	0.76
4	辽宁	25.6	13	6.4	13	10.8	5	0.67
5	陕西	28.4	11	5.3	15	13.0	3	0.64
6	上海	13.7	24	4.2	19	4.3	11	0.62
7	重庆	20.5	15	4.9	17	6.7	7	0.56
8	天津	13.9	23	2.4	26	5.0	10	0.53
9	西藏	1.0	31	0.5	30			0.52
10	广东	54.0	3	22.5	1	3.8	12	0.49
11	江苏	45.3	4	18.7	2	3.1	14	0.48
12	浙江	25.8	12	10.1	8	1.4	18	0.44
13	山东	55.5	1	17.9	3	5.9	8	0.43
14	湖北	39.1	6	8.2	10	8.3	6	0.42
15	甘肃	12.6	25	2.6	25	2.7	16	0.42
16	广西	24.8	14	10.0	9			0.40

续表

序号	省份	普通高等教育		成人高等学历教育		网络教育		学历继续教育（网络教育+成人高等学历教育）与普通高等教育人数比值
		招生人数（万人）	全国排名	招生人数（万人）	全国排名	招生人数（万人）	全国排名	
17	湖南	34.9	8	11.1	7	2.7	17	0.40
18	河北	35.8	7	14.0	4			0.39
19	宁夏	3.2	29	1.2	27			0.37
20	云南	18.0	20	6.6	12			0.37
21	福建	19.8	18	3.4	21	3.5	13	0.35
22	黑龙江	19.8	17	3.7	20	3.0	15	0.34
23	新疆	9.2	27	3.0	23			0.32
24	河南	55.0	2	11.8	6	5.2	9	0.31
25	青海	1.9	30	0.5	31			0.27
26	安徽	30.7	9	7.5	11	0.0	19	0.24
27	贵州	18.7	19	3.2	22			0.17
28	江西	29.6	10	4.2	18			0.14
29	山西	20.4	16	2.6	24			0.13
30	海南	5.3	28	0.6	29			0.11
31	内蒙古	12.2	26	0.9	28			0.07
合计		748.6	/	211.2	/	229.6	/	0.59

（数据来源：教育部网站 2016 年教育统计数据）

全国学历继续教育与普通高等教育的人数比值为 0.59，只有 6 个省份在全国平均水平以上，其余省份全部在全国平均水平以下，其中 18 个省份学历继续教育与普通高等教育的人数比值在 0.3 到 0.56 之间，还有 7 个省份低于 0.3，可见学历继续教育的发展有着很强的地区的不均衡性。

首先看一下高于全国平均水平的 6 个省份的情况，由于国家开放大学的网络教育的统计数据全部计入到了北京，所以北京网络教育数据激增，大幅度超越其他省份，加上北京是全国文化中心，有着更为丰富的教育资源，其学历继续教育规模较大，符合常理。四川是人口大省，其普通高等教育、成人高等教育、网络高等教育规模均排名全国前列。上海是全国经济中心，教育资源也相对发达，加上一些高校网络教育开展较为成熟。这两个省份学历继续教育规模所占比重较大也符合常理。

吉林省普通高等教育和成人高等教育在全国排名均不高，但凭借大规模的网络教育，其学历继续教育的总规模与普通高等教育接近持平；辽宁和陕西的情况也较为类似，这两个省份的普通高等教育规模和成人高等教育规模仅均处于中游，但网络教育规模较大，提升了这些省份学历继续教育的总体规模。吉林、辽宁、陕西三个省份并非教育大省，也并非以互联网技术领先而著称，但其网络教育的规模均超过 10 万人，这不得不让人进一步反思网络教育激增可能带来的各种问题，包括人才培养质量是否匹配，是否存在盲目扩大网络教育规模等问题。

学历继续教育人数与普通高等教育人数比值在 0.3 到 0.56 的 18 个省份，其学历继续教育人数的排名与普通高等教育人数排名位置较为接近，学历继续教育规模与其教育水平和经济水平基本匹配。

学历继续教育人数与普通高等教育人数比值低于 0.3 的 7 个省份，除海南外，均为中西部省份，经济欠发达，教育发展相对薄弱。海南省由于教育起步较晚，也缺乏优质的高等教育资源。这些地区都更需要优质的教育资源，也是学历继续教育可挖掘的市场所在。

综上，结合学历继续教育规模的地区差异，全国各高校也可以更有针对性的调整方案，将优质教育资源有针对性地向中西部省份倾斜，实现区域联合发展，促进学历继续教育的健康可持续发展。

四、学历继续教育专业分布

成人高等教育和网络教育的在校生专业分布情况都呈现了各自的特点，本研究统计了 2016 年普通高等教育、成人高等教育和网络教育本科、专科各专业类别的在校生人数，通过学历继续教育和普通高等教育专业分布的比较，进一步分析学历继续教育专业分布的特点。

（一）本科专业分布情况

从表 2-1-10 可以看出，本科专业类别中，成人高等教育除医学类占比明显更高（28.75%）之外，其余专业分布与普通高等教育基本接近，但相对更为集中，排名前三的医学、管理学、工学总计占比超过 75%。网络教育则更是体现出专业分布集中的特点，仅管理学一类就占比 40% 以上。排名前四的管理学、工学、法学、医学四个专业总计占比超过总数的 80%。

表 2-1-10 2016 年各类高等教育本科各专业类别在校生人数统计表

专业类别	普通高等教育		成人高等学历教育		网络教育	
	在校生人数（万人）	占比（%）	在校生人数（万人）	占比（%）	在校生人数（万人）	占比（%）
哲学	0.99	0.06	0.01	0.01	0.00	0
经济学	94.65	5.87	6.16	2.29	9.73	4.16
法学	55.96	3.47	9.84	3.66	20.56	8.79
教育学	59.67	3.70	17.29	6.44	10.54	4.50

续表

专业类别	普通高等教育		成人高等学历教育		网络教育	
	在校生人数（万人）	占比（%）	在校生人数（万人）	占比（%）	在校生人数（万人）	占比（%）
文学	149.16	9.25	16.78	6.25	12.43	5.32
历史学	7.38	0.46	0.28	0.10	0.43	0.18
理学	108.52	6.73	4.12	1.53	2.12	0.91
工学	537.57	33.33	61.57	22.92	52.69	22.52
农学	27.94	1.73	4.24	1.58	2.12	0.90
医学	120.73	7.49	77.25	28.75	20.96	8.96
管理学	296.67	18.39	66.79	24.86	101.19	43.26
艺术学	153.72	9.53	4.33	1.61	1.17	0.50
总计	1612.95	100.00	268.66	100.00	233.93	100.00

（数据来源：教育部网站2016年教育统计数据）

（二）专科专业分布

由表2-1-11可以看出，成人高等教育专科专业分布类别与普通高等教育基本接近，财经商贸大类和医药卫生大类在成人高等教育中仍然占比要更高一些。网络教育专科专业相对普通高等教育和成人高等教育分布显得更为集中，主要集中在财经商贸大类和公共管理与服务大类，两个专业占比接近网络教育所有专科专业的50%。另外，值得注意的是，公共管理服务大类在网络教育在校生中的比重（19.27%）要远远高于普通高等教育（0.91%）和成人高等学历育（3.81%）。

表2-1-11　2016年各类高等教育专科各专业类别在校生人数统计表

专业类别	普通高等教育		成人高等学历教育		网络教育	
	在校生人数（万人）	占比（%）	在校生人数（万人）	占比（%）	在校生人数（万人）	占比（%）
农林牧渔大类	17.90	1.65	5.68	1.80	15.77	3.84
资源环境与安全大类	15.01	1.39	4.65	1.47	2.94	0.72
能源动力与材料大类	12.41	1.15	2.21	0.70	2.15	0.52
土木建筑大类	101.03	9.33	25.31	8.02	38.34	9.33
水利大类	4.28	0.40	0.89	0.28	2.19	0.53
装备制造大类	130.19	12.02	34.68	10.98	28.60	6.96
生物与化工大类	11.73	1.08	2.02	0.64	1.00	0.24

续表

专业类别	普通高等教育		成人高等学历教育		网络教育	
	在校生人数（万人）	占比（%）	在校生人数（万人）	占比（%）	在校生人数（万人）	占比（%）
轻工纺织大类	5.19	0.48	0.79	0.25	0.09	0.02
食品药品与粮食大类	17.25	1.59	0.63	0.20	0.48	0.12
交通运输大类	58.79	5.43	12.02	3.81	5.99	1.46
电子信息大类	110.40	10.20	18.47	5.85	20.56	5.00
医药卫生大类	130.76	12.08	54.29	17.20	18.60	4.53
财经商贸大类	236.32	21.82	81.32	25.76	125.89	30.63
旅游大类	34.07	3.15	5.34	1.69	2.78	0.68
文化艺术大类	52.58	4.86	8.04	2.55	1.90	0.46
新闻传播大类	9.16	0.85	0.35	0.11	0.46	0.11
教育与体育大类	111.83	10.33	43.18	13.68	39.89	9.71
公安与司法大类	14.15	1.31	3.85	1.22	24.17	5.88
公共管理与服务大类	9.84	0.91	12.02	3.81	79.20	19.27
总计	1082.89	100.00	315.73	100.00	411.01	100.00

（数据来源：教育部网站 2016 年教育统计数据）

综上，学历继续教育的专业分布呈现的不同特点，一方面反映出市场需求的变化，但也不排除有扎堆举办热门专业的问题。在供给侧改革的大背景下，如何充分发挥高校自身的学科优势和特色，更有针对性地举办有特色的学历继续教育专业，也是学历继续教育发展需要进一步解决的课题。

五、学历继续教育潜在生源规模

长久以来，国家和高校都将学历继续教育定位为学历补偿的重要手段，但随着时代的不断发展变化，高校学历继续教育的学历补偿功能逐步弱化，其潜在的生源规模也在逐步缩小。

由图 2-1-3 可以看出，从 1999 年起普通高等教育录取率开始超过 50%，2011 年起超过 70%。普通高等教育的大规模扩招，势必对以学历补偿为主的高校学历继续教育的需求规模带来冲击。

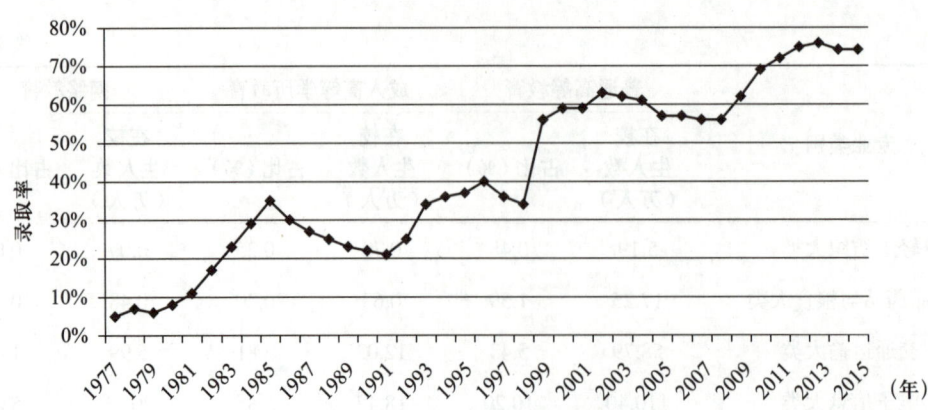

图 2-1-3　1977—2015 年全国高考录取率

（数据来源：中国教育在线）

由图 2-1-4 可以看出，2010—2016 年全国普通高中毕业生人数和中等职业教育毕业人数的总规模与普通高等教育招生人数规模相比，二者的差值基本呈现逐年减少的趋势，2010 年该项差值为 676.25 万人，到 2016 年，该项差值降到 484.3 万人。由此说明，随着时间的推移，潜在的需要进行学历补偿的人员将会越来越少，这在今后相当长的时期内势必对高校学历继续教育的生源规模产生不利影响。

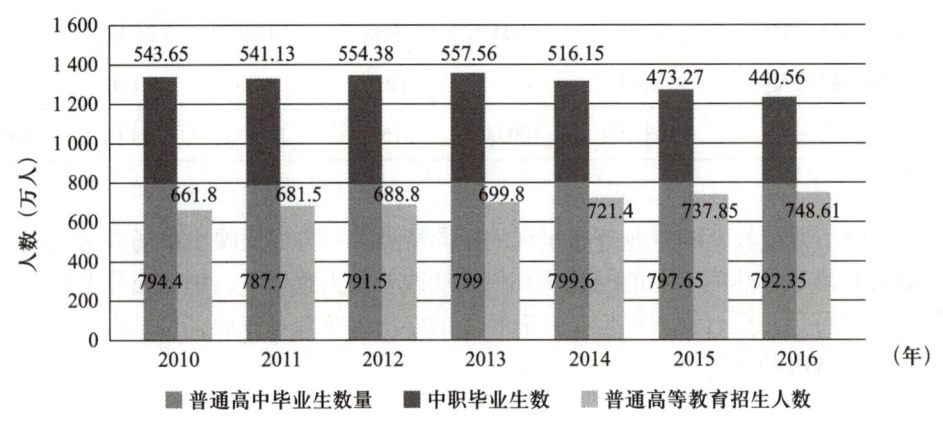

图 2-1-4　2010—2016 年全国普通高中毕业生人数、
中等职业教育毕业人数与普通高等教育招生人数情况

（数据来源：教育部网站 2010—2016 年教育统计数据）

随着高校继续教育结构的变化，随着非学历教育成为高校继续教育新的主力军，学历继续教育的转型势在必行。学历继续教育转型一定要解决好功能定位问题，改变目前学历继续教育与普通高等教育各自独立发展的现状，建立学历继续教育与普通高等教育衔接沟通的渠道，提升学历继续教育的社会认可度，引导各类高校分层、分类发展。在此基础上，再充分融合先进的互联网技术手段，让学历继续教育成为在职人群提升专业素质、储备专业知识、转换专业方向的优先选择，推动学历继续教育健康可持续发展，成为终身教育体系中不可或缺的重要环节。

（王法新、包华影、刘远霞、黄文峰、高美慧）

京津冀地区高校学历继续教育发展比较分析

2015年3月,中央财经领导小组第九次会议审议研究了《京津冀协同发展规划纲要》。4月,中共中央政治局召开会议,审议通过《京津冀协同发展规划纲要》。推动京津冀协同发展是一个重大国家战略。区域协同发展已经成为新常态下国家经济发展的重要方式。

京津冀协同发展规划将京津冀整体定位为"以首都为核心的世界级城市群、区域整体协同发展改革引领区、全国创新驱动经济增长新引擎、生态修复环境改善示范区"。京津冀区域整体定位体现了三省市"一盘棋"的思想,突出了功能互补、错位发展、相辅相成;三省市定位服从和服务于区域整体定位。与之相呼应,高校继续教育的发展也要服从国家对京津冀协同发展的定位,服从三地对多样化、差异化人才需求的现实。就三地人才需求来看,因定位不同,人才需求就会有差异,会有大量的人员流动,除新留毕业生和人才引进外,原有人员的提升、新技能学习是必然的,这就是高校继续教育的职责。在此过程中,高等教育资源集中的北京在京津冀协同发展背景下还肩负着输送优质资源,促进教育公平、协调发展的责任。

在京津冀区域协同发展理念的指导下,京津冀地区的继续教育需要进行整体定位和统筹规划。本研究从京津冀地区学历继续教育整体概况和继续教育协同发展背景两个方面对京津冀地区高校继续教育发展情况进行比较分析。

一、京津冀地区学历继续教育整体概况

京津冀地区的高校由于各自发展定位不同,其继续教育的发展也呈现出较大的差异。下面分别从高等教育机构分布情况和学历继续教育规模两个角度来进行分析。

(一)京津冀地区高等教育机构分布差异较大

由表2-2-1中数据显然可见,在京津冀地区,北京由于其全国文化中心的地位,高等教育机构总量最大,特别是央属高校数量占当地总数的84%,在全国排第一;普通高校中本科高校数量最多;此外,北京成人高校和民办的其他高等教育机构也最多。天津的高等教育机构总量在京津冀地区中为最小,而且没有民办的其他高等教育机构。河北普通高校数量虽然最多,达到120所,但层次明显偏低,普通高校中专科学校接近50%,央属高校也仅有4所。

现状分析

表 2-2-1　2016 年京津冀地区各类高等教育机构数量情况（单位：所）

高校类型	北京	天津	河北
普通高校	91	55	120
其中央属高校	37	3	4
本科	66	30	61
专科	25	25	59
成人高校	24	14	6
其中央属高校	8	0	1
其他民办高等教育机构	65	0	36
合计	180	69	162

（数据来源：教育部网站 2016 年教育统计数据）

从资源分配的角度来看，北京高校无论是从数量还是质量上在京津冀地区都占据绝对优势。表 2-2-2 显示，2016 年北京高校生均公共财政预算教育事业经费和公共财政预算公用经费分别达到 5.6 万元和 2.9 万元，是京津冀地区最高的，比全国的平均水平分别高出 197.04% 和 263.77%；天津高校的生均经费要低于北京，但比全国平均水平略高；而河北高校的生均经费相对最低，甚至比全国的平均水平还要低，其生均公共财政预算教育事业经费比全国平均水平低 16.07%，公共财政预算公用经费刚刚达到全国平均水平。

表 2-2-2　2016 年京津冀地区普通高等学校生均经费情况

	北京	天津	河北	全国
公共财政预算教育事业经费（元）	55687.68	19581.45	16151.52	18747.65
公共财政预算公用经费（元）	29346.33	9690.57	8067.89	8067.26

（数据来源：教育部网站《2016 年全国教育经费预算执行情况统计公告》）

从表 2-2-3 可以看出，2016 年北京高校专任教师中，具有研究生学历（含博士和硕士）的占 83.94%，高于天津的 68.59%，远超过河北的 51.62%，比全国平均水平高出 25.26 个百分点，具有非常明显的师资优势。可见，从资源配置的角度来说，北京高校的教育资源如能向津冀地区倾斜和共享，对京津冀地区继续教育的协同发展将非常有利。

表 2-2-3　2016 年京津冀地区高等教育专任教师学历情况

学历	北京 数量（万人）	北京 比例（%）	天津 数量（万人）	天津 比例（%）	河北 数量（万人）	河北 比例（%）	全国 数量（万人）	全国 比例（%）
博士	4.22	58.94	1.08	34.62	1.04	14.63	36.71	22.56
硕士	1.79	25.00	1.06	33.97	2.63	36.99	58.78	36.12
本科	1.1	15.36	0.96	30.77	3.35	47.12	65.17	40.05

续表

学历	北京		天津		河北		全国	
	数量（万人）	比例（%）	数量（万人）	比例（%）	数量（万人）	比例（%）	数量（万人）	比例（%）
专科及以下	0.05	0.70	0.02	0.64	0.09	1.27	2.06	1.27
合计	7.16	100	3.12	100	7.11	100	162.72	100

（数据来源：教育部网站 2016 年教育统计数据）

（二）京津冀地区学历继续教育规模的发展形态各异

为了解京津冀地区学历继续教育规模情况，以下主要从成人高等学历教育和网络教育两种类型来进行比较分析。

由图 2-2-1 和图 2-2-2 可以看出，2010—2015 年京津冀三地的成人高等学历教育规模呈现出几乎完全不同的发展趋势：

（1）北京基本呈逐年下降的趋势，在籍生人数由 2010 年的 27.3 万人降低到 2016 年的 17.48 万人，降幅为 36.02%；招生人数由 2010 年的 10.9 万人降到 2015 年的 6.26 万人，降幅为 42.5%；而且随着多数北京高校因政策制约不再招收专科层次的成人高等学历教育学生，这个下降趋势将会进一步加大。

（2）天津呈现小幅振荡的趋势，在籍生人数最多的是 2014 年的 7.36 万人，最少的是 2016 年的 5.95 万人；招生人数最多的是 2014 年的 3.42 万人，最少的是 2016 年的 2.38 万人；无论是在籍生还是招生人数在绝对数量上相对于北京和河北都较小，2016 年的在籍生规模不足北京的三分之一，不足河北的六分之一，而且 2016 年在籍生和招生人数都创造了近 7 年来的历史最低。

（3）河北呈现出较大幅度的上涨趋势，在籍生人数从 2010 年的 23.56 万人增长到 2016 年的 36.92 万人，增幅为 56.71%；招生人数由 2010 年的 8.98 万人增长到 2015 年的 14.68 万人，虽然 2016 年略有下降，但是七年的总增幅仍高达 55.46%，河北省成人高等学历教育规模近年来增长较大，一方面可能与河北省高校没有网络教育导致生源集中流向成人教育有关，另一方面也与河北省高校迫于低学费而不得不想尽办法扩大招生规模有一定关系。

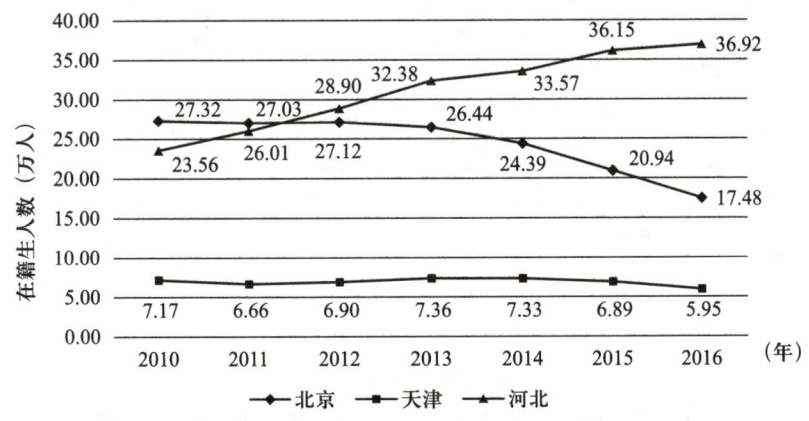

图 2-2-1　2010—2016 年京津冀地区成人高等学历教育在籍生人数比较

（数据来源：教育部网站 2010—2016 年教育统计数据）

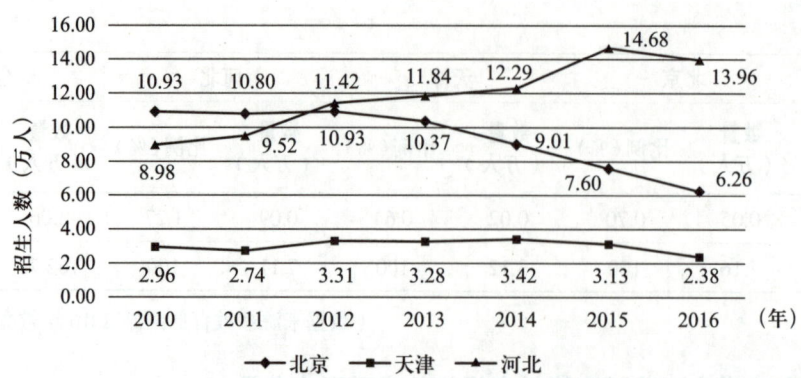

图 2-2-2　2010—2016 年京津冀地区成人高等学历教育招生人数比较

（数据来源：教育部网站 2010—2016 年教育统计数据）

由图 2-2-3 可以看出，2010—2015 年北京高校网络教育在籍生规模呈现逐年递增的趋势，六年增长了近 40%；与此相应的招生规模也呈逐年增长的趋势，从 2010 年的 17.9 万人增长到 2015 年的 31.5 万人，涨幅达 76%。图 2-2-4 显示的是天津的情况，2010—2016 年天津高校网络教育在籍生规模呈现大幅度增长的态势，从 2010 年的 3.42 万人增长到 2016 年的 11.18 万人，涨幅高达 226.9%；就招生规模而言，总体上呈现振荡上升并趋于稳定的形态。

图 2-2-3　2010—2016 年北京高校网络教育在籍生和招生规模

（数据来源：2010—2014 年《北京高等学校继续教育质量报告》，2015 年《北京高等学校继续教育质量建设报告》，2016 年《北京高等学校继续教育发展报告》）

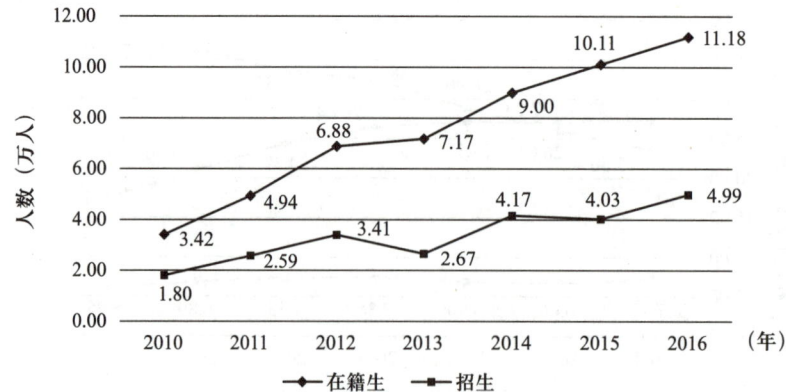

图 2-2-4　2010—2016 年天津高校网络教育在籍生和招生规模

（数据来源：教育部网站 2010—2016 年教育统计数据）

从上述的比较发现，京津冀地区的网络教育主要集中在北京高校，天津只有较少的一部分，河北由于没有网络试点高校则没有网络学生。在国家取消"利用互联网实施远程高等学历教育的教育网校审批"后，京津冀地区应统筹协调、加强合作，充分发挥北京高校在网络教育资源和办学经验方面的优势，促进京津冀地区继续教育的协同发展。

二、京津冀高校继续教育协同发展背景

顺应京津冀地区协同发展战略实施的要求，京津冀高校继续教育的协同发展亦是大势所趋。受经济社会发展和地理位置等综合因素影响，京津冀高校继续教育协同发展将面临很大的考验。以下着重从就业人口受教育程度、地区产业结构、学历继续教育本地潜在生源规模三个维度对三地高校继续教育协同发展的背景进行比较分析。

（一）京津冀地区就业人口受教育程度差距明显

从抽样调查数据表2-2-4、表2-2-5、表2-2-6可以看出，就接受高等教育（含专科、本科和研究生以及上）的比例而言，京津冀地区呈现出明显的差异。

（1）2014年，北京就业人口中接受高等教育的比例达到55.9%，是京津冀地区中最高的，相比2010年，比值提高了16.9个百分点；其中增幅最大的是本科就业人口，其比值增加了10.3个百分点；另外，研究生及以上的就业人口比值增加了2.79个百分点，在三地中也是最高的。

（2）2014年，天津就业人口中接受高等教育的比例为34.2%，在京津冀地区中排第二，比北京少21.7个百分点；五年间增幅最大的是专科就业人口，其比值增加了8个百分点。

（3）2014年，河北就业人口中接受高等教育的比例仅为13.4%，比北京少42.5个百分点，比天津少20.8个百分点；五年间增幅最大的是专科就业人口，其比值增加了3个百分点，其次是本科和高中学历的就业人口。

表2-2-4　2010—2014年北京就业人口受教育程度抽样调查结果（单位：百分比）

年份	2010	2011	2012	2013	2014	累计增幅
未上学	0.5	0.4	0.3	0.3	0.3	−0.2
小学	4.8	3.4	2.9	3.7	3	−1.8
初中	34.2	22	20.8	22.6	20.9	−13.3
高中	21.5	23.9	22.5	21.9	19.9	−1.6
专科	14.7	17.9	19.3	18.3	18.5	3.8
本科	19.2	25.6	27.5	26	29.5	10.3
研究生及以上	5.08	6.77	6.79	7.09	7.87	2.79

（数据来源：《中国人口和就业统计年鉴2011—2015》）

表2-2-5　2010—2014年天津就业人口受教育程度抽样调查结果（单位：百分比）

年份	2010	2011	2012	2013	2014	累计增幅
未上学	0.8	0.5	0.6	0.5	0.2	−0.6

续表

年份	2010	2011	2012	2013	2014	累计增幅
小学	12.2	8.7	8.8	7.5	6.7	−5.5
初中	44.9	41.5	40.7	39.3	39.3	−5.6
高中	20.7	22.6	22.2	20.8	19.7	−1
专科	10.3	13.3	13.7	15.2	18.3	8
本科	10.2	12.4	12.9	15.3	14.5	4.3
研究生及以上	1.06	1.07	1.17	1.21	1.35	0.29

（数据来源：《中国人口和就业统计年鉴 2011—2015》）

表 2-2-6　2010—2014 年河北就业人口受教育程度抽样调查结果（单位：百分比）

年份	2010	2011	2012	2013	2014	累计增幅
未上学	1.6	1	1.5	2.2	1.3	−0.3
小学	19.5	14.6	12.4	16.1	15.3	−4.2
初中	58.7	57.4	57.4	55.5	55.3	−3.4
高中	12.5	15.8	16.8	15.1	14.8	2.3
专科	4.9	6.8	7.5	6.9	7.9	3
本科	2.6	4.1	4.1	3.9	5.3	2.7
研究生及以上	0.17	0.24	0.29	0.26	0.23	0.06

（数据来源：《中国人口和就业统计年鉴 2011—2015》）

由上述可见，相比较北京和天津，河北有更大的高等教育普及需求，特别是在《京津冀协同发展规划纲要》出台后，河北的经济建设需要更多的应用型人才，学历继续教育在河北会有更加广阔的市场，河北将成为京津冀高校继续教育服务的重点地区。而对于北京和天津来说，在高等教育就业人口比例相对较高的背景下，需要进一步提升学历继续教育的人才培养结构和质量，以适应京津地区的产业结构调整，服务京津地区的经济社会发展。

（二）京津冀地区产业结构差异大、互补性强

从三次产业的产值统计情况表 2-2-7、表 2-2-8、表 2-2-9 可以看出，2015 年北京、天津以第三产业为主，占比分别为 79.7% 和 52.2%；河北以第二产业为主，占比为 48%，且河北第一产业产值比重是京津冀地区中最高的，达到 11.54%。纵向来看，2010—2015 年的六年间，北京第三产业无论在产值还是所占比重上都增长较快；天津产值增长最快的也是第三产业，其占 GDP（地区生产总值）总值的比重在 2015 年首次超过 50%，达到 52.2%；河北第三产业的增速明显高于其他产业，但产业结构总体上变化不大，仍是以第二产业为主体，但是随着雄安新区的设立和建设，预计河北的产业结构将会加速得到优化。

表 2-2-7 2010—2015 年北京三次产业产值结构统计表（单位：亿元）

年份		2010	2011	2012	2013	2014	2015
第一产业	产值	124.36	136.27	150.2	161.83	158.99	140.2
	百分比（%）	0.90	0.80	0.80	0.80	0.70	0.60
第二产业	产值	3388.38	3752.48	4059.27	4352.3	4544.8	4542.6
	百分比（%）	24	23.10	22.70	22.30	21.30	19.70
第三产业	产值	10600.8	12363.2	13669.9	14986.4	16627	18331.7
	百分比（%）	75.10	76.10	76.50	76.90	77.90	79.70

（数据来源：《北京统计年鉴 2011—2016》）

表 2-2-8 2010—2015 年天津三次产业产值结构统计表（单位：亿元）

年份		2010	2011	2012	2013	2014	2015
第一产业	产值	145.58	159.72	171.6	188.45	199.9	208.82
	百分比（%）	1.60%	1.40%	1.30%	1.30%	1.30%	1.30%
第二产业	产值	4840.23	5928.32	6663.82	7276.68	7731.85	7704.22
	百分比（%）	52.50%	52.40%	51.70%	50.60%	49.20%	46.50%
第三产业	产值	4238.65	5219.24	6058.46	6905.03	7795.18	8625.15
	百分比（%）	46%	46.20%	47%	48.10%	49.60%	52.20%

（数据来源：《天津统计年鉴 2011—2016》）

表 2-2-9 2010—2015 年河北三次产业产值结构统计表（单位：亿元）

年份		2010	2011	2012	2013	2014	2015
第一产业	产值	2562.81	2905.73	3186.66	3500.42	3447.46	3439.45
	百分比（%）	12.60%	11.90%	12%	12.40%	11.70%	11.54%
第二产业	产值	10707.68	13126.86	14003.57	14762.1	15012.85	14386.87
	百分比（%）	52.50%	53.50%	52.70%	52.20%	51%	48%
第三产业	产值	7123.77	8483.17	9384.78	10038.89	10960.84	11979.79
	百分比（%）	34.90%	34.60%	35.30%	35.50%	37.30%	40.19%

（数据来源：《河北经济年鉴 2011—2016》）

从三次产业的劳动力结构统计表 2-2-10、表 2-2-11、表 2-2-12 可以看出，2015 年北京的三次产业劳动力主要以第三产业为主，占到 78.8%，而且在 2010—2015 年的六年间，北京第三产业劳动力人口的绝对数量和所占比重都在稳步增长，第二产业劳动力人口数量则呈小幅振荡的趋势，第一产业虽然比重已经很小，但是其劳动力人口的绝对数量和所占比重仍在逐年下降。2015 年天津的三次产业劳动力人口中第三产业为最多，占比达到 56.9%，在 2010—2015 年，天津第三产业劳动人口数量逐年上升，第二产业劳动力人口的变化趋势为先增后减，2013 年达到峰值，第一产业劳动力人口的绝对数量和所占比重都呈逐年下降的趋势。2015 年河北三次产业的劳动力人口分布比较平均，各占三分之一左右，在2010—2015年的六年间，第三产业劳动力人口的绝对数量和所占比重都在缓步增长，但其占比依然是最低的，不过与其他产业已经非常之接近。

可见，从三次产业产值结构和劳动力结构综合来看，三地的差异比较大：北京的产值结构与劳动力结构比较接近；天津的产值结构与劳动力结构有一定偏离；而河北则出现产值结构与劳动力结构不相吻合的特点，尤其是其第一产业的劳动力人口依然众多。

表 2-2-10　2010—2015年北京三次产业劳动力结构统计表（单位：万人）

年份		2010	2011	2012	2013	2014	2015
第一产业	劳动力数量	61.4	59.1	57.3	55.4	52.4	50.3
	百分比（%）	6	5.50	5.20	4.80	4.50	4.20
第二产业	劳动力数量	202.7	219.2	212.6	210.9	209.9	200.8
	百分比（%）	19.60	20.50	19.20	18.50	18.20	17.00
第三产业	劳动力数量	767.5	791.4	837.4	874.7	894.4	935
	百分比（%）	74.40	74.40	75.60	76.70	77.30	78.80

（数据来源：《北京统计年鉴 2011—2016》）

表 2-2-11　2010—2015年天津三次产业劳动力结构统计表（单位：万人）

年份		2010	2011	2012	2013	2014	2015
第一产业	劳动力数量	73.85	73.18	71.23	68.99	67.98	66.17
	百分比（%）	10.10	9.60	8.90	8.10	7.70	7.40
第二产业	劳动力数量	302.33	315.99	330.89	353.85	341.51	320.16
	百分比（%）	41.50	41.40	41.20	41.80	38.90	35.70
第三产业	劳动力数量	352.52	373.99	401.02	424.62	467.72	510.47
	百分比（%）	48.40	49	49.90	50.10	53.40	56.90

（数据来源：《天津统计年鉴 2011—2016》）

表 2-2-12　2010—2015年河北三次产业劳动力结构统计表（单位：万人）

年份		2010	2011	2012	2013	2014	2015
第一产业	劳动力数量	1464.21	1439.63	1426.27	1404.49	1398.88	1387.83
	百分比（%）	37.88	36.33	34.91	33.57	33.29	32.95
第二产业	劳动力数量	1250.85	1319.83	1400.79	1438.07	1437.79	1437.43
	百分比（%）	32.36	33.31	34.28	34.37	34.21	34.12
第三产业	劳动力数量	1150.08	1202.96	1258.68	1341.37	1365.99	1387.24
	百分比（%）	29.36	30.36	30.81	32.06	32.50	32.93

（数据来源：《河北经济年鉴 2011—2016》）

此外，在国家有数据统计的19个行业中，2015年京津冀三地劳动力人口排前五位的行业情况如表 2-2-13 所示。北京从业人口最多的是租赁和商务服务业，天津是制造业，河北是农林牧渔行业。由此可见，三地的行业结构具有很强的互补性。

表 2-2-13 2015 年京津冀三地劳动力人口排前五位的行业情况

排序	北京		天津		河北	
	行业	比例(%)	行业	比例（%）	行业	比例（%）
第一	租赁和商务服务业	13.60	制造业	24.74	农林牧渔	32.95
第二	批发和零售业	12.33	批发和零售业	16.03	制造业	20.39
第三	制造业	11.33	建筑业	9.04	建筑业	10.69
第四	信息传输、软件和信息技术服务业	8.78	农林牧渔	7.38	批发和零售业	9.16
第五	科学研究和技术服务业	8.42	居民服务、修理和其他服务业	5.91	交通运输、仓储和邮政业	4.76

（数据来源：《北京统计年鉴 2016》《天津统计年鉴 2016》《河北经济年鉴 2016》）

三、京津冀地区学历继续教育本地新增潜在生源

由图 2-2-5、图 2-2-6 和图 2-2-7 可以看出，北京和天津的普通高等教育招生人数都远远超过了当地普通高中和中职毕业生的数量之和。虽然普通高等教育是面向全国招生，但是各地区高校对本地招生均有一定的人数上倾斜，因此，京津两地的本地适龄人口接受普通高等教育的机会相对较多，而需要通过学历继续教育进行学历补偿的需求并不突出。与京津地区相比，河北的普通高中和中职毕业生人数之和则远远超过当地普通高等教育的招生数，2010—2016 年，河北普通高中和中职毕业生人数之和与普通高等教育招生数二者的差值平均每年约为 40 万人，也就是说，每年约有几十万的仅有高中或中职文凭的毕业生进入就业市场，新增的这些劳动力人口很多将陆续成为有学历继续教育潜在需求的在职人员，他们将是学历继续教育发展的重要对象。

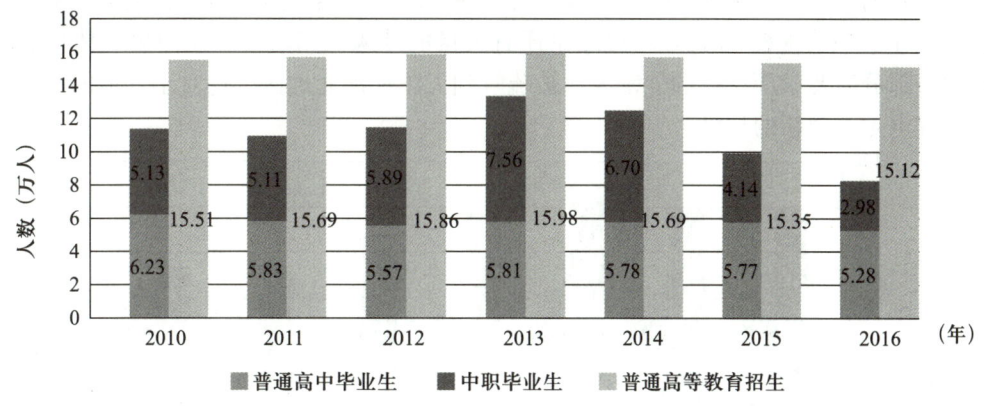

图 2-2-5 2010—2016 年北京普通高中毕业生、
中等职业教育毕业生人数与普通高等教育招生人数情况

（数据来源：教育部网站 2010—2016 年教育统计数据）

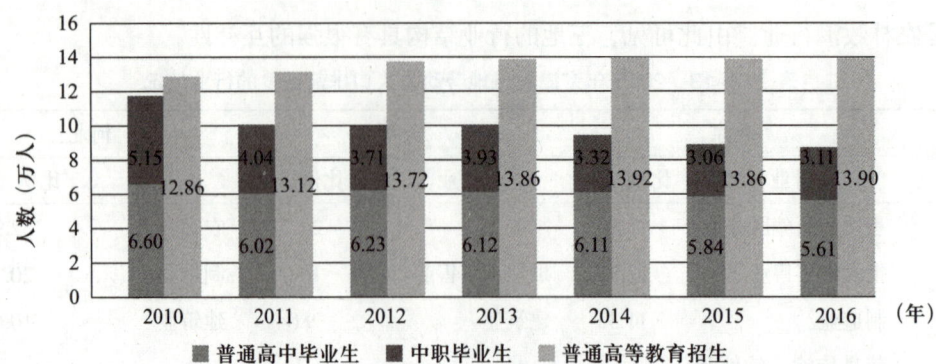

图 2-2-6　2010—2016 年天津普通高中毕业生、中等职业教育毕业生人数与普通高等教育招生人数情况
（数据来源：教育部网站 2010—2016 年教育统计数据）

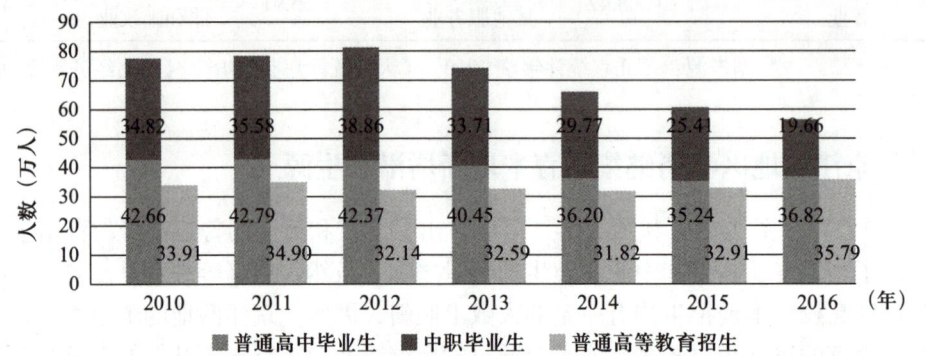

图 2-2-7　2010—2016 年河北普通高中毕业生、中等职业教育毕业生人数与普通高等教育招生人数情况
（数据来源：教育部网站 2010—2016 年教育统计数据）

由图 2-2-8 可以看出，从京津冀地区总体情况来看，2010—2016 年普通高中和中职毕业生人数之和与普通高等教育招生数二者的差值基本呈现逐渐缩小的变化趋势，也就是说，进入就业市场的高中或中职毕业生人数正在减少。由此可见，京津冀地区在可预见的未来一段时间内有专科和本科学历继续教育潜在需求的新增人员数量正在逐步萎缩，2016 年已经缩小到只有 8.65 万人。不过北京还有大量的外来人口流入，京津冀一体化后，会有很大一部分需要学历补偿的外来人口被疏解到天津和河北地区，这对于三地的高校学历继续教育也是一个新的契机。

图 2-2-8　2010—2016 年京津冀地区普通高中毕业生、中等职业教育毕业生人数与普通高等教育招生总人数情况
（数据来源：教育部网站 2010—2016 年教育统计数据）

综上所述，对于京津冀地区的高校学历继续教育发展来说，可为机遇与挑战并存，机遇在于国家对京津冀地区的区域整体规划更加明确，京津冀地区高校可以更有针对性地进行资源整合，并最大限度地进行合理的资源布局。挑战在于京津冀三地高校发展不平衡，水平差异较大，而学历继续教育的潜在生源规模又在不断缩小。在这种大背景下，京津冀地区高校学历继续教育必须分层、分类的发展，一方面保证现有的人群仍能有学历提升的渠道，另一方面也要开拓新的空间，充分发挥一流高校的优势，满足高端人群职业方向转换和新专业知识积累的新需要。京津冀三地高校需要建立起有机的联系，整合资源、协调发展。

（包华影、王法新、黄文峰、刘远霞、高美慧）

新常态下我国高校学历继续教育发展面临的问题

高校是开展继续教育的骨干力量，高校继续教育为我国社会主义现代化建设事业培养了大批人才。随着时代的不断发展，高校继续教育的功能开始发生变化，一方面，以往高校继续教育发展中积累的问题开始暴露，另一方面，经济进步、互联网技术进步以及国家宏观政策和发展规划的变化都对高校继续教育提出了新的要求。本文从高校继续教育的战略思考、功能定位、体制机制、质量管理、开放共享等多个维度，对高校继续教育特别是学历继续教育发展面临的主要问题进行分析概括。

一、高校继续教育发展缺乏战略性思考

目前，我国普通高等教育正从大众化阶段向普及化阶段过渡，而以学历补偿为主要功能的高校继续教育是在高等教育没有实现大众化之前产生的，主要是对当时高等教育供给明显不足的一个补充。随着普通高等教育毛入学率的大幅度提升，预示着未来需要进行学历补偿的在职人员数量在逐步减少，高校继续教育大规模的学历补偿任务将基本结束。然而，当前各类学历继续教育却仍在延续着历史形成的一贯的定位和发展方式进行，整个继续教育系统普遍缺乏战略性思考，对继续教育何去何从比较茫然。

（一）继续教育对新形势下经济社会发展、技术变革带来的人才需求变化应对不够及时和准确

就高校继续教育而言，市场价值取向对其发展的影响越来越大。如何变革继续教育发展模式，提高办学水平，满足经济社会发展和技术变革对人才的需求是高校继续教育肩负的重要历史使命。当前，我国经济社会正在着力推进供给侧结构性改革，传统经济转型升级面临着人才结构困境，这就对继续教育领域提出创新教育发展模式、优化人才培养结构的要求。与此同时，随着第三次技术革命的深入，互联网等新媒体新技术不断发展变革，教育技术得到迅猛发展，移动学习、混合式学习变得越来越普遍，高校继续教育需要顺应技术变革带来的新要求，加强自身供给侧结构性改革，探索新型继续教育供给方式。但是，现行的仍以学历补偿为目标的高校继续教育，并没有看准经济社会发展、技术变革对人才需求的变化，更没有针对这种变化很好地思考应该提供什么样的服务，可以说整体上严重滞后于互联网时代经济社会的发展，在培养模式、培养目标、培养质量上都无法很好地促进广大从业人员为顺应经济社会发展和技术变革需要而更新专业知识，提高工作技能，提升综合能力。

（二）继续教育未能主动应对高等教育大众化发展带来的挑战

2002年我国进入高等教育大众化阶段，高等教育毛入学率达到15%；2015年高等教育毛入学率已经达到40%。当前，高等教育面临的主要挑战已经从过去的高等教育资源短缺、上大学难，转变为优质高等教育资源短缺、上好大学难，这是一个主要矛盾的转化。现阶段对高等教育发展的基本要求一方面是高质量，另一方面是多样化，也就是说，高等教育既要满足经济社会发展对高素质人才的需求，还要满足老百姓接受高等教育的多样化的需求。但是，我国高等学历继续教育并没有主动应对高等教育大众化发展带来的挑战，仍然沿着以学历补偿为主要功能的老路在走。从学历继续教育的发展规模来看，为了继续保持规模，一方面，成人高等学历教育在不断降低录取分数线，在一些高校成人教育规模锐减甚至停止招生的情况下，全国成人教育总体上还有相当规模；另一方面，一些高校网络教育学生规模已经远超学校全日制学生规模，而且还在盲目扩招。出现这样的情况，说明高校学历继续教育并没有对高等教育大众化带来的冲击有充分的思想认识，而只是被动地适应，并且是滞后的。

（三）继续教育上位政策制度缺失

我国现行的继续教育的基本职能和基本教育形式都是在高等教育大众化之前产生的，有一定的历史合理性，且具有鲜明的中国特色，例如，网络教育以技术手段作为一类学历继续教育的形式而存在，是非常特殊的一件事情。就学历继续教育而言，函授、夜大、网络教育都是业余学习，面向同一类人群，具有同样的培养方向，不同的只是学习的形式，但却实行不一致的政策，造成并已经造成学历继续教育质量低下和教育秩序混乱。无论函授、夜大还是网络教育，从国家层面应该有但却没有统一政策，属于上位政策缺失。而且学历继续教育中的网络教育已试点多年，这个试点的帽子要戴多久？目前仍然没有结论。2014年，国务院取消"利用互联网实施远程高等学历教育的教育网校审批"，也就是常说的取消网络教育审批权。但对应于此，国家在网络教育招生录取、注册等方面都没有制定相应政策，上位政策是缺位的，所以高校还是不知道如何办，没有参与试点的高校还是无法招生，试点高校有的还在盲目扩大规模。另外，目前的学历继续教育被普遍视为且实际上也是低层次、低水准的，有不少高校为了建设"双一流"大学，已经或即将停办目前双轨制下的学历继续教育。但绝大多数大学依然认为学历继续教育是大学的责任，办好学历继续教育关键是怎么引导不同层次大学（如央属普通高校、地方普通高校、高职院校、独立设置成人高校）进行分类发展，而这方面的国家政策目前也是缺失的。

二、高校对继续教育的职责定位不尽合理

高校对继续教育的职责定位直接影响继续教育人才培养的质量。在经济发展新常态的背景下，如何从高校整体定位出发对继续教育进行全面系统的顶层设计和规划，是高校发展不可忽视的重要环节。高校不能把继续教育仅仅看做是一种创收工具，也不能看做是可有可无的部分，而是要发展与其社会声誉和地位相匹配的继续教育，满足人才发展的多样化需求。

（一）继续教育定位问题

由于国家对高校继续教育没有直接给以经费投入（如生均教育事业经费、公共财政预算公用经费等），很多高校将继续教育定位为创收工具。一些高校为了追求规模效益，往往忽视继续教育人才培养的质量，陷入"门槛低——生源质量差——人才培养质量差——社会声誉低"的恶性循环。特别是一些网络教育试点高校，盲目扩大办学规模，严重影响继续教育人才培养质量。此外，由于成人学历教育的学费长期处于低水平（不及普通高等教育学费的一半），随着学历继续教育生源数量的逐步下降，近年来一些知名高校陆续退出成人学历教育，而转向非学历教育市场。这种简单的退出行为，固然有非学历教育需求发展迅速的原因，但从一个侧面却反映了高校对学历继续教育的态度是可有可无的，也就是说高校可以因为学历继续教育不再挣钱，或为了建设"双一流"大学而放弃之，并没有真正将学历继续教育视为高校的应尽职责。反观发达国家的一流大学，为满足学习者终身学习的需要，都广泛提供与其社会声誉和地位相匹配的学历继续教育和非学历继续教育服务。可见，我国高校对继续教育的定位和导向是不尽合理的，这对大学的声誉、对继续教育事业的整体发展都是极其不利的。

（二）继续教育未能与全日制高等教育统筹发展问题

发达国家大学的继续教育办学，是作为高等教育的重要组成部分，继续教育是大学的主体责任，也是所有院系部门的共同责任，继续教育的管理是融入在大学的"骨髓里"的。而在我国，高校继续教育多数处于被边缘化的地位，有些大学的继续教育甚至处于"自生自灭"的境地。很多学校既没有把继续教育纳入学校整体发展规划，也没有将继续教育（特别是学历继续教育）和全日制高等教育一同纳入学校的整体教学计划，可以说继续教育与全日制高等教育是互不交往、各行其道，没有在学校层面形成"一盘棋"。不仅如此，继续教育与全日制高等教育在学校管理资源的分配方面是严重不均衡的。在全日制高等教育中，研究生教学由研究生院管，学生由研究生工作部管；全日制本科教学由教务处管，学生由本科生工作处管。高校的公共资源、后勤等基本都在为这些全日制学生服务。与此相对应，高校中又有多少机构和人员在管规模庞大的继续教育呢？往往只有继续教育学院（或继续教育相关机构）一家。继续教育被看做是继续教育学院开展的教育，有时甚至连使用学校公共教室的资格都没有。由此可见，高校继续教育多数还没有被纳入大学的日常管理体系，并与全日制高等教育进行统筹管理。

三、"多轨制"学历继续教育导致管理上条块分割

受历史原因的影响，我国现行的高校继续教育类型多样，仅学历继续教育就包含成人教育（包括函授、夜大、成人脱产）、网络教育、开放教育、自考等类型，这些类型构成了富有中国特色的"多轨制"学历继续教育体系。且不说与普通高等教育是不同轨、不同标准的，单就学历继续教育而言，这种多轨制、多标准的学历继续教育在各自发展过程中逐渐形成了各具特点的管理体制，各管理体制之间基本上是条块分割、各自为政。当前，无论是国家层面还是地方层面，都还没有实现对各类学历继续教育的统一管理。

（一）管理体制复杂，效能亟待提高

随着我国"多轨制"学历继续教育的发展，逐渐产生了复杂多元的管理体制。以北京成人高等学历教育为例，北京市央属高校的成人高等学历教育招生计划的编制由教育部学生司负责，招生报名和考试由北京市教育考试院负责，学籍管理由北京市教委学生处负责，教学质量监控、教学站点评估等事宜由北京市教委高教处负责。再以网络教育为例，学籍管理需要对接全国网络教育招生阳光服务平台，统考事宜则由全国高校网络教育考试委员会办公室负责，学费标准核定和质量监控由北京市教委高教处负责。可见，单一的学历继续教育类型涉及到的管理部门已是层级复杂、种类繁多，更何况不同的学历继续教育类型各自有不同的管理体制。这种多层级、多线程的管理体制，一定程度上降低了学历继续教育的管理效能，也限制了学校办学自主权的发挥。本研究对北京高校继续教育机构进行的抽样调查结果显示，有56.82%的调查对象认为各种学历继续教育分治的管理模式应该统一。此外，从微观层面来看，各个高校对继续教育的管理也呈现出不同的特点。本研究对北京高校继续教育机构进行的抽样调查结果显示，对于学历继续教育，有58.33%的调查对象所在高校实行管办合一，有41.67%的高校实行管办分开。虽然继续教育的管理模式是由各个高校自行确定，但是从长远发展的角度来说，当前以管办合一为主的高校继续教育管理模式不利于形成完善的继续教育质量保障和监督机制，也不利于继续教育质量的提升。

（二）缺乏统一有效的沟通衔接机制

我国"多轨制"学历继续教育采取不同的注册方式、不同的培养标准、不同的学历类型，所培养的学生进入社会往往被歧视，不具有同等的见闻能力，不具有同等的发展基础，不具有同等的待遇水平，这种发展模式是不可持续的。不同类型学历继续教育之间没有统一有效的沟通衔接机制，同一学历继续教育类型的课程学分在不同高校之间也没有成熟的互通互认机制，这无助于打通继续教育和终身学习的通道，使"搭建终身学习'立交桥'，促进各级各类教育纵向衔接、横向沟通"的目标无法落地。本研究对北京高校继续教育机构进行的抽样调查结果显示，对于目前多种学历继续教育并存的情况，有40.3%的调查对象认为应将各种学历继续教育融合统一；有44.78%的调查对象认为应保持各种学历继续教育形式并存的状态，但要统一证书形式，按统一编号规则编码；只有14.93%的调查对象认为应该维持现状。而关于目前各高校学历继续教育课程学分互认的情况，有47.76%的调查对象所在单位没有开展学分互认，有20.9%的调查对象所在单位只有学校内部不同学历继续教育形式之间的学分互认，而与其他学校之间存在继续教育学分互认的比例仅为13.43%。可见，多种学历继续教育自成体系，且互相之间缺乏沟通衔接机制的现状，已经阻碍了高校继续教育的长远发展。打破"多轨制"下不同学历继续教育之间的制度壁垒，建立各类学历继续教育沟通衔接的有效机制，无论从国家对继续教育发展需要层面，还是从高校继续教育自身发展层面，都已迫在眉睫。

（三）尚未形成规范统一的质量保证体系和监督机制

继续教育质量保证标准是一切质量保证工作的基础。质量保证标准一方面可以规范学

校的办学行为，指导办学方向，强化学校质量自律；另一方面可以使政府在管理中明确方向，定期开展监督评估工作。继续教育质量保证体系需要解决的一个核心问题就是建立一套符合中国实际的质量保证标准。就我国学历继续教育而言，虽然在培养方案、课程设置、教材选用等方面很大程度上参照普通高等教育相关专业的培养体系，但是继续教育并没有形成像普通高等教育那样相对成熟规范的质量保证体系和监督机制，监管方式也主要以行政手段为主，缺少第三方和社会力量的参与，没有建立有效机制对高校继续教育进行监督和评估。另外，学历继续教育多种类型并存，各自内部的质量保证体系参差不齐，没有统一，社会认可度差异较大。本研究对北京高校继续教育机构进行的抽样调查结果显示，77.61%的调查对象认为各类学历继续教育的社会认可度不同，综合排序结果大致为自考、成人脱产、夜大、函授、网络教育。对影响学历继续教育社会认可度的原因作进一步调查发现，质量管理的规范程度是调查对象认为最重要的原因。对调查对象所在高校的继续教育部门有哪些质量保证标准的调查结果显示，59.7%的调查对象所在高校有机构的质量保证标准，70.15%的调查对象所在高校有课程的质量保证标准，而17.91%的调查对象所在高校无任何质量保证标准。由此可见，加强规范统一的高校继续教育质量保证体系和监督机制建设是高校继续教育亟待解决的问题之一。

四、高校学历继续教育面临质量危机

高校学历继续教育质量的高低受多种因素的影响和制约，其中生源质量和教育服务提供的质量尤为重要。教育服务提供的质量主要取决于学校办学理念、教师素质、办学条件和教学管理水平。由于没有直接的经费投入，因此学费收入成了高校支撑学历继续教育运行的唯一经费来源，学费收入的高低一定程度上决定了高校对学历继续教育资源投入的优劣多寡，进而影响继续教育服务提供的质量。当前，北京高校学历继续教育既面临生源质量下滑、管理不够规范等问题，还饱受学费收入整体上入不敷出的困扰，可谓危机重重。

（一）学历继续教育生源质量问题

生源质量控制是人才培养质量控制的入口环节。在各类学历继续教育中，成人高等学历教育需要通过统一考试入学。以北京为例，进入21世纪以来，由于生源市场竞争加剧并伴随生源数量萎缩，成人高等学历教育的录取率越来越高。特别是2004年以后，成人高考报名人数急剧下降，由2004年的11.4万人下降到2015年的5.7万人，录取率持续上升，绝大部分高校的绝大部分专业只要达到最低控制线即可录取，到2014年录取率已达到92.9%。与成人高等学历教育采取统一考试入学不同，学历继续教育中的网络教育没有统一的入学考试，是由学校自主组织入学考试；随着近年来网络教育的大规模扩张，其生源质量更加堪忧。由此可以看出，对于北京高校而言，学历继续教育生源质量整体水平低下。

（二）学历继续教育人才培养质量问题

高校学历继续教育的人才培养质量也不容乐观。从专业设置来看，为了追求规模效益，许多高校放弃自身专业优势，盲目跟风举办热门专业，各校所开设专业的培养方案多是全日制普通高等教育相应专业培养方案的缩减版或降低版，并不能真正满足成人在职学习者的学习需求。从师资力量来看，由于受经费不足的约束，很多高校聘请研究生来完成学历继续教育的教学任务，虽然各校对聘请的研究生有一定的筛选，但是由于师资缺乏保障，在整体教学质量上仍然无法与早期的成人高等学历教育相比，出现滑坡。再从出口管理来看，网络教育毕业生需要参加全国高校网络教育考试委员会办公室组织的统考科目考试，并完成毕业论文；而成人高等学历教育的学生则只需要通过各高校自行组织的课程考试即可毕业；各类学历继续教育毕业生要获得学位，必须通过成人学位外语三级考试。可见，不同类型学历继续教育的出口要求是不一致的，这种差异也会在一定程度上影响学历继续教育的人才培养质量，甚至造成质量下滑的风险。

（三）与高校社会声誉地位的匹配问题

全国高校类型众多，不同高校、不同专业存在办学水平的差异，其社会声誉和地位也各有不同。在普通高等教育领域，这种差异能够在多方面体现出来，比如高考录取分数线，就业市场对不同高校、不同专业人才的认可度等。学历继续教育作为高校人才培养和社会服务的组成部分，也应能够反映高校办学水平、社会声誉和地位的差异。但实际情况并非如此，各高校学历继续教育之间的差异不大，形成了一种"大一统"的局面。首先，各高校学历继续教育的入学门槛基本没有差别。仍以北京为例，成人高等学历继续教育录取现状是，大部分高校的多数专业只要考生达到最低控制线即可录取，无论是央属普通高校、市属普通高校还是独立设置的成人高校都是如此，包括一些"985"及"211"工程的名校。网络教育虽是各校自主组织入学考试，但其入学门槛普遍较低。其次，各高校学历继续教育培养的人才在就业市场中认可度差异不大。调查发现，很多用人单位认为：不同高校培养的全日制普通高等教育人才存在比较好的区分度，能在很大程度上体现高校人才培养质量和办学水平的差异，而不同高校培养的各类学历继续教育人才则区分度很小，用人单位无法通过高校的社会声誉来区分不同高校学历继续教育人才的水平。所以很多用人单位在招聘时对各类学历继续教育实行了"一刀切"的办法。除此之外，很多参与过学历继续教育的学习者，无论毕业于哪种类型的高校，在其个人简历中都很少主动提及自己参加学历继续教育的学习经历，这从一定程度上也反映出各类学历继续教育社会认可度偏低、缺乏区分度的问题。

（四）低廉的学历继续教育学费问题

高校学历继续教育的运行不同于普通高等教育，国家没有给以直接的经费投入。目前，绝大多数高校没有把学历继续教育统筹到学校人才培养计划之列，也没有专项经费支持，因此学费收入成了高校学历继续教育唯一的经费来源。学历继续教育事实上成了一种市场行为，但它却没有形成市场化的经费运行机制，学历继续教育的收费要遵守地方政府的严格规定，任何高校不能逾越红线。本研究调查发现，从全国范围来看，成人高等学历教育的学费标准普遍偏低，一般在1200~4800元/学年，不少省份的学费标准不高于2000元/学年，有些省份的学费标准甚至是物价管理部门在20世纪末制定的，并一直沿用至今。网络学历教育通常是按学分收费，每学分收费标准一般在60~180元，不同学校、不同办学层次、同一学校在不同地区的收费标准均会有一定的差异，但是总体上网络学历教育要高于成人高等学历教育的收费标准。相对于高校继续教育的办学和人力成本，倘若没有一定的办学规模做保障，高校很难在学历继续教育领域立足和生存。加之近年来学历继续教育潜在生源规模下滑，各高校之间的生源抢夺战便异常激烈。网络学历教育由于具有天然的规模优势，再加上网络教育的入学考试门槛较低，仍保持一定的增长势头，但却对成人高等学历教育、自学考试形成了一定的挤压。

（五）部分高水平大学退出学历继续教育的问题

在我国高等教育从大众化向普及化过渡的背景下，近几年来有越来越多的高水平大学纷纷把目光聚焦到非学历继续教育市场，甚至有部分高水平大学宣告退出成人高等学历教育、网络学历教育、自考等学历继续教育领域。这对高校学历继续教育的质量保障是非常不利的，一定程度上导致学历继续教育质量进一步下降。当前经济社会发展和技术变革对人才提出了更高的需求，其中不乏有对学历继续教育的需求，这种更高需求的学历继续教育同样需要高水平大学来提供。其实，高水平大学在建设"双一流"大学的过程中，想要放弃的是目前这种不分梯度、低水准的、在过去特定环境下产生还延续到今天的学历继续教育，而不是应有的学历继续教育本身。反观发达国家的一流大学，也没有因为其办学水平的一流而放弃了学历继续教育，而是积极举办与其声誉相匹配的学历继续教育，也就是说，一流大学要办一流的继续教育，而且是更加开放和领先的继续教育。可见，随着经济社会的不断发展，社会对学历继续教育的需求会越来越多元化、层次化，这就需要有相应的机构来满足社会的需求，但一定不是所有的高等学校都要满足所有的社会需求，而应该由不同层次的高校来提供不同层次的学历继续教育，以满足相应层次的社会需求，否则就容易出现"打乱仗""劣币驱逐良币"的状况。

五、继续教育开放与共享程度不够

开放共享是新时期经济社会发展的新理念，也是互联网时代继续教育发展的重要特点。目前，高校继续教育开放共享的步子迈得还不够大，无论是与产业企业的深度融合方面，还是与国际社会的接轨方面，以及在继续教育资源共享方面，都还有待进一步加强。

（一）继续教育与产业的融合程度不够，企业的参与度不高

高校继续教育和普通高等教育的人才培养对象有较大差异，参加高校继续教育的大部分为在职人员，工学矛盾突出，而且对技能和应用性知识的需求更高，因此，继续教育的人才培养更应该贴近企业和产业对人才的实际需求。目前，虽有一些高校进行了学历继续教育领域校企合作的尝试，但校企合作规模在整个高校学历继续教育中所占比重很小。进行这类尝试的高校一般都是针对市场和企业的需求进行定向人才培养的尝试，以解决生源困难的问题。与企业合作的模式也主要是企业提供生源和部分费用，学校提供可供企业选择的相关专业，再按照专业体系的要求进行人才培养。在此过程中，企业参与度并不高，没有形成一种具有创新性、开拓性的校企合作大规模开展学历继续教育的人才培养模式。随着"互联网+"行动的深入推进，个性化定制已经成为各个领域的普遍要求，如何提升企业的参与度，让产业和继续教育的融合更为紧密，甚至专门针对企业需求提供定制化的人才培养项目，是目前学历继续教育发展要突破的重要问题。另外，高校继续教育在资源

建设和技术应用过程中，与企业的合作也不够充分，高校往往更愿意依靠自身力量单打独斗，或者以委托开发的形式借助企业等社会力量提供技术支持服务，而很少采取购买公共服务的方式与企业开展优势互补的合作。也就是说，高校与企业在继续教育协同发展方面依然还存在机制或制度上的障碍。

（二）继续教育国际化水平亟待提高

加强继续教育国际交流与合作是时代赋予继续教育的新要求。继续教育国际化，是利用国内高校继续教育资源及国外高校教育资源，实现教育资源互补、共享的过程，也是推动继续教育扩大对外开放的过程。由于目前我国高等学历继续教育和全日制普通高等教育是双轨制，这与国际上继续教育与全日制普通高等教育"同质同证"[①]的制度相互脱节，不利于继续教育与国际对接。随着网络信息时代的发展，MOOC 课程日渐盛行，在高校 MOOC 运动推动下高等学历继续教育的教学理念、资源设计、学习管理模式等都在悄然发生变化。可以预见，未来的继续教育必将是跨越国界、跨越时空的教育，如果仍然沿用传统的继续教育教学模式，势必不能满足未来继续教育发展之要求。高校如果不能清醒地认识到与发达国家继续教育在制度、理念及办学实力方面的差异性，并对未来发展方向有一个正确的研判，将会严重制约继续教育的国际化发展。此外，随着国家"一带一路"战略的实施，继续教育将要承担越来越多的"走出去"的任务，通过继续教育培养的国际化人才，不仅要掌握外语、擅长技术，还要懂得国际管理、了解跨国文化，这对继续教育国际化水平提出更高的要求，也是摆在高校继续教育人面前的一大挑战。

（三）继续教育资源共享程度不高

我国高校分布不均衡，教育资源也不均衡，比如全国 68 所网络教育试点高校，只涵盖了 19 个省份，其中北京就有 18 所之多，有着很浓厚的地区差异。这些网络教育试点高校在网络教育资源和经验上有优势，继续教育信息化发展走在全国的前列，他们中的大多高校都有自身的在线学习平台，并积累了大量的优质课程资源，是最有条件开展继续教育资源共享的。但是，由于各类高校继续教育的信息化水平参差不齐，资源分配不均衡，大大限制了高校间继续教育资源共享的范围。以北京为例，北京市属普通高校由于没有网络教育试点，继续教育信息化程度相对较低，和学校全日制普通教育"两张皮"，直接影响继续教育资源共享。不仅如此，即便在信息化建设相对领先的网络教育试点高校内部，继续教育资源共享的程度也不尽如人意。本研究通过对北京高校继续教育机构进行抽样调查发现，试点高校网络教育普遍独立发展，很少与普通高等教育共享资源，不少高校网络教育和成人教育的平台也是各自独立的，继续教育资源的内部共享程度也不高。可见，不管是在校际间还是在学校内部，继续教育资源的共享程度还有待进一步提升。此外，随着国家各项区域协同发展的政策落地，如何推进区域高校联盟，发挥试点高校在继续教育资源和办学经验方面的优势，开展跨省市的继续教育资源共享，为区域协同发展服务也已经被提上议事日程。

---

① 学历继续教育与全日制学习一样，都是在同一个学术体系框架下进行办学，所颁发的学历证书也没有区别，即"同质同证"。

六、结语

　　通过对高校继续教育面临问题的梳理，不难发现，高校继续教育特别是学历继续教育的改革已经势在必行。新常态下高校继续教育综合改革是一个复杂的系统工程，需要进行科学合理的顶层设计，需要国家配套政策的出台，也需要高校积极主动的尝试和探索，只有找准问题，把好脉，才能有针对性地改进和提高，高校继续教育综合改革任重而道远。

（包华影、王法新、刘远霞、黄文峰、高美慧）

普通高等学校非学历教育发展现状及问题

继续教育是我国终身教育体系的重要组成部分，对推动国家经济发展、提高全民素质具有重要作用。非学历教育作为继续教育的主要形式之一，随着经济社会发展而逐渐发展壮大，为继续教育体系健全和多元化办学格局的形成，作出了重要贡献。随着终身教育理论的深化，学历教育已无法完全满足人们的发展要求。通过学历继续教育转型，大力发展非学历继续教育，进一步满足人民日益增长的美好教育需要，是终身教育的必然之路。如何能更好地适应社会发展需要，依据人才学习需求开展非学历继续教育，实现人的全面发展，这既关系到非学历继续教育自身的发展趋势，也关系到终身教育体系和学习型社会的构建。本文将以现阶段高校开展非学历继续教育的基本情况为主要研究内容，对高校非学历教育的发展现状进行分析，总结出存在问题。

一、普通高等学校非学历教育的内涵

原国家教育委员会《关于普通高等学校举办非学历教育管理暂行规定》（1990年）中称非学历教育包括大学后继续教育和其他各类培训、进修、辅导（不含以获得高等教育自学考试毕业证书为目的的自学辅导）等。

（一）学习形式

非学历教育的学习方式可以是脱产的，也可以是业余的。非学历教育不得与学历教育混淆、衔接。

（二）管理方式

普通高校的非学历教育工作由学校成人教育部门或专门机构统一归口管理。二级学院、系、处以及学校其他机构不得以各自的名义自行举办或与外单位合办非学历教育。学员完成学业，考核及格，由学校成人教育机构（没有成立成人教育管理机构的，则由学校教务处）发给结业证明，建立专门档案。

二、普通高等学校非学历教育发展现状

（一）普通高校非学历教育发展受继续教育政策变化的影响

1996年，教育部在制定教育"九五规划"和2010年教育远景规划中，提出要重视职前、

职后的各类培训和继续教育工作[1]，注重学历教育和非学历培训，通过终身教育将不同层次、不同形态的教育衔接起来，构建面向21世纪的现代教育体系。这是首次提出要重视非学历培训工作。1998年教育部根据党的十五大对落实"科教兴国"战略作出的全面部署，制定实施《面向21世纪教育振兴行动计划》，非学历继续教育在政策层面出现转型端倪[2]。在此阶段，高校非学历教育结业人数规模稳定在200万至300万之间（见图2-4-1）。

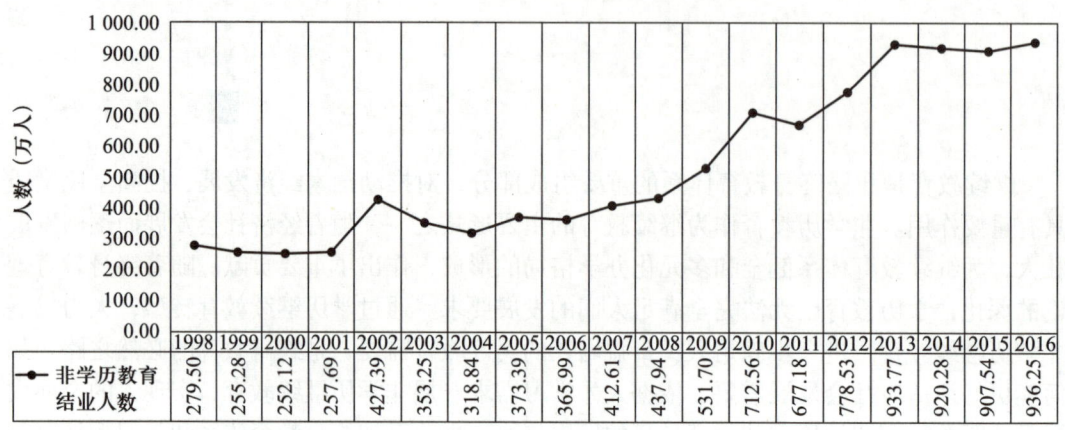

图2-4-1　1998—2016年普通高校非学历教育结业人数变化趋势

（数据来源：中华人民共和国教育部教育统计公报）

2002年党的十六大报告指出"要加强职业教育和培训，发展继续教育，构建终身教育体系"。当年，高校非学历教育结业者达到427.39万人次，是2001年的1.7倍。

2003年《中共中央、国务院关于进一步加强人才工作的决定》指出"构建中国特色的终身教育体系，加强各类人才的培训和继续教育工作"。2007年党的十七大报告指出"发展远程教育和继续教育，建设全民学习、终身学习的学习型社会"。2012年，党的十八大报告进一步强调指出"积极发展继续教育，完善终身教育体系，建设学习型社会"。此阶段，非学历教育结业人数以稳定的速度持续上升，在2010年达到了第二个波峰，在2013年突破900万人次。

2015年10月，国务院印发《统筹推进世界一流大学和一流学科建设总体方案》，提出"统筹推进世界一流大学和一流学科建设，实现我国从高等教育大国到高等教育强国的历史性跨越"。对于这类高校而言，加快推进"双一流"建设成为当务之急，人才培养方案重构、招生录取改革、学生管理改革、人事制度改革、科研体制机制改革、全球化战略布局等成为高校治理者关注的焦点[3]。在此背景下，原有非学历继续教育的资源容易被学校收回用于与"双一流"建设工作（如扩招后的硕士生、博士生培养、新建学科与交叉学科建设等），因此，在2015年非学历教育结业人数有所下降。

2016年，教育部印发了《高等学历继续教育专业设置管理办法》，第十一条明确提出"普通本科高校、高等职业学校须在本校已开设的全日制教育本、专科专业范围内设置高等学历继续教育本、专科专业，并可根据社会需求设置专业方向，但专业方向名称不能与高等学历继续教育本、专科专业目录中已有专业名称相同，不能涉及国家控制专业对应的相关行业"。2017年，十九大报告在"优先发展教育事业"这个部分专门提出，

"办好继续教育，加快建设学习型社会，大力提高国民素质。"在此形势下，普通高校继续教育办学重心及发展方向也朝着非学历教育方向转移，非学历教育结业人数出现小幅度回升。

（二）普通高校非学历教育规模整体呈现上涨趋势

如图2-4-2，总体上看，普通高校非学历教育注册、结业人数呈现上涨的趋势，且结业人数是注册人数的约1.5倍。

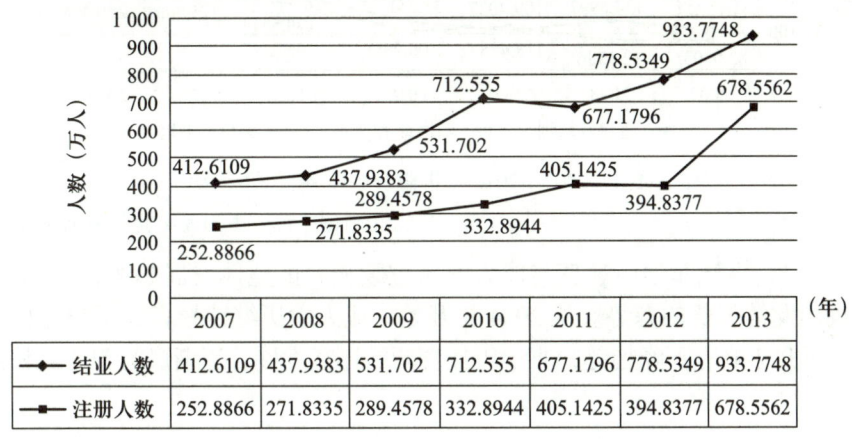

图2-4-2　2007—2013年高校非学历教育结业及注册人数变化趋势（单位：万人次）

（数据来源：中华人民共和国国家统计局网站）

如图2-4-3、图2-4-4，在每年的非学历教育结业人数中，进修及培训占到90%以上，其他非学历学生培训（研究生课程进修、自学助考）占比小于10%。在进修及培训中，资格证书培训占到20%~30%，有少量的岗位证书培训，整体呈现上涨趋势。

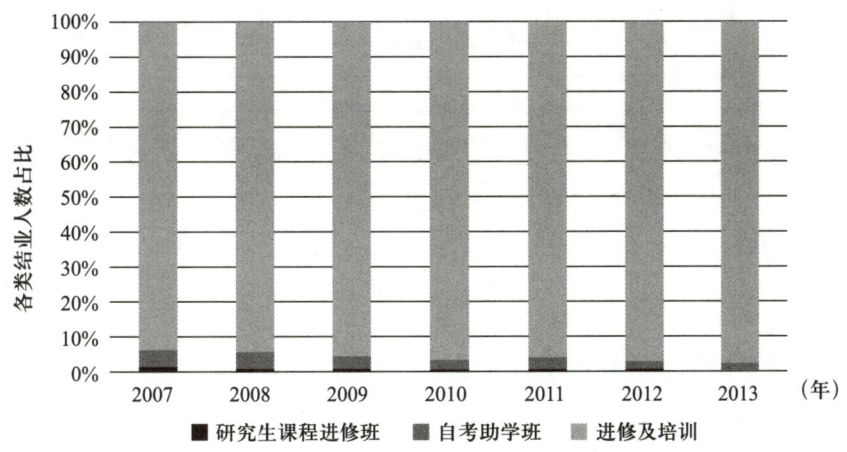

图2-4-3　2007—2013年各类非学历教育人数情况（%）

（数据来源：中华人民共和国国家统计局网站）

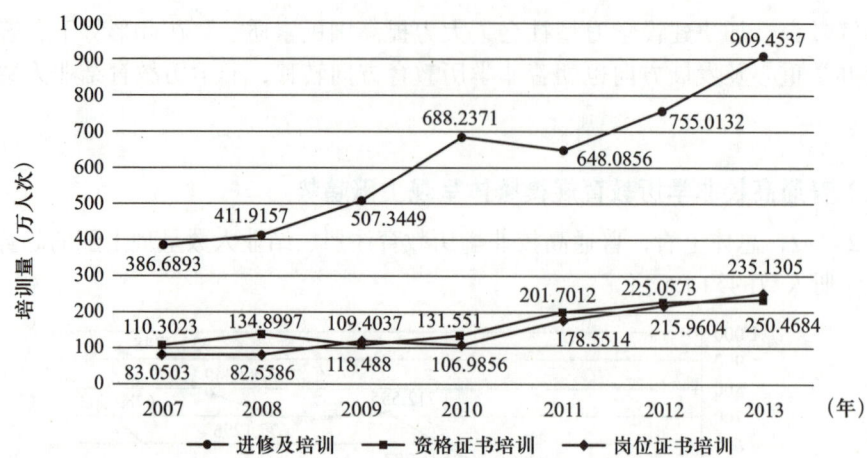

图 2-4-4　2007—2013 年进修及培训情况（万人次）

（数据来源：中华人民共和国国家统计局网站）

如图 2-4-5，纵观非学历教育与成人学历继续教育的整体发展趋势，20 世纪末至 21 世纪初呈现出此消彼长的态势。从 2004 年开始，成人学历继续教育处于较为稳定的发展阶段，并在近几年略有下降趋势，非学历教育开始迅猛发展，逐渐成为普通高校继续教育的主力军。

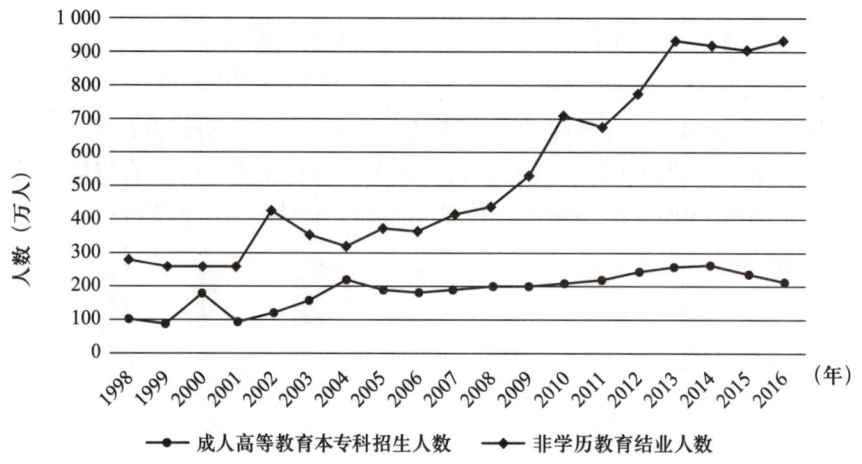

图 2-4-5　1998—2016 成人高等教育招生人数与非学历教育结业人数对比

（数据来源：中华人民共和国教育部教育统计公报）

（三）普通高校非学历教育校际发展不均衡

"双一流"高校不同程度上开展了非学历培训，拥有较为成熟的培训体系，表现为专业学院依托学校特色学科，其他学院依托资源整合能力，孕育培训项目，在非学历教育发展上已与其他高校拉开一定距离（见表 2-4-1）。

表 2-4-1　2017 年部分"双一流"高校非学历继续教育开展情况

高校	年培训班数量（个）	年培训量（万人次）
清华大学	1993	16.4
北京大学	1228	11.6
上海交通大学	1230	7.5
复旦大学	1081	11.2
浙江大学	5802	33.5
厦门大学	1557	8.6

（数据来源：高校非学历教育相关管理部门提供）

其中，最早一批着力发展非学历教育的高校起步于 21 世纪之初，在经历了几年的探索期后开始飞速发展，平均年开班数量均已破千（见图 2-4-6、图 2-4-7）。发展较为迅猛的清华大学在 2013 年，非学历继续教育办学收入突破 10 亿元，浙江大学 4.1 亿元，上海交通大学 4.1 亿元。2017 年，浙江大学开班数量突破 5000 个。

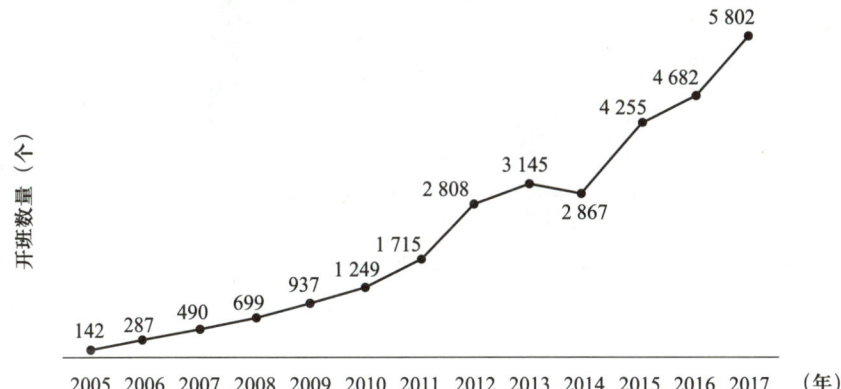

图 2-4-6　浙江大学 2005—2017 年开班数量

（数据来源：浙江大学非学历教育相关管理部门提供及其网站上开班数据）

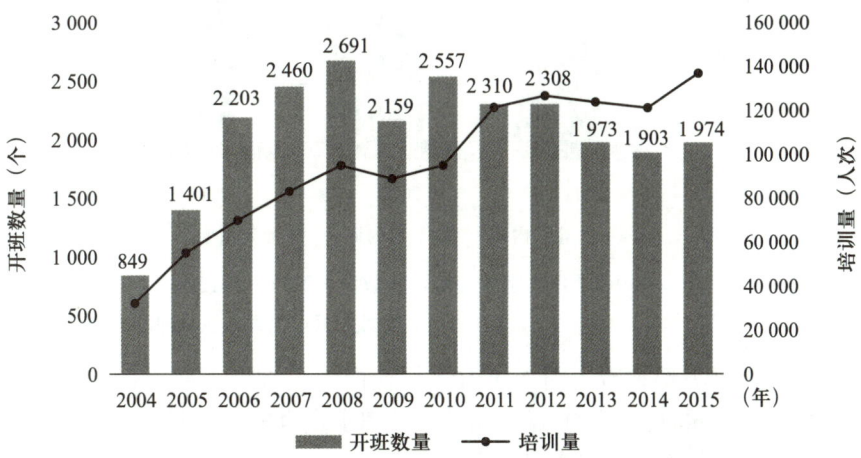

图 2-4-7　清华大学 2004—2015 年非学历培训班数量及培训量

（数据来源：报告《清华继续教育"十三五"发展战略思考》，严继昌）

2017年，全国开办非学历继续教育的高校中，年开班数量超过800个的高校8所，超过500个的高校9所，超过400个的高校10所，超过300个的高校18所，超过200个的高校23所，超过100个的高校38所。培训规模超10万人次的高校有7所，超过1万人次的高校有42所。

（四）普通高校非学历教育开展情况与学校特色密切相关

以部分高校为例，可以看出，普通高校非学历教育根植于学校本身的学科、专业、特色等方面。

根据2013年北京大学所提供数据，其非学历教育社会招生比重较高，这与学校品牌及课程产品数量、质量有密切关系（见图2-4-8）。而2011—2013年间，浙江大学的政府内训项目占据主导，社会招生也有相当一部分比重（见图2-4-9）。

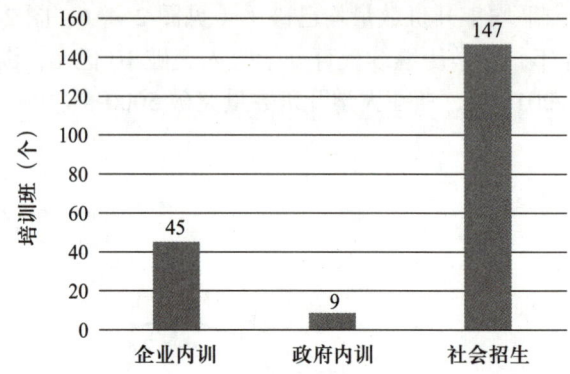

图2-4-8　北京大学各类培训班数量（2013年）

（数据来源：由北京大学非学历教育管理部门提供）

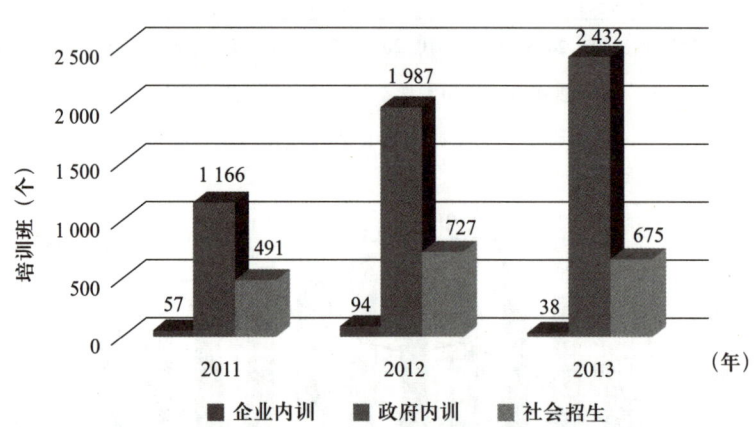

图2-4-9　浙江大学各类培训班数量（2011—2013年）

（数据来源：由浙江大学非学历教育管理部门提供）

从浙江大学开班类型来看（图2-4-10），面向党政管理干部、企业经营管理者的培训占主要部分，与此同时，专业技术类高端培训需求量也较大，开课周期在3~7天的班级数量较多，开班类型与学校优势学科关系密切。这一特点从天津大学近年来的培训项目收入情况中也可看出（图2-4-11）。

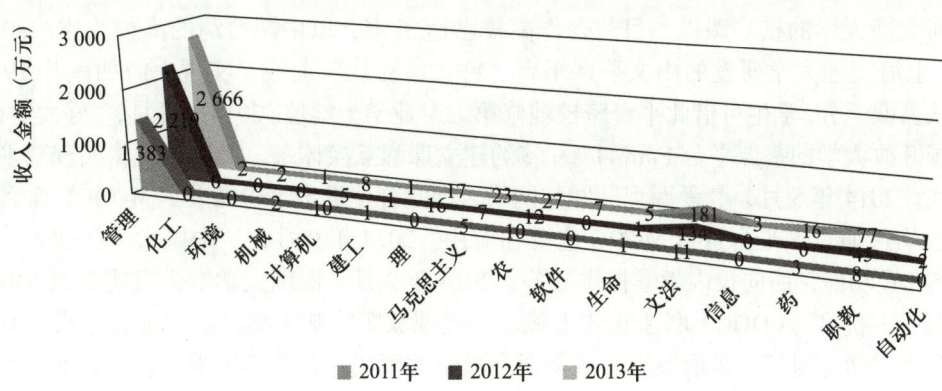

图 2-4-10　浙江大学非学历培训开班课程类型规律

（数据来源：由浙江大学非学历教育管理部门提供）

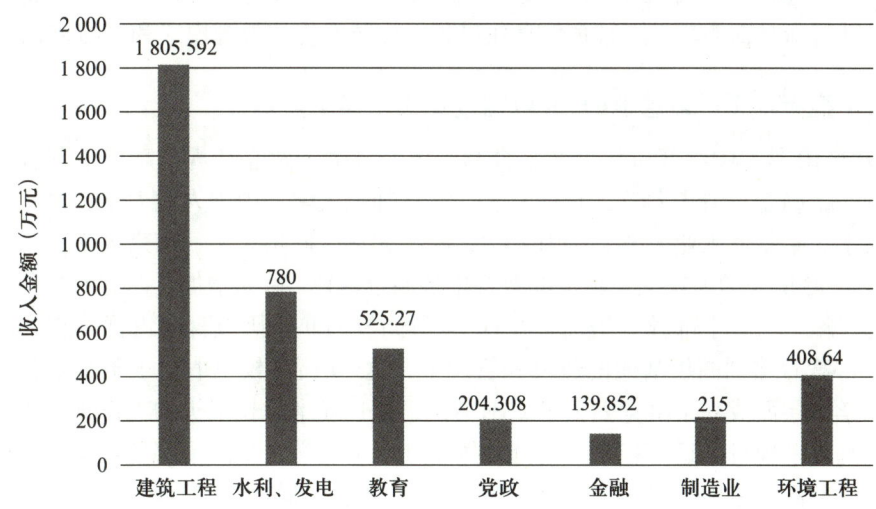

图 2-4-11　天津大学 2014—2016 年培训项目收入情况（分布较多的行业）

（数据来源：由天津大学非学历教育管理部门提供）

（五）以慕课为代表的新技术开始应用于普通高校非学历教育

"MOOC"（慕课）是由美国最先发起的一种大规模在线课程开发模式。edX（哈佛大学和麻省理工学院联合启动的非营利性在线课程项目）、Coursera（免费大型公开在线课程项目，由斯坦福大学的两位计算机教授创办）、Udacity（私立教育机构，目标是实现民主教育）是 MOOC 的主要运行平台，被称为 MOOC 的"三驾马车"。2013 年 5 月，北京大学、清华大学、香港大学、香港科技大学加入 edX；2013 年 7 月，复旦大学和上海交通大学申请加入 Coursera。由此，中国开启了"MOOC 元年"，也迎来了中国网络教育翻天覆地的新时代[4]。

慕课在中国的发展经历了从加入国际慕课平台到自主开发中文平台的过程。2013 年 10 月，清华大学推出第一个中文 MOOC 平台"学堂在线"。同年同月，内地四所交通大学（上海交大、西安交大、西南交大、北京交大）联合台湾"国立"交通大学共同推出"育网开放教育平台"（ewant），这个平台由台湾"国立"交通大学负责建设，对外免费提供五所交通大学的核心课程,目前合作高校已达31家,以中国台湾的高校为主。2014年4月,上海交通大学研发的中文慕课平台"好大学在线"上线,实现上海西南片19所高校互认慕课学分,学生可借此平台跨校辅修第二专业学士学位。2014年6月,"好大学在线"与英国开放大学的慕课平台Futureleam签约建立课程互换体系,优质课程将实现双平台同步上线。2014年5月,"爱课程"网与网易云课堂合作推出"中国大学MOOC"平台,全国高校均可通过该平台进行MOOC建设和应用。2014年9月,"中国大学MOOC"平台上线SPOC功能,面向校内教学提供服务。2014年9月,深圳大学牵头组建的地方高校慕课联盟——优课(UOOC)联盟正式上线。"优课联盟"基于超星慕课平台建设,其课程全程与本科教育对接,采取线上、线下混合教学的模式,并与学生学分挂钩,实现联盟内高校学分互认。首批加盟的56所地方高校来自全国22个省市区,涵盖38个市级城市。

在我国普通高校非学历教育领域,网络培训刚刚起步,2017年,培训规模超过1万人次的高校有15所。随着互联网技术发展,实践中以MOOC为代表的在线教育新模式不断涌现,推动着新时期的非学历教育信息化进程,变革着传统教育模式和学习体系。

(六)拥有全国干训基地的13所高校引领干部培训趋势

2009年10月,中组部、教育部联合制定下发《关于建立和规范高校干部教育培训基地的意见》,确立了清华大学、北京大学、北京师范大学、中国人民大学、复旦大学、西安交通大学、哈尔滨工业大学、中山大学、浙江大学、四川大学、南京大学、南开大学、武汉大学等13所大学为首批全国干部教育培训高校基地。后期增加了西北农林科技大学,共14所大学[5]。"干部教育培训"在这14所高校的非学历教育中占据了重要的地位,在全国干部教育培训高校基地的建设和管理上,这14所高校也取得了不少经验和成效,大多都在学校层面成立了由党委书记或副书记、校长或副校长牵头的工作领导小组。干部教育培训高校基地成立近十年来,充分发挥了高水平大学在全国干部教育培训格局中的独特作用。这些高校基地集中学校优势资源,推动高校优势与干部教育培训需求有效对接,在广泛吸收国内外干部教育培训机构有益办学经验的基础上,形成了多层次的干部教育培训体系,创新了干部教育培训模式,产生了显著的社会效益[6]。

三、普通高等学校非学历教育存在问题

(一)相关法律缺位,高校重视程度不一致

非学历教育在终身教育体系中发挥着重要作用,但终身教育法仍处在空缺状态。在地方层面,福建省、上海市、河北省分别于2005年、2011年、2014年相继出台了地方性终身教育法规,但在执行过程中,也普遍面临着职能缺位、保障机制缺失等问题。普通高校在发展非学历继续教育的政策方面有所差异,各个高校开展非学历继续教育的情况有所不同,发展也是不均衡的。

从开展非学历教育的积极性上来看,有部分高校积极性较低,甚至没有积极性可言,这与他们对非学历教育的重要性认识不足有关。有一些普通高校认为学校的主要任务是学历教育,非学历教育培训只是学校创收的副业,对非学历教育培训存在偏见,再加上目前"双一流"建设的浪潮,有些学校认为非学历教育抢占了学校的教学资源,影响学科建设

的发展，因此控制非学历教育的大力发展，不重视甚至轻视高校非学历教育。

（二）非学历教育供给无法满足现有人才需求

据艾媒咨询发布数据显示，2016年中国人工智能产业规模已达100.60亿元，这距离世界先进水平目标仍相差甚远，可以预见，以人工智能为代表的新兴产业发展潜力巨大。与此同时，据工信部相关负责人提供的数据，中国人工智能人才缺口超过500万人，在2017年的一季度，领英平台的全球人工智能领域专业技术人才数量在中国仅为5万人左右。人工智能产业人才供求比例仅仅为1∶10。教育部在去年对制造业十大重点领域进行人才需求预测，显示到2025年，新一代信息技术产业、新能源、新材料等相关新兴产业的人才缺口将超过1500万。然而，在新兴产业人才供不应求的背景下，普通高等教育通过设立新兴学科、学位授权点等培养人才的方式周期较长，当前普通高等全日制教育显然不能满足产业发展需求。截至2016年末，中国内地16周岁至60周岁的劳动年龄人口为9.1亿人，占比全国65.6%。到2020年，普通高等教育毛入学率预计提高到50%。这说明，还有相当一部分人口拥有继续学习的需要，而目前最大问题就是如何满足这些需要。

从供给层面来看，截至2017年12月，全国约有2900所高校，其中1200多所普通本科高校，1300多所高职院校，近300所成人高校。远程教育试点高校有68所，且大多是教育部直属重点高校。当前包括远程教育在内的普通高等院校，继续教育布局发展很不均衡：以天津市为例，约80%的学历、非学历继续教育集中在天津大学和南开大学这样的部属高校。

（三）资源投入存在不足，缺乏专业化教师队伍

一方面，在非学历继续教育经费支持方式上缺少有效保障。生均财政拨款制度为学前教育、义务教育、普通高中、中等职业教育和高等教育提供了稳定的保障机制，但对其他类型的教育，项目资金往往多头下放，力量不够集中，对办学单位缺少直接有效的支持[7]。另一方面，在专业教师队伍建设上存在不足。当前普通高校多依托现有教学资源开展非学历教育，而其他机构的专业工作者队伍，普遍面临着无培养途径、无职称系列、无岗位编制的情况，对相关从业者的政策保障、激励制度尚不健全。高校非学历教育教师队伍建设存在的突出问题主要表现在以下两个方面：一是教师专业知识较匮乏。优秀的专业化师资队伍是普通高校开展非学历继续教育的重要后盾。目前我国许多普通高校非学历继续教育的大部分教师不是非常了解非学历培训的特点，缺乏对学习者的学习方式和特征的准确把握，传统的高等学历教育授课方式已不能适应非学历培训的发展需要[8]。二是教师队伍稳定性较差。很多普通高校凭自身很难保证提供大批高素质并擅长培训的资深教师，很多高质量的培训项目都需要采取校外特约或特聘名师、教授。由于许多行业培训具有很强的专业性，受训人员并不满足于仅仅接受理论层面上的培训，他们希望可以接受理论知识与专业技能相结合的全面培训。而普通高校的部分教师由于缺乏技能实践经验，不能保证理论与实践经验丰富的双师型人才教师资源的充足，只能从校外聘请特约专家和名师，从而导致了教师队伍人员流动性很大、稳定性较差。

（四）课程开发水平有限，品牌优势不够突显

互联网信息化技术诞生，促进了社会经济的快速发展，越来越多的教育机构涌入非学历教育市场，普通高校也面临着巨大的市场竞争。接受培训者主要看中的是教育培训的质量、培训的手段与方法及最后能达到一个什么样的培训效果。在互联网新媒体运行的作用下，对于非学历教育的受教育者而言，教育更是一种产品。"受教育者作为购买这个产品的顾客，自然会关注培训品牌的影响力、培训内容的优劣、培训资源的好坏、培训手段的先进与否、培训课程质量的高低等情况。"目前，我国一些普通高校的非学历继续教育没有结合市场需求，仍沿用传统的学历教育的办学模式，单凭以往的经验和空无的想象设置培训内容和培训方法，没有充分发挥自己学校教学资源的优势，培训课程不能很好地结合本校特色，忽视了培训品牌效应，使学校自身特色的培训品牌优势不够突显。

（五）教学质量评价体系不完善，缺乏有效管理

拥有丰富教学资源和教育优势的普通高校日益成为了非学历教育的重要承办主体，拥有较高的教学质量是普通高校得以良好发展非学历教育的重要保障[9]。教育质量的好坏离不开科学的评估机制，截至目前，我国还未有一套正规公平的、科学高效的非学历继续教育评估体系。这既导致了我们无法对非学历继续教育进行客观公平地评价，普通高校对非学历教育质量难以掌控。部分普通高校忽视了非学历继续教育实际上也是"完善个人"的教育，对非学历继续教育质量的重视不够，尤其是其内部质量管理体系不够完善，集中体现在以下两点：一是没有建立起质量评价和保证体系，也没有制定具体的评价细则；二是质量管理机构不健全，没有对非学历继续教育进行统一的管理和规范的开展[10]。

四、结语

总体而言，我国高校非学历教育发展面临的机遇与挑战并存。我国社会主要矛盾已经转为人民日益增长的美好生活需要和不平衡、不充分的发展之间的矛盾。这一背景下，优先发展教育事业成为提高保障和改善民生水平，加强和创新社会治理的重要路经。继续教育走向转型之路，通过发展非学历教育来满足全民的教育需求，从而实现终身教育的远大目标是必然之路。

参考文献

[1]李晓琳.我国继续教育政策演变及发展趋势[J].社会科学管理与评论，2005（3）.

[2]李建斌.转型背景下公办普通高校非学历继续教育的发展路径思考[J].当代继续教育，2017（1）.

[3]同[2].

[4]高静.MOOC课程对比研究及国内MOOC发展思考——以Coursera和学堂在线为例[J].时代教育，2015（12）.

[5]邓志宏.干部教育培训高校基地的建设经验与模式探索——以全国干部教育培训中山大学基

地为例[J].继续教育,2016(3).

[6]胡星.高校干部教育培训基地干部培训工作存在的问题与对策[J].亚太教育,2016(36).

[7]陈瑶琴.高校开展非学历教育的现状分析及建议.[J].人才资源开发,2015(18).

[8]梁常勇.我国非学历教育培训机构竞争与发展战略研究[D].长沙:长沙理工大学,2005.

[9]苏建华.普通高校继续教育的定位研究[D].开封:河南大学,2009.

[10]万福,曾国英.我国普通高校非学历教育发展模式探讨[J].继续教育研究,2013(1).

(李振宇、盛筠)

体制机制

转型期高校继续教育体制机制创新

近年来，特别是《国家中长期教育改革和发展规划纲要（2010—2020年）》实施以来，继续教育作为我国教育体系的独立组成部分受到高度重视，高校继续教育在我国教育和人力资源发展中发挥着重要作用。当前，高校继续教育正处于重要的转型发展时期，仍然面临着诸多亟待解决的问题，如办学理念需要更新，教育体系需要完善，教学活动需要规范，教学质量需要提高，而体制机制的创新既是高校继续教育发展的重要保障，也是推动发展的重要动力。

一、高校继续教育转型发展与体制机制创新

长期以来，我国高校举办的成人或继续教育一直扮演着补充普通教育的角色，1998年高校扩招政策全面推行之后，高等学历继续教育实际上成为推动我国高等教育大众化的重要力量，办学规模在本世纪初不断扩大，尤以68所试点高校举办的远程教育为突出。2010年以来，在国家"稳步发展学历继续教育"的政策指导下，高校学历继续教育总体上呈现出稳步发展之势。根据国家教育事业统计数据，2010年成人本专科在校生人数为536.04万，到2015年、2016年，成人高等教育本专科在校生人数分别为635.94万、584.39万，这期间一直保持较大规模。从实际来看，成人高等教育在短时间内或部分省份仍有较大需求，在我国高等教育大众化向普及化发展进程中仍然发挥着重要作用。但是，在我国经济社会发展和教育理念发生重要转变的历史背景下，高校学历继续教育的重点正在转向内涵发展、质量提升。

与此同时，高等非学历继续教育已呈现快速发展之势。高等学校通过发挥其学科、资源、师资等优势，在向社会成员提供知识更新、能力提升、素质拓展等教育培训服务方面发挥着重要作用。很多高校开始将非学历继续教育作为人才培养和社会服务的重要战略，以清华大学、北京大学、浙江大学为代表的国内一流大学率先开拓非学历继续教育新路径，一些地方高校也纷纷走学历继续教育和非学历继续教育并重发展的道路。统计研究显示[1]，2010年以来我国高等非学历继续教育规模大幅提升，除2012年比2011年、2015年比2014年稍有缩减外，2010—2015年间，我国高等非学历继续教育注册人数节节攀升，其中又以2012—2013年间的增长最为显著。2010年，全国接受各种高等非学历继续教育的学生人数为322.89万，2015年增至725.84万，是2010年的两倍多。因此，无论是从国家政策导向来看，还是从发展实践来看，我国高校继续教育正处于一个非常关键的转型时期。

高校继续教育的发展主要受到如下三个要素的影响和制约[2]，一是继续教育的发展

理念，二是具体的教育教学或培训活动，三是体制机制，其中的体制机制既是落实发展理念的组织体系和运行方式，也是确保教育教学和培训活动顺利开展的制度保障。高校内部继续教育的体制主要是确立科学的领导体制、管理模式和管理机制，构建运行有效的组织结构和权责体系，明确领导层、管理层、实施层以及不同办学主体之间的职责、权力和运行模式。继续教育机制是继续教育系统内外不同实体之间相互作用的过程和方式。高校继续教育体制和机制既相互区别，又密切联系，共同作用于继续教育实践活动。

  转型时期高校继续教育的发展理念、定位和继续教育教学实践活动都在发生着巨大的转变，这对改革和创新高校继续教育体制机制提出了迫切要求。《国家中长期教育改革和发展规划纲要（2010—2020年）》明确提出："建立健全继续教育体制机制。成立跨部门继续教育协调机构，统筹指导继续教育发展。加快继续教育法制建设。健全继续教育激励机制，加强继续教育监管和评估。"2017年9月，由中办、国办印发的《关于深化教育体制机制改革的意见》更是提出了"深化教育体制机制改革"、"系统推进育人方式、办学模式、管理体制、保障机制改革"、"形成充满活力、富有效率、更加开放、有利于科学发展的教育体制机制"。近几年来，教育部也提出了推进高校继续教育体制机制创新的具体思路，比如：要创新高校继续教育体制机制，完善高校继续教育管理体制；推进高校各类学历继续教育融合发展，建立和完善以学习者为中心的灵活的招生、注册、教学管理、学籍管理和毕业制度；创新人才培养模式，建立与行业企业联动的机制；加强质量标准和监测评价体系建设，实现普通高校学历继续教育质量与学校定位和声誉相匹配；转变管理方式，简政放权，推进管办评分离，构建高等教育治理体系，推进高校继续教育治理体系和能力现代化建设，等等。教育部还专门推进了高校继续教育管理体制改革和综合改革及相关试点工作，如积极推进大学与企业继续教育联盟，引导高校面向行业开展基于职业和岗位人才需求的课程标准建设和人才培养模式改革，积极推进高校继续教育资源开放和在线教育联盟建设，加强继续教育专家委员会建设等工作。

  转型时期一些高校也充分发挥办学主体作用，积极推进继续教育体制机制改革创新，激发继续教育办学活力，并取得了有益经验，有力促进和保障了继续教育事业的发展。一些学校的典型做法具有很强的代表性和推广性，值得深入研究。这些学校既有国内高水平的一流大学，如清华大学、北京大学、浙江大学、上海交通大学等，也有一些地方普通高校，如宁波大学、苏州大学、浙江工业大学、贵州大学、四川师范大学等。在本文研究过程中，也对这些学校的典型做法和经验进行了总结、提炼和归纳。

二、推进继续教育管理体制机制创新

  高校内部继续教育管理体制是将学校作为一个相对独立的办学机构而言的微观管理体制，它是学校内部管理体制的重要组成部分，主要指一个高校整体上所建构的组织管理制度，具体表现为一所学校内继续教育管理机构的设置、领导隶属关系、管理权限的划分以及形成的管理制度体系。它一方面受到宏观层面继续教育行政管理体制的影响和制约，另一方面，由于不同高校的学校定位、发展战略、历史传统、管理体制的差异，继续教育管理体制也会表现出一定差异。合理构建和创新管理体制机制，可以更有效地实现继续教育活动统筹规划、职责分解、领导激励、资源配置和监督控制从而确保继续教育活动的有效运行。

（一）创新继续教育领导体制

继续教育领导体制创新是指通过构建更有力的领导机构、更完善的领导体系和完领导制度，加强对继续教育工作的统筹规划、综合协调、资源调配和质量监管。继续教育是学校整体工作的重要组成部分，同普通教育、研究生教育相比，继续教育具有明显的开放性、自主性特征，面向社会所开展的非学历继续教育还具有较强的市场性特征，办学类型、层次多，涉及部门广，需要调动的资源多，这样，如何根据不断变化的继续教育发展需要创新领导体制就显得非常重要。

近年来高校根据继续教育转型的战略需求通过多种方式不断健全领导体制。早在2002年，清华大学进行继续教育管理体制改革，确立了大力发展以非学历继续教育为主的教育培训事业的发展战略，为此在学校校务委员会下专门成立了继续教育领导小组，作为学校继续教育工作的统一领导机构[3]。北京大学2005年设立继续教育指导委员会，由分管继续教育的校领导任主任，作为学校继续教育工作的指导、咨询、议事和决策机构，对其职责也有明确界定，如宏观把握学校继续教育发展方向，开展继续教育基本制度建设，在解决发展难题等方面发挥指导、咨询和决策作用等[4]。2009年中央财经大学出台专门的《继续教育管理办法（试行）》规定，学校对继续教育实行统一领导，成立继续教育工作领导小组，负责研究学校继续教育的发展战略和发展方向，确定继续教育的大政方针等。组长由分管副校长担任，成员则包括来自学校办公室、财务处、审计处、后勤处、人事处、教务处、国际合作处、保卫处、数字化校园建设办公室、网络信息中心、教学技术服务中心和图书馆等单位或部门的负责人。除了这种负责全面领导工作的小组、委员会之外，有些高校还特别加强对继续教育某一专项工作的统一领导，如在河北大学校级层面则设有继续教育招生领导小组和专业设置委员会两个领导机构，分别由主管校领导、相关部门负责人及专家组成，分别就招生和专业设置两个专项工作中的重大问题进行研究、论证和决策。

高校继续教育领导体制创新是对学校继续教育组织体系的顶层设计，在组建统一领导机构的同时，要明确其职责、界定其权力、畅通其运行，这样才能从整体上统筹协调继续教育发展。领导机构应建立规范、合理、有效的运行机制，围绕继续教育发展的重大问题开展调研、咨询、论证并作出决策。其所涉及的相关部门则应统筹思考不同资源如何最大限度发挥对继续教育发展的重要作用。而继续教育的管理部门和办学部门则应在学校领导体制下充分发挥管理职能和办学积极性，对其负责并接受指导监督。

（二）创新继续教育管理模式

继续教育管理模式是学校继续教育管理部门和办学部门的机构设置、权责分配和组织运行的方式，是管理活动运行的指挥控制系统，反映了继续教育结构系统中纵向、横向各构成要素之间的相互关系，尤其是权力管理，是规范管理行为、影响运行效率的关键因素。

我国高校传统成人继续教育以学历教育为主，包括函授、夜大学、自学考试以及后来发展起来的网络教育。在管理模式上最常见的是管办合一模式，即成人或继续教育学院既是管理部门，也是办学实体，直接对学校负责，在招生、教学、管理等方面都有比较大的决策权和办学权。在学历继续教育办学规模比较小、类型比较单一的情况下，这种管理模式能够较好地发挥其主动性和灵活性,也能够保持教学、管理工作的规范性和一致性,是一种比较合适的结构选择。伴随着高校继续教育功能的扩大,网络教育、社会培训等各种非学历继续教育兴起,高校继续教育类型逐渐多元化,很多高校除了保留成人学历教育机构之外,还纷纷单独成立专门的培训学院、网络教育学院,甚至一些专业学院下设有独立的培训中心。这些变化对传统的高校继续教育管理模式提出了新的要求。

"管办分离"管理模式是对传统"管办合一"管理模式的改革创新。2002年,清华大学为了解决"裁判员和运动员不分"的管理弊端,率先成立教育培训管理处,作为学校继续教育的管理部门,继续教育学院不再履行对各专业院系的管理职能,而是作为独立的实体面向社会开展办学[5]。北京大学2013年完成"一部一院"的机构改革,继续教育部统一对全校的继续教育工作进行指导、监督和管理,对其职责进行了明确界定,如统筹归口管理全校继续教育工作;实施全面质量管理;规范继续教育招生、教学、管理、服务和合作办学工作;代表学校对继续教育工作统筹安排和管理,并与校外单位洽谈或签署开办继续教育的协议等。将原成人教育学院、网络教育学院、培训中心合并成立继续教育学院,与其他继续教育办学单位一同接受继续教育部的管理和监督。苏州大学、宁波大学等一些地方高校近几年也先后完成了"管办分离"模式的改革。"管办分离"模式实现管理职能和办学职能的分离,独立的管理部门可以充分行使学校赋予的管理监督职能,健全制度体系,规范办学行为,加强质量监控。而继续教育学院和其他继续教育机构则可以充分发挥办学主体作用,集中精力面向社会需求开展教育培训活动。

"管办合一"和"管办分离"模式各有优势,也各有劣势,具有不同的适应性。伴随着高校继续教育活动复杂性和动态性不断增强,一些高校还对矩阵模式、网络模式进行探索[6]。总之,高校继续教育管理既要充分考虑学校继续教育发展的战略定位、办学规模、教育类型、发展阶段,也要和学校内部管理体制相适应,进行科学合理的权责分解和体系建构。

(三)创新继续教育管理机制

转型时期的高校继续教育发展面临许多新情况,只有通过持续的管理机制创新,才能充分调动各办学主体、继续教育教学与管理人员的积极性,激发继续教育发展动力。结合当前我国高校继续教育管理的实际,可以从两个层面推进。一是高校对各继续教育办学单位的管理机制创新,建立更加有效的激励机制、考核机制、监管机制,以充分调动办学单位的积极性,如赋予办学单位更多的财务管理权、人事管理权等,尤其对以社会培训为主的继续教育办学单位,可以建立类似企业的管理运作模式。二是以继续教育学院为代表的继续教育办学机构内部管理机制创新,在内部结构设计、岗位设置、分权管理、绩效管理、参与管理等方面更具科学性、适应性和灵活性。[7]

三、推进学历继续教育体制机制创新

学历继续教育仍是当前我国高校继续教育的主要领域,除了清华大学、北京大学、中山大学等少数高校明确宣布不再举办学历继续教育之外,大多数高校所举办的函授、夜大学、自学考试以及网络教育等仍是我国高等教育的重要组成部分。在学历继续教育转型过程中，尤其要注重通过体制机制的创新，激活学历继续教育发展的内生动力，实现更高质量的发展目标。

（一）创新人才培养模式

高校继续教育在人才培养上多年来基本上套搬普通教育模式而没有形成自己的特色，这也是社会对其教育质量乃至存在价值产生质疑的主要原因。实际上，高等继续教育与普通高等教育以及职业教育相比，具有自身独特的人才培养定位、目标以及相应的育人机制。高等继续教育所培养的应该是专业技能型人才，学生通过比较系统的学习和训练，不仅应具有一定的专业基础知识，更要有较强的实践能力，能够直接适应岗位胜任所需和职业发展所需，属于一种接受了高等专业教育和训练的技能人才。高校应围绕这一培养目标，完善和创新相应的育人机制，在专业设置、人才培养方案的设计、课程体系的组织、教材内容的选择、教师的选聘等一系列育人环节，充分体现高等继续教育的规律。宁波大学在实践探索中所形成的"学历+技能"型人才培养模式就是一种值得借鉴和推广的模式。针对学历继续教育中普遍存在的"学历化"、"普教化"、"知识化"、"程式化"等问题，推进学历文凭与职业证书并举的"学历+技能"双证书或多证书教学，在培养类型上定位为类型上的"职业性"、层次上的"高等性"和特色上的"成人性"，并创设了新的人才培养模式的三个范式，即学历教育课程与职业技能课程同时推进的"并联式"、职业技能培训后学历复加或提升的"串联式"、学历补偿教育与职业技能升级相互依次递进的"螺旋式"，所培养出来的人才受到用人单位的欢迎，学生的就业、转岗能力明显提升[8]。此外，高等学历继续教育的专业设置也要与其学校定位向适应，完善专业动态调整机制，充分体现现代知识技能的发展变化和职业、岗位的胜任要求。

（二）创新招生与学习制度

普通高校举办的学历继续教育主要包括成人高等教育（函授、业余）、网络教育和自学考试。其中成人高等教育一直以来采取全国统一招生录取方式，网络教育招生中高校具有较大的自主权，而自学考试则是一种完全开放的入学制度。上述各种招生入学形式各有特点，也各有不足。随着继续教育制度体系的不断完善，尤其是现代信息技术对成人学习条件和学习环境的影响，整合各种不同类型学历继续教育招生形式的呼声越来越高。招生制度改革的一个重要趋向是学校自主权的扩大，为此，高校应做好高等继续教育自主招生的相关准备。在学习制度的改革创新上，应加快探索完全学分制的学习模式，实行更加灵活的学习制度。相对于普通高等教育来说，高等继续教育鉴于成人学员多元化、工作生活多样化、知识基础和学习能力多样化的实际，采取完全学分制更为合适，这就需要完善学分制的制度建设。宁波大学在"学历+技能"培养模式下，在省内率先实行学分制的改革，制定《成人高等教育弹性学习制度试行办法》和《成人高等教育管理试行学分制的规定》，学生通过选修、缓修、重修、选班听课等个性化学习方式，保障学生的自主选择权，有效缓解了学生学习和工作、专业教学与岗位技能需求之间的矛盾。2016年，教育部出台了关于推进高等教育学分认定和转换工作的意见，为畅通学分认定和通道转换创建了一系列有效途径，高校继续教育应以此为契机，加快学分制学习和管理制度的改革创新，满足学生个性化学习需求。

（三）创新教学运行机制

高校继续教育应根据人才培养目标的新定位，创新和完善各项运行机制，实现教学过程的有效运行。一是在课程设置和内容选择上，应根据市场需求和学生个性化成长需求，科学合理地调整课程结构和课程内容，要按照专业技能性人才的培养目标完善课程体系，优化课程的内容结构，形成课程结构、内容结构与学生知识、能力发展结构之间的有机衔接。二是加强教材建设和实训基地建设，教材建设要突出高等继续教育的内在规律，合理构建专业教材的知识体系，尤其是处理好理论知识传授和实践能力训练在教材及教学中的关系，突出能力培养，有条件的学校可以组织编写具有自身特色的高等继续教育系列教材，这也是教学建设与运行中一项基础内容。三是鼓励教师创新教学方法，应根据新的培养目标和课程体系改进传统的教学方法，不能以单纯的课堂讲授为主，而是在教学过程中穿插大量的实验、实习、设计、实训等实践环节，尤其是充分发挥成人学生在教学过程中的主体作用，为学生参与教学提供更多机会，培养学生的综合素质能力，促进成人个性化发展。四是积极倡导在线学习、混合教学，更大程度地利用现代信息技术给成人学习带来的有利条件，尽快通过教学手段的变革实现以学生为中心的模式转变，满足成人学生在任何时间、任何地点、任何方式的学习需要。

（四）创新协同育人的合作机制

深入推进协同育人，促进协同培养人才制度化是深化高等教育机制改革的重要内容，也是高等继续教育转型发展过程中机制创新的重要内容。要突破传统封闭办学的思维模式，探索开放合作办学的有效机制，加快产教高度融合，实现教育过程与生产实践紧密结合，是教育直接服务于经济社会发展和人的全面发展。高校主动对接社会需求，推进学校与行业企业等用人单位的深度合作，要积极参与用人单位人力资源发展规划，推动单位用人标准与人才培养方案的高度耦合，甚至可以双方或多方共同制定人才培养方案，提升继续教育人才培养的针对性和时效性。可以推动高校继续教育机构之间以及高校与行业、企业之间建立区域型、行业型和专业型资源联盟，制定联盟内课程互选和学分互认制度和规则，搭建资源共享以及课程互选、学分互认平台，开展课程资源共享、互选，实现学分互认。比如我国中西部地区"一省一校"工程的14所高校之间就合作共建联盟，正在逐步推进上述工作。京津冀地方高校继续教育联盟也旨在推动区域内高校之间的资源共享和学分互认。还可以通过建立继续教育资源开放共享机制，让更多学校享受优质教育资源，如北京大学建立以资源库为支撑的数字化继续教育教学资源平台，通过开发、整合、汇集，提供公益性的继续教育教学资源。北京大学还牵头联合国内不同层次、不同类型的103所普通高校建立协作性组织，以"联合协作、共享知识、开放资源、服务社会"为宗旨，建设"普通高等学校继续教育数字化资源开放联盟"，以充分发挥普通高校继续教育资源的特色和优势，促进普通高校数字化学习资源建设、开放和共享。

四、推进非学历继续教育机制创新

长期以来，学历继续教育一直在高校继续教育占据主导地位，非学历继续教育未引起重视。随着终身教育思想日益深入人心和学习型社会建设的政策导向，高等非学历继续教育逐渐发展起来。《国家中长期教育改革和发展规划纲要（2010—2020年）》提出"大力发展非学历继续教育"，成为推动高校继续教育由学历教育向非学历教育转型升级的重要力量，一些高校在转型中开始压缩学历继续教育规模以促进非学历继续教育的发展。但总体来看，我国高校非学历继续教育的发展还很不平衡，大多数高校还处于发展初期。非学历教育有着特殊的属性特征，如何把握其内在教育与管理规律，尤其通过体制机制创新促进其更好更快发展非常重要。

（一）创新人才培养机制

非学历继续教育具有明显的针对性强、周期短、效果容易显现的特征，可以实现从业人员知识的持续更新和能力的持续提升。高校非学历继续教育明显不同于学历继续教育，有其特定的人才培养目标和定位。近年来，教育部积极推进部分高校配合人力资源和社会保障部实施"专业技术人才知识更新工程"，倡导高校与行业、企业紧密结合共建继续教育基地，面向专业技术人员、企业经营人员、党政管理人员等高层次专业人才开展各种形式和类型的非学历继续教育培训，这可以看作是教育部对高校非学历继续教育人才培养目标和定位的一种政策引导。许多高校纷纷结合自身优势，构建具有学校特色的非学历继续教育人才培养体系。比如山东财经大学，依托学校财经行业和区域优势，针对区域经济和行业经济发展的社会需求，立足财税、金融、保险等财经行业开展非学历继续教育培训，为地方和国家培养了社会经济建设急需的经管类人才。在培训课程体系的设计上，要强调以问题为中心，着力注重培养学生的职业适应力、职业发展力和职业创新力，为学生搭建基于人力资源能力提升的兼具实用性、灵活性、开放性的课程结构平台，而不能套用普通学历教育基于学科系统性的课程结构。倡导多形式、多层次、多渠道的培训方式，如根据学校实际和培养目标，可灵活选择诸如产学研结合的合力式培训、"学员+项目"的实践式培训、"学员+问题"的案例式培训、"自学+辅导"的导学式培训、"示范+模仿"的模拟式培训、相邻职业发展贯通的衔接式培训、校际交流相结合的接力式培训等方式，切实提高继续教育的人才培养质量。

（二）创新培训项目的开发机制

高校继续教育应根据学校的办学定位，依托学科特色和优势资源，面向国家及区域发展战略，设计和开发品牌培训项目，树立良好的社会服务形象。清华大学近年来先后围绕国家的"西部大开发战略"和"教育扶贫"战略开发设立了一系列培训项目，从2003年到2014年，已在全国1086个县级教育机构和2520个乡镇中小学建立了3600多个远程教学站，覆盖了全国592个国家级贫困县中的522个，覆盖率达到88%，成功地为贫困地区搭建了"知识扶贫的平台""整合社会资源的平台"和"多元化人才培养的平台"。当前，高校继续教育应认真研究新时代背景下一系列国家发展战略对高等继续教育提出的新要求，如乡村振兴战略、区域协调发展战略、创新驱动发展战略、"一带一路"战略等开发设计独具学校特色和竞争力的品牌项目。要以区域经济社会发展的紧迫需求为导向打造品牌培训项目，比如宁波大学设计开发的包括"领雁工程"、校长培训、学科骨干培训、班主任培训、心理师培训等在内的中学教师继续教育系列培训，所开展的富有特色的"母亲素养工程"培训,以及以岗位胜任力为核心的各类技能培训等,都反映了当地经济社会发展不同从业人员对接受高等继续教育的紧迫需求。培训项目的设计要充分考虑学校的学科特色和优势,并实现有机的资源整合,这是打造高质量培训项目的重要保障。北京大学充分利用其综合性大学的优势,实现了人文、社科、理工、综合多个培训领域的协同发展,如继续教育学院开发设计的中央和国家机关司局级干部选学项目,光华管理学院开发的适应客户需要的定制课程项目,哲学系开发设计的"乾元国学教室"品牌项目均获得良好的社会和经济效益。地方高校也可以突破区域局限性,增强项目的地区辐射面,发挥更大的社会效益,如浙江工业大学的继续教育培训地域不仅覆盖了浙江省各市,而且辐射到了陕西、青海、贵州、宁夏、河南、河北、新疆、西藏等全国10余个省市自治区,为中西部地区经济建设发挥了积极的作用。

(三)探索市场运作机制

高校继续教育兼具公益属性和市场属性的特征,非学历继续教育较之学历继续教育而言,具有更强的市场属性特征,学校需要不断满足社会需求而实现持续发展。为此,在举办非学历教育过程中,要树立市场意识,遵循市场规律,把握市场规则,完善市场制度,探索有效的非学历继续教育市场运作机制。非学历教育市场竞争激烈,高校继续教育机构要有强烈的竞争意识,认真调研市场需求,及时掌握相关用人单位需求信息、人才规格需求信息、教育受众需求信息、市场供给情势信息等,对各种信息资源进行综合、分析、评估和取舍,从而善于抓住市场机会,依靠高质量的教育培训品牌项目赢得竞争的主动权。继续教育机构要培养、培育一批了解市场规律和规则,并且对培训项目进行高效项目化运作和管理的团队,做好市场营销、项目管理,树立经营和服务的双重理念,能够快速地整合资源、高效地组织管理和主动地服务客户。继续教育机构还应稳固本区域市场,开拓跨区域市场,不断拓展市场空间,要善于发挥区位和差别优势,扩大辐射区域。近年来,很多东部高校不断开拓西部市场,满足了西部地区对高端培训项目的需求。同样,西部高校也有许多自身的学科、文化等优势,通过有效的资源整合和市场运作,同样可以吸引东部地区的培训需求者。此外,市场机制对高校继续教育机构内部管理也提出了挑战,应该不断创新内部管理机制,适应市场发展和变化需求。比如四川师范大学继续教育学院为了消除市场运作中的组织壁垒,在内部组织上实施虚拟项目小组的柔性管理,小组以人为中心,打破了部门壁垒,给学院职工提供了公平开放的展示平台,变"要我做"为"我要做",激发了职工的成就动机,以灵活的运作方式应对瞬息万变的外部环境[9]。

(四)完善合作机制

高校举办的非学历教育尤其是委托培训在本质上是一种合作关系,高校与委托培训机构建立良好的合作关系是实现持续发展的重要条件,这就需要高校继续教育部门以"合作共赢"的理念建立开放办学、互相信任、资源共享、合约管理的有效机制。一是主动和国家部委、地方政府和企业联系,承接党政管理干部、专业技术人员、企业经营管理人员的高端培训项目,直接服务社会发展,实现互利共赢。比如苏州大学通过苏州工业园区管理培训中心,为企业提供计算机、电子、机电等专业技术培训,为苏州市经信委联合开展"能源管理师"职业资格培训。二是合作搭建培训平台,稳固合作关系,建立长效机制。如宁波大学已经与宁波市人民政府等多个地方部门共同建立了"新型农民培训基地""干部外语培训基地""职工再就业培训基地""外贸企业紧缺人才培养基地"等几十个继续教育基地，实现了合作培训常态化。三是跨区域合作培训。不同区域高校、政府、企业之间可以通过合作培训，促进优势互补，资源共享。苏州大学特别注重与中西部地区的合作培训，2001年6月新疆维吾尔自治区党校、行政学院在苏州大学设立教育培训基地，开启了校地合作，跨区联合培养党政管理干部的新模式。截至2014年5月底，苏州大学已经为新疆维吾尔自治区举办干部培训班41个，培训干部近3000人。2011年12月，青海省委党校与苏州大学签署战略合作协议，在苏大设立教学科研基地，积极探索"党校加高校"的教育培训模式，截至2014年5月底，已经为青海省举办各级党政干部培训班21个，培训干部1400多人。四是跨国合作。高校要坚持开放办学，借鉴国外先进的培训理念和教育管理方法，加强与世界一流高校或知名培训认证机构的合作办学，研发或引进高端培训项目，促进继续教育国际化。清华大学继续教育以国际化思维视野、国际化人才培训需求为导向，国际化项目为基础，实施"走出去、请进来"的国际化发展战略，积极引进优质教育资源，探索在继续教育领域开展中外合作办学项目。2003年，清华大学继续教育学院与澳大利亚国立大学开展管理硕士的中外合作办学项目，双方合作四年，培养能与国际接轨的现代金融财务高级人才；2004年起，又与澳大利亚麦考瑞大学合作金融硕士项目，主要培养既具有国际化金融背景，又精通本土金融实务的高级应用型人才。

（五）加强质量制度建设

以教育培训为主要内容的非学历继续教育是近年来发展起来的一种新的教育类型，目前整体上尚处于初期发展阶段。在举办非学历继续教育的过程中，由于对其办学性质、办学规律、教育质量等都还没有形成统一的思想认识和制度规范，因此在有些高校出现违规办学、质量信誉危机的问题。首先，应加快对高校非学历继续教育的深入研讨，尤其尽快建立一套健全规范的制度体系，比如非学历继续教育的质量标准，教育培训活动的质量认证体系，科学规范的教学过程和教学评价标准，使得高校非学历教育教学培训活动有章可循。其次，继续教育机构要在培训教师、培训场所、培训环境等办学资源上提供优质保障，尤其是非学历教育要直接解决在职人员知识更新、素质提升的现实问题，使教学的针对性、实践性、时效性更强，建立一支校内外培训专家相结合的教师队伍，创新培训专家的遴选、评估和考核机制。再次，学校继续教育管理部门应完善非学历继续教育的行为标准，规范办学行为，加强质量监管，特别要杜绝市场运作过程中出现的违规违纪行为，维护学校的良好声誉。

参考文献

［1］何爱霞.2010年以来我国高等继续教育发展现状与趋势分析[J].现代远距离教育，2016（5）.

［2］孙绵涛，康翠萍.教育体制改革与教育机制创新关系探析[J].教育研究，2010（7）.

［3］刁庆军，李建斌，汤晓瑛，等.继续教育体制改革与转型的几点思考[J].继续教育，2008（6）.

［4］杨学祥，张魁元，侯建军.高等学校继续教育体制与机制创新——以北京大学继续教育体制与机制改革为例[J].继续教育，2016（1）.

［5］许焘，赵忠升.清华大学继续教育的发展与思考[J].北京教育（高教），2014（10）.

［6］马启鹏.体制创新：高校继续教育转型的制度保障[J].继续教育研究，2011（6）.

［7］王健.地方综合性大学非学历教育发展思考与探索[J].中国成人教育，2015（1）.

［8］马启鹏.构建服务型高校继续教育体系的研究与实践——宁波大学的个案阐释[J].当代继续教育，2014（4）.

［9］姜晓宇，李林.创新导向培训管理机制微观研究——以四川师范大学继续教育学院为例[J].职教论坛，2010（1）.

（闫树涛）

高校网络教育公共服务体系建设及其发展经验

在中国高校网络教育学习支持服务体系中，最初的办学主体和服务机构是网络教育学院（以下简称"网院"）及其自建的学习中心，作为服务机构的学习中心是分散和独立的，没有形成一个统一的体系。为了加强校外学习支持服务体系的建设，推进优质数字化学习资源的整合与共享，提高学习支持服务的质量与水平，教育部于2001年批准中央电大开展"网络教育校外学习支持服务体系建设"试点项目。2005年正式批准中央电大依托电大系统建立网络教育公共服务体系，由奥鹏远程教育中心（以下简称"奥鹏"）总体负责公共服务体系的建设、管理与运行。2007年，教育部又批准弘成科技发展有限公司（以下简称"弘成"）、知金教育咨询有限公司（以下简称"知金"）分别联合有关高校开展"网络教育公共服务体系建设试点"项目，探索高校与企业合作建设社会化的网络教育公共服务体系的服务模式、技术模式、管理体制与运行机制等。"公共服务体系"的内涵是"公共的学习支持服务体系"，主要任务是为高校网络教育提供校外学习支持服务，同时也为教育行政部门、办学机构提供专项的网络教育学习支持服务。全国性、区域性、行业性和虚拟性等多样化、多元化公共服务体系并存发展已成为一种趋势。

一、公共服务体系的基本功能

公共支持服务是在ICT支持下，基于现代服务业理念，由专业化的教育服务机构及其所建设、管理和运行的系统，形成连锁化的组织管理与服务体系。公共支持服务是以第三方服务的方式，为众多教育主办方（包括资源提供方）和教育需求方，提供公共的和共性的学习支持服务。在中国高校网络教育领域，公共服务体系是一个特定的概念，专指网络教育领域"共用"的第三方学习支持服务体系，是社会化的、具有自身特定功能的教育服务系统和新型业态，为办学机构及其学习者提供"公共""共性"的校外学习支持服务。公共服务体系不是网络教育产品的提供者，只是为办学机构和学习者提供"有偿服务"和"共用服务"。公共服务体系整合上游的资源并传输到下游的学习者，为学习者提供学习支持服务，成为网络教育产业链的中间环节，它不是办学单位，而是提供共性服务的专门机构，它主要在ICT支持下建立公共的网络教学、管理与服务环境并系统运作。

公共服务体系主要承担非学术性的学习支持服务功能，包括信息服务、资源服务和助学服务等，这与网络学院自身或依托学习中心开展的学生学习支持服务没有什么区别，但是公共服务体系是为众多网院提供服务，在内容呈现和功能实现上具有复杂性和特殊性，承担办学过程中具有共性的常规性、事务性工作，使办学机构能集中精力于网络课程资源建设和教学过程。公共服务体系在办学机构与市场需求对接方面具有重要的优势，还可以利用技术优势，为办学机构提供教学、管理与服务支撑平台，避免重复建设和异构平台对接产生的问题。随着全民学习、终身学习的学习型社会建设的推进，公共服务体系的重要性日益显现。

二、公共服务体系的组织架构

公共服务体系即服务运营方（服务机构），由运营总部、管理中心、学习中心形成一个层级系统，外部要素主要包括教育主办方（资源提供方）、教育需求方、教育监管方及网络运营方，由此形成了公共服务体系的"四方三环"系统架构；核心圈是公共服务体系，外围是与之相关的"四方"（主办、需求、监管和运营），通过中间环的四类平台（即公共服务支撑平台）实现对接和交互（见图3-2-1）。

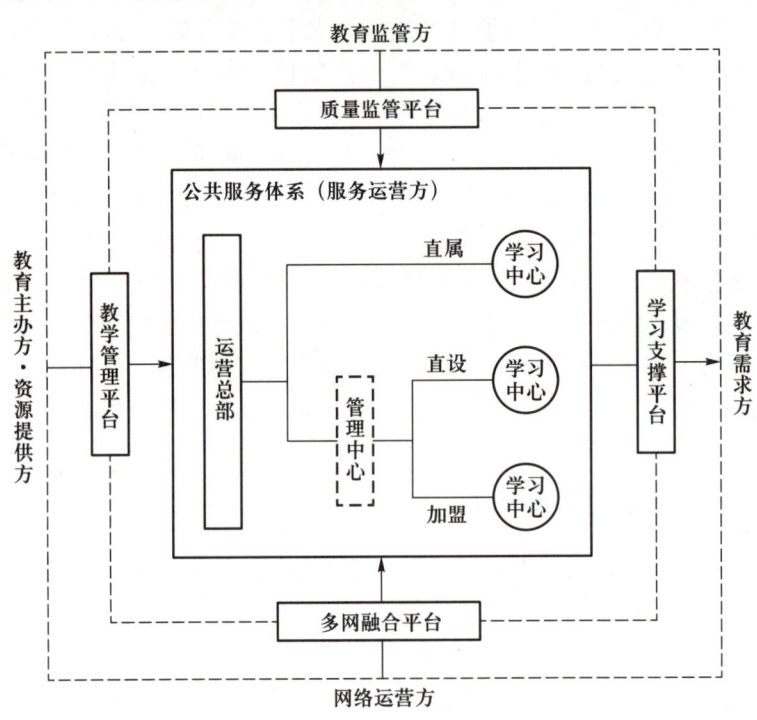

图 3-2-1 公共服务体系的"四方三环"系统架构图

"服务运营方"是公共支持服务的提供者，其职能与任务包括：以市场机制建立数字化学习支持服务的环境和体系，并建立共用的公共服务支撑平台；构建统一标准、连锁运营的数字化学习中心；与教育主办方（资源提供方）合作，整合和传输数字化学习资源，为学习者提供非学术的学习支持服务。学习中心按照统一的工作职责和流程、服务标准和规范，提供学习终端和学习环境，以及助学、教务和考务管理等多方面的服务，还可以为学习者提供面授辅导、小组活动、社会交往等服务。考虑到网络学习的"分散性"和"随意性"，不仅要建设物理上的学习中心，还要为个体自学和在家庭学习的学习者建设虚拟学习中心。

"教育主办方（资源提供方）"是网络教育办学机构，包括具有网络高等学历教育办学资质的网院以及其他教育和培训机构，通过与公共服务体系合作，为各类教育需求方提供数字化学习资源等教育产品及服务。教育主办方（资源提供方）不仅提供数字化学习资源及资源应用服务，还具体实施教学、教学管理和学术性学习支持服务。

"教育需求方"包括个体学习者，以及政府组织、行业企业和事业系统等其他机构。学习者是最根本、最直接、最广泛的教育需求方，依据自身的需要和意愿选择合适的办学机构及课程，基于公共服务体系及学习中心，通过低成本学习终端（如个人计算机、网络计算机、数字电视或个人移动设备等），以适当的接入方式进入学习环境，开展个别化学习、协作学习或在学习中心学习；其他组织机构则是群体性用户。

"教育监管方"主要是各级教育行政部门，监管的工作内容包括公共服务体系建设的准入条件和标准；开展行政许可审批工作，规划和调控其发展；对公共服务体系的运营总部和学习中心的助学行为和服务质量进行动态监控以及检查评估，从宏观上构建公共服务体系的质量监管体系；协调解决非正常"退出"后的遗留问题。第三方认证机构和社会大众公共服务体系的自律也是重要的教育监督形式。

"网络运营方"根据用户（包括教育主办方（资源提供方）、服务运营方、教育需求方等）的需要提供互联网、电信网、广播网、有线电视网和电力网等多种形式的接入服务，是网络基础设施服务提供者，甚至扩展到网络设备、软件和技术服务商。

教学管理平台、学习支持平台、质量监管平台、多网融合平台等平台，集成相关软硬件系统，形成了公共服务支撑平台，提供低成本、方便和多网接入的数字化学习环境和技术支撑，实现网上学习、教学、服务和管理等。

三、公共服务体系的学习中心

从中国网络教育的实践情况来看，学习中心的存在是必要的。学习中心是公共服务体系的重要组成部分，是合作网院开展网络教育的地面网络支持，其服务能力、水平和质量直接关系到学习支持服务的实施。公共服务体系的学习中心采用连锁加盟、运营总部独资投建或合资举办等建设模式。公共服务体系学习中心建设的主流模式是连锁加盟；总部独资与合资这两种模式是将学习中心建设成为"自主经营、自负盈亏、自我约束、自我发展"的市场主体，成为公共服务体系的直属学习中心。公共服务体系的学习中心主要承担招生组织、环境提供、教学辅助、物流保障，以及终身学习的社会化服务等职能，更加强调服务的社会性，体现第三方公共支持服务的特点。

学习中心根据运营总部制定的招生服务和招生宣传工作方案，具体负责以下工作：按照统一的规范标准制作和投放招生宣传广告，举办招生宣传咨询活动；负责在本地受理学生报名、入学测试和入学注册等具体组织工作；进行入学资格初审，并按时完成学生入学档案的填写和整理工作；完成学生学籍档案的建立并在规定时间进行入学档案的移交工作；向学生宣传网院的有关免修、免考的规章制度，指导学生填写并网上提交相关的申请表；对学生提出的转学习中心、转专业、退学等各类学籍移动申请进行初审和呈报，并跟踪办理情况；协助做好毕业生的鉴定工作，组织毕业生根据有关规定提出学位申请，学位证书的发放和登记工作等。

学习中心建设数字化学习环境和开放式的网络教室，为学习者特别是还不具备个人网络学习条件的学习者提供上网学习的条件，配备技术人员为学习者提供技术支持服务；配备信息复制和传输设备等；提供学习者之间、师生之间面对面人际交流活动的场所；提供考试场地、开展实验实习等实践性教学的设备和场所等。

在学习过程辅助管理服务方面，学习中心对学生进行入学教育；在专业取向、课程选择、学习计划制定、学习方式方法等方面，为学生提供个性化指导，对学生完成选课、课程平时作业、实验、实习、参与远程答疑、辅导等过程进行组织和监控；利用微信、QQ、电话、短信、电子邮件及公共服务支撑平台提供的信息发布等多种信息传递渠道，与学生进行及时的交流与沟通，为学生提供多种的信息提示和提醒服务；根据网院要求和委托，可聘请面授辅导教师，批改学生的非网上呈交的作业，对课程实验、实习和专业社会实践活动进行指导；组织讲座、读书活动、社会实践和社会公益服务等。组织学生注册交费，进行有关经费的结算、转交。

公共服务体系对学习中心的管理和支持服务是多方面的，主要体现在审批准入、评估考核、培训督导、年报年检、违规查处等环节。审批准入包括教育行政部门或公共服务体系依托单位对学习中心的审批，也包括学习中心从办学机构和公共服务体系获得开展学习支持服务的授权；评估考核包括教育行政部门的外部检查评估和公共服务体系的内部评估考核；人力资源培训是公共服务体系对学习中心管理和支持的重要内容。

四、公共服务体系的服务模式

公共服务体系允许学习者选择合适的学习终端和多网接入方式，从公共服务支撑平台获取数字化学习资源，实现基于网络的自主学习、协作学习或混合式学习，并得到来自网院、公共服务体系及学习中心的推送式学习支持服务，特别是从远程呼叫中心获取"一站式"服务。教师通过公共服务支撑平台为学习者提供教学过程的动态资源、作业批改、测试评价、网上答疑等教学辅导服务。网院还可授权公共服务体系协助提供学习环境、招生、报名、入学测试、交费和结算、物流配送等组织服务以及教务管理、人文关怀等服务。基于公共服务支撑平台，在市场运作机制的灵活调节下，学习者、办学机构、公共服务体系及学习中心融合成一个有机的整体，通过统一的、标准化、专业化的信息、资源和技术的支持，实现信息流、物流、资金流直接沟通的"一站式"服务模式（见图3-2-2）。

在这种"混合式"学习模式和"一站式"服务模式中，学习过程分为学习需求确定、学习计划制定、学习计划实施、学习效果评估、学习过程监管五个阶段。公共服务体系的运营总部与各学习中心组成业务组织结构上连锁加盟的合作关系，采用扁平化的组织结构，在组织管理和资源整合方面形成一个"生态环"：学习者可随时向学习中心求助或者反馈信息；总部向办学机构提交教育需求方的需求信息；办学机构按照统一的标准和互相合作的运作机制提供适用的资源及相应的教学指导和监管；总部主要利用公共服务支撑平台直接服务于学习者；办学机构在公共服务体系的配合下，采取多种方式对学习者进行学习辅导服务和监管。依托公共服务体系及学习中心，各类人群可自主选择适合自己的数字化学习资源，以自主学习、协作学习和集中辅导等相结合的方式进行，并可得到网上线下结合、低成本、一站式的学习支持服务，解决学习时间分散、工学矛盾的问题，足不出户就能享受到物美价廉的数字化学习资源及支持服务。

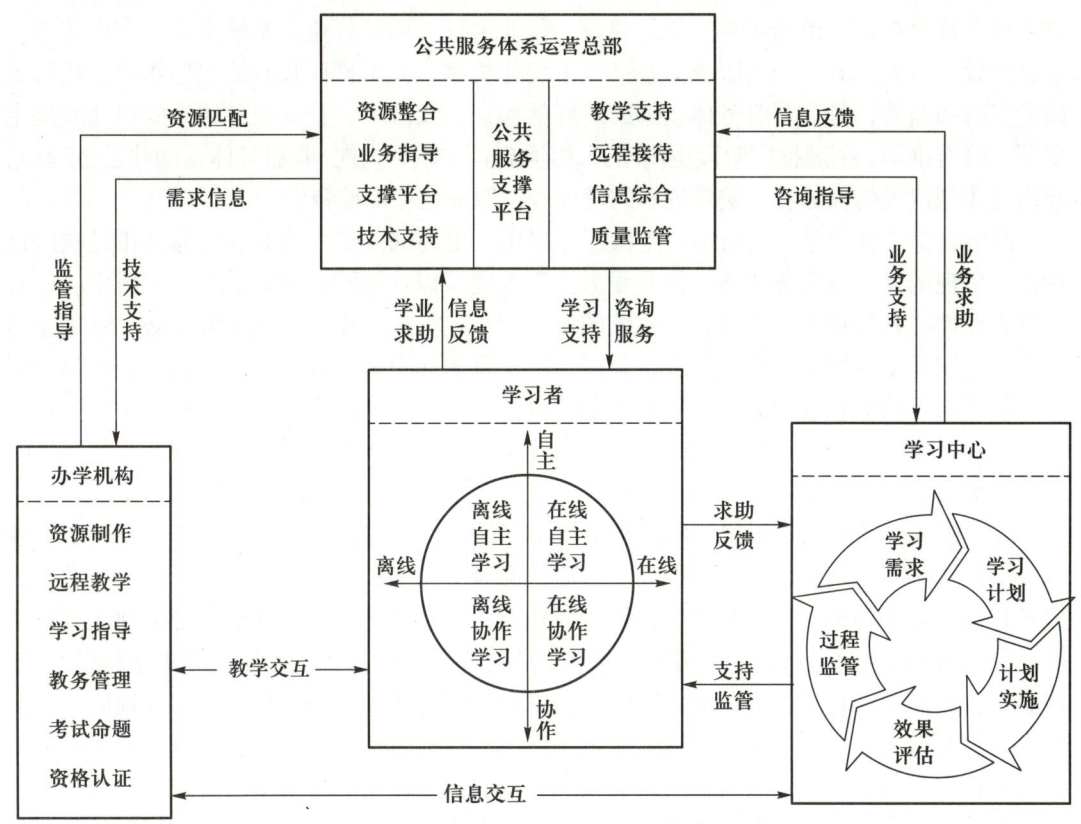

图 3-2-2　公共支持服务的模式示意图

技术支撑是实现公共支持服务的技术环境和技术手段的总和。覆盖全国的多终端、多网接入、满足多样化需求的"一站式"公共服务支撑平台主要提供与各类相关应用平台相适配的标准接口，集成各类相关软硬件系统，为公共服务体系及学习中心、教育主办方（资源提供方）提供技术支撑，为学习者提供低成本、随时随地随意的方便学习的环境，实现网上选课、导学、答疑、交流、作业、辅导、支付和考试等各种学习支持服务和教学管理服务。

"学分银联"基于公共服务体系，是课程互选和学分互认更贴切形象的表述概念，它不是办学机构，而是一种制度，主要是在政府建立起学分银行和学分互认制度、教育主办方（资源提供方）建立学分银行后，构建学分积累、转移和互认的机制、体制、标准和系统，使学习者能够方便地从不同教育主办方获得学习资源和服务，促进各级各类教育形式的沟通和衔接，搭建终身学习环境和学分积累的"立交桥"。"学分银联"模拟或借鉴"中国银联"的管理体制和运行机制，建立和运营"终身学习卡"、跨办学机构特别是网院的信息交换网络系统，制定统一的业务规范和技术标准，建立公共服务支撑平台，实现高效率的业务联合发展，为实现"人人皆学、时时能学、处处可学"创造条件。

五、公共服务体系的运行机制

公共服务体系有不同的建设方式，如政府主导、政府投入，政府主导、高校承办，政府主导、社会投入，市场主导、企业建设，行业主导、服务行业，系统主导、自成体系，混合建设、多元发展。公共服务体系推行市场化机制，并不排斥政府的主导作用，政府的政策支持和监管，是公共服务体系健康发展的保证。实际上，公共服务体系的启动发展主要源自政府推动，拓展推广阶段也离不开政府调控与支持。在公共服务体系的建设过程中，政府是体制建设的保障者，宏观规划的设计者，服务质量的监督者。

网络教育"教学分离"对学习支持服务提出了更高的要求，公共服务体系正是响应这种需求出现的第三方服务业态。公共服务体系改变了以往网院只能自建自管学习中心、自产自销课件、自行招生、自建物流系统的单一"大包大揽"模式，使网院不必去管理学习中心或组织非学术性学习支持服务，只需专注于资源建设和远程教学。依托社会力量、引入市场机制、采取企业化运作方式构建公共服务体系，已经成为网络教育校外学习支持服务体系的一个发展趋势。公共服务体系的实践证明引入市场机制是行之有效的，具有良好的发展势头。

公共服务体系引入市场机制既要针对当前问题，又要着眼长远发展：必须有利于企业与办学机构的沟通与合作，便于提高教学质量和服务水平；有利于社会力量加入公共支持服务建设，便于各种合资、合作、连锁加盟经营；有利于开发利用社会资源，便于其流通和交易。公共服务体系的组织管理和运营模式，与连锁超市具有可比性，都包括了顾客（学习者）、商品（课程）、生产商（网院）、服务提供方（公共服务体系）、连锁店（学习中心）、监管方、系统平台及物流配送等要素，并形成连锁经营体系。但是，网络教育的学习支持服务具有时间滞后且持续时间长的特征，入学注册交费后学习支持服务刚开始，而且要持续几年或更长才能产生效益，同时还要考虑其公益性和人才培养质量问题，不是简单的"退换货"就可以解决遗留问题的。因此，与连锁超市相比，连锁学习中心的设置和管理以及与之相适的公共服务支撑平台要求更高，是虚拟世界和现实世界的结合，必须建立合理的"准入"和"退出"机制。

六、公共服务体系的质量监管

公共服务体系通过专业化、规范化的服务，为网络教育质量保障创造了重要条件，办学机构可以将其主要精力专注于教学工作和提高教学质量上面，即办学机构对教学质量负责，公共服务体系对服务质量负责。公共支持服务的质量是指教育主办方/资源提供方（办学机构）、服务运营方（服务机构）、教育需求方（个体学习者或组织）之间通过相互协调产生的服务活动能够满足被服务者和其他相关方需求的程度。公共支持服务具有一般服务业的针对性、适应性、保障性、交互性、关怀性等内涵，也具有教育的属性和自身的内涵特征。公共支持服务质量监管具有动态发展性，内容以"服务质量"为核心，监管指标具有多元化，终极目标是形成"质量文化"。质量监管的原则主要有：以顾客为关注焦点；基于系统的管理方法；注重过程的监控；不断持续改进。

公共服务体系的质量监管主要是对服务机构内部和外部的系统运作与过程运作的全面管理，分为过程质量监管、效率质量监管、结果质量监管三部分。从自律、调控、监督三个层次来看，质量文化、学习中心和服务能力的建设是行业自律的核心内容，审批管理、年报年检和学分银联是政府调控的关键抓手，门户网站、市场机制和品牌声誉是社会监督的重要聚焦。对公共服务体系的质量监管要以"全面质量管理"理念作为基本的指导思想，采取"系统"与"过程"结合的方法从内部和外部来共同构建"基于顾客关注为焦点、内外统一"的质量监管体系。

公共服务体系的内部质量监管是内部质量的保障，应按照服务质量所要达到的目标与标准，形成服务的条件保障和服务过程的组织管理，动态地监控、评价和改进服务质量，从而使公共支持服务的质量深度化、结构化和体系化。运营总部在专业化建设、能力建设、工作环境建设、岗位价值设计、员工招聘、培训和专业发展、薪酬和奖励制度管理等方面需要有效的保障，建立服务文化和服务核心价值观，宣扬质量工程，提高员工整体质量意识。在学习中心管理层面上，运营总部对学习中心的监管机制具有不可推卸的责任，包括建立统一的审批和评估标准，制定业务指导书和工作手册，规范管理制度和服务标准，加强人力资源建设，提升服务能力等。在学习中心内部，围绕"学生满意度"，对管理制度、服务标准、岗位责任、队伍建设等方面实施质量监管：实行领导和岗位负责制，建立专业化服务队伍；建立服务能力标准，提高服务核心竞争力；建立规范化管理制度，加强质量管理体系建设；以顾客为关注焦点，提高学习效果满意度；建立内审和评估制度，加强动态质量监管。公共服务体系在内部质量监管机制的基础上，形成服务、管理和质量监管机制的有机结合。

公共服务体系的外部质量监管来自政府、社会大众、办学机构和学习者等，根据一套质量标准体系，按照一定的程序，依靠第三方认证评估机构，把各部门、各环节的质量管理活动严密地组织起来，形成一个任务明确、职责权限相互协调、相互促进的有机监管整体，对公共服务体系的服务质量进行控制、审核和评估，并向学生和社会机构保证公共支持服务的质量，提供公共支持服务的质量信息，保持和促进公共服务体系服务水平的整体提升。

七、公共服务体系运行的基本经验

自 2001 年以来，中国网络教育公共服务体系主要经历了行政推动和内涵拓展阶段，目前已初步建立起覆盖全国的社会化校外学习支持服务体系。奥鹏、弘成和知金是业界公认的全国性公共服务体系的典型代表；一些地方电大探索构建了区域性公共服务体系；全国教师教育网络联盟以及一些企业网络大学也具有了行业性公共服务体系的雏形；一些门户网站开展了虚拟性公共服务体系的实践探索。公共服务体系作为新兴的教育服务业中一种全新的模式逐渐得到认可，成为网络教育学习支持服务的重要力量。总体来说，公共服务体系探索了从"学习支持服务"到"公共支持服务"的理论创新，基于公共服务体系及其学习中心、远程呼叫中心的资源服务、课程互选和学分互认的模式创新，基于连锁化经营理念、现代教育服务业视角的市场化运行机制创新，基于"系统"和"过程"内外部统一的质量监管创新等。形成了如下基本经验：

第一，公共服务体系是网络教育发展改革的突破口和创新研究的制高点，呈现全国性、区域性、行业性和虚拟性并存发展等新的趋势。

公共服务体系在服务模式、管理体制、运行机制以及定位和内涵上有了新的变化和扩展，呈现出如下新趋势：一是全国性、区域性、行业性和虚拟性等多样化、多元化公共服务体系并存发展，从网院范畴下的学习支持服务转变成为便于各类社会成员终身学习的社会性服务，拓展形成社区、乡镇、企业和行业等社会化学习中心，为基层学习型组织提供了公共服务平台。二是从"产品导向"向"需求导向"转变，成为按照社会多元化需求进行资源整合的第三方服务的新角色，从"主要为准公共产品提供服务"向"为各类属性教育产品提供服务"转变，形成按市场机制引入多种方式的新格局。三是从学习中心建设和管理的主导者向兼有政府主导下的参与者、服务者角色转变，形成学习中心多元化建设管理的新体制。

第二，公共服务体系建设是一个系统工程，政府主导、市场调节、多方合作是公共服务体系快速发展的关键条件。

在公共服务体系多样化、多元化发展的趋势下，发挥政府调控和市场调节的双重机制，才能实现"资源共享、多元共存、合作共赢"的新局面。反之，如果没有政府主导（主要是审批与监管的调控作用），公共支持服务市场容易出现恶性竞争和混乱局面；如果不发挥市场调节的作用，公共服务体系难于实现"三高"（高投入、高产出、高效率）；如果没有多方合作，公共服务体系缺少存在的市场基础。一开始公共服务体系的诞生和快速发展就主要源自政府推动，未来业务拓展与推广也离不开政府支持。公共服务体系一开始就选择了市场化运行机制和企业化管理方式，才高效、专业地占有了较大的市场份额，避免了传统僵化体制的束缚。而且，众多网院在政府主导下与公共服务体系合作，也实现了合作共赢。

第三，资源共享和学分互认是创建公共服务体系的初衷和核心任务，也是未来研究与实践的创新点。

推进优质数字化学习资源的整合与共享是创建公共服务体系的目的之一，公共服务体系主要面向社会各类人群提供数字化学习环境、学习资源及其他服务，其面向的学习者群体和办学机构多种多样。因此，必须以需求为导向，通过公共服务体系在教育主办方、教育需求方之间建立灵活的需求分析和反馈机制，引入市场机制，动员社会力量增加市场供给，加强学习支持服务能力建设，完善公共服务支撑平台，推进资源共享和学分互认。公共服务体系必须发挥其能够突破体制和机制障碍的优势，深刻理解并实践"社会化""公共"和"第三方"的内涵，在一定程度上为资源共享和学分互认创造条件并进行示范。如果未来几年公共服务体系在这方面仍未有所突破，那么其生命力和竞争力则无从谈起，有可能沦为"招生中介"，丧失市场环境和发展基础。

第四，运营总部和学习中心是公共服务体系的组织保障，必须加强其服务能力建设。

公共服务体系归根结底是通过运营总部及其深入社区、乡镇、行业和企业的学习中心来为学习者和办学机构提供服务的。作为一个地理分布广泛而协同运作的庞大系统，其运营总部和学习中心俱为一体，前者是组织管理和运行机构，是责任主体，必须建立现代企业制度和公司治理结构；后者是基层执行机构和地面网络，适于连锁化运营。远程呼叫中心是公共服务体系的"核心"，是学习者的服务接触焦点，对其建设与应用能提升公共服务体系的运营水平和服务质量。运营总部可以相应地设置渠道服务中心、学生服务中心和产品资源中心等部门。公共服务体系的学习中心与网院自建的学习中心不同，应体现社会化第三方公共支持服务的特征，连接上游公共服务体系和办学机构、下游各类学习者，主要承担招生服务、学籍管理服务、数字化学习环境和设备服务、学习过程辅助管理服务、物流配送和经费结转服务以及面向终身学习的社会化服务等。

参考文献

［1］陈德人，张尧学. 数字化学习港：构建面向终身学习的学习型社会[M]. 杭州：浙江大学出版社，2009.

［2］任为民. 学习型社会、数字化学习港与公共服务体系[J]. 开放教育研究，2007（1）.

［3］曾海军，范新民. 基于数字化学习港构建数字化学习支持服务体系[J]. 中国电化教育，2007（3）.

［4］曾海军，马国刚，范新民. 高校网络教育及公共服务体系的 SWOT 分析[J]. 开放教育研究，2010（3）.

［5］张尧学. 数字化学习港与终身学习[J]. 中国远程教育，2007（1）.

（曾海军）

高校学历继续教育的功能定位

随着普通高等教育录取率不断提升及其所占高等教育毛入学率比重的不断增大,学历继续教育承担的学历补偿作用越发弱化。1987年,我国高等教育毛入学率为3.6%,其中成人高等学历教育占比约为41.59%。2002年,我国进入高等教育大众化阶段,高等教育毛入学率达到15%,成人高等学历教育占比约为36.91%。2015年,我国高等教育毛入学率达到40%,成人高等学历教育和网络教育在毛入学率的占比只有17.68%。显然,普通高等教育的大规模扩招,大幅度稀释和弱化了学历补偿的需求和规模,而各类学历继续教育仍在延续着历史形成的既有定位和发展方式。市场生源不断减少许多高校又在不断努力的扩大规模由此势必带来人才培养质量的下降和社会认可度的降低,造成学历继续教育和普通高等教育之间的差别越来越大。这种现状将直接影响"十三五"规划中提出的"建立个人学习账号和学分累计制度,畅通继续教育、终身学习通道,制定国家资历框架,推进非学历教育学习成果、职业技能等级学分转换互认"等目标的实现。如何满足在职人员丰富多样的学历提升需求,正视目前学历继续教育职能发生的变化,重新审视高校学历继续教育的功能定位,适应供给侧改革的需求,是高校学历继续教育发展亟待解决的问题。本研究主要从分析高校学历继续教育存在的问题入手,对高校学历继续教育的功能定位进行深入思考并提出建议。

一、问题

党的十九大报告明确提出"以新发展理念引领现代化经济体系建设",在这一理念的指引下,各地的产业结构和劳动力结构都会跟随区域发展战略逐步改变,开展经济建设都会提高对适应供给侧改革的应用型、复合型人才的需求,人才学历提升的需求会逐步呈现出多样化的发展趋势。而各地现有的学历继续教育在功能定位上,仍然停留在学历补偿时代,各方面的问题逐步暴露。

(一)生源质量问题

从录取率来看,初期的成人高等教育,尤其是成人脱产班,主要参照普通高校全日制的教学目标和教学内容,由高校按照全日制的标准举办。虽然成人高考的难度低于普通高考,但仍具有相当的选拔性,生源质量有一定的保障。但近些年,生源市场萎缩,各地成人高等学历教育的录取率越来越高。从北京成人高等学历教育录取率变化来看,2002年,北京成人高等学历教育的录取率为40.9%;2004年,北京成人高等学历教育录取率达到

63.2%。录取率持续上升,绝大部分高校的绝大部分专业只要达到最低控制线即可录取,到 2014 年录取率已达到 92.9%。然而,北京成人高考报名人数急剧下降,由 2004 年的 11.4 万人下降到 2015 年的 5.7 万人。

从北京成人高考最低录取分数控制线来看(见图 3-3-1),2003 年以后呈现大幅下降的趋势。以高起本文史类和理工类为例,2003 年以前,最低录取分数控制线是相对稳定的,如 1998 年文史类最低录取分数控制线为 465,理工类最低录取分数控制线为 440,2002 年文史类最低录取分数控制线为 460,理工类最低录取分数控制线为 435。2003 年起[①],分数线呈现明显的下滑趋势。

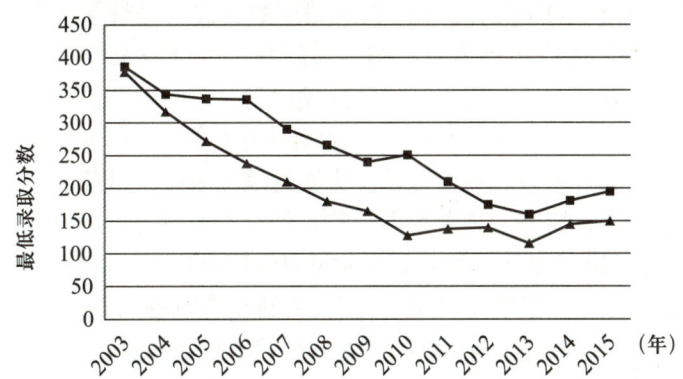

图 3-3-1 2003—2015 北京成人高等学历教育高起本文史类和理工类最低录取分数控制线统计

(数据来源:2003—2015 年历年《北京教育年鉴》)

由图 3-3-1 可以看出,文史类 2012 年以后的最低录取分数控制线一直保持在 200 分以下,理工类则自 2010 年以后一直保持在 150 分以下。在分数线大幅度下滑的情况下,很多高校还要面临不能全额完成招生计划的窘境。对于有全国统考要求的成人高等学历教育,生源质量存在问题;而对于招生自主、没有统一入学考试限制的网络教育,以及由电大和开放大学举办的没有统一招生考试、只需参加入学水平测试的开放教育,其生源质量同样堪忧。

各地情况普遍与北京类似,学历继续教育入学考试的选拔功能逐步丧失,生源质量难以得到保证。

(二)人才培养质量问题

生源质量无法保障,加上缺乏系统的质量标准和质量监控等多方面问题,致使各类学历继续教育的人才培养质量与全日制普通高等教育人才培养质量的差距逐步拉大,形成了一种与普通高等教育完全不同的学历体系,社会认可度较低,直接影响学习者的职位晋升和升学深造。

从师资力量层面来看,很多高校聘请研究生来完成相应的教学任务。虽然各校都对聘请的研究生有一定的筛选并对教学质量进行监控,但由于师资缺乏保障,在整体的教学质

[①] 2003 年成人高考科目进行了改革,改为 4 门,总分由原来的 750 分变为 600 分。

量上仍然无法与早期的成人高等学历教育相比。

从经费保障层面来看，各个省份的各类学历继续教育的学费标准普遍较低。低廉的学费不仅影响了学习者对教育机会的珍惜程度，也在很大程度上阻碍了学历继续教育教学质量的提升。特别是成人高等学历教育，很多省份一直在按照上世纪90年代末期制定的标准核算学费，低廉的学费无法满足教学质量提升的需求。网络高等学历教育虽然有收益的规模效应，但其平台运行及技术支持成本较高，加上网络教育承担的经济创收任务的压力，能够用于教学质量提升的经费也并不多。

从各校的专业设置情况来看，存在扎堆举办热门专业，特别是经管类专业的现象。以北京为例，2015年排名前10位的本科专业在籍生数占北京高校学历继续教育本科在籍生总数的比例超过62%。适应市场需求、举办热门专业本身是无可厚非的，但必须立足于高校自身的资源优势和特色。如果仅从经济效益出发，一味地跟风举办热门专业，势必会对人才培养质量造成影响。而且从某种意义上说，很多高校学历继续教育相应专业的培养方案是其全日制普通高等教育相应专业培养方案的缩减版或降低版，并不能真正满足成人在职学习者的学习需求，影响了人才培养质量。针对专业设置方面存在的问题，教育部于2016年11月出台了《高等学历继续教育专业设置管理办法》，明确规定"普通本科高校、高等职业学校须在本校已开设的全日制教育本、专科专业范围内设置高等学历继续教育本、专科专业"，明确没有举办全日制专科层次教育的普通本科高校，将不再举办专科层次的学历继续教育。《高等学历继续教育专业设置管理办法》的出台，在一定程度上缓解了一些高校扎堆举办热门专业的现象，并对控制高等学历继续教育的总体规模，提升高等学历继续教育的人才培养质量起到积极作用。

从学位授予情况来看，与普通高等教育学士学位要求大学英语四级成绩不同，成人高等学历教育和网络教育的学生要获得成人学士学位，普遍要求通过成人英语三级考试，而成人英语三级考试的要求比大学英语四级要低。但在成人学位授予门槛相对较低、且各高校没有进行严格质量监控的情况下，高校学历继续教育的毕业生能够通过成人英语三级考试并达到其他条件要求获得成人学士学位的比例仍非常低。以北京为例，多年来仅能保持在20%左右。这也从侧面反映出各类学历继续教育人才培养质量与普通高等教育人才培养质量的差距在进一步拉大。

（三）与高校自身社会声誉地位的匹配问题

高校类型众多，不同高校、不同专业存在办学水平的差异，其社会声誉和地位也各不相同。在普通高等教育领域，这种差异能够在多方面体现出来：比如高考录取分数线，就业市场对不同高校、不同专业人才的认可度等。学历继续教育作为高校人才培养和社会服务的组成部分，也应能够反映相应高校办学水平、社会声誉和地位。对同一所高校而言，学历继续教育也应具备相应的办学水平和社会声誉。但实际情况并非如此，各高校学历继续教育之间的差异不大，形成了一种"大一统"的局面。

首先，各高校学历继续教育的入学门槛基本没有差别。前面提到，多年来，成人高等学历教育录取现状是，绝大部分高校的绝大部分专业只要达到最低控制线即可录取，这一点无论是部属高校、市属高校还是独立设置成人高校都是如此，包括一些"985"及"211"工程的名校。网络教育虽是学校自主组织入学考试，但其不断膨胀的规模也能从侧面反映出入学门槛较低的现状。继续教育在各高校普遍地位偏低，高校普遍对举办继续教育的机构有创收的任务要求，在创收任务的压力下，很多高校不得不"向规模要效益"，或者大力发展具有收益规模效应的网络教育。特别是一些"985"及"211"的名校，凭借其在其他方面积累的社会声誉和资源优势，占据了更大的市场份额。而一些地方高校由于政策限制，在2014年以前不能举办网络教育，在信息化与教育的融合方面已经处于落后的位置，发展空间受到挤压和限制。以2015年的北京高校为例，部委院校占据了北京高校学历继续教育总规模的90%以上，其中网络教育100%由部委院校举办，夜大学和函授的在籍生规模也分别占北京同类型总规模的62.22%和87.14%。

其次，各高校学历继续教育培养的人才在就业市场中认可度差异不大。笔者在调查中了解到，很多用人单位认为不同高校培养的全日制普通高等教育人才存在比较好的区分度，能在很大程度上体现高校人才培养质量和办学水平的差异。而不同高校培养的各类学历继续教育人才则区分度很小，用人单位无法通过高校的社会声誉来区分不同高校学历继续教育人才的水平。所以很多用人单位在招聘时对各类学历继续教育实行了"一刀切"的办法。除此之外，很多参与过学历继续教育的学习者，无论毕业于哪种类型的高校，在其个人简历中都很少主动提及自己参加学历继续教育的经历，这也能够从一定程度上反映出各类学历继续教育社会认可度偏低、缺乏区分度的现状。

（四）多种类型学历继续教育命名概念维度不一致的问题

从概念属性来看，成人高等学历教育，其命名的维度主要是学习者的属性；网络教育命名的维度则仅是学习手段；开放教育的命名维度主要是教育的广度和态度。这些名称并没有按照平行的概念维度来命名，各自的边界并不清晰，各种类型之间有很多交叉、重叠与错位。比如网络教育，它是在特定历史时期，为了促进信息化与教育的融合而产生的一种独立的类型，但它与其他各类型的学历继续教育之间其实无法划分出清晰的边界，而随着时代的发展，利用互联网手段来学习，早已不再是网络教育的专属。由此可见，现存的多种学历继续教育类型的划分并不科学。

从时代发展的要求来看，在职人员的教育，需要采用多样化的学习手段和方式。各类型学历继续教育如果仍然保持目前这种不科学、边界不清晰的划分方式，会在一定程度上带来各类学历继续教育内部的竞争。在生源数量不足、质量得不到保证的情况下，出现各高校、各类型的学历继续教育之间多层次的无序竞争，势必会进一步影响高校学历继续教育的人才培养质量。

二、思考及建议

从建设终身教育体系的要求来看，无论是建设"双一流"的高校，还是应用型高校，都有为全民终身学习服务的社会责任。对于有学历提升需求的在职人员，高校有责任通过"非全日制"的方式为他们提供教育资源和学习机会。但满足在职人员学历提升的需求，不应该继续停留在大规模、低层次的学历补偿层面，而应与时俱进，根据高校不同特点培养多层次、多类型的继续教育人才，适应个性化、定制化的需求，以长远、发展的视角重新审视学历继续教育的功能定位。

（一）从学校层面统筹实施"非全日制"学历教育，各类高校分类发展

改变由目前继续教育学院或网络教育学院主导的既有模式，引导各类高校从整体发展规划层面统筹"非全日制"学历教育，使其与高校本身的社会声誉和地位相匹配，赋予高校充分的"非全日制"学历教育办学自主权。

入口层面，可以允许高校参照全日制招生计划设置一定比例的"非全日制"招生计划，并自主组织入学考试。办学过程层面，高校可以借助网络手段提供多样化的学习资源及教学支持服务，通过在线公开课、专题面授辅导、集体答疑，甚至有选择的旁听全日制学生课程等方式，对"非全日制"学生进行帮助，让"非全日制"学生可以通过多元化的方式享受到高校优质的教育资源。出口层面，高校应在维护办学声誉的前提下，自主制定与自身全日制教育人才培养质量匹配的"非全日制"人才培养质量标准，并严格执行标准，设置与高校全日制相近的毕业要求并颁发同样的毕业证书（可以注明非全日制），实施真正意义上的"严出"，实现"非全日制"学历教育质量与高校自身社会声誉与认可度的完全匹配。

在明确了"非全日制"学历教育的定位后，各类高校根据各自的学科优势、特点和属性，结合国家经济战略和区域发展战略要求分层分类发展，建立多层次的"非全日制"人才培养体系。部委院校，特别是以"双一流"为目标的高校，可充分利用高校自有的优质资源，为全国经济发展、或特定行业发展培养高端"非全日制"人才；地方院校特别是以"培养应用型人才"为目标的高校，可在利用自有资源的基础上，通过区域高校的资源共享，为区域经济的发展培养应用型的"非全日制"人才；独立设置成人高校则可因地制宜，推动市民学习，有条件的高校可以与地方院校进行"非全日制"学历教育的衔接。

（二）高校可根据自身特点，设立证书课程，并将其与"非全日制"学历教育衔接

除建立"非全日制"学历教育体系外，高校还可根据自身特点和市场需求设立相应的证书课程，建立证书课程与本校"非全日制"学历学位的衔接机制。这一点可以借鉴哈佛大学拓展学院（Harvard Extension School）的相关经验。哈佛大学拓展学院开设了一些学校认可的证书课程（一般包含4门左右的课程），可以通过在线、面授等灵活的方式修读，有相应的级别要求和门数要求，达到要求之后可以获得哈佛大学认可的证书，这些证书课程的学分可用于申请本校的学位，或与本校相应的学位课程衔接。

证书课程的优点是周期短、学分积累灵活，非常便于学习者修读，既可以作为单独领域专业或技能提升的凭证，又可以通过系统的积累完成学历提升的目标。高校也可以充分利用原有资源，根据原来各类学历继续教育资源的特点，进行提升、补充、强化或系统拆分，建立更灵活的证书课程资源体系。其发展模式也可以从单一高校认可到以联盟和协议的形式互相认可，甚至逐步实现国际化的学分互认，这非常符合国家"十三五"规划中提出的"建立个人学习账号和学分累计制度，畅通继续教育、终身学习通道"的目标要求。在京津冀一体化，各个产业和企业不断转型升级的背景下，高校还可针对企业的需求，实施定制化的证书课程，这样也符合供给侧改革的发展趋势。

（三）完善"非全日制"学历教育的政策制度保障及监督评估机制

1. 给予"非全日制"学历教育充分的政策支持和制度保障，以确保"非全日制"学历教育的健康可持续发展

主要包括：第一，允许高校参照全日制普通高等教育招生计划，在一定比例范围内设置"非全日制"招生计划。明确"非全日制"学历教育的招生范围，建立"非全日制"学历教育公开选拔考试机制；第二，采用更加灵活的"非全日制"学生学籍政策，建立课程学分有效期制度，实行弹性学制；第三，建立更符合市场规律的收费标准核算机制，参照普通高等教育的收费标准，根据物价发展水平和办学成本的变化情况及时进行动态调整。学费标准按照学分核定，高校可根据办学规模、层次、方式等情况，在规定的收费区间范围内确定本校学费水平，由国家相关部门履行监督职责。

2. 在"非全日制"学历教育领域实施完全学分制

确立统一的学分标准，建立高校内部和高校之间"非全日制"课程学分认定与转换规则，实现不同专业、不同高校间"非全日制"课程学分的互通互认，逐步探索非学历教育学习成果向"非全日制"学历教育学分转换的运行机制。在此基础上，明确"非全日制"学历教育在将建立的国家资历框架体系中的位置，力求实现"非全日制"学历教育与全日制学历教育所处资格等级相同或更接近，推进"非全日制"学历教育与全日制学历教育之间的衔接和课程学分互认。

3. 建立科学的评估与监督机制

国家教育行政部门应统筹考虑全日制学历教育与"非全日制"学历教育的评估与监督机制，建立"以院校评估、专业认证及评估、国际评估和教学基本状态数据常态监测为主要内容，政府、学校、专门机构和社会多元评价相结合，与中国特色现代高等教育体系相适应的教学评估制度"。各高校应参照普通高等教育质量标准建立"非全日制"学历教育质量标准，接受国家教育行政部门和社会的监督。国家教育行政部门可参考普通高校教学评估的相关标准，建立"非全日制"学历教育评估指标体系。在组织教学评估时，应根据高校制定的质量标准，对"非全日制"学历教育和全日制学历教育一并进行评估，包括对"非全日制"学历教育实施机构、课程质量、办学过程等进行的全方位评估，也包括对高校"非全日制"学历教育的招生规模实施的监督，防止出现以规模换取经济效益的现象，"确保高等教育资质的质量保障、可比性和认证"。同时，建立有效的第三方评估机制，使高校自觉将自己置于社会监督之下。

三、结语

功能定位问题是高校学历继续教育发展的关键问题，所有的顶层设计和改革措施都需要在确定功能定位的基础上才能完成。高校学历继续教育功能定位的明确需要考虑历史因素，也需适合国情，并能适应不同社会发展阶段的需要。高校学历继续教育改革已经走到岔路口，面临艰难的选择，是大刀阔斧的改革，还是在保持现状的基础上小修小补，已经

成为摆在所有继续教育人面前的最亟待解决的问题。如果仅在保持现状的基础上小修小补，会让高校学历继续教育走入低水平建设的死胡同，无法实现"十三五"规划提出的"畅通继续教育、终身学习通道"的宏伟目标，更会让各类学历继续教育在"国家资历框架"的制定中处于非常尴尬的位置。重构"非全日制"学历教育体系，并以实现"非全日制"学历教育与全日制学历教育培养同样质量的人才为目标，让"非全日制"教育能够培养层次和类型更加丰富的人才，才能更好地、有针对性地为区域和国家的经济建设服务。

参考文献

[1] 郭培彦. 我国成人高等教育的历史演变[J]. 山东行政学院山东省经济管理干部学院学报，2000（3）.

[2] 国务院. 中华人民共和国国民经济和社会发展第十三个五年规划纲要[M]. 北京：人民出版社，2016.

[3] 教育部. 教育部关于普通高等学校本科教学评估工作的意见[EB/OL].（2011-10-13）[2018-05-15].http://www.moe.edu.cn/s78/A08/s8341/s7168/201403/t20140313_165450.html.

[4] 教育部. 教育部关于印发《高等学历继续教育专业设置管理办法》的通知[EB/OL].（2016-11-22）[2018-05-15].http://www.moe.edu.cn/srcsite/A07/moe_743/201612/t20161202_290707.html.

[5] 教育部. 教育部职业教育与成人教育司负责人就新发布的《高等学历继续教育专业设置管理办法》答记者问[EB/OL].（2016-12-06）[2018-05-15].http://www.moe.edu.cn/jyb_xwfb/s271/201612/t20161206_290962.html.

[6] 马海燕. 2015年高考报名人数942万录取率近75%[EB/OL].（2015-06-07）[2018-05-15]. http://edu.sina.com.cn/gaokao/2015-06-07/1557471847.shtml.

[7] 赵琬微. 北京高考统考统招录取结束 录取率达83%[EB/OL].（2015-08-15）[2018-05-15]. http://news.xinhuanet.com/2015-08/15/c_1116263741.htm.

（王法新、包华影、刘远霞、黄文峰、高美慧）

本文主要内容发表于《中国远程教育》2017年第7期

高校继续教育校政企合作办学模式的研究与实践

所谓模式，即样式或范式，是使系统中各要素最优化配置的设计思路和框架。目前，办学模式在教育理论界还没有一个统一的界定，本文探讨的办学模式可以理解为高校结合当地经济社会发展水平和人才培养需求而建立起来的一种面向成人学习者的应用型人才培养范式。通过探索高校继续教育校政企合作办学模式，可以充分整合政府、高校、企业三方资源，加快人才培养的步伐，满足经济社会发展对应用型人才的需求，促进全员学习，终身学习。

一、校政企合作办学模式的内涵

高校继续教育校政企合作办学模式是以人才培养为核心，以市场和社会需求为导向，以培养适应社会和企业发展需要的应用型人才为目的，以学习者的自我完善与提升为最终落脚点，政府、高校、企业三方精诚合作，发挥各自优势，实现资源合理配置，从而形成政府主导、高校主办、企业参与"三位一体"的应用型人才培养的模式。校政企共同参与的办学模式，要在培养目标上突出职业性，在培养对象上强调成人性，在培养主体上体现多元性，在培养内容上重视应用性，在培养方式上保持开放性，在培养过程中体现共享性；要不断提高教育教学质量，培养更多高素质应用型人才，更好地服务于经济社会的发展需要。

校政企合作办学是三方各自利用现有资源和比较优势，发挥最大的效率，以最少的成本取得人才培养的最大成果，并在协作发展中实现良性互动。就政府而言，提升辖区内全民的文化素质是其职责和义务，但政府的教育资源相对匮乏，与高校的结合可以帮助政府完成这项公共责任。与高校合作培养人才的举措，实质也是政府转变职能，为提升辖区内人力资源文化水平，推动文化建设进行的政府采购，是政府购买社会服务的一种方式。就企业而言，一方面迫切需要提高职工技能和素质来应对设备更新、产品换代以及产业的转型升级和持续创新，另一方面企业也希望减少人事变动或脱岗学习，从而降低成本保证生产。高校继续教育与企业存在天然的结合点，一直以培养应用型人才为己任的继续教育与企业对接，利用继续教育灵活多样的教学方式，开展校企合作、订单培养，解决了工学矛盾，降低了学习成本和培养成本，提升了职工学历和技能水平，满足了企业的需求，增强了企业的核心竞争力。就高校而言，来自政府和企业的生源为高校继续教育的持续发展提供了广阔空间，与政府和企业合作有助于高校深入了解人才需求状况，并根据实际需求及时调整专业设置和教学内容，更好地解决高校继续教育人才培养定位不准以及培养方案、课程内容、教学模式及评价方式等与企业实际相脱节等问题。

"三位一体"的合作模式既有利于区域资源的有效统筹，又有利于高等院校资源的有效利用；既减少了企业人才培养的成本，又为职工提供了接受高等学历教育机会；既促进了企业转型升级，又服务于区域经济协调发展；既丰富了高校继续教育服务社会的功能，又为其改革发展提供了新契机。

二、校政企三方的功能定位

（一）发挥政府的主导作用

政府通过方向把握和政策引导发挥其在校政企合作中的主导作用。政府积极宣传继续教育在提高劳动力素质、服务区域经济社会发展等方面的重要性，宣传发展继续教育推动校政企合作的必要性，以建立校政企合作的良好社会环境。同时，政府根据高校的特色优势和企业的发展需求，为高校与企业的合作搭建桥梁，为校企合作人才培养提供有力的政策和资金支持，促进校企深度融合可持续发展。

（二）发挥高校的主体作用

校政企合作的主体是高校，高校要充分发挥其资源优势和智库作用，为企业职工提供提升学历和能力的机会，为三方合作提供支撑和保障。具体来说，在人才培养过程中，高校要深入研究在职学习者的基本特征和学习特点，主动把握企业的实际需求，明确人才培养目标和标准，构建科学、合理、实用的课程体系，改革单一的教学模式和评价方法，牢记立德树人的初心，不忘提升质量的使命。

（三）发挥企业的参与作用

校政企合作的关键在于激发企业参与的积极性，企业要深度参与人才培养全过程，选派相关专家主动参与到人才培养方案制定、课程体系设计、教学内容设置以及教学实践等环节，使得教学计划和内容更具针对性和实用性，实现专业和产业、企业、岗位对接，为企业培养"下得去、用得上、留得住"的应用型人才，进而促进教育链、人才链与产业链、创新链有机衔接。

三、校政企合作办学的实例分析

作为继续教育的重要组成部分，远程教育近年来为经济社会发展培养了大批应用型人才，在构建学习型社会中发挥了重要作用。本文将以天津大学现代远程教育探索的校政企合作模式为实例进行分析。

（一）与政府工会保持长期有效沟通，为校企合作搭建桥梁

早在 2008 年，天津大学网络教育学院就与天津市工会合作，开设劳模班，本市有提升学历需求的劳动模范都可以选择到天津大学网络教育学院进行深造。先后共有 3800 余

名劳动模范和先进集体职工代表走进天津大学现代远程教育课堂，通过在线学习和考核，实现了自我提升与完善。此外，学院与深圳市总工会启动战略合作，创立"圆梦计划"职工教育帮扶品牌，十年来精心打造出优秀劳动者"圆梦计划"工程体系，以政府、高校资助形式帮扶工作表现优秀但收入不高的职工、农民工在职攻读本专科学历。2015年以来，学院持续深入实施"圆梦计划"工程，先后与天津市总工会、天津市北辰经济技术开发区、天津市静海区总工会、天津市武清区总工会、天津市宝坻区总工会等政府机构紧密合作，精准帮扶助力工匠培养，普惠教育服务职工发展。政府作为"圆梦计划"的组织者，通过制定相关政策、给予学费补贴，实现了执政为民的本职；高校作为"圆梦计划"的参与者，投入资金和人力支持，实现了人才培养的初心。

工会代表政府，推动校企合作，既承担了政府的相关职能，又促进了高校与企业间的沟通；既代表了企业广大职工的实际需求和切身利益，又协助政府推进了企业的转型升级。

（二）以地方学习中心为纽带，与行业企业达成合作办学协议

天津大学网络教育学院通过地方的学习中心，陆续与富士康、"361度"、七匹狼等当地的大型知名企业建立联系并取得合作，为企业定制培养应用型人才。与部分企业的合作已从当地扩展到其他地区的关联企业中，如与深圳富士康的联动培养延伸至上海、郑州、天津等地。学院鼓励并指导企业对参与学习的员工制定相应的奖励激励制度，如对积极参加学历教育提升的员工给予一定的学费补贴，对通过考核顺利完成学业的学员实施职位提升计划，这些举措提高了学习者学习的积极性和主动性。

此外，学院积极开拓更为广阔的空间，与行业开展了广泛的合作，例如与天津市车辆运营管理协会合作开设旅游管理（专科）专业、与福建光伏行业协会合作设立光电子技术（专科）专业，通过行业协会的集合作用，将中小企业的人力资源提升难题与高校进行对接，有效解决了行业内部的人才培养需求，有力支持了中小企业技术提升和从业人员的职业发展。

（三）校政企合作提升教育教学质量的途径

1. 更新专业设置和课程体系，推动双证融合

根据行业企业的发展热点和特点进行专业设置和课程资源建设。例如，学院根据福建鞋服行业企业的需求，开设了电子商务、金融学、财务管理专业，满足企业对提升管理及营销人员队伍水平的需求。

改革实施以"满足基础知识够用的公共基础课和关键通识课，实现综合能力够强的大类必修课和专业核心课程"为指导的课程体系，其中结合企业内训，增设了企业需要的前沿类、交叉类课程，如环境保护与可持续发展、创业管理等。

学院搭建学习者不同学习形式学习成果之间衔接与转换的立交桥，把增长知识和发展能力紧密结合起来。重视学习者具有的职业资格能力认定，制定专业技术资格证书或企业特色培训课程与学历课程之间学分互认和课程免考制度，融通学历教育与非学历教育，推动学习者终身学习和全面发展。

2. 进行"云服务"平台与课程资源建设，解决工学矛盾

学院开发了具有自主知识产权的智能学习服务云平台，以学习者为本，突出技术服务

于教育的理念，运用IT技术领域成熟架构，结合远程继续教育的特点，研发出学习者学习端和管理人员教务端，为学习者和管理者提供涵盖自主学习全过程各环节的智能学习、服务和管理功能。基于云计算、均衡负载等技术手段，平台具有优秀的数据处理和响应能力，强大的云安全部署能实现实时预警、主动拦截网络攻击，保障数据安全，减少了系统故障率。同时平台还具备与其他公共服务平台有效对接的能力，能够适应多种条件下，多平台间的数据共享与传输。同时，学院研发完成了移动端学习平台，满足了学习者系统性学习与碎片化学习的不同需求。平台同时支持安卓（Android）和苹果（iOS）系统，学习方式灵活多样，增加学习趣味性，实现个性化学习，解决了学习者的工学矛盾，提升了学习者的学习体验，实现"人人皆学、处处能学、时时可学"。

学院充分考虑在线学习的特点及需求，优化升级传统的教学课件，制作适于网络播放的全高清课程资源，将课程建设为"以视频为主要载体，以知识点为核心"的微课程（10~15分钟），促进学习者即时学习，培养学习者在线学习能力和终身学习能力。同时，学院课程资源制作中心按照"栏目化"的制作理念，研发设计了"课堂PPT模式""第三环境访谈模式""录播室演示模式""场景实操模式""真人动画模式""完全动画模式"等多种形式，为学习者在线自主学习提供了更为优质的教学资源；资源建设过程中增加了教师形象设计环节，使学习者在视听过程中获得视觉上的愉悦，增强学习视频的吸引力、视觉冲击力、感染力，使学习告别枯燥与沉闷，趣味性大大增强，学习者可以充分利用碎片化的时间实现系统化的学习。

3. 提供多维度学习支持服务，改革教学模式

以提升学习者自主获取知识的终身学习能力为目标，以学习者自主学习为中心，为其提供全员、全方位、全过程的学习支持服务，形成"导学—自学—助学"三阶递进的学习模式。"导学"，即学习导航与支持服务。根据课程大纲的要求详细给出相关课程的导学材料，学习者通过智能学习云平台下载开篇导学、教学大纲、学习笔记等丰富的学习资源，引导学习者学习；"自学"即学习者利用个性化在线课程资源以及在线"答疑室"自主学习人才培养方案设置的课程，通过在线练习、自我评测等教学手段，促进学习者自主学习；"助学"是利用混合式教学模式，将线上学习者个体深度学习和线下师生集体智慧学习有机结合，组织教师对学习者进行面授辅导，对课程内容进行讲解，充分利用混合式教学，帮助学习者学习，保证学习者学习质量。

同时，学院充分利用企业优势，打造专职兼职相结合的校内外师资队伍。聘请企业高管或具有高级技术职称的人员担任课程、学业导师，为企业学员增加面授课程，与学习者进行面对面的讲授与辅导，扩大学员的知识面和知识深度，加深学习者对知识的理解，促进学以致用。同时利用合作企业的培训优势，要求企业导师在培训从业技能中，融汇专业核心知识，将课堂理论教学与企业培训结合起来。

将形成性考核与终结性考核有机结合，构建多元化的考核评价体系。终结性考核根据学习者的学习习惯和特点，结合专业设置和课程特点，设置了包含在线考核、离线考核、纸质试卷、虚拟实验等多种考核方式。同时，逐步加大形成性考核比例，将学生在线观看课件时长、答疑互动频率等指标纳入考核。通过智能学习云平台，教师可以掌握学生学习进度，监控学习过程，有效地对学生进行指导。将形成性考核所占比重由20%提高至40%。

四、结语

高校继续教育校政企合作正逐渐成为建立学习型社会和建设终身学习体系的重要抓手，成为服务经济转型升级、服务企业技术技能积累、服务职工职业生涯发展的重要推手。天津大学网络教育学院深化校政企合作办学模式以来，在学习者个体提升自我学历需求的同时，强调将所学知识运用于一线生产实际，学习者创新意识不断强化，工匠精神内化于心，专业素养和职业能力明显提升。培养的学习者中涌现出了十八大代表，十九大代表，全国劳动模范尤立红、徐文华、张兵兵及全国五一劳动奖章获得者戴景明、张勇等一大批优秀工作者，如大港油田优秀职工班毕业生尤立红，利用所学先后解决各种生产难题80多个，技术革新15项，累计创效达数千万元，中央和天津市有关领导对尤立红班组给予了高度评价。

作为三方"共赢"的人才培养模式，校政企合作办学有利于促进继续教育事业可持续发展。继续教育只有面向社会、走向行业、走进企业，才能实现教育同经济、科技、社会实践越来越紧密的结合，才能更好地体现继续教育的功能及其肩负的历史使命。

参考文献

［1］王雪. 美国凤凰城大学办学模式对我国网络教育学院的办学启示[D]. 西安：陕西师范大学，2014.

［2］刘增辉. 校政企三方合作　天大继教新模式成型[J]. 在线学习，2016（12）.

（叶青、李振宇）

终身教育理念下独立设置成人高校转型发展的探索与实践

终身教育的理念作为社会发展的必然产物已深入人心。随着社会的转型与发展，成人高等教育也在不断调整与转型升级。在生存发展压力与历史机遇、挑战并存的背景下，独立设置成人高校为准确预判和主动适应新常态，适时转型探索出一条新的发展道路，需要重新审视自身，积极探索与实践。

一、终身教育理念下独立设置成人高校转型的必要性

（一）构建终身教育体系的要求

党的十九大报告中指出："办好继续教育，加快建设学习型社会，大力提高国民素质"。党的十八大提出："推动高等教育内涵式发展，积极发展继续教育，完善终身教育体系，建设学习型社会。"十八届五中全会提出："落实并深化考试招生制度改革和教育教学改革，建立个人学习账号和学分累计制度，畅通继续教育、终身学习通道。"《国家中长期教育改革和发展规划纲要（2010—2020年）》在"战略目标"中提出，"构建体系完备的终身教育。学历教育和非学历教育协调发展，职业教育和普通教育相互沟通，职前教育和职后教育有效衔接。现代国民教育体系更加完善，终身教育体系基本形成，促进全体人民学有所教、学有所成、学有所用"，并且为终身教育体制建设提出了建立区域内普通教育、职业教育、继续教育之间的沟通机制，建立终身学习网络和服务平台，统筹开发社会教育资源，积极发展社区教育，建立学习成果认证体系，建立"学分银行"制度等更具实践指导意义的内容。据此，北京市教委也制定发布了《北京市中长期教育改革和发展规划纲要（2010—2020年）》，提出："健全北京市学习型城市建设统筹领导体制，统筹各级各类教育发展，促进学历教育与非学历教育协调发展、职业教育与普通教育相互沟通、职前教育和职后教育有效衔接。创新学习制度，建立不同类型学习成果的互认与衔接机制，构建市民终身学习'立交桥'。探索建立'学分银行'、'市民终身学习卡'等终身学习制度。"

独立设置成人高校作为高等教育体系的组成部分，承担着为全民终身学习服务的社会责任，是实现构建终身学习体系和学习型社会这一发展目标中不可或缺的一环。

（二）自身发展的内在需求

1. 发展现状

长期以来，独立设置成人高校在整个教育体系中承担的是"学历补偿"教育的历史责任。然而，据《2016年全国教育事业发展统计公报》统计，2016年全国高等教育毛入学率达到42.7%，在一线城市，这一比例更高。随着高等教育进入大众化阶段，独立设置成人高校在这方面能发挥的作用越来越有限。吴结等总结了广东省独立设置成人高校的发展现状，存在"办学实体大幅减少、招生难度日益增大、办学特色逐渐弱化、办学质量逐渐下降和发展呈现不平衡状态"等问题[1]，这些问题在其他地区同样存在。独立设置成人高校如果仍作为依附于普通高等教育的一种补充教育形式，已经无法维系其存在和发展。

此外，伴随国家经济发展，经济社会进入产业转型升级和创新驱动发展的新常态。经济社会转型，对人才素质的要求不仅仅是关注职前教育，更关注其职业发展、技能提升和全面发展。如果独立设置成人高校仍主要提供学历教育这种单一的继续教育服务形式，势必缺乏持续发展的动力和支持。因此，改革势在必行。

2. 发展困境

（1）外部环境制约：外部环境的制约，一是因为法制建设的缺失导致转型缺乏制度保障。随着教学主体对象的变化，独立设置成人高校如何适应社会发展需要，明确自身定位，确定新的人才培养目标，亟待国家和政府层面以明确的法律法规予以保障。从目前来看，针对独立设置成人高校的相关内容，不仅多以政策、条例等形式存在，而且缺乏系统性和具体性，只是零散存在于相关规定和条例之中。加之有些规定和条例已缺乏时效性，难以起到宏观指导、政策支持等应有的作用。二是来自统筹管理体制不健全的制约。目前，独立设置成人高校在政策、经费、人员、资源等方面仍是分散管理，缺乏全局性的统筹、协调机构及有效推进机制，造成资源分散、资金投入不足、发展动力不足等问题。既无法有效发挥政府统筹的作用，又缺乏明确的部门责任划分，独立设置成人高校的建设和发展有待指导和规范。

（2）自身建设不足：独立设置成人高校学历教育为主的历史定位仍对其有一定影响。在培养目标方面，很大程度与普通高校类似，存在"学科化"倾向；在专业设置方面，专业调整速度滞后，没有及时适应区域发展需求进行调整；在教学方法和手段方面，重知识传递，轻能力培养，对成人学习者的经验、认知特征、学习能力、学习目的等因素研究不足；在师资队伍建设方面，教师有待加强自身的终身学习，更新教育观念，提升教育信息化水平，成为成人学习者所需的"双师型"教师。

尽管一些独立设置成人高校根据经济发展和社会进步的需要，围绕区域经济和社会发展战略和目标，主动为政府机关、企事业单位和社会开展一些有针对性的教育服务，但是，相对于构建整个终身教育体系而言，可发挥的空间还值得开拓。办学模式仍相对封闭，缺乏建立政府、行业、企业等多方参与的机制。从地方政府层面获得的政策和资金支持有限，与行业、企业合作深度和广度等方面有待拓展。在资源共享、学分互认等方面与普通高校缺乏有效的共进机制。

二、独立设置成人高校转型的内涵及目标

(一)定位与作用

正如王法新等所述,"功能定位是高校学历继续教育发展的关键问题,所有的顶层设计和改革措施都需要在确定功能定位的基础上才能完成"[2]。经过30多年建设,独立设置成人高校无论是在服务地区、行业学历继续教育,还是开展各种非学历教育培训和社会文化生活教育中,都发挥了积极的作用,在探索和实践中逐步确定了自身的定位。

1. 高等教育的组成部分

作为国民教育中高等教育的一个管理序列,独立设置成人高校是具有独立法人资格的事业单位,具有成人本、专科学历教育资质,是国家高等教育的组成部分。长期以来,各校办学中始终坚持以社区(行业)为依托、以特色求发展、保证质量的原则,为本地区(行业)培养了大批应用型人才,使区域内高等教育形式更加多样化,有效地支持了区域经济发展和社会进步,得到了举办者、企事业单位及市民的认可。

2. 地区、行业(系统)继续教育的重要基地

地区、行业(系统)举办的独立设置成人高校根据经济发展和社会进步的需要,围绕区域经济和社会发展战略和目标,主动为机关、企事业单位、驻区部队和社区开展有针对性的教育服务和继续教育培训,积极促进就业和在职人员素质提升,成为地区、行业(系统)继续教育的重要基地。这不仅是独立设置成人高校服务社会的基本表现,更是其存在和发展的基本特征。

3. 学习型社会建设的主要载体

独立设置成人高校作为建设学习型社会的基础阵地,在构建终身学习的环境以及建设学习型社会的过程中发挥了重要作用。近年来,地区性独立设置成人高等学校将发展社区教育、创建学习型城区作为学校发展的主要任务之一,举办了形式多样的社区教育和全民学习活动,满足不同社会成员对学习的多样化需求。在创建学习型城区工作中充分发挥示范、辐射、带动功能,已经使独立设置成人高校成为社区教育和学习型城区建设工作的龙头,也成为建设学习型城市、构建终身教育体系的主要载体。

随着学分认证制度的探索与推进,社会将有效建立适应终身学习需要的评价、认证支持体系,促进各类教育之间的沟通和衔接,独立设置成人高校也将能更好发挥其在推动学习型社会建设中的作用。

(二)发展目标

1. 多元化的发展方向

在终身教育背景下,独立设置成人高校要与社会需求相适应,在发展方向上更加多元化,这是整个继续教育体系实现良性循环、持续发展的必然选择。教育多元包括办学体制、模式、教学对象、教学目标、教学方式等方面的多元化发展。主要关注点包括:一是满足个体适应社会变化的知识更新需求和促进个体全面发展的精神文化需求;二是关注和加强对弱势群体的帮扶,提供公平、公正的教育机会,促进社会和谐发展;三是在网络时代,推动信息化建设,充分利用现代网络技术,满足社会成员日益增长的、多样化的学习需求。

2. 多样化的教育服务

在独立设置成人高校转型的过程中，随着高等教育与社会发展的不断融合，以往"学历教育"为主的单一教育服务内容得到了很大程度的扩充。独立设置成人高校提供教育服务的重心逐步从以学历教育为主，转移到提供包括人文素养教育、职业教育、公民教育等在内的多种社会化、公益化教育服务。在终身教育环境中，学习主体具有广泛性，学习者的学习时间、空间和内容选择具有灵活性，学习内容具有针对性和实用性，学习形式具有丰富性和多样性……这就要求学校适应社会成员多样化的需求，提供更加灵活多样的教学服务，多元化发展。

3. 多方面的社会功能

独立设置成人高校要逐渐凸显在其所在区域经济发展和社会进步中的地位和作用：一是服务区域经济发展。人才是经济发展的第一资源，而作为高校，需要了解本区域经济结构调整、产业升级对人才需求的变化，为区域经济发展提供智力支持。二是服务学习型城区建设。学习型城区建设是学习型社会建设的基本构成要素之一。区域成人高校作为区政府主办的独立设置成人高校，是学习型城区建设的重要推动力量。邢贞良等就在北京市朝阳区职工大学实践基础上，提出"积极建设区域性市民学习中心、市民学习资源统筹建设中心，市民学习研究中心、指导中心"[3]这些服务学习型城市建设的目标。

三、京津沪地区独立设置成人高校转型发展的实践与探索

（一）京津沪地区独立设置成人高校的特色和亮点

1. 直接服务于主办者的要求，是独立设置成人高校的基本职责

独立设置成人高校由地区或行业（系统）举办，与地区、行业（系统）内的企事业单位及社区有着密切联系，使其在开展学历继续教育、非学历继续教育和针对地区居民、企业员工的社会文化生活教育等方面具有"地利"与"人和"的优势。直接有效地为行业（系统）和区域经济社会发展服务，既是主办者的要求，也是这些学校的基本职责和突出特色。

长期以来，独立设置成人高等学校发挥了直接有效服务于地区、行业（系统）的特点，办学形式灵活多样，为满足职工与市民多样化的学习需求提供服务，取得了较明显的社会效益和办学效益，也得到了地区政府和行业主管部门的认可，在构建终身教育体系、建设学习型城市进程中发挥了独特的作用。

2. 扎根区域、面向基层、"办百姓身边的大学"，是独立设置成人高校的突出特色

在"建设全民学习、终身学习的学习型社会"精神引领下，北京独立设置成人高等学校以"夯实学习型社会基石、支撑终身教育体系构建"为己任，围绕成人高校办学模式的创新与示范进行了持续深入的研究和积极有效的实践。尤其在北京市教委《关于进一步加强北京成人高等教育和继续教育管理提高教育质量的意见》（京教〔2008〕23号）发布后，各校进一步整合资源、统筹规划、强化协作，共同提出了"立足首都，服务社区，办百姓身边大学"的办学理念；明确了"以学历教育为基础、以非学历教育为重点，以社区教育为特色，为区域经济社会发展服务，为人的终身发展服务"的办学定位；逐步形成了"稳定的学历教育，活跃的非学历教育，丰富的社区教育"三位一体的办学新格局；借助政府主导（支持）、多方参与，建立了"需求导向、多元开放、合作共赢"的联动共建共享工

作机制;创立了"主动服务地区企事业单位、突出应用型人才培养、促进教育服务融合、提高教育信息化程度、发挥社区教育引领作用"的多功能、全方位的办学新模式。该成果充分发挥了"百姓身边的大学"扎根区域、面向基层、灵活便捷的差异优势,凸显了成人高校在地区均衡发展、和谐社会构建以及终身教育体系中的不可或缺地位,解决了学习型社会建设中优质高等教学资源惠及百姓、融入大众生活的"最后一公里"问题。

(二)京津沪地区独立设置成人高校转型发展的有效探索和亮点

1. 联合多元主体,促进各种资源融合

就北京市而言,如东城区与北京大学首都发展研究院、人力资源和社会保障部、北京便宜坊餐饮集团、方略博华文化传媒有限公司、东城区中小企业服务中心、北京航腾物业公司、东旭佳业物业公司、重庆大学网络学院,西城区与聚德华天控股有限公司、和合谷餐饮管理有限公司等,石景山区与中粮集团、首钢集团,朝阳区与北京餐饮行业协会、北京东方妇女老年大学,海淀区与中关村高新科技企业、甘家口大厦,丰台区与中国兵器工业集团公司等企事业单位确立了全方位、多层次、多形式、长期持续、动态化的合作关系,聚集了资源,增强了办学实力,实现了合作共赢。

2. 开放各类资源"请进来""送出去"

各校将课堂、课程等学习资源,教室、机房、实验室等场地设施对外开放;开展了"教师进社区""数字化学习进社区""送教进军营""社教资源基层行"等"送教上门"活动,将社区、文化场馆、企事业单位、军营等都延伸为学校的学习课堂。一定时期内由于多种原因,公共教育文化设施和资源的开放程度较低,造成有限教育资源的浪费。但是各独立设置成人高校积极创造条件,逐步将自身的教育资源开放成为所有学习者都可以利用的公共资源,增加了社会学习资源的供给。

3. 建立社区教育网络,延伸服务触角

北京八所独立设置成人高校在各区均建立了区、街、居三级社区教育网络,将教学资源、服务指导输送到街道、社区;搭建了全民终身学习网站,如"东城学习网""中关村学堂""朝阳在线学习""学习型西城"等,初步形成了面向全体居民的终身学习公共服务网络和资源平台,延伸了教育服务触角。上海市长宁区社区学院为扩大社区教育数字化学习受众群体,建立"学在数字长宁网",搭建区街一体化数字学习平台,并不断升级完善该平台,延伸服务触角,提升服务水平。

4. 探索"学分银行",强化学习动力

推行"市民终身学习成果认证制度",促进区域内各类学校之间初步建立具备个人学习与终身学习的信息存储、学分认证、学分积累、学分兑换、学习信用管理等功能的学习成果认证系统,激励学习者不断学习。

北京市西城经济科学大学 2004 年就与西城区政府和文明办共同推出了"西城区市民终身学习积分卡制度"。在此基础之上,又于 2011 年 4 月正式启动"西城区市民终身学习成果认证制度"。该制度由一套制度、一套政策、一个枢纽、一个平台组成。一套制度即初步建立市民终身学习成果制度,试行继续教育学分积累与转换,为最终搭建终身学习"立交桥"、实现不同类型学习成果的互认和衔接打下基础。一套政策即初步形成鼓励居民参与终身学习的配套政策体系。一个枢纽即在社区学院建立管理和认证中心,以此为枢

纽,将社区学院、社区教育学校、文明市民学校等区域内各类教育培训机构纳入认证工作体系。一个平台即"西城区市民终身学习成果认证"网络管理平台。通过政府统筹、学院运行、网络支撑和账户管理的方式,实现了制度创新、政策创新、管理创新和手段创新,开创了国内终身学习成果认证制度建设之先河。

四、思考与建议

(一)以法律法规形式保障独立设置成人高校的高等教育资质

以法律法规形式明确对独立设置成人高校的定位,加强对其转型与发展的指导与规范。在现行高等教育序列中,"职工(业余)大学""管理干部学院"等名称沿用了30余年,在学习型社会建设、终身教育体系构建的新形势下,已经不能准确地体现继续教育发展的时代特征。对这一问题,这类学校普遍存在着矛盾心理,一方面希望理顺名称,另一方面,又担心在这过程中被取消序列。

为了更好地发挥独立设置成人高校的作用与特色,国家层面亟待出台相关法律法规,明确独立设置成人高校高等教育体系组成部分、继续教育载体的定位及其举办者的责任。对这类教育机构的设置与职能方面慎重考虑,实施分类管理,避免"一刀切"。可由省(市)教育主管部门制定实施细则。如涉及对此类学校的较大变动,应事先充分征求有关主管部门和院校的意见。

(二)建立和完善以政府支持为主,多方参与的资金投入机制

政府部门需确保对独立设置成人高校的资金投入力度。建议参照普通高等学校按"生均投入"的方式和标准,使政府资金投入和学校服务社会发展之间形成良性互动的态势,实现双赢的局面。另一方面,通过与行业、企业的产学融合,获取行业、企业的资金支持,扩大社会资本进入的途径,多渠道增加资金投入。

(三)创新与探索新型社区学院建设

借鉴国外社区学院建设的有益经验,在办学重心、办学模式、教学模式等多方面积极创新,探索新型社区学院建设路径。首先,要转变办学重心,强化其发挥服务区域社会发展的作用。独立设置成人高校办学重心已逐步由学历教育转向非学历教育,转向为区域经济发展和学习型社区教育建设提供智力支持和人才保障这一目标。其次,建立"开放合作型"办学模式。马启鹏等提出"应积极构建以服务区域经济发展为导向的对外合作关系,具体包括:一是'校政合作',二是'校企合作',三是'校际合作'"[4]。为提高教育的有效性,要建立由政府、行业、企业等多方参与办学的机制,依托政府政策、法律、财政方面的支持保障,依靠行业、企业深化产教融合、校企合作,与其他类型教育机构加大在资源、师资等方面的共享。探索与普通高等学校学制和学分方面的衔接,建立更加灵活的人才培养模式,打通继续教育的上升通道,寻求建立有效的共进机制。第三,提高教育信息化水平。信息技术在适应成人学习者特点,提供多样化学习内容、个性化学习形式及学习支持服务等方面有着较大的优势。相比普通高校,独立设置成人高校在教育信息化方面,起步的时间和推进的力度上还稍显落后,亟待以教育信息化推进教育理念、人才培养模式、

教育教学手段、优质资源共建共享等多方面的改革,从而提高人才培养的质量。

总之,在终身教育的背景下,独立设置成人高校发展既面临困境又有新的机遇,需要主动适应环境与政策的变化,寻求与国家、地区经济社会发展战略的契合点,明确自身定位,在制度建设、办学理念、办学模式等方面改革创新,找到切实可行的发展路径。

参考文献

[1] 吴结,于蕾.区域独立设置成人高校转型取向研究——以广东省为例[J].广东开放大学学报,2017(2).

[2] 王法新,包华影,刘远霞,等.关于北京高校学历继续教育定位的思考[J].中国远程教育(综合版),2017(7).

[3] 邢贞良,白新睿.转型与发展:独立设置成人高校在学习型城市建设中的功能发挥[J].北京宣武红旗业余大学学报,2015(3).

[4] 马启鹏,汪苑,陈丽珍.高校成人教育转型的路向选择与机制重构[J].教育发展研究,2014(21).

(赵睿、贾相梅、张建国)

在线学习

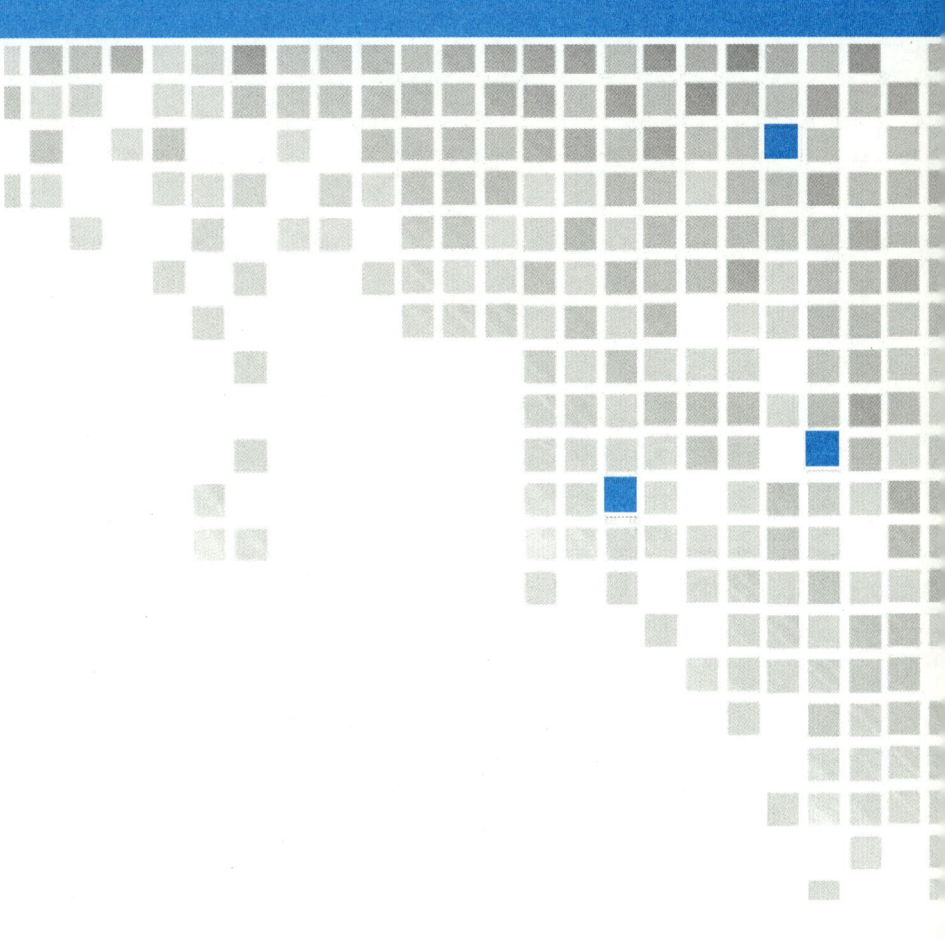

数字化学习环境下在线教育的发展

一、数字化学习环境的形成

1994年我国接入互联网后,各领域的广泛应用使得互联网在我国得到了飞速发展,在教育领域也开始崭露头角[1]。互联网发展初期,上网采用窄带拨号56K或ISDN的方式,课件、直播课堂只能通过卫星播出;之后互联网的学习采用光盘结合个人计算机窄带网络的形式作为在线学习的载体;随后宽带的应用为在线教育带来了极大的便利,互联网在线教育平台为学员提供了较高体验的在线学习环境,学习不再只是单纯的学习课件,还可以在平台上进行交流,实现各种交互的社交活动;现在4G网络、WiFi覆盖已基本满足广大学员随时随地上网的要求,越来越多的年轻人开始趋向于使用移动终端进行高清电影播放、远程会议、视频聊天、网上购物等操作,在线学习的载体正在趋向移动终端,未来人工智能技术也将在在线教育领域得到越来越深入的应用,虚拟人工智能教师的出现,将提供更加个性化的教学服务。

(一)学习环境的发展与改变

互联网的发展为学习者提供了高清视频、课件内交互、混合学习等多种学习形式,而智能化时代的到来,又给在线教育学习带来了深远影响。

1. 云服务:智能学习的支撑

云计算技术已在互联网时代得到广泛应用,构建云服务平台已经逐渐成为云计算技术的主要实现方式。云服务是基于互联网相关服务的增加、使用和交互模式,通过互联网来提供动态易扩展且经常是虚拟化的资源[2]。云服务主要分为"基础设施即服务(IaaS)"、"平台即服务(PaaS)"及"软件即服务(SaaS)"三个层次,其部署形式有公有云、私有云及混合云服务三种。大部分的教学方随着服务器和带宽的维护成本日益递增,仅靠自身的技术团队无法维护远程教育系统,因而采取云服务方式,从而集中关注自己最擅长的教学组织、业务管理工作。

2. 人工智能:智能学习的应用

目前国内已经开始探索人工智能在在线学习领域的应用。从在线学习载体的进化角度看,在线学习的未来是终端进一步泛化,从智能手表、智能眼镜等可穿戴设备的推广,再到智能机器人客服、智能机器人在线辅导老师的出现,智能化手段能很好地辅助学员学习。人工智能应用还能够结合大数据技术,分析出用户的行为习惯。在大数据时代,运用大数据运营监控系统能真正实现从平台、教师、学生、课件全方面、多维度的数据监控、统计，真正实现让数据开口说话，从而给学员提供个性化的学习服务。

3. 大数据：智能学习的分析

教育部在《教育信息化"十三五"规划》[3]中指出："互联网+"行动计划、促进大数据发展行动纲要等有关政策密集出台，信息化已成为国家战略，而教育信息化正迎来重大历史发展机遇。在当前"互联网+"的环境下，大数据思维被越来越广泛而深入地应用到教育领域，用户通过大规模在线学习系统进行学习的各种学习数据及行为数据，会形成庞大的数据资源。针对这些数据进行有针对性的数据分析，一方面，可以促进管理者了解整个系统的关键指标体系（即 KPI: Key Performance Indicator）；另一方面，也可以针对学习者的学习习惯对学习者进行准确引导。

（二）政策趋势及发展需求的变化

1. 网络学院招生日益扩大

目前我国继续教育主要通过自考、网络、函授或者夜大的方式进行。虽然这些教育形式各有优势，但是网络教育以其灵活、开放、便捷等不可比拟的优势，迅速成长为继续教育的重要类型[4]。

自 1999 年以来，教育部批准 68 所试点高校（67 所普通高等院校与 1 所中央广播电视大学）在校内开展网络教学工作的基础上，通过现代通信网络，开展学历教育和非学历教育。如表 4-1-1 所示，从 2000 年至 2017 年线上教育招生与成人教育学院招生数据对比可以看出，线上教育招生数量在逐年提高，到 2016 年全国线上教育招生总数已经超过了全国所有成人教育院校招生人数的总和。

表 4-1-1 线上教育招生与成人教育学院招生对比（单位：万人）[5]

年份	网络教育学院	中央广播电视大学	线上教育招生总计	成人教育学院
2000 年	1.6	3.2	4.8	156.1
2001 年	17.9	25.6	43.5	195.9
2002 年	25.6	63.5	89.1	222.3
2003 年	34.9	73.2	108.1	256.5
2004 年	26.4	72.5	98.9	221.2
2005 年	38.7	38.6	77.3	193
2006 年	45.1	72.8	117.9	184.4
2007 年	57.4	76.8	134.2	191.1
2008 年	66.8	91.4	158.2	202.6
2009 年	77	93.6	170.6	201.5
2010 年	82.7	95.1	177.8	208.4
2011 年	92.1	101.9	194	218.4
2012 年	111.1	101.8	212.9	244
2013 年	124.2	109	233.2	256.5

续表

年份	网络教育学院	中央广播电视大学	线上教育招生总计	成人教育学院
2014 年	121.1	92.5	213.6	265.6
2015 年	135.8	89.7	225.5	236.8
2016 年	157.9	89.9	247.8	211.2
2017 年	220.7	105	325.7	

2. 国家政策的大力扶持

2015 年 5 月 23 日，在青岛举办的国际教育信息化大会上，国务院副总理刘延东出席并宣读了习近平总书记的贺信。习近平总书记表示：中国坚持不懈推进教育信息化，努力以信息化为手段扩大优质教育资源覆盖面。通过教育信息化逐步缩小区域、城乡数字差距，大力促进教育公平，让亿万孩子同在蓝天下共享优质教育、通过知识改变命运。这表明了中国政府对教育信息化的高度关注。

2017 年两会后制定的《教育部 2017 年工作要点》第 29 条指出："以教育信息化扩大优质教育资源覆盖面。全面实施《教育信息化"十三五"规划》[6]。完善"三通两平台"建设与应用，基本实现各级各类学校互联网全覆盖。深入开展"一师一优课、一课一名师"活动。开展系统性精品在线开放课程公共课、核心课程群建设，认定一批国家级精品在线开放课程，继续做好职业教育专业教学资源库建设。推动数字教育资源公共服务体系建设与应用。开展信息技术与教育教学深度融合示范培育推广计划。完成全国 1000 万中小学教师信息技术应用能力培训任务。提升教育行业网络安全防护水平。

中国作为教育大国，在线教育模式满足了大部分消费者的需求，在线教育可突破时空限制，结合移动终端实现碎片化学习，使得教育内容更多样化。国内在线教育技术不断成熟，在线教育产品推陈出新，将吸引大量用户尝试采用在线教育的新形式进行探索学习。

3. 在线教育用户规模不断扩大

2016 年中国在线教育市场用户规模达 10338.1 万人，同比 2015 年增长了 13.6%[7]。随着在线教育的普及和产业日趋成熟，更多教育机构和企业会加入在线教育行业大军，覆盖率将快速提升，预计 2018 年底在线教育用户规模将达到 16201 万人。[8] 在线教育用户分布中，52% 为学生，35% 为在职人员。目前在线教育用户主要集中在中青年人群，功能在于学业或事业的增值。无论是线下教育还是在线教育，这部分人群都有着强烈的学习需求。

4. 在线教育生态的形成

2016 年，教育部发布《教育信息化"十三五"规划》，提出加快探索数字教育资源服务供给模式，有效提升数字教育资源服务水平与能力，深化信息技术与教育教学的融合发展。这将进一步推进互联网教育与现有线下教学模式进一步融合发展。

在线教育突破时间和空间限制，有利于教育资源的优化配置，使人们获取知识的方式发生了根本性变化。积极推动在线教育良性发展，适应市场环境，满足用户多元化的需求，促使在线教育朝着更规范、科学的方向发展。在线教育将成为互联网时代下教育行业发展的必要趋势，影响着教育领域的变革，逐步成为教育新常态。

二、国内外在线教育的发展概况

(一) 国外在线教育介绍

比尔·盖茨曾经预言,以后"我们可以在互联网上找到质量最佳的授课内容,这些内容比任何单一的大学都强。"比尔·盖茨认为,无论公众接受的教育程度如何,都应对互联网的各种资源加以利用[9]。而这一预言似乎正加速地变为现实。

2012年,国外在线教育爆发,MOOC成为热潮。由斯坦福、MIT等知名高校掀起的"MOOC"浪潮风起云涌,亚利桑那、克里弗兰、阿肯色等美国40所公立大学开始实施"与学位挂钩的公众在线公开课"(MOOC 2Degree)计划。将学校的所有课程搬上网,学生可免试听课以攻读学位,学费则不规定,更是让人们看到网络课程的价值。美国的网络大学已经成为高等教育的一部分,已有70%的大专院校通过互联网提供形式多样的网上课程,34%的院校还允许学生通过网上学习获取文凭,从而为那些因为各种原因不能进入大学校园进行学习的人实现了"大学梦"[10]。

MOOC主要有Edx、Coursera和Udacity三大课程提供商,我们根据资金来源对三者不同的业务模式分析如表4-1-2所示。

表 4-1-2　Edx、Coursera 和 Udacity 对比分析

课程提供商	资金来源	业务模式	目标
Edx	大学付费	探索在线教育模式,实现校内部分课程网络化	扩大知名度,提升教学理念
Coursera	社会募资	仿造游戏,在证书等多个环节设计收费	商业化运营
Udacity	企业赞助	前置新员工培训,实现企业内部培训	为企业招聘和培训优秀人才提供机会

随着在线教育的发展,"慕课"发展更多样化,小型的私有在线课程(SPOC)、深度学习慕课(DLMOOC),分布式开放协作课(DOOC)等新形式大量涌现,以开放在线教育为主要特征的"后慕课时代"已经到来。

(二) 国内在线教育介绍

我国在线教育于2000年前后缓慢起步,见表4-1-3。1999年,中央广播电视大学在电大系统启动"开放教育"试点。2000年,教育部批准68所高校建立网络教育学院,同一时间,新东方网校上线运行。2010年,在线教育开始蓬勃发展。2015年,"互联网+"时代到来,为我国基于信息技术的在线教育带来新的机遇与挑战。2016年被称为"知识付费元年"。随着得到、知乎、分答等不同模式的知识付费类产品开始在市场上崭露头角,知识付费成为一种重要的发展趋势,与之相关的内容创业成为风口。

表 4-1-3　国内在线教育行业兴起与发展历程[11]

年份	内容
1999 年	中央广播电视大学在电大系统启动"开放教育"试点
2000—2010 年	1. 出现了"三分屏"形式的网络视频课件，在线教育进入多媒体阶段； 2. 教育部陆续共批准了 68 所高校为全国现代远程教育试点院校，准许开设网络教育学院，颁发网络教育文凭，其总体规模占据了当时中国在线教育 90% 以上的市场总量； 3. 新东方网校于 2000 年上线运行，标志着传统培训学校开始角逐在线教育市场
2010 年	美国可汗学院的运营模式开始影响世界，国内在线教育成为"新宠"，在线教育开始蓬勃发展
2012 年	国内在线教育作为互联网产业的一个细分行业，开始受到互联网巨头（腾讯、网易、百度、新浪）的重视，数以百计的新兴互联网教育企业进入这个市场
2014 年	国内在线教育行业进入短期低估，企业并购热潮出现并有扩大趋势，行业洗牌期到来，战场逐步向移动端转移
2015 年	国内"互联网+"时代到来
2016 年	知识付费元年

根据 Analysys 易观数据监测，2016 年第 4 季度中国互联网教育市场交易规模达 481.6 亿元，2016 全年交易规模达 1601 亿元，同比增长 43.3%。随着互联网教育各类场景化应用的完善与教育资源渠道的打通，教学资源与用户需求的相互贯通，预计互联网教育市场在未来三年内仍将维持增长的态势，2019 年中国互联网教育市场交易规模将达到 3718 亿元。[12]

三、在线教育发展的思考

（一）2017 年是在线教育市场的分水岭

1. 电子商务领域

2004 年之前，许多专家都认为电子商务不适合销售非标准类产品，服装、鞋帽类商品被认为是非标产品，不适合在网络上销售，所以最开始在网上售卖的商品是电器、图书等标准明确的商品。2017 年天猫双十一成交额 1682 亿元（参见图 4-1-1），京东全球好物节累计下单金额达 1271 亿元，其中服装鞋帽类非标产品的成交额占有很大比例，服饰行业亿元俱乐部成员大幅增加，仅耐克在双十一开始后不到 1 分钟即宣告成交过亿，阿迪达斯紧随其后，两家品牌均在 1 个小时内超过去年全天成交额，耐克官方旗舰店更成为天猫服饰史上首个破 10 亿元的商家，见图 4-1-1。

图 4-1-1　天猫 2009—2017 年双十一历年成交额对比图[13]

自 2011 年开始至 2017 年，电子商务市场经过惨淡经营后逐步发展成熟。现在没有人再去怀疑电子商务市场，电子商务市场已经成熟。

2. 在线教育领域

同电子商务一样，在线教育市场萌芽时，业内专家也曾预言：在线教育适合高学历、高自制力的人群，不适合儿童。然而，VIPKID 这家专门服务小学生，为儿童提供在线英语教学服务的公司，其平台的北美外教数量超过 4 万名，付费学员数量超过 30 万名，遍布全球 35 个国家和地区。

2017 年，知识付费型在线教育开始风靡，北京大学薛兆丰老师于 2 月份在得到 app 上开设一门名为经济学的课程，该课程目前选课人数已突破 27 万人。

2017 年，某高校继续教育学院为某地级市开展专业技术人员培训，在不到半年时间培训人数超过 16 万人，同时在线学习人数超过 1.2 万。

对比电子商务领域的发展规律，2017 年之后没有人会怀疑在线教育市场的发展前景，2017 年在线教育市场已经开始成熟，2017 年是在线教育市场发展的分水岭。

（二）在线教育模式的进化

提出"互联网+"术语或理念的人，在国内最早可以追溯到 2012 年。2012 年 11 月 14 日，在"易观第五届移动互联网博览会"上，于杨呼吁"'互联网+'是我今天给各位带来的易观的一个想法，我认为其实今天这个世界所有的传统和服务都应该被互联网改变"[14]。尽管于杨正确地预测了互联网的力量，但真正把"互联网+"带到公众视野并推动其发展进程的，则是 2015 年的政府工作报告。

纵观现在在线教育市场的教育模式，可以发现在线教育形式经历过 3 个阶段的进化，分别是：在线教育 1.0、在线教育 2.0、在线教育 3.0。

1. 在线教育的第一阶段

这一阶段是将传统教育搬上互联网，例如高校开展的网络教育就是将高校全日制的本科生教育模式相对完整地搬到互联网上，学员在网上经历全日制大学教育的各个环节，将招生、缴费、学习、考试、毕业、拿证等流程在互联网上一一实现。与传统的高校全日制教育相比，网络教育与之学习流程一致，只是学习形式不同，传统教育是面授学习形式，而网络教育是通过网络复制实现的学习过程，见图 4-1-2。

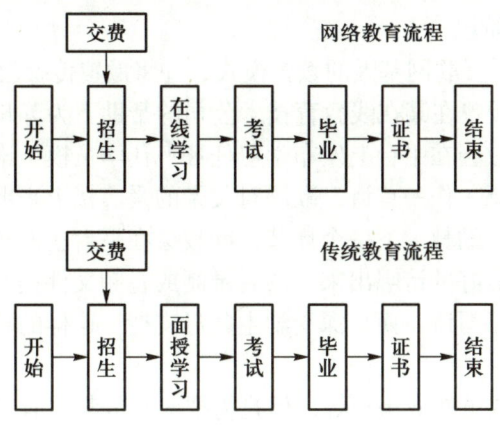

图 4-1-2　网络教育与传统教育对比

这一阶段的在线教育模式优点是成本低，无需探索新形式、新思路，只需将传统教育模式搬上互联网，投入的只是人力和技术成本，没有教学研发成本。缺点也是显而易见的，如把传统教学的部分容易数字化的环节悉数搬上网，缺少原生教学环境，与传统教学的用户体验相比，一直存在教师参与度低、学生学习体验差、学习动力弱、通过率低等问题。

2. 在线教育的第二阶段

这一阶段是将互联网应用融合到传统教育中来，混合教学即是它的主要体现形式。目前，在线教育市场上的翻转课堂、智慧课堂等，即是将互联网应用到传统领域进行辅助教学。如教师仍是通过传统教学方式给学员授课，但在正式课堂授课前，教师可以通过互联网平台给学员提前布置课前预习内容，互联网可以将学员预习结果反馈给教师，帮助教师调整课堂上的教学内容及教学方法，从而在课堂上更有针对性地进行授课讲解。即使在课堂之上，教师也可以通过互联网手段来辅助授课，如随机点名回答问题、发布随堂测试并查看学员作答结果等。课后还可给学员布置在线作业。

这一阶段具有自身的独特优点，互联网可以补充线下教学流程中的特定环节，结合大数据分析帮助教师进行精准教学、个性化教学，从而提升教学效果。

这一阶段的缺点是市场范围相对狭小，原因主要是现在大部分的教师已经惯传统教学模式，不擅长使用互联网进行辅助教学，导致该类教学资源稀少。但从长远来看，当90后成为教师群体主力后，这代从小在信息化环境下长大的人群将更乐于探索将互联网应用到传统教育中的方法，所以未来的市场空间非常可观，见图 4-1-3。

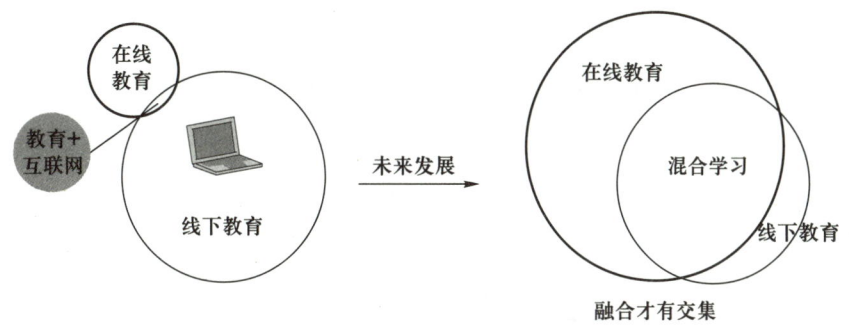

图 4-1-3　教育 + 互联网市场空间发展趋势图

3. 在线教育的第三阶段

这一阶段是具有纯粹互联网基因的教育模式，并将颠覆传统教育形式。

北京大学郭文革教授曾在某在线教育技术公司的帮助下为苏州十中的学生们开设寒暑假在线教育课程。如助教会在平台上发布学习任务：让学员模仿诺贝尔文学奖得主鲍勃迪伦的诗歌《答案在风中飘》作一首诗，歌颂对父亲的爱。接下来助教会督促学生交作业，学生在线将做好的诗发给助教。下一个环节，助教会在平台上发布下一个学习任务：学员要用最美的歌喉将自己做好的诗唱出来，然后录制成音频文件提交到平台上。最终的教学效果是每个学员都学会了写诗，而且深受学生父母支持。这样的教学完全颠覆了传统教学模式。

这一阶段的教学模式虽然效果很好，但是需要对在线教育有着极其深刻理解和把控的人才能驾驭。

未来在线教育为适应社会人群的学习需求而呈现出三种教学模式并存的状态。

（三）在线教育的发展趋势

1. 在线教育发展的五个阶段

在线教育发展的初期往往是一些数字资源的积累，如电子书、课件建设等，资源建设完成后通过卫星或光碟的传播形式供学员学习，解决有无的问题；第二阶段是建设含有整个教学过程的业务平台将数字资源囊括进来，使数字资源变成业务平台的一个内容支撑，给学员提供全套的包含内容与业务流程的学习服务平台，如培训平台、MOOC平台等；第三阶段是在第二阶段业务平台的基础上给学员提供个性化教学服务，如SPOC和一对一教学服务等；第四阶段是在平台稳定运行，个性化服务提高用户粘性的基础上，建立行业圈子，如教师圈子、建造师圈子等，形成朋友圈，进行圈子交流；第五阶段是在互联网技术不断发展迭代的基础上衍生出智慧学习，最终衍生出脱离传统品牌的虚拟品牌，如清华大学的学堂在线、北京大学的华文慕课等。（图4-1-4）

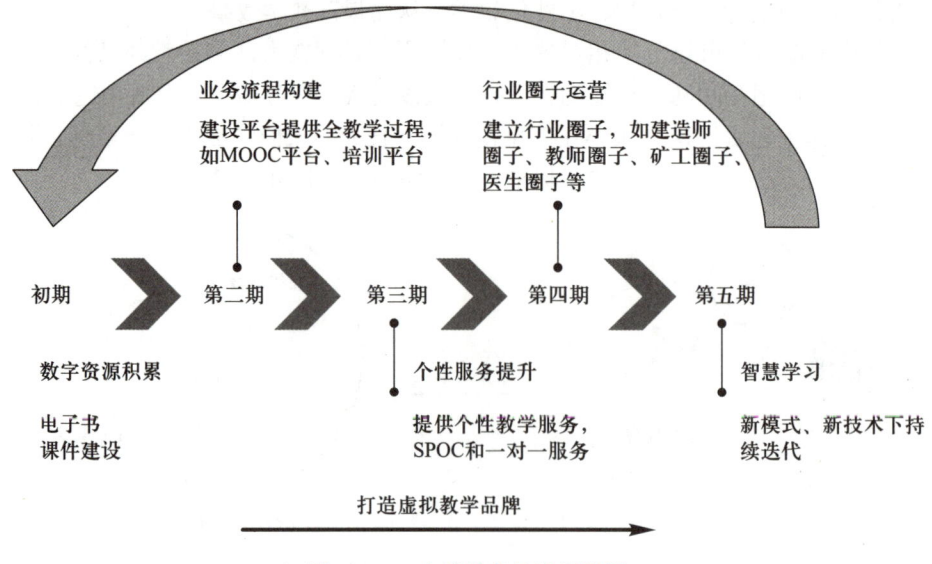

图4-1-4　在线教育的发展阶段

未来在线教育的发展，互联网将进一步深入人们的生活，网络和移动工具成为人们生活的一部分，人工智能技术将会伴随互联网发展，整个互联网模式的教学体系和教学革命按规律进化。

2. 在线教育发展的趋势

综上所述，在线教育的发展有如下趋势：

（1）在线教育的交互方式正在从人机交互、人人交互发展到人机、人人混合交互。

（2）在线教育的市场正在从低质低价向高质高价发展。

（3）一些新的交互手段和工具出现。如 VR/AR、智能笔、智能机器人、更加智能化专业化的教学工具开始出现。

（4）在线教育正在回归传统品牌和名师生态，行业权威、专家将会是在线教育接下来的争夺点。

（5）以人为本的语音类在线教育方式将成为流行趋势，移动端学习将成为学习真正发生的主流形式。

（四）在线教育的抽象化构想

1. 在线教育抽象化背景

2018 年开始，2000 年后出生的一代人正式步入大学，"数字时代的原住民"成了大学授课的主要对象，2000 年前出生的人全部成年，K12 领域所有的学生将全部是 2000 年后出生的孩子，这一代孩子是在互联网环境和 iPad 等各种智能产品的陪伴下成长的，他们内心里更习惯接受基于信息化为基础的教学方式和手段。这将给大学的教学方式带来变革的机遇。

传统的大学老师大多数是博士毕业后留校做教师，大多数是非师范专业，在教学方面需要多年的积累和潜心的教学研究才会取得良好的效果。少数学校因为过去的积累，把大量优质有经验的教师聚集在一起构成了传统的名校，而对于大多数学校来说，教师的教学水平参差不齐，很多教师的教学水平也需要提升。优秀的讲课名师一直属于稀缺资源，讲课水平低下成为大多数学校面临的现实问题。

"师傅引进门，修行靠个人"。要把学生培养成各领域的优秀人才，按 1 万小时定律，教师在前 100 小时定律起到的作用至关重要，他决定了学生是否有机会和兴趣完成剩下的 9900 小时的专业学习和探索。最近几年，随着网络校园的建设，高校教室的信息化装备推广水平得到普及，学生自己购买的手机和计算机也达到了标准配置的水平，这为利用信息化手段完成高水平的教学带来可能。

如果能够构建信息化教室的教学授课资源与脚本体系，将课堂知识传授环节、教学测试环节和活动环节，通过精心的脚本设计并进行数字化和网络化的实施，使得教师在课堂上只需在信息系统的提示下，组织学生进行课堂学习和教学活动。这对一个教学经验匮乏的教师来说是很有利的，不仅可以帮助教师完成一堂高水平的教学，还有利于教师总结教学经验。这是带动高校课堂革新的一种创新途径，使得各种课堂都可以在一个较高的教学基础上进行授课和不断改进。

2. 构建抽象化信息教育的构想

（1）构建由素材和授课活动组成的教学脚本系统。内容编辑和一线教师依据信息化教学环境重新策划设计教学脚本和教学素材，定义课堂各个时间段的教学内容，包括以多媒体形式展现知识内容、师生问答、小组讨论、阶段性测验或者问卷调查、团队 pk 等各种教学活动。

教师利用教学脚本系统备课与授课，可以直接利用平台上提供的资源和脚本讲授一堂精彩的课程，也可以根据教师的经验和积累，修改和上传新的课堂资源，优化教学流程。

（2）构建信息化教室的互动授课系统。教师作为课堂的组织者，按照预先设定的教学脚本进行上课，就可以完成一次完整的课堂讲授，教师可以更专注于亲和力、演讲技巧、幽默感等课堂表现力相关的技能提升，把课堂教学内容本身的安排交给教学多媒体交互系统。

学生可以通过平板电脑、点读笔等设备得到教学素材，也可以通过这些设备参与课堂互动，进行师生之间、学生之间的多种教学互动活动。

教学活动的各种特效和数据统计全部由授课系统采用友好美观的交互方式呈现，通过游戏化的激励系统充分调动学生的课堂参与热情并活跃课堂气氛。

随着课堂研究的深入，有可能实现一套智能化教室的解决方案，实现资源的推优和共享。

（3）构建类游戏化的压力和激励系统。在整个教育过程中引入各种积分和奖励体系，让每一个学生参与教的过程并从中得到即时的激励，保证了在一套科学的压力和激励系统下充分调动学生参与教学的积极性，让学生对学习"上瘾"。这套系统可以按心理学的规律，引入各种个体的和集体的激励方式。同时也有利于教师和学校对于积极性不够的孩子进入学习状态，保证孩子不掉队。

（4）构建科学的教学评估系统。每次课堂授课结束后，要有针对该课堂授课的主观与客观相结合的课程评价系统，该评价系统包括教师评价、课程评价、课堂活动评价，评价维度包括学生的主观打分和评语，也包括课堂授课过程中，教学脚本系统自动化收集的学生行为反馈数据。教学脚本设计团队根据每一次课堂授课的课程评价结果，针对性地调整教学脚本，并对课程评价结果持续关注。

（5）实现资源的推优和共享。构建一套资源共享和推荐系统，方便教师之间教研内容和脚本的共享，系统有不同地区、不同人群、不同专业之间的课堂主观和客观评价数据，方便教师根据自己的学校、班级和具体的学生水平选择最适合自己课堂教学的教学脚本。同时可以完善激励机制，鼓励教师把自己优化过的系统共享给其他老师使用，形成一套自我进化和完善的资源共享平台。

（6）构建一套基于网络的服务系统。对于课堂常见的学生问题，通过构建一套在线的知识库系统解决，对于新的教师无法解决的问题，通过网络的服务系统引入高水平的专业教师回答。通过在线的服务系统，不仅可以解决知识难题，也可以提供一些通用的教学服务，如作业批改、线上小组活动组织等。专业的分工可以大规模降低教师在传统课堂之外的网络课堂的精力投入，也有可能成为在线教育信息化的一种重要的服务方式。

四、在线教育的实践

1998 年 9 月，中国教育部批准清华大学、北京邮电大学、浙江大学、湖南大学四所重点高校利用计算机网络、卫星通信等手段开展远程教育[15]。通过整个在线教育市场在近二十年的实践,我们分析并得出一些内在的发展规律。

(一)在线教育市场的划分

在线教育市场根据需求和出发点不同,划分为两大类:社会需求教育和个人需求教育。

1. 社会需求教育

社会需求教育按学习者年龄段可对应不同的教学类型,如下表所示,学员只有在十八岁到工作这一时间段是由自己付费学习,其他年龄段都是由其他人或所在机构来支付学习者的学习费用。社会需求型教育一般来说并非学员因兴趣而真正渴望学习的内容,是因社会对学习者的要求而致使学习者必须学习的需求。表4-1-4是笔者分析得出的结论:

表 4-1-4 社会需求教育划分

年龄段	决策者与学习者的状态	决策者	对应的教育类型
0—18岁	分离	父母	中小学教育、普通高等教育。
18岁至工作	一致	自己	面向岗位和就业阶段,包括成人学历教育和各类技能培训。
工作后	分离	企业	工作岗位胜任力培训。

2. 个人需求教育

满足个人需求的教育以兴趣爱好为出发点的提升式学习,适合于各年龄段。例如太极拳、瑜伽培训等。此类教育是学习者为满足个人需求而进行的学习,一般决策者与出资者都是学习者本人。

(二)在线教育五要素

在线教育五要素指高校、政府、大中型机构、小型机构和个人。对于培训类的在线教育,如果能够具备以上在线教育五要素即具备了较大的成功概率。

高校在在线教育中一般作为教学内容和资源的提供者,高校具有丰富且优质的师资,也是最早开展在线教育的主体,具备提供丰富优质资源的天然条件。

政府一般作为权威存在,是保障培训招生的重要因素。

大中型机构作为渠道来发布培训招生的通知,一般是某个行业里的顶层人力资源。

小型机构作为付费群体,为本机构内的学习者支付学习费用,以便学习者能够更好地为机构服务。这也映射社会需求中工作后的工作岗位胜任力培训需求。

此外,以上五要素相互之间也具有一定的联系:

(1)时间相关性:在线教育的兴起与发展从高校开始,逐步到政府、大中型机构,再到小型机构和个人。

(2)重要组成部分:在线教育的五个重要组成部分,任何在线培训同时拥有这五个要素时,成功的概率最高。

(3)补充部分:在线教育要想成功,除具备以上五要素外,还需要一个内驱力充足的团队,来保证各要素各司其职,推动项目发展及成功。

实践案例:华东师范大学教师培训项目、清华央企班组长远程培训项目,见图4-1-5、

图 4-1-6。

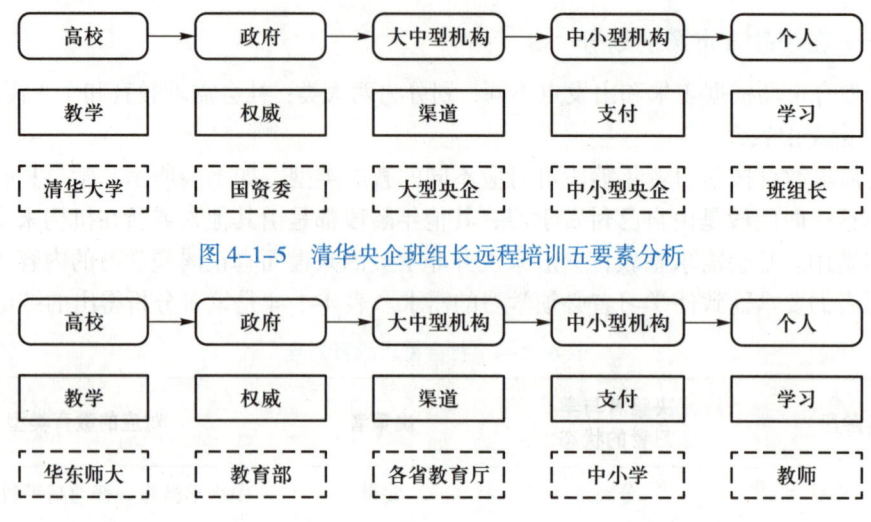

图 4-1-5　清华央企班组长远程培训五要素分析

图 4-1-6　华东师范大学教师培训五要素分析

（三）在线教育的模式

在线教育的资金来源决定了在线教育的发展方向，根据资金来源不同，在线教育分为两种模式开展。

（1）图书馆模式。此模式的资金来源一般为政府专项财政拨款，政府作为投资方为学员提供丰富图书资源，初衷是为学员更好地扩展知识视野。这一模式拥有海量资源，为公共服务项目建设形式，考核方式简单。但实践结果显示该类学习模式的学员学习上线率低、主动性差。因为该类教育模式缺乏完整的教学过程，学员学习无法形成体系与逻辑，属于点状知识获取方式，而点状知识用户更习惯于通过互联网搜索引擎获得。

（2）培训班模式。此模式的资源来源为学习者本人或愿意为学习者提升提供资金支持的个人或机构，属于开展在线教育方盈利的模式。该模式的特点是：有限时间、有限目标、有限人群。由于此类模式教学服务到位，教务管理完整，以至学员学习主动性好、教学内容针对性强。其不足在于执行团队在教学过程中投入量大，教学服务投入多。

实践案例：全国公共机构节能管理网络课堂项目，见图 4-1-7。

在线教育相比于传统的线下教育，有着很多特色的优势。在线教育不受时间、地理因素限制，用户可以随时随地地进行学习，满足了客户的碎片化学习需求。2017 年是在线教育繁荣发展的一年，一方面是在线技术不断升级，移动直播、大数据、人工智能等互联网技术提升了用户的在线教育体验。另一方面是用户结构也在发生改变，90 后已经登上社会舞台，80 后父母是互联网教育付费的主力军，受教育程度均较高并有国际视野，关

图 4-1-7　全国公共机构节能管理网络课堂项目

注自身与孩子的教育品质，从消费人群的能力和意识上来看，在线教育已经具备了成熟的社会平台。而中国在线教育已经进入学习领域垂直细分、学习方式多种多样、教育内容不断变现的时代，未来，在线教育平台将获得良性发展，市场前景值得期待。①

参考文献

［1］石双元.Web 信息系统及其开发技术 [M]. 北京：清华大学出版社，2002.

［2］同［1］.

［3］中华人民共和国教育部.教育部关于印发《教育信息化"十三五"规划》的通知 [EB/OL].（2016-06-07）[2018-05-15].http://www.moe.gov.cn/srcsite/A16/s3342/201606/t20160622_269367.html.

［4］包华影.关于继续教育发展关键问题的思考 [J]. 中国远程教育，2012（2）.

［5］严继昌.形势与政策巨变提速继续教育转型发展 [J]. 终身教育研究，2017（1）.

［6］严继昌."十三五"时期高校继续教育创新发展的战略思考 [J]. 江苏开放大学学报.理论探讨 2016（2）.

［7］前瞻数据库.2016 年中国在线教育用户规模已达 10338.1 万人 [EB/OL].（2017-01-18）（2018-05-15）.https://d.qianzhan.com/xnews/detail/541/170118-b32d80aa.html.

［8］速途研究院.2016 年在线教育市场发展分析及 2017 规模预测 [EB/OL].（2017-04-01）（2018-05-15）.http://www.askci.com/news/chanye/20170401/1464794899.shtml.

［9］缪晨霞.比尔·盖茨预言或成真"在线教育"创业开始爆发 [N]. 新京报，2013-2-4（D02-D04）.

［10］郭晓平.互联网：信息时代教育面临的机遇与挑战 [J]. 现代远距离教育,2000（4）.

［11］陈琪琳，鲍浩波.中国在线教育发展的历程与现状 [J]. 学园，2014（26）.

---

① 截图来源自北京网梯科技发展有限公司合作的培训项目。

［12］艾媒咨询.2017年中国在线教育行业白皮书[EB/OL].（2017-11-27）（2018-05-15）.http://b2b.toocle.com/detail--6426135.html.

［13］杨鑫，刘钢贤.中金：从双十一物流量看快递增速[EB/OL].（2017-11-13）（2018-05-15）.http://opinion.jrj.com.cn/2017/11/13134323374521.shtml.

［14］陈丽."互联网+教育"的创新本质与变革趋势[J].远程教育杂志，2016（4）.

［15］蒋国珍，张伟远.我国高校开展远程教育的现状分析[J].中国远程教育，2002（5）.

（张震、孙鹤、王佳静）

面向应用型人才培养的网络教学平台建设研究

自现代远程教育试点工作开展以来,教育部发布的《关于支持若干所高等学校建设网络教育学院开展现代远程教育试点工作的几点意见》(高教厅〔2000〕10号)和《教育部关于加强高校网络教育学院管理提高教学质量的若干意见》(教高〔2002〕8号)两个文件中,都没有明确提到人才培养目标及规格,根据文件提出的"高校网络教育学院要以在职人员的继续教育为主"的要求,高校普遍将培养目标定位为应用型人才的培养[1]。确立网络教育的培养目标后,如何搭建适合培养应用型人才的网络教育教学平台并建立与之对应的管理模式,则成为东北财经大学网络教育学院(以下简称"东财网院")一直思考的问题。

一、应用型人才的概念及特点

(一)应用型人才的概念

应用型人才就是把成熟的技术和理论应用到实际的生产、生活中的技能型人才。其包括两个层次:一是"工程型"人才;二是"技能型"人才[2]。

(二)应用型人才的基本特点

研究表明[3],应用型人才具有以下基本特征:①职业岗位方面:具有一线性。应用型人才主要从事一线生产的技术人才或专业人才。②智能结构方面,具有技术技能精湛性。许多高技术技能人才经过长期的职业熏陶与岗位实践磨炼,逐渐积累形成了精湛技能,他们能发现并创造性地解决操作中的疑难问题。③劳动特点方面:具有强适应性。应用型人才技能强,学习能力强,上手快,适应周期短。④功能作用方面:具有转化性。应用型人才能把物质形态产品转化为工作规划、工程设计、运行决策,又能将设计、规划和决策转化为物质形态产品[4]。

二、搭建东北财经大学网络教育教学平台

网络教育从诞生起就表现出与传统教育迥然相异的组织方式,因为网络教育受众者规模大,分布广,并且教学活动与学习活动时空分离。为保证网络教育管理的有效性和规范性,确保网络教学及服务支持的质量,建设适合网络学习者自主学习特点的资源,东财网院构建了以信息化管理作为网络教育现代化管理模式的手段,以保障和提升网络教育与服

务质量为目标,以智能化资源建设体系为载体,主要包括:符合网络教育规律、规范的高效组织和管理体系、网络教学与服务质量保障体系、适合应用型人才自主学习特点的资源开发与管理模式[5]。

东财网院根据应用型人才的特点,以教育质量为导向的网络教育管理模式,以建构主义学习理论为基础,经过"设计开发→实践→检验→再设计开发"的反复迭代实施,历经十五年的发展与创新,构建了以学习者为核心,提供灵活定制的学习内容、随时随地的学习效果检验、真实有效的在线实训系统、贴心及时的辅导答疑、丰富多彩的社区活动的网络教育教学平台。平台的各个系统之间互相联系、互相辅助,形成一整套完整的基于"学""练""考""管""辅"的教育支持系统,如图4-2-1所示。平台的主要构成系统有:在线学习系统、实训系统、在线练习系统、在线考试系统、论文写作系统、教学教务管理系统、学习中心管理系统、网络课程开发管理系统、网络教育指标分析预警系统、财务管理系统、学籍管理系统、在线辅导系统、督学导学系统、学习者社区系统等。

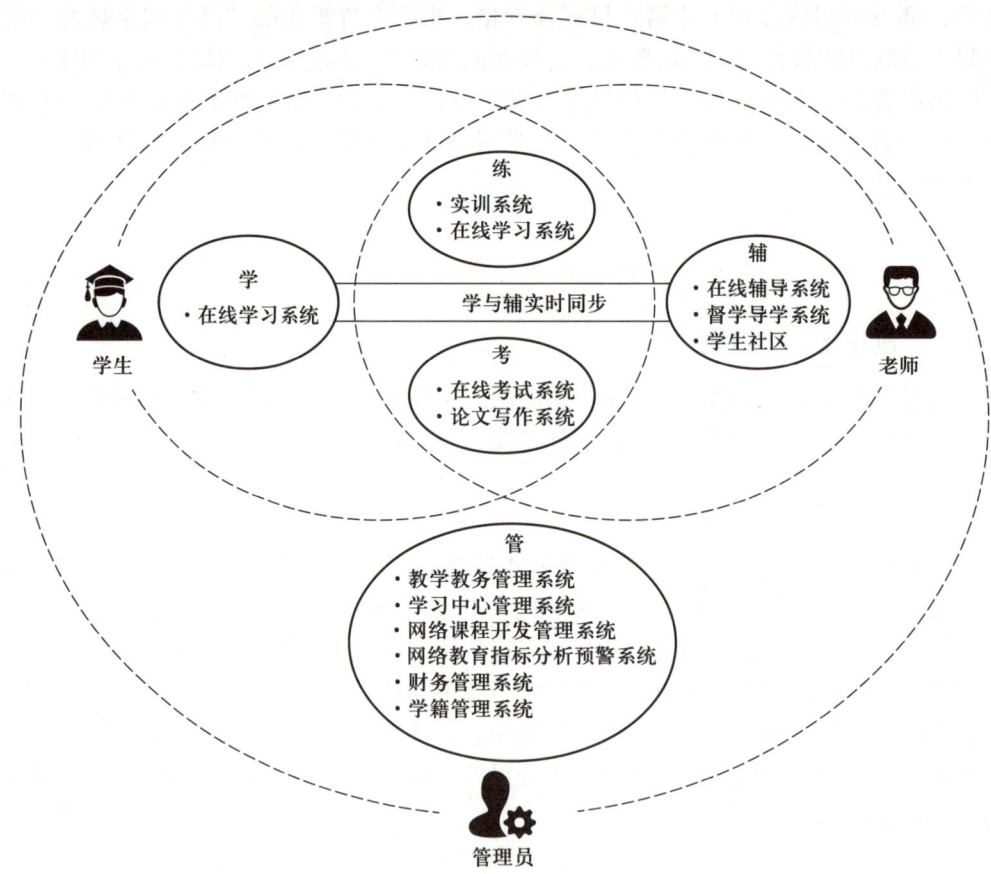

图4-2-1 东北财经大学网络教育学院网络教育教学体系平台图

(一)学习平台:真正以学习者为中心

1. 学习内容选择灵活

针对现代社会的飞速发展、知识的更新换代和学习对象的学习特点,系统可以设置不同的教学计划，每个教学计划的课程、课件版本、考核方式、教材等实现个性化定制，并推送出学习者的学习阶段建议。而学习者可以根据自身学习特点，灵活调整学习内容和学习阶段。系统再根据学习者所学的知识内容灵活调整学习的扩展内容，学习者从而能学习到平台上的所有课程。该系统实践了构建主义的学习内容选择部分，同时为应用型人才培养的理论学习提供了重要的手段。

2. 学习活动丰富多彩

在充分研究学习者学习特点的基础上，东财网院与北京师范大学教育技术学院合作，探索并创建了符合网络教育发展需要的资源建设模式，通过对素材、知识点、课件和教学目标的分离和整合，完成了以知识点为基础单元的资源库建设，并以学习者学习课程的具体目标为中心，以相关的知识点为内容，为学习目标多元化的需求提供了一定保障。学习活动内容包括视频、Word、Excel、PPT、PDF等文档的在线浏览、随堂随练、综合练习、课程论文、课程笔记、在线考试等活动。

3. 信息提醒及时细致

网络教育教学体系平台通过大数据记录所有的学习行为，并与相应的教学活动相结合，定制了十余类上百种内容的信息提醒，涵盖了学习者的学习活动全过程，有助于学习者有效使用教学资源，提高学习效率。

4. 随时随地的学习

截至2017年12月，我国互联网用户规模达7.72亿，其中移动互联网规模达7.53亿，占互联网用户总数的97.5%[6]。目前网络学习的主体用户已成为互联网的原住民，他们需要更加便利的学习手段进行学习。网络教育教学体系平台提供多终端学习体验，支持学习者随时随地进行学习：平台支持PC、移动端的浏览器、平板电脑、移动端APP、微信等终端互联互通，为学习者合理利用碎片时间进行学习创造了便利条件。

（二）实训平台：与实践相结合

在体系搭建的过程中，我们考虑到将学习者所学习到的知识应用到实际工作中，并通过在线形式进行实践，"会计实验平台"系列软件就是解决这个问题的平台。该平台是通过对实体公司、业务专家、授课教师进行调研，研发而成的一款以实体经济业务为基础，通过计算机模拟手工操作完成财经领域内不同学科实验的网络实训平台。平台以现代教育界所倡导的"生成性目标"为设计原则，注重学习情境导出解决问题的方法，并在学习过程中向学习者提供随机数据及相关线索，引导学习者进行思考与分析，从而独立完成全部的实验操作。平台模拟手工做账及财务人员的工作流程，将会计循环过程分解为编写记账凭证及登记日记账、登记明细账、编制科目汇总表、登记总账、期末结转、编制会计报表六个阶段，并采取"过关"的形式要求学习者依次通过，游戏趣味性贯穿始终。该平台具有以下特点：

1. 高度仿真

实验过程模拟真实企业的工作流程，业务之间环环相扣；原始凭证和账簿均通过扫描标准实物加工而成，符合会计行业规范。

2. 免指导

系统全程跟踪学习者的实验过程，随时提供必要的提示与引导。

3. 免批改
系统根据学习者实验情况自动生成分数和日志,可随时导出成绩。

4. 免监考
系统提供随机业务数据测评学习者的学习水平,每个学习者的业务互异、数据互异,避免抄袭。

5. 灵活自主
教师可根据教学需求对各实验阶段进行自由拆分,调节难易程度,从而满足学习、考试、竞赛和实训等不同教学需求。

通过"会计实验平台"系列软件的应用,有效解决了培养应用型人才的实践环节,增强了学习者的理论转换为实践的能力,为应用型人才的培养打下重要基础。

(三)考辅平台:与学习成果紧密结合

考试也是一种学习,在考试中可以发现自己的长处和短处,从而查漏补缺。考试系统主要包括以下几部分:

(1)在线练习系统:系统主要实现对学习者学习的知识进行练习巩固、以便更好地掌握知识的功能。该系统对学习者学习效果的检验意义重大,传统的面授很难随时掌握学习者学习情况,通过在线练习系统,学习者可以自己检测学习效果,针对学习效果不足的部分进行再次学习,经过多次的学习和练习,最终掌握所学知识。

(2)考试管理系统:考试是学习者对学习成果进行最终的验收。教学教务系统制定课程考核验收标准,考试管理系统利用教学教务系统的设置进行考试安排,系统包括预约考试、安排考场、成绩管理等功能。考试结束后,考试管理系统将成绩反馈回教学教务系统,方便管理者及时了解学习者学习情况。

(3)毕业论文写作系统:系统能够灵活制定毕业论文写作流程。学习者可根据所学专业和自身学习水平通过该系统进行线上毕业论文写作并提交,论文指导教师使用该系统进行线上写作指导。最终毕业论文通过教师评阅形成论文成绩,系统再将论文成绩反馈到教学教务系统中,作为学习者毕业和学位的申请条件。该系统能够保证在线写作和提交文档不丢失,具有流程灵活、批阅即时和稳定性强的优势。

(四)管理平台:与教育教学服务息息相关

为保障网络教育质量,提升教育教学服务水平,东财网院构建了以数字化资源建设体系为载体,以信息化管理为手段的现代网络教育管理模式,即网络教学与服务质量保障体系、适合自主学习特点的网络教学资源开发与管理模式、符合网络教育规律和特点,规范、高效的组织和管理体系。并通过以下平台来辅助支持相对应的管理模式。

(1)教学教务管理系统:系统下设招生管理、学籍管理、教学管理、财务管理、毕业管理、学位管理等模块,能够实现教学控制和管理,制定各类规范和要求。学习者在系统要求下进行在线学习和考核,满足其规定条件后进行毕业、学位申请等学习操作。教学教务管理系统设置灵活、操作简单,能够实现教育信息化、标准化的要求,适应组织业务发展的需求及满足学习者个性化需求。

(2)学习中心管理系统:系统对学习中心洽谈过程及学习中心在教学等各个环节进

行管理和评价,也可对学习中心进行招生授权,授权信息会同步到教学教务管理系统中,为招生管理提供基础数据。

(3)网络课程开发管理系统:网络课程开发管理系统引入工作流技术,支持网络课程开发的项目规划、进度管理以及质量管理控制等需求。此外,系统将教学设计的核心思想以模板、文档、规范等形式显性化,并开发相应的计算机支持工具,通过建构网络课程开发工作流模型,开发能够满足网络课程开发需求的管理信息系统,从而提高网络课程开发的规范化管理和信息化水平。

(4)网络教育指标分析预警系统:本系统是专业应用于网络教育领域的商业智能系统,其利用数据仓库、联机分析处理(OLAP)工具和数据挖掘等技术,对网络教育运作过程中的原始数据进行提取清理,生成有效数据、分析核心数据,并对业务、财务、管理等方面的发展状况进行评估,对不确定因素可能造成的后果进行预警,为科学决策提供依据。

(5)财务管理系统:财务管理系统是集交费、退费、结算、返款等一体化财务解决方案。系统支持多种交费方式:虚拟交费、银联交费、支付宝、微信等,可根据需要随时增加支付方式。系统还可根据交费和退费的记录,直接生成返款基础数据。系统内的所有财务核对数据均采用线上核对方式,并根据返款数据和返款比例生成各返款对象的返款信息。该系统满足了为财务人员提供便捷应用的要求,横向业财融合、纵向分级管控,有效地提升了财务管理工作的效率和准确性,将财务数据和业务融为一体,使财务管理流程更加规范高效。

(6)学籍管理系统:该系统借鉴高校信息系统设置学籍信息,对学习者学籍电子档案等进行在线管理。系统能够支持多家数据合并功能,并针对学习者档案电子化存档,可随时调取档案,大大提高了学籍管理的工作效率与质量控制水平。

(五)辅导平台:为学习者提供贴心服务

为了使学习更加高效,内容更加丰富,服务更加到位,我们还设立了以下几个系统,使学生们通过各种方式让学习更有依靠。

(1)在线辅导答疑系统:对学习者在学习和练习等过程中遇到的问题及时进行解答,通过论坛、在线客服、热线电话、QQ等多种形式解决学习者的问题。对于课程问题还可以在线预约课程老师进行辅导,对专业问题答疑解惑。

(2)督学导学系统:系统对督学条件进行自由设定,对辅导教师与辅导学员及督学任务进行自动匹配,实现教学辅导督学的网络平台化自动化管理。该系统利用少量的人员高效准确地对学习者进行督导,使教学督导更加高效、快捷、轻松,使学习者的学习体验满意度大幅提升。通过教学教务管理系统和在线学习系统的数据分析,能够及时了解学习进度落后的学习者,反馈到督学导学系统后进行推动学习,通过对学习者主动学习和被动的推动学习,提高了学习者考试通过率和毕业率。

(3)学习者社区平台:学员风采展示、学员交流、课外知识延展等在线活动都可通过社区平台进行。该平台通过提供丰富多彩的活动、积分和附加分的激励机制来化解学员在线学习过程中存在的孤独感并增强学习者对学校缺乏的归属感。

三、结语

历经 15 年的迭代开发与实践，东财网院搭建的面向应用型人才培养的网络教学体系平台已经搭建完成，形成了"学""练""考""管""辅"为一体的系统化平台，共计超过 17 万学员通过该平台进行学习，相比于其他高校的学习平台，该平台更突出以学习者为中心，灵活定制学习内容，并且通过在线实践手段和科学的管理手段进行应用型人才的培养。

随着"互联网+"和新兴信息技术的发展，尤其是 AR、VR 技术对教育教学实践手段的进一步提升，AI 技术对学习者知识的扩展和探索，如何利用新兴技术专注教育领域产品研发，满足网络教学对信息化技术的需求，将成为网络教学体系平台下一步的发展方向。

参考文献

［1］陈庚，徐玮.新时期远程高等教育人才培养定位辨析[J].开放教育研究，2011（5）.
［2］叶忠海.应用型人才培养和高等继续教育改革[J].职教论坛，2015（24）.
［3］同［2］.
［4］同［2］.
［5］邓康桥，宋晶.以教育质量为导向的高校网络教育管理模式研究[J].高校教育管理，2013（4）.
［6］中国互联网络信息中心.中国互联网络发展状况统计报告[R].北京：中国互联网络信息中心，2018.

（孙光国、王涛）

"MOOC 中国"联盟的建设与发展

我国自 20 世纪 90 年代末开展现代远程教育，到 2003 年教育部先后批准了清华大学等 68 所高校试点工作单位，20 年来，我国现代远程教育实现了飞速发展，内外环境也发生了巨大变化。高等教育毛入学率的大幅提升，使远程教育的作用开始从补偿教育转向终身教育，远程教育正从网络学历教育单一形态向服务普通学校教育、服务终身学习转变。

学习者的学习诉求正在从单纯的证书逐渐向学到真本领等多方面变化，对远程教育教学质量和服务质量的要求也在不断提高。随着信息化程度的提升与普及，越来越多的学生能通过在线教育的方式享受世界一流的教育，同时，信息技术的普及应用有助于提升现有教育水平和教育质量，弥补由于地域差距带来的限制。

随着移动学习、MOOC、微课、大数据、云服务等各种应用的不断发展，信息技术与各类教育融合加速，基于在线"教与学"加强学校教育改革已成为提升学校教育服务能力和水平的重要举措，线上线下的混合教学模式将成为高等教育，特别是高等继续教育服务模式变革的主要形式。教育部发布了《关于加强高等学校在线开放课程建设应用与管理的意见》（教高〔2015〕3 号），充分肯定了"慕课"等新型在线开放课程和学习平台的兴起，明确提出要采取"高校主体、政府支持、社会参与"的模式，构建具有中国特色的在线开放课程体系和公共服务平台。

2015 年元月，国内 37 所网络教育试点高校和奥鹏远程教育公共服务体系共同发起成立了"MOOC 中国"联盟（以下简称"联盟"）。联盟旨在面向行业、面向区域、面向国际化，做政府想做、社会需要做、单个高校无法做的事情。

一、建设"MOOC 中国"联盟的战略意义

"MOOC 中国"联盟的建设旨在助推高校体制机制创新，进一步深化高校教学改革，拓展高校继续教育的业务空间，扩大高校服务社会的影响力。立足于我国国情，建设"MOOC 中国"联盟具有以下两点战略意义：

（一）构建面向全民终身学习的中国在线课程开放平台

"MOOC 中国"联盟将服务于全民学习、终身学习，构建面向全民终身学习的中国在线课程开放平台。联盟着力于开发高水平、高质量的 MOOC 资源，开展在线学历教育、非学历培训等人才培养工作；利用 MOOC 促进我国网络教育模式转型升级，探索建立校际资源共享、课程互选、学分互认的协作机制；建立可持续发展的支持服务体系和运营模式，

探索互联网教育公共服务新模式。

从学校层面看，随着我国教育信息化进程的不断推进，互联网已经成为学校教育教学的主要手段，但信息化进程较快的高校仍然集中在中央部属高校，全国 2000 多所地方院校的信息化建设才刚刚起步，"MOOC 中国"联盟开放平台的建设为大批高校的信息化建设提供开放接口和样板工程，避免不必要的重复建设与资源浪费。联盟能够充分发挥众多合作伙伴及其品牌的优势，通过整合现有资源，开发名师、名校优质资源，实现成员机构之间的共建共享。

从学习者层面看，"MOOC 中国"联盟开放平台提供了不同层次、不同类型的课程和服务，包括从免费到收费、从单门课程到系列课程、从学生支持到全方位学习支持等，适合普通高等教育、继续教育、职业教育、培训等各类教育形式，以期为各类教育提供互联互通和上升通道，从任何教育形式均可直接进入联盟学习体系。联盟内部通过建立标准、制定规则，实现联盟成员之间、联盟成员与非联盟成员之间的学习成果积累与转换。学习者不同层次、不同阶段的学习成果也可以实现积累与转换，最终实现个人终身学习体系的构建。

（二）服务国家"一带一路"战略

2013 年，习近平总书记在出访中亚和东南亚国家期间，先后提出共建"丝绸之路经济带"和"21 世纪海上丝绸之路"（简称"一带一路"）的倡议，得到了国际社会的高度关注和积极响应，相互间国际交流更加频繁，经济、教育、文化合作日益加强，"和平合作、开放包容、互学互鉴、互利共赢"的丝路精神在各个领域得以传承和弘扬，高校以创造知识、培养人才为使命，在落实和推进"一带一路"国家战略过程中，具有不可替代的基础性作用。

联盟作为人才培养的重要力量，将发挥联盟高校的学科、专业、师资优势，以国际化人才战略为核心，与高校一道，共同探索一站式国际化人才培养与输送的新思路；以一流大学、一流学科建设为重要抓手，努力契合"一带一路"沿线国家需求；以构建服务"一带一路"倡议的人才培养和课程资源体系为重要目标，实现与沿线国家更好的文化和教育沟通。

联盟作为教育公共服务的重要力量，将与众多高校和企业行业实现协同创新，致力于推动信息技术与教育的有机融合，积极参与"一带一路"沿线国家和地区在校际交流、人才培养、科学研究、文化沟通、政策研究等方面的交流与合作。打造满足多种教育类型、支持教学与管理全流程、按需定制、共享互通的"互联网 + 教育"国际公共服务共享平台。

二、"MOOC 中国"联盟的主要成果

联盟的建设是个庞大的系统工程，各要素之间有着相互依赖和制约的关系，包括教学模式的设计、教学平台和管理平台的开发、学习资源的建设、学习资源的认证、学习成果的认定和转换、合作各方职能的转变和调整、新运营模式的建立等等，需要通盘考虑，做好顶层设计，稳扎稳打，滚动发展。

（一）搭建先进、高效的智能云平台，实现全民终身学习

结合在线教育规律，在总结和分析多年开展网络教育经验的基础上，采用国外最新的 MOOC、SPOC 形式与理念，以适合学生在线学习、方便知识获取为主要目的，用互联网而非传统软件系统的产品形式承载云服务，战略布局 PC 端、手机端，搭建跨媒体、多终端、无缝连接的智能云平台（见图 4-3-1）。

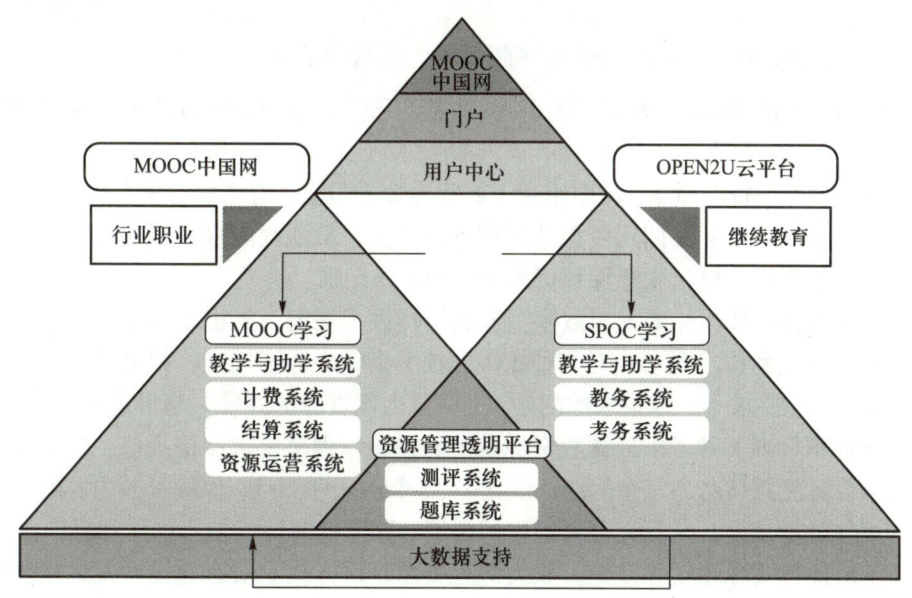

图 4-3-1 MOOC 中国联盟技术平台架构

智能云平台由四个关键子系统组成，一是资源管理系统，实现资源的科学管理和共建共享；二是知识图谱系统，提供智能检索、导航学习、知识点之间的关联关系展示；三是大数据分析系统，多维度、多用户、动态跟踪与分析、教学规律的挖掘及教学效果的评价分析；四是教学教务管理系统，30 多个模块覆盖了教学、教务管理全业务链条。平台在架构设计方面融合了五大核心要素，即微服务设计、Docker 应用容器引擎、混合云应用、资源集成和业务服务化。

"MOOC 中国"云服务平台满足了多院校、多层次、多模式需求，承载着海量资源，满足了海量用户的学习需求，与单个院校平台相比，呈现以下特点：

1. 基于知识地图的导航学习。根据先验知识与学习目标，在知识地图上为学习者规划一条由知识单元关联关系组成的学习路径。由于 MOOC 微课化带来的知识碎片化、结构重构化问题，基于知识地图的导航能够缓解"学习迷航"问题；整合特定知识单元的资源，缓解碎片化问题；依据关联关系快捷地获取与特定知识相关的学习资源等能力。

2. 碎片化知识聚合。泛在技术的普及使得信息获取在更加便捷的同时，伴随着碎片化与多任务现象，引发了一些认知障碍，特别是对于没有具体学习任务的开放学习者。学习平台实现对元数据层面的聚合、基于社会标签的聚合以及关联数据的聚合，实现信息资源的分类及对异地海量信息资源的统一搜索与统一导航。

3. 学习过程跟踪、分析与可视化。满足学生随时注册、随时学习、随时考试的需求，

实现单点登录；全过程记录学生学习数据，为每个学习者提供个人学习档案袋；奥鹏远程教育中心建设有大数据实验室，负责联盟海量用户数据的行为分析与数据挖掘，并通过可视化工具，将在线学习行为以时间序列和内容序列的形式生动形象地呈现给学习者，便于学习者实施自我调控，使其及时调整学习计划和学习态度。

学习平台体现了先进性、人性化、可视化、智能化、云服务，符合新时代、新形势下学习者的新特征，能够满足学习者的学习需求，并提供不断优化的学习体验。

（二）建立资源认证标准，规范资源建设，实现资源准入

联盟以标准保证质量，加大资源的引入、改造与研发力度，截至2017年年底，聚集建设、升级改造课程近3000门。

以标准建设保证资源质量。联盟组建了课程专家委员会，由课程专家委员会制定了《课程资源建设技术标准》和《课程资源认证评审标准》，从课程内容、课程设计、课程制作等方面做出详细规定，设定联盟课程资源建设的准入门槛。

《课程资源建设技术标准》对数字资源的结构做了规定，提出了数字资源的教学设计要求，规范了格式和技术要求，对多种媒体的技术指标进行了规定。解决了不同高校资源建设标准不统一、要求不一致带来的问题，把联盟内部资源的共建共享推进了一大步。《课程资源认证评审标准》参考国外课程资源认证的经验，程序要求严格规范，从资源概要、内容及教学设计到媒体运用三个等级，设置了32个认证评测点，保障资源内容的完整性、合理性和制作的精良度，并且充分考虑中国国情和联盟的实际，便于操作和推广。

开展学历课程资源建设和改造。联盟课程资源建设方式主要有建设开发、联盟成员单位提供、购买、合作开发及其他来源。依据《课程资源建设技术标准》和《课程资源认证评审标准》，2015年以来，先后启动两批课程资源立项评审工作，由学科专家、教育技术专家和行业专家组成课程评审专家组，对立项申报的115门课程进行立项评审。课程资源建设过程中，联盟组织了课程资源高端建设研讨会，由与会专家提出具体整改的方向和问题，确保联盟课程资源的质量。在各合作高校的配合下，通过立项评审的课程资源如期完成，联盟组织了课程资源认证评审，其中有67门课程通过了认证标准评审，并开放上线。

《课程资源建设技术标准》除了应用于认证课程，还在课程升级改造中得以推广，共有2600门课程参考该标准进行改造，联盟制定了课程提供者和课程使用者之间的资源共享规则，实现了资源的无偿或有偿共享。

积极规划行业课程资源建设。联盟重点规划行业资源建设方向，根据国家战略规划及人才市场需求现状，以解决人才就业与创业为资源建设的核心目标，重点对接"IT方向""医药方向""互联网电商方向""素质教育"四个就业紧缺领域，聚拢形成多个"微专业"。在IT软件人才成才培养方面，在已经建设完成6000多个技能应用型微课基础上不断推新；在医药行业，结合护士执业资格考试和执业药师资格考试培训；另外还有互联网（微商）营销以及公民素养提升等课程资源的建设。

以课题为抓手，探索建立行业标准。2017年联盟组织了《基于公共服务平台的继续教育学分认定与转换研究与实践》课题，共有8所高校申报参与，就课程认证标准、学习评价标准、课程考核标准等开展研究；《继续教育混合式学习模式研究与实践》课题，有

10 所高校参与；《继续教育校企合作培养行业技能型人才的研究与实践》课题，有 8 所高校参与。2017 年，受工信部教育与考试中心委托，MOOC 中国联盟成立了"计算机前端开发"专业技术技能项目工作专家组，共同研究制定"计算机前端开发"专业技术技能水平标准。

（三）建立多方、长效、共赢机制，实现资源共建共享

联盟的优势之一是做单一院校无法做的事。经过多次商讨，联盟内高校建立了多方共赢机制，根据不同共享类型，采取不同机制，明确资源输出和使用的规则、方式、费用标准和期限，保证参与高校教师的知识产权，调动课程资源提供方和使用方的积极性，与资源提供方和资源使用方签署《数字课程资源使用协议》，明确了课程资源的共享和使用范围，切实保障各方权益。联盟制定了对一线教师团队的《教师奖励办法》，从而保障了教师团队、资源提供方和资源使用方的良性运营。

截至 2017 年，联盟内 11 个理事单位签署了资源共享协议，基于公共服务体系平台优势，精准化匹配高校需求，梳理 57 个主要招生专业与课程资源提供给资源使用高校。现已有 51 所高校继续教育学院签署了资源使用协议，互选课程 1400 多门，有力地推动了高校之间的资源共享，促进学校开放办学的格局。

（四）探索学分认定标准和转换路径，实现学习成果转换

联盟以课程作为学分认定和转换的切入点，探索利用公共服务平台实现学习成果的积累与转移。

四种课程模式满足不同类型学习者需求。一是免费 MOOC，向所有学习者提供免费的开放学习，主要方式是提供学习资源供学习者自学；二是收费 MOOC，需要学习者实名注册学习，为学习者提供学生支持，提供自测的练习平台，提供交流的论坛。课程学习结束后进行网上测验，向通过测验的学习者发放学习证书；三是收费 SPOC（小规模限制性开放课程），需要学习者实名注册学习，有人数限制，为学习者提供学生支持和学习支持，提供自测的练习平台，提供交流的论坛，有教师提供辅导。课程学习结束后进行笔试，向通过测验的学习者发放学习证书，该学习成果可以作为联盟合作高校学历教育的学分计入个人学习档案，可以积累和转移；四是收费学历课程，需要学习者已经在某个学校的某类教育注册学籍，有人数限制，为学习者提供学生支持和学习支持，提供自测的练习平台，提供交流的论坛，有教师提供辅导。课程学习结束后进行笔试，向通过测验的学习者发放学习证书，该学习成果可以作为学历教育的学分计入个人学习档案，可以积累和转移。

学习过程全程记录为成果转移奠定基础。智能云平台采集学习者在平台上的所有行为数据，记录学生所有学习成果，并均可累积。在联盟成员单位规则范围内，联盟成员之间、联盟成员与非联盟成员之间的学习成果互认互通，并通过独立认证，实现学习成果的积累与转移。截至 2017 年年底，平台用户数量过千万，参与学分积累转换的有 20 余所高校，参与资源共享、学分积累的人数有 8.86 万人。

三、产生的效果与社会影响

（一）服务高校，优化高校学科结构

"MOOC 中国"联盟为不同类型高校、不同企业、不同机构搭建了一个信息互通、资源共享、互通有无的公共服务平台。慕课网是奥鹏教育经过 4 年打造的品牌项目，以培养实战 IT 技能著称，被称为程序员的梦工厂，注册学习人数 1000 余万人。其中 web 前端工程师的课程，日活跃用户 30 余万人；JAVA 工程师选课人数达到 12.4 万；最热门课程 HTML+CSS 选课人数达 78 万人；慕课网已超过 Coursera、Udacity、Edx，在全球 IT 领域拥有最大的用户群。2015 年联盟启动了"新一代互联网技术人才培养项目"，共享共用慕课网优质资源，实战型技能培养课程与高校结构化专业课程有效互补，针对高校学生需求，组织专家共同设计开发了 63 门 IT 技术培训专项课程包，已与 8 所高校形成在线教育产教融合、联合培养新模式。

（二）服务地方，推进区域继续教育信息化建设

"MOOC 中国"联盟建设之初，就将帮扶联盟成员及其他地方高校的信息化建设作为任务之一，通过调研发现，高校继续教育的信息化建设发展不均衡，很多高校技术力量薄弱、资金投入不足，缺乏先进的教学及管理技术平台和突出学校办学特色的优质数字资源。2015 年，在北京市教委指导下，特别针对北京地区高校需求专门设立了"奥鹏教育公共服务体系支持北京高校继续教育综合平台建设项目"，实施了对北京市属普通高校继续教育信息化建设、数字化课程资源设计的扶持试点，与 15 所市属院校合作，签署定制开发特色 MOOC 课程 34 门。项目实践过程得到了北京市教育主管部门的指导，得到了北京地区高校的大力支持与配合，项目在促进北京地区高校继续教育信息化建设的互融互通、解决优质资源快速积累与共享、探索混合式教学模式等方面取得了较好的成果。

联盟不断推进与高校和其他联盟的广泛合作，先后与辽宁省 22 所省市属高校签署合作，与山东高校在线继续教育联盟和陕西 MOOC 联盟进行了深度合作，为服务地方教育需求、建设区域公共服务体系模式探索方面积累了宝贵的经验。

（三）服务国家，落实"一带一路"战略规划

2015 年，西安交通大学联合来自 35 个国家和地区的 135 所大学成立"丝绸之路大学联盟"。2017 年"MOOC 中国联盟"和"丝绸之路大学联盟"全面打通，实现用户通、流量通、资源通，完成国内外高等教育和职业教育的优质教育资源对接。131 家"MOOC 中国联盟"成员单位作为资源供方，整合各单位优势学科和先进产业人才培养体系的优秀教学资源，通过课程资源翻译、微课化、慕课化等方式，向"丝绸之路大学联盟"的成员单位予以输出，培育形成新业态下的教学资源供需合作关系。

联盟已经确定重点开展 10 个特色行业（高铁、新能源、石油、电子商务、共享经济、中国当代国情与文化、小语种等）和 10 个特色专题（物联网、人工智能、新能源、电子商务、互联网金融、汉语国际教育、中国当代国情与文化等）以及 10 个新工科专业（云计算、机器人与智能制造、项目管理、航空航天、环境与能源等新工科专业）的课程建设工作。面向"一带一路"国家搭建满足教育国际化发展需要的云服务平台和资源管理平台，为中

国文化、语言、教育、技术等面向国际各类专业人才培养和可持续发展提供技术支撑和服务。

四、未来发展构想

（一）坚持市场驱动与政府引导相结合

联盟的可持续发展必须建立在联盟所有成员的共同需求之上，遵循市场规则，并能为联盟所有成员带来共赢价值。"MOOC中国"联盟是奥鹏远程教育公共服务体系与众多院校之间通过章程约束形成的民间组织，致力于互联网教育，为学习者提供有价值的MOOC资源及学习服务，属于终身学习服务范畴。政府，特别是教育主管部门要充分发挥引导作用，指导联盟健康有序发展，在战略发展方向和资源调配、知识产权保护等方面给予一定的政策支持和必要的法律环境保障，使得联盟的资源调控能够根据市场规划组合，同时按照国家既定战略利益需要的方向发展。

（二）产教联动，组建校企协作式技术标准联盟

近年来，我国企业普遍开始重视知识产权的积累与保护，但与国际企业相比，我国企业的自主创新能力不足，核心专利的申请数量、质量以及知识管理意识都很落后。校企合作、产教融合正是弥补了这一不足。"MOOC中国"联盟发展至今，已完成了行业资源标准的建立和应用，实现了同平台上不同机构的资源共建共享，但不同平台之间未实现数据的无缝对接。网络经济时代，标准竞争已经成为诸多产业的战略竞争核心，加快组建企业与高校之间的协作式技术标准联盟，以共同的技术创新需求为基础，通过契约形式建立长期、稳定、制度化的利益机制，有利于联盟成员的自主技术标准得以充分应用和推广，从而提高联盟的行业地位与影响力；将有利于联盟成员的信息流、用户流，甚至资金流的互通，实现低成本与高收益的创新，为联盟其他成员带来共赢收益。

（三）完善利益共享、风险共担机制

知识经济时代，任何技术力量雄厚的企业或高校都无法从其内部创造出创新发展所需要的所有知识，更不可能拥有支撑战略发展所需的全部资源和技术，组建行业联盟或跨界联盟成为企业或学校实现资源和技术快速积累的重要途径。"MOOC中国"联盟正是基于"优势互补、利益共享、风险共担、共谋发展"的原则建成的开放的、动态的民间组织，没有独立法人，但受现有法律规范。联盟发展至今，主要是在章程的指导下，在理事长单位和秘书长单位的牵头下，以单独立项的形式进行项目管理和试点推动，尚未涉及大规模多方运营的复杂情况。未来，联盟必然会面临各种内生和外生的不确定因素，比如不断变化的市场需求、新技术研发的适用性、增值性预期不足等运营风险，基于多方高度信任、建立责权利分明的契约是确保组织可持续发展的关键。完善联盟制度建设，细化投入、决策、风险承担、利益分配、知识产权归属等机制，最终实现利益共享与风险共担。

（王海荣、吕雅文、梁佳）

新技术背景下的教与学

互联网、移动互联网、物联网、云计算、大数据和人工智能的出现改变了人类的沟通方式甚至生活方式。当然,对于教育也必然产生了深远的影响。在新技术背景下,传统的教学方式,特别是教师和学生在教与学过程中的关系与角色也将随之调整和改变。近年来,随着高科技日新月异的发展,各种新兴的技术手段不断被广泛应用到教育领域,传统的教学模式需要得到升级和改进。对于教育而言,教学模式的创新比技术创新更难,也更为关键。以 Web 为基础的现代远程教育在我国已经开展了近二十年的时间,从网络课程、多媒体课件、题库等数字化校园资源建设,到 LMS 为基础的网络学习平台,再到针对学生个性化教育的数据挖掘和智能化系统,都已经出现过许多研究和实践。但是,在新的技术背景下,如何进一步充分发挥新的教育技术手段的优势,创新教与学的模式,以达到更佳的教学效果,仍然是一个值得讨论和研究的课题。

教育的技术与工具已经升级换代,但是,如果使用工具的主体,即教师和学生还禁锢于传统的教学模式,那么所谓的新技术不但发挥不了自身优势,而且反而会对教学形成一种干扰。从某种意义上说,改变几千年传承下来的传统教学模式比起创新教育技术手段要困难得多。所以,我们认为,在新的环境下,教与学的模式创新是教育信息化的一个重要的任务。

一、教与学模式的改变

在教育过程中,教师和学生结成的相互关系是最重要的关系,其中包括彼此所处的地位、作用和相互对待、相互支持和相互依赖的方式等。随着互联网等应用的深入,一些新的师与生的关系和新的教与学的模式开始出现,并且逐渐得到认可和推广。

混合式学习(B-learning)是近年来提出的一种线上线下相结合的教育模式。按照相关学者给出的定义,混合式学习是通过应用"适当的"学习技术与"适当的"学习风格相契合,对"适当的"学习者传递"适当的"能力,从而取得最优化的学习效果的学习方式。混合式教学模式的基本思想是试图将线上远程的、海量的优质教育资源和线下的面授方式有机结合,利用两方面优势,达到更为理想的教学效果。

课堂上老师传授知识是两千年以来人类所遵循的教学方式。在教育资源稀缺的时代,教师是知识的拥有者。但是,当互联网的出现将海量的知识摆在了人们的面前时,教育中所稀缺的不再是知识量,而是知识的选择、梳理、推介和内化。

传统的讲授式的教学正在向以学习者为中心的个性化教与学转化。在教与学的过程中,知识传递和知识内化的比例和重心也发生了改变。新环境下，教师需要改变千年以来教与学的习惯，通过新的技术手段，以创新的模式开展教学，以期达到更高的成效。

我们注意到，在一些开展信息化教育的课堂上，传统和信息化相结合的教学仍然存在不少问题。在某些课堂上，教师的PPT在幕布上展现，被选出的学生在黑板上面做着练习题，电脑和书本拥塞地摆放在学生的课桌上，整个教室形成一片纷乱无章的景象。这说明，在新的技术环境下，如果没有完整的教学逻辑和人机之间有机的联系与配合，课堂教学不会呈现出有序而高效的局面。如果没有良好的教学设计并且对教育新技术运用自如，教学效果很可能还不如传统的黑板讲授模式。

教育模式的改革依赖于技术的进步，但是仅有技术是远远不够的。教学改革需要教学模式的创新，需要教师的素质提升，更需要教师发挥主观能动性。教师如何借助新的教育技术手段的优势，而不是被杂乱的技术和概念所迷惑？如何创新和形成有效的教与学的模式，从实际上真正为学生带来学习效率的提高？这些问题的解决才是教育信息化和教育智能化成功的关键所在。

二、翻转课堂（Flipped Classroom）

从本质上来说，互联网的特点就是可以利用远程的、大量的、优质的教育资源。在目前的课堂上，老师面授知识，线上资源一般只起到辅助作用，而非一个决定性的因素。翻转课堂是混合式教育的一种成功实践。在充分利用互联网的远程优势和教师的面对面交流的长项方面，翻转课堂给出了一个创新性的、具体的方案。

（一）翻转课堂的概念

一般来说，学生的学习过程大致可分为两个阶段：第一阶段是所谓"知识传递"，通过教师讲授和师生之间的互动来实现；第二个阶段是"知识内化"，往往由学生课后自己来完成。对不少学生而言，这个内化或者消化的过程因为缺少教师的支持和同伴的帮助，常常会有挫败感，从而丧失学习的能动性。

传统的教学模式是教师在课堂讲授（Lecture），学生在下面听讲，课后完成作业（Homework Activities）。但是，随着知识的获取的渠道增多，知识的汇集和传递不再是难点，更为重要的是对学习内容的深入讨论和消化。许多时候，把师生共同的、有限的、宝贵的时间用在知识的讲授方面，效率不高。

翻转课堂正好是传统教学模式的一种颠覆。翻转课堂重新建构了学习流程，教师不再占用课堂的时间来讲授，学生在家中或课外观看由老师创建的视频，课堂上主要是师生面对面交流、讨论、探究和完成作业。"知识传递"是学生在课前进行的，老师提供了视频和在线的辅导；"吸收内化"是在课堂上通过互动来完成的，教师能够提前了解学生的学习困难，在课堂上给予有效的辅导，师生之间的相互交流更有助于促进学生知识的吸收内化过程。

这种方式也更加体现"以学习者为中心"的个性化教育理念。学生自主规划学习的内容、习惯、节奏、风格和呈现方式。教师更加自由，以学定教，更好的组织课堂教学，采用讨论和协作等方法来满足学生个性化的需要，促进他们对于问题的深刻理解，使得学生通过参与、互动和实践获得更好的学习效果。

（二）翻转的元素与步骤

翻转课堂，究竟要翻转什么？如何进行翻转？

1. 翻转的元素

元素一：空间的翻转

首先是学习空间的翻转。知识传递的场所在哪里？从教室翻转到家里。完成作业等知识内化的场所在哪里？从家里翻转到教室。

元素二：时间的翻转

重新调整课堂内外的时间。课堂外，学生根据自己的节奏个性化地安排学习。课堂内，利用与老师在一起的宝贵时间，学生能够更专注于主动的基于个性化的学习，与教师共同完成作业、研究问题，其互动性、参与度更强，对于学习内容也有更深层次的理解。

元素三：角色行为的翻转

课堂上，老师做什么？学生做什么？原来的角色定位都不相同。在翻转课堂上，学生处于更加主导的地位，针对其个性化的问题，得到老师的指导与帮助。

元素四：教与学的翻转

翻转课堂的模式下，教师如何教？教什么？学生如何学？学什么？这些要素都与传统课堂模式有很大差异，需要教师精心的教学设计和课堂组织。

2. 翻转课堂的步骤

简单地说，翻转课程有两个重要步骤：创建教学视频和组织课堂活动。

步骤一：创建教学视频

利用视频来实施教学，早已有之，但是，翻转课堂的效果更加突出，其视频有如下几个规律和特点：

（1）短小精悍。在线学习主要体现的是一种微视频，老师把讲的内容、知识点编制成微视频让学生在家里自己看。每一个视频都只有几分钟，一般不超过十几分钟时间，针对一个特定的问题而呈现。视频的长度控制在学生注意力能够集中的范围，符合学生身心发展特征。视频具有暂停、回放等功能，方便自我控制、自主学习。

（2）制作精良、重点突出。在线教育的知名人物萨尔曼·汗（Salman Khan）的数学教学视频有一个显著特点，就是在视频中唯一能够看到的是他的手，不断地书写一些符号，并缓慢地填满整个屏幕。除此之外，就是配合书写进行讲解的画外音。他解释道："这种方式似乎并不像我站在讲台上为你讲课，它让人感到贴心，就像我们同坐在一张桌子面前，一起学习，并把内容写在一张纸上。"这是翻转课堂的教学视频与传统的教学录像的不同之处。传统视频中通常出现的教师的身形头像以及教室里的各种物品摆设都会分散学生的注意力，特别是在学生自主学习的情况下。

（3）关注教学效果的动态评估。学生观看了教学视频之后，是否理解了学习的内容？视频后面紧跟着四五个小问题，可以帮助学生及时进行检测，并对其学习情况做出判断。如果发现问题回答得不好，可以要求学生再看一遍，并仔细思考哪些方面出了问题。学生的对问题的回答情况，能够及时地通过云平台进行汇总处理，帮助教师了解学生的学习状况。评价体系的跟进，使得学习的相关环节能够得到实证性的资料，有利于教师真正了解学生。

步骤二：课堂组织

课程组织是翻转课堂的关键点。视频的制作固然重要，但比视频更加重要的是如何支配课堂上省出来的宝贵时间。课堂的对话和讨论，需要教师根据课程内容和特点做出精心的准备，并且在过程中细致的观察，真正做到因材施教。翻转课堂之所以成功，是因为课堂讨论所带来的学生"吸收内化"学习效率的提升。

（三）翻转课堂的教师

显然，新的教育模式将占用教师更多的时间，而且对教师本身的素质提出了更高要求。

1. 观念革新。什么样的教育观念，决定了什么样的教育行为。教师已经形成了某些固定的教学规范和习惯。"翻转课堂"的实施，必然要打破原有教学环境下的平衡态。新的模式下，教师需要对自己的"革命"。

2. 信息化素养。互联网时代，教师的信息化素养是新模式成功的基础。教师需要具备一定的互联网和计算机基础，特别是与教学视频编制相关技能。如果让视频和其他网络资源更加生动有趣，则需要更强的设计能力。

3. 课堂管理能力。翻转课堂上，教师的职责之一是在个人学习和团队互动方面掌握平衡，同时保持课堂的顺利运转。

4. 新的评估机制。翻转课堂利用丰富的信息化资源，让学生成为学习的主角。评价机制的改进、提升，可以促进翻转课堂健康发展。翻转课堂应打破目前以笔试为主的由任课教师单独来评价学生学习状况的做法，建立一种新型的评价机制。

5. 角色转换。首先，教师的角色从传统的居高临下的训导角色转变成平等讨论的引导角色；与此同时，学生的角色也有所变化，将更加突出学习的主体性和主动性。

6. 家庭的工作。家长在传统的教育思想体系下有时难以接受新型学习模式，应试教育的体系也让家长对革新心存疑虑。学校和教师要让家长也能够理解新型教育方式，适应其角色转变，从而营造良好的学习氛围。

（四）翻转课堂的迷思

翻转课堂在推广过程中一定也有不少困难，存在一些误区和迷思。

1. 每当人们听说翻转课堂，第一个念头就是看视频，用视频替代教师，其实在线视频不是翻转课堂的代名词，其后富有成效的面对面互动学习活动才是翻转课堂最重要的价值。

2. 有人担心在翻转课堂中，老师的作用淡化了。其实恰恰相反，教师的作用不是弱化而是增强了。翻转课堂很重要的一点，是通过教师的引导和答疑来增强学生的学习效果。老师能够通过设问、通过学生之间的讨论和完成作业、项目的情况来分析和把握学生的学习效果。

3. 学生在家看视频效果如何把握？学生回家看视频学新的知识点，上课不讲新课直接讨论，翻转课堂将教学由"教-学"模式变成了"学-教"模式。有人质疑，这对中国式课堂来说，是"本末倒置"。其实，现在技术手段已经能够对学生看视频的进程有所监控，同时，视频观看过程中的设置的小问题，可以记录、监控和追踪学习的进程。

（五）优势和劣势

为什么要实行翻转课堂？理由很简单。为了在课堂上让师生有更多时间和精力专注于关键性思考、问题的提出和解决，以及新思路的探寻等。

作为一个创新的教学模式，翻转课堂肯定有不少不足之处。但是，也有许多明显的优势：

1. 增加学生和教师互动和个性化沟通的方法。通过自主学习和针对性的讨论，学生获得了个性化的关注和教育。

2. 师生更深层面上的沟通和理解。教师不再是讲台上的训导者和知识灌输者，学生也不再是处于教师的对立面的被动接受者。教师采用直接指导和建议式学习的混合模式，更像是在学生身边帮助他的咨询师和导师。

3. 教学内容容易保存、查阅、修正和复用。视频内容被永久保存，方便查阅和修正。让没有听课的学生有机会补课。

作为一个新生事物，翻转课堂也有许多值得注意的问题：

首先，从学生的角度看，许多人不能按照自己的学习能力和消化水平定制出符合自己的学习计划。翻转课堂虽然将学习的掌控权给了学生，但是目前国内学生大都不擅于提问，学习主动精神不强，这两点直接影响了翻转课堂的效果。

其次，从老师的角度看。教师是否具备引导学习的职业素质？翻转课堂很重要的一点，是通过教师的引导和答疑来检查学生学习的效果。教师是否具备相应的能力，并做好了相应的准备？这是一个问题。

最后，从家长的角度看，翻转课堂的教学效果如何量化？中国的家长对于教育非常的关注，"望子成龙、望女成凤"是大家普遍心愿。虽然年轻的家长对于孩子的教育有了更加新潮的观念和更为开放的思想，但是有一点是始终不变的，就是如何量化老师的教学效果和学生的学习情况？如何能够顺利升学和就业。所以，对于翻转课堂来说，要翻转的不仅仅是教与学过程中的顺序，还要有最终的效果评估机制。

翻转课堂的实施也要根据学科的特点。目前看来，在理科方面成功的案例较多，如数学、物理、化学等，因为对理科而言，知识点相对比较集中，老师在编制微视频的时候可以方便地将问题带入。但是，每一门学科都可以用翻转课堂的形式教学，只是各个学科有自己的教学特点和方式，需要教师根据情况做出调整。

因为成人的学习自主性更强，个人认为，翻转课堂更加适合于成人教育。

三、SPOC（Small Private Online Courses）的应用

翻转课堂等混合式教学模式的实现往往和网络教学系统密切相关。基于网络，老师得以将自己的视频等教育资源通过网络系统进行呈现。因此，一个有组织的、有体系的教学系统和平台成为关键。

各种优质的教育资源通过网络跨越了空间和时间的限制，使学校教育成为了可以超出校园向家庭等更为广泛的区域辐射。

MOOC（Massive Open Online Courses）指大规模公开在线课程。2011年秋，斯坦福大学，塞巴斯蒂安-史郎在网上开设了一门"人工智能导论"的课程，课程一经上线，就有

16万人报名。在传统的模式下，很难想象一个老师能够对如此多的学生进行教学。

一时间，MOOC 热潮迭起，大量开放式的网络课程不断涌现，数百万人得以享受近乎零成本的大学教育。MOOC 的零成本教育，为学习者提供了以前难以想象的空间，看到了无限的可能性。教育资源过剩似乎已经取代了资源稀缺。但是，作为一个伟大的创新，MOOC 也有其本质的弱点，体现在学习过于松散，学习的组织性、计划性、体系性有所不足。MOOC 中，大量的知识如何进行梳理和形成体系成为一个关键点。

针对 MOOC 的问题，SPOC（Small Private Online Courses）应运而生了。SPOC 的概念最早是由加州大学伯克利分校的阿曼德·福克斯教授 2013 年提出和推广应用的。Small 和 Private 是相对于 MOOC 中的 Massive 和 Open 而言的。所谓 Small 是指学生规模一般在几十人到数百人而 Private 是指对学生设置限制性准入条件，满足要求的申请者才能被纳入 SPOC 课程。

SPOC 的教学更多地考虑了校园内体系化教育的特点，是针对混合式教学模式而进行设置的。SOPC 和 MOOC 相结合，视频资源有助于实施翻转课堂教学。

与 MOOC 的大规模和松散型的结构不同，SPOC 课程的入选者必须保证学习时间和学习强度，积极参与在线讨论，完成规定的作业和考试等。SPOC 的主要特点包括：人数少且在校注册（收费），除了在线视频和习题等，还有其他辅助的线下课堂、答疑等。

简单地讲，MOOC 和 SPOC 的关系体现在课程数量与学习质量的对比。MOOC 有大量的课程资源，更加开放，更加自由。而 SPOC 有自己的课程体系，有线下的教学、辅导和服务，更注重效果。

用一个也许不太准确的公式简单做一个说明：

SPOC=MOOC+Classroom

从公式可以看出，SPOC 正是对 MOOC 的补充。Small 和 Private 表明学习者将接受筛选，从而选择基础更好的学生学习更难的课程，体现个性化的特征。因此，接受 SPOC 的学生会获得更多的帮助，享用更多的资源。这都是在尝试弥补 MOOC 的缺点。

一般说来，SPOC 更多地集中在专业的学习领域。学生通过 SPOC 了解新技术和新领域，完善知识体系。SPOC 也更适合作为大学的一种新的教育形式，让普通大学生有机会通过大师的视频接受到顶级的大学教育。

MOOC 和 SPOC 都是在线课程，两者既紧密联系，又有不少差异。

1. 自由度：某种方面上说，SPOC 教学内容可以是 MOOC 的超集。换句话说，教师可以鼓励学生观看 MOOC 课程，同时对一小部分学生开设 SPOC。即教师要求后者在选学 MOOC 的同时，还通过其他的渠道，如在线讨论，或者线下的混合式教学（包含翻转课堂）实现 SPOC 的应用，从而实现 SPOC = MOOC + Classroom 的模式。

2. 关照度：SPOC 学生人数较少，才有可能实现老师完全介入学生的学习过程，包括由教师完成作业的批改、与学生之间的充分交流、答疑和讨论，甚至面对面的"补课"。相对而言，在 MOOC 中，一般说来，学生基本还是独立自主地学习的。即使有讨论区，也是少数活跃学生的舞台，提问后获得解答的效果也不如 SPOC。

3. 效率：SPOC 的教师需要投入比 MOOC 教师更多的时间和精力，但课程的学生人数却往往只有后者的百分之一，甚至千分之一。看上去，教师在学生数量方面的"效率"降低了，但是，学生的学习效率倍增。

4. 参与度：不论是线上课堂还是教室课堂，SPOC 都给学生提出明确的出勤要求，这对于学生学习是有利的。而 MOOC 的学生流失率常常居高不下，它对学生的约束低得多。

5. 统一性：SPOC 的学生有一致的进度。SPOC 通过定期或不定期的线下交流，使参与者时间点上有基本一致的进度。当然，学生在安排自己的时间时会损失一些自由度。

6. 学员差异性：MOOC 的学生差异的分布明显比 SPOC 高得多。SPOC 有线下的辅助，更接近于传统教育，它可以通过入学考试、分班等方式来对学生进行筛选和细分。MOOC 的学生来自广泛的地区，具有很大差异性。其优点是在 MOOC 的学习和交流有可能会碰撞出一些火花，甚至可以给老师一些启发。但是，学生差异越大，达成良好的授课效果就越难。

7. 个性化：SPOC 的教师可以从先修的课程成绩、学习表现、个性特征、优缺点等方面了解学生的各方面信息，有可能做到真正的因材施教。

8. 身份验证：SPOC 能做到保证学生本人听课，也能做到线下考试，而 MOOC 则不太可能。这导致了 MOOC 课程证书的含金量低于 SPOC。

9. 教学质量和声誉：对于 SPOC 而言，班级里的学习效果是 SPOC 的教师需要负责的，而 MOOC 教师只需要面对公众的口碑，其荣誉感是提升教学质量的主要动力。

10. 收费：SPOC 一般会以收费的形式存在，从教育的社会责任感上讲，这样只能惠及少数人，听起来不如 MOOC 高大上。但是，因为 MOOC 不盈利，而 SPOC 可能会有收益。从"可持续发展"的角度来讲，SPOC 会略高于 MOOC。

11. 生源质量：即使对 MOOC 学生的有所选拔，其标准也永远达不到在校学生的水平。生源的质量直接影响教育的效果。在这个意义上，MOOC 的学生在获得社会认可方面还有很长的路要走。

MOOC 使教师在其专业领域服务于大众，并获得广泛声誉。而 SPOC 则让教师更多地关注校园，致力于小型的混合式的课堂。

四、新技术的发展及其在教与学中的应用

最近几年，新技术的发展更加迅猛，云计算、物联网、大数据、人工智能、虚拟现实等新技术、新概念层出不穷，在教育领域的新应用不断涌现，对于教育的推动作用愈加明显。

随着大数据和人工智能的发展，教育信息化正在走向教育智能化，其发展的速度将远远超出人们的预期。人工智能从能存能算的计算智能，逐步发展到能听能说、能看会认的感知智能，正在向着能理解会思考的认知智能迈进。未来岁月，大数据和人工智能对于教育的影响将是革命性的。因此，我们认为，大数据和人工智能驱动的教育必然成为一个发展的趋势。数据驱动下的精准化、个性化和智能化教育正在构成未来的教育生态。

1. 云教育、大数据背景下的教育智能化

（1）目前的大型网络平台都是建立在云计算的基础之上。师生在线上线下的教学活动将通过数据采集，使得教学过程数据化，方便查询、记录、分析和反馈。智能化的数据分析可以分析学生个性化的特征，同时，使得优秀的教与学的经验模式化。

（2）大数据分析在教育领域得到广泛应用，其中包括针对教学的分析，如学生学习情况、影响学业的因素、教师教学的行为等；还包括针对教育管理的分析，如教师教学水

平和素质、学生反馈评价等；以及包括针对区域教育的宏观管理的分析，如区域内学生行为和学业水平差异的整体分析等。

（3）语音识别和机器翻译的水平飞速提高，使得全学科机器阅卷、基于音频的智能搜索、语言翻译和辅助学习等方面都出现了全新的模式。

2. 人机交互的智能化教育

（1）自适应的学习算法是人工智能在教育领域的成功应用。通过线上线下的数据采集和数据分析，人工智能的自适应引擎（例如，获准美国发明专利的安博教育的自适应学习算法）将根据学生的情况，推荐适合学生的学习内容和学习方式，实现了以学习者为中心的个性化教育。系统将记录和追踪学生的学习历史，同时，利用大数据与其他学生进行横向比较，为学生制定个性化的学习方案。

（2）虚拟现实（VR）、增强现实（AR）和Smart Glasses等技术的进步为教学提供虚拟的、但是感受真实化的场景。教学中的许多内容在利用了虚拟现实等技术后，取得了事半功倍的效果。例如，学生对于人体内的结构、海洋生命等都可以通过虚拟现实等技术产生真实的体验。

（3）智能互动的机器人学习助理。深度学习支撑下的人工智能使得这种智能机器人成为可能。机器人学习助理通过语言的理解、知识查询、联想推理、自主学习等辅导和帮助学生学习。

3. 教育的智能化场景

智能化环境和教学场景的构建使得教与学的环境更加优越。智慧教室的光线、温度、空气中的PM2.5、考勤等都有智能化的控制。特别值得指出，三维全息投影的教学系统可以将远程的教师三维投放在教室里，并且可以与学生进行实时互动，这将极大地改进远程教与学的体验。

五、结论

总之，互联网和移动互联网催生出翻转课堂等新的教学模式，它是对传统课堂教学结构与教学流程的彻底颠覆，由此将引发教师角色、课程模式、管理模式等一系列变革。SPOCs在翻转课堂等模式中扮演了基础的角色，而大数据、人工智能、虚拟现实等新技术正在不断创新着教与学的新模式。

同时，我们还必须认识到，在教育的变革中创，新的教育技术仍然只是工具，就像传统黑板和粉笔，属于基础设施和资源。在教育中起核心作用的仍然是理想的教学模式、一流的教师和良好的互动学习氛围。

参考文献

[1] Alvarez, B. Flipping the classroom: homework in class, lessons at home [EB/OL].（2011-10-07）[2018-05-15]. https://learningfirst.org/success-story/flipping-classroom-homework-class-lessons-home.

[2] Berrett, D. How 'flipping' the classroom can improve the traditional lecture. The Chronicle of

Higher Education [EB/OL].（2012-02-19）[2018-05-15]. http://chronicle.com/article/How-Flipping-the-Classroom/130857/.

［3］柯蒂斯·J·邦克, 世界是开放的——网络技术如何变革教育[M]. 上海：华东师范大学出版社，2011.

［4］杰里米·里夫金, 零成本社会[M]. 北京：中信出版社，2014.

［5］阿里研究院. 互联网+：从IT到DT[M]. 北京：机械工业出版社，2015.

［6］王文礼. MOOCs对非世界一流大学的挑战与机遇[J]. 比较教育研究，2017（12）.

（黄钢）

"互联网+"时代高校继续教育的挑战与应对

《国务院关于积极推进"互联网+"行动的指导意见》对"互联网+"行动的定义是:"把互联网的创新成果与经济社会各领域深度融合,推动技术进步、效率提升和组织变革,提升实体经济创新力和生产力,形成更广泛的以互联网为基础设施和创新要素的经济社会发展新形态。"简而言之,就是以互联网为平台,促进现代信息通信技术与各行各业进行跨界融合。"互联网+"时代将充分利用以物联网、云计算、大数据等为代表的现代信息技术来推动产业要素的流动,逐步打破固化的组织机构关系,对人类生产、生活、学习等方式将产生深刻的改变和影响。"互联网+"时代为高校继续教育既提供了发展机遇,又指明了变革方向。

一、"互联网+继续教育"的内涵和特征

"互联网+教育"是利用互联网思维方式变革传统教育行业,借助开放数据为传统教育提供机遇,整合庞大的教育资源,构建资源共享的教育教学平台,加快教学方式走向智能化[1],以满足学生多样化、个性化学习需求。"互联网+继续教育"不能等同于一般意义上的在线教育或网络教育,而是以互联网为基础设施和创新要素,不断创新教育的组织、教学、服务等模式,深度融合平台、资源、服务三大要素,有效链接环境、学校、课程、教学、学习、管理、评价、教师发展等八大教育核心业务,而形成的一套云、网、端一体化的新型教育支持服务体系[2]。"互联网+"时代继续教育呈现出以下特征。

(一)从技术表现形式来看,"互联网+继续教育"呈现信息化、虚拟化、智能化的特征

"互联网+继续教育"能够通过大数据系统,迅速抓取师生、教学、资源、管理等方面的信息并进行分析处理,为教学管理者提供更为科学的管理依据,使继续教育具有信息化特点;能够借助云平台,跨越时空限制,将教学活动置于网络环境中,整合优化教学资源,建立数字化课程资源库,为学生提供更加优质、丰富的教学资源,体现了继续教育虚拟化;能够实现多终端浏览微课、翻转课堂、慕课等即时在线课程,为学生提供更灵活的学习方式,学生可以随时随地获取学习资源,促进继续教育智能化开展。

(二)从组织方式来看,"互联网+继续教育"呈现共享性、开放性、交互性的特征

互联网技术为创新服务模式提供了基础,"互联网+继续教育"打破传统的单一式以及僵化式服务,促进不同教育机构的合作和联盟,推动教育机构之间的资源共享,以便真正实

现以成人学生为中心,满足他们多元化、个性化的学习需求;同时,互联网技术改变了传统的继续教育模式,通过对教学资源进行重新整合,实现资源的跨界融合,为学生创设基于自适应学习的泛在性、个性化的学习环境;此外,互联网技术促使学生的沟通和协作及知识的分享与传播更加便捷快速,体现出"互联网+"时代继续教育的交互性。一方面,学生可以凭借丰富多样的交互工具,通过同步或异步的方式与其他同学讨论交流,合作完成学习任务,实现学习互动与信息交互;另一方面,现代信息技术打破了教育机构对知识的单方面垄断,每个人既是学生也是知识的传播者和生产者,知识可以被快速传播和及时更新。

二、"互联网+"时代给高校继续教育带来的机遇和挑战

(一)高校继续教育面临的新形势

1. 学历补偿教育不断下降,非学历培训迅速提升

新世纪以来,我国高等教育实现了跨越式发展,高校普遍扩招,同时新建大批本科院校,高等教育已经步入大众化阶段。高等教育毛入学率迅速提高,2016年高等教育毛入学率达到42.7%[3],这导致面向学龄人群开展的学历继续教育(尤其是成人专科)的生源规模正在不断缩小。加上近年来学历继续教育质量声誉下滑严重,用人单位对劳动者的学历水平和毕业高校要求逐渐弱化,更加取向全面地考察个人能力和综合素养,这些因素对学历教育教育的招生情况也有所影响。与之相反,非学历培训的需求与规模迅速扩大,办学主体从公立学校扩大到社会机构,培训对象从幼儿到老人,培训内容更侧重知识与技能的实际应用,更加贴近个体发展的实际需求。一批创"双一流"高校正逐步主动退出学历继续教育,如清华大学、北京大学、复旦大学等已全面停止学历继续教育,专注发展非学历培训。高校继续教育的内涵正在发生变化,从特定人群的补偿教育转变成对所有社会群体的持续的个性化教育。

2. 个性化学习需求旺盛,传统化教学模式相对滞后

高校继续教育的对象主要是成年人,由于他们承担着多重角色,这就要求高校继续教育应该具有"以在职学生为中心"的灵活、多样的教育教学模式。但当前高校继续教育严重模仿全日制普通高等教育的教学模式,大多是以"传递-接受"为主,教师侧重知识的记忆掌握,不重视学生的理解创新,而学生更看重能否拿到文凭,而忽视了真正意义上的学习。"互联网+"时代"以用户为中心"的模式与高校继续教育倡导"以在职学生为中心"的理念不谋而合,在教学过程中,改变导向,建立以学生为主体、老师为引导的教学模式,可以更加贴近学生个性化和多样性的学习需求,也是更好发展我国普通高等学校继续教育的重要途径。

(二)"互联网+"时代给高校继续教育带来的机遇

1. 优化高校继续教育资源配置

"互联网+"时代使得教育资源借助云平台,重新配置,不受时空限制。高校可以将优质的教育资源共享到网络平台,学生可以通过多终端观看在线课程的形式与其他学生跨时空共享资源,从而满足了更多受众的需求,降低了学习成本。"互联网+"解决了传统继续教育成本高、受众少、时效性差、形式单一等问题,能够最大限度地发挥优质教育资

源的价值，扩大优质教育资源的使用范围，能够让不同地区的所有人都有机会享受优质的教育资源，进一步促进教育公平的推动和终身学习的实现。同时，"互联网+"推动了教育资源共享及智能学习服务平台的构建，实现优质课程资源在各个移动终端上随时随地开放，实现学生在一个平台上完成报名、缴费、学习、考核等全过程，为学生提供更高效便捷的学习途径。

2. 推动高校继续教育个性化发展

互联网技术快速发展创造了"大数据"时代，应用在教育领域，就是学生在网络中的学习信息可以被数据化的存储、读取、应用。简单来说，就是运用信息数据库的管理技术与互联网双向交互功能，对学生的学习情况进行挖掘与分析。具体而言，互联网技术能够准确记录学生在线学习的整个过程，包括关注点、学习时间、学习次数以及学生与教师的互动情况等信息，对其进行动态记录和分析，可以及时发现学生在学习中的问题，将分析的结果应用到学生的培养方案制定上，在一定程度上实现个性化教育的目标。

利用大数据监测学生的学习过程，检验学生的学习效果，分析学生的学习行为，推导学生的学习兴趣，对学生进行多元评价，有利于构建客观有效的教学评价体系。通过对学生在学习过程中产生的大量学习行为进行数据挖掘、分析，为科学的教学管理方案的制定和完善提供依据，再将执行效果反馈到平台，形成良性循环，进而不断优化教学管理模式，提高在线学习的质量，满足学生个性化学习需求，为教学改革提供重要动力。"互联网+"为继续教育在线学习的后期跟踪提供技术上的支持与保障，为实现个性化教育发展创造了可能性，能够更好地满足不同的学习需求。

（三）"互联网+"时代对高校继续教育的挑战

1. 学习时间碎片化造成知识的系统性降低

由于师生借助甚至依赖于互联网等技术和工具进行教与学，导致学生快餐式地寻找学习对象，囫囵吞枣、理解浅显[4]，学生专注度和深度都有所下降，不利于知识的深入学习和系统掌握。在教学实践中应该有意识地引导"互联网+教育"更加关注人的维度，而并非错误地更加关注技术的维度。学生在进行碎片化学习时，要学会总结归纳，注重把零散的知识系统化，避免碎片化学习的负面影响。

2. 教学方式的改变导致师生和同学关系的淡漠

高等教育的质量尤为依赖师生及时、有效且高质量的互动，理想的状态应该是老师带领学生"生从师游""教学相长"。然而，在"互联网+"下，教学方式摆脱了时间和空间的限制，一个老师可以在不同时间和不同地点为学生提供同一个课程资源，虽然极大地便利了学生接受知名大学的许多优质课程和教学资源，却由于缺乏真实、及时的面对面沟通导致教育中最重要的人际关系——师生关系和同学关系变得淡漠甚至非常脆弱。

三、"互联网+"时代高校继续教育发展的对策建议

（一）构建实现深度学习和智慧学习相结合的混合式教学模式，推动高校继续教育的变革发展

随着技术的发展，很多课程都能够在网上进行，但无论"互联网+"技术能够带来多

少便利，它都存在两个无法克服的弱点，即校园熏陶和教师人格魅力对学生的影响。教室里经久不息的掌声和笑声，师生间的激烈讨论和交谈甚欢都是"互联网+教育"实现不了的。因此，如何能够为学生提供线上线下相结合、多种课程形态相结合的个性化混合式教学，以促进个体的深度学习和集体的智慧学习将是未来竞争的关键。

构建基于个体的深度学习环境和基于群体的智慧学习环境，个体侧重线上自主学习，强调知识的系统性，不断延伸其知识体系，强化其学习深度；通过线下面对面交流促进学习集体之间的关系日益密切，集体的智慧不断发展，进一步促进每个学生学习自主性的发挥。通过混合式教学，保证教学内容的开放性和教学方式的灵活性，保持教学模式的情境化变化，才能为学生的学习提供更有力的支持。

（二）服务国家战略，大力发展精品化、品牌化的非学历培训，打造高校继续教育的核心竞争力

非学历培训是高校继续教育的重要组成部分，是构建终身教育体系的重要抓手。"互联网+"时代为非学历培训提供了更为丰富的支持手段，高校继续教育办学机构作为终身教育的实施主体，应当充分发挥其学科、师资、设施和场地等方面的优势，逐步开发例如理、工、农、医等难以依靠传统教育模式开展培训的专业领域，为全民终身学习提供优质资源及指导、服务。

在开办继续教育的过程中高校要依托其自身的学科优势和专业特色，对非学历培训市场进行精细划分，精准开发有市场竞争力的教育产品和服务，走精品化之路，并逐步树立自己的品牌特色，打造核心竞争力。例如在"一带一路"大背景下，高校要积极主动服务国家发展战略，为沿线各国培养社会和经济发展需要的人才，特别是为中资企业培养本地化、专业化人才。此外，非学历培训，尤其是高端培训课程，要把前期市场的开拓、开班现场的组织及后期服务的延伸作为全过程，培训课程结束并不意味着培训项目结束，应该是一个持续不断的校友服务的开始。通过调查问卷反馈培训课程效果，进一步完善培训方案，贴近学员的真实需求；建立学员俱乐部并开展相关后续服务和增值服务，为学员搭建建立沟通、扩大领域、获取信息、整合资源、促成合作的多功能平台。

（三）促进学分认证及转换和终身学习体系的有机统一，保证高校继续教育的可持续发展

互联网的发展深刻影响着人们工作、生活和思维方式，对继续教育提出了创新变革的要求，同时也迎来了继续教育崭新的发展空间。互联网与终身学习深度融合是社会发展的必然趋势，也是当今社会一个鲜明的特征。随着继续教育与其他教育类型之间优质资源的开放与共享，将会逐渐打破继续教育与其他教育类型之间的壁垒，畅通不同类型学历继续教育、学历继续教育与非学历教育之间转换通道，达到学习成果互相认证、积累与转换，进而促进各级各类教育纵向衔接、横向沟通，推动学习型社会的建设，实现人的终身学习。

"互联网+"为实现不同学校、不同层次、不同类型的学习成果认证、积累与转换和不同教学资源的有效利用创造了有利条件。通过搭建高等教育学分存储、认定和转换公共服务平台，明确课程建设的开发标准和考核评价标准，汇集高等学校及社会其他机构符合标准的教育教学资源，形成优质课程"超市"，使学生通过个人账户注册登录、自主学习，

并如实记录其学习过程和获得的学习成果,实现不同学习成果可随时承"兑",最终构建一个全新的、开放的、多元的、融合的新型学习模式,促进继续教育的可持续发展。

"互联网+"是一场生产工具的革命,它打破了权威对知识的垄断,让教育从封闭走向开放。随着全球知识库的快速形成,优质教育资源得到最大程度的充实和丰富,从而使得学生的个性化发展成为可能。同时,资源的多样化带来了学习方式的多样化,使得人们可以随时、随地获取他们想要的知识或资源,也为实现终身学习的学习型社会奠定了坚实的基础。高校继续教育要适应时代发展的步伐,构建基于深度学习和智慧学习的混合式教学模式,推动高校继续教育的变革;服务国家战略,大力发展精品化、品牌化的非学历培训,打造高校继续教育的核心竞争力;促进学分认证及转换和终身学习体系的有机统一,保证高校继续教育的可持续发展。

参考文献

[1]孙倩."互联网+"时代对高等教育的影响及对策[J].辽宁警察学院学报,2016(6).

[2]张宏伟,王春明,王立."互联网+"视域下超融合继续教育支持服务体系创新与实践[J].中国成人教育,2016(13).

[3]2016年全国教育事业发展统计公报[EB/OL].(2017-07-10)(2018-05-08).http://www.moe.gov.cn/j yb_sj zl/sj zl_fztj gb/201707/t20170710_309042.html

[4]胡乐乐.论"互联网+"给我国教育时代带来的机遇与挑战[J].现代教育技术,2015(12).

(卢楠、叶青)

"互联网+"背景下地方高校成人教育网络化教学改革与应用实践

随着普通高等教育规模的扩大以及企事业单位用人机制的变化,成人教育的发展面临越来越多的问题,如工学矛盾大、面授到课率低、考试流于形式等。这些问题导致传统的"自学+面授"的教学模式已不适应当前成人教育的发展形势[1]。

网络教育因其丰富的多媒体表现、跨时空的信息传输、低成本的资源共享和超灵活的互动模式备受广大教育工作者和青年学生的青睐[2]。2015年5月23日,刘延东在国际教育信息化大会上指出:教育信息化打造了"没有围墙的学校",是实现全民学习、终身学习的必然选择。教育部《教育信息化"十三五"规划》指出:要以"构建网络化、数字化、个性化、终身化的教育体系,建设'人人皆学、处处能学、时时可学'的学习型社会,培养大批创新人才"为发展方向。2015年7月4日,《国务院关于积极推进"互联网+"行动的指导意见》强调,"学校要利用数字教育资源及教育服务平台,逐步探索网络化教育新模式,扩大优质教育资源覆盖面,促进教育公平,推动开展学历教育在线课程资源共享,推广大规模在线开放课程等网络学习模式,探索建立网络学习学分认定与学分转换等制度,加快推动高等教育服务模式变革"。

地方高校是我国高等院校的主体,占全部高校的90%以上,承担了大众化教育和服务地方经济发展的重任,在成人教育方面也重任在肩。然而这些高校却很少参加现代远程教育工作,在利用互联网开展成人教育方面没有太多的资源和经验积累。另外,地方高校与参加现代远程教育试点工作的名牌高校相比,在办学层次、教学目标、师资结构、网络设施、经费数量和管理模式等各方面都有很大差异,直接学习使用这些高校的资源和经验存在很多问题,因此,大力开展面向地方高校成人教育的"互联网+"自主学习模式研究与应用实践具有十分重要的意义[3]。本文的案例学校——石家庄铁道大学,是河北省的一所省属重点骨干大学,非全国68所现代远程教育试点院校,但学校主动顺应高校继续教育的发展趋势,积极探索网络化教学改革,并获得了河北省高等教育教学改革成果一等奖,其网络化教学的理念、模式及设计值得研究和借鉴。

一、"五位一体"的网络化教学模式研究

首先需要明确教学模式。在综合分析地方高校成人教育需求和网络教学特点的基础上,借用MOOC的教学理念,我校提出了"GACFE"五位一体的网络化基本教学模式,即:

网络导学（G：Internet-based learning Guidance）、移动自主学习（A：mobile Autonomous learning）、在线协作学习（C：online Collaborative learning）、面授辅导答疑（F：Face-to-face tutoring）和综合测评（E：comprehensive Evaluation）[4]。

（一）网络导学（G：Internet-based learning Guidance）

网络教学不同于面授，缺少师生、生生间面对面的情感交流，容易让学生产生学习迷航或半途而废的想法，因此网络导学至关重要。网络导学的主要任务包括：告诉学生课程学习目标、学习方法、学习路径和重难点、考核要求等；针对学生在网上学习过程中遇到的问题给予及时的帮助；为学生网上学习加油助力。

网络导学的手段主要有：每一章节开始都有学习目标、学习方法和学习时长等建议；助教根据学生的学习情况发布导学贴；在线解答学生提出的问题；设计基于知识点的网络学习流程图，对有先后顺序要求的内容进行必要的提醒或限制；系统或助教在学生网上学习过程中给予一些温馨的提示和鼓励等。

（二）移动自主学习（A：mobile Autonomous learning）

移动自主学习是指学生利用计算机、智能手机等终端设备通过网络访问教学平台，自主学习网络课程的过程。移动自主学习是网络教学的重要环节，其效果受多种因素的影响，如网络教学资源的吸引力、网络教学平台的稳定性和便捷性、网络的通畅性、系统的管理与服务能力以及学生投入到网上学习的时间和精力等。要保证在线学习效果，就必须协调并解决好这些关键要素。

（三）在线协作学习（C：online Collaborative learning）

在线协作学习是指在网络教学过程中，学生将遇到的问题发布到网上，由系统、助教或其他同学给出解答的过程；或者通过任务引导，大家共同完成一项工作的过程。系统应建立适当的激励机制，鼓励学生间互相答疑，互相评价，共同完成指定任务，提高其参与意识；同时要为各门课程配备助教，及时解答学生通过其他途径无法解决的问题。

（四）面授辅导答疑（F：Face-to-face tutoring）

尽管网络教学有很多优势，但完全网络化的教学也会失去传统教学的很多优势。为此，我们在成人教育网络教学模式中保留了一个或多个小的面授辅导环节。在此环节中，教师和学生可以面对面沟通，针对网络教学过程中遇到的问题进行交流，解决在网上不便解决的问题，这样有助于提升学习效果，建立友善的师生关系。

（五）综合测评（E：comprehensive Evaluation）

网络教学课程成绩由在线学习、课程作业、面授考勤、课程考试和奖励加分等五部分组成。

第一，在线学习。在线学习采用积分制，通过规定的有效学习行为获得积分。每门课程都有相应的及格积分线和满分积分线，学生在线学习所得积分达到及格积分线后，在线学习成绩为及格分；达到或超过满分积分线后，在线学习成绩为满分，其余采用插值法计算在线学习成绩。

第二，课程作业。作业类型为在线测试、线上作业和线下作业三种。教师根据需要布置不同类型的作业，并给出作业分值和比例。学生完成作业后，线上作业及在线测试的客观题成绩由系统自动给出，其他成绩由教师给出，教学平台汇总全部作业成绩并给出作业综合成绩。

第三，面授考勤。学生参加课程的考前辅导、答疑、课程考试等环节，可获得考勤记分，考勤成绩由班主任根据实际情况给出。

第四，课程考试。基于目前的技术水平，适合在网上直接考试的课程并不多，加之人们对网络考试诚信问题的担忧以及网络考试初期投入大（建设网络考试专用机房，开发网络考试系统，设计网络考试题库等）等问题，建议课程考试仍采用传统的方式进行，但可增加过程性考核的环节和权重。

第五，奖励加分。在线学习量化得分在该课程当期修课学生中排名前 10% 的，由教学平台为每人计分；主动提供课程学习资源或协助任课教师改进已有学习资源，协助任课教师为同学答疑并得到任课教师的认可，由教师给出奖励加分。

二、基于"推"模式与多终端支持的自主学习模型设计

"推"模式是网络环境下的一种新的服务形式，即信息服务者在网上利用"Push"技术为特定用户开展信息服务的方式。借助该技术使网络信息服务具有主动性，不仅可以直接推送与特定用户相关的信息，而且可有效地利用网络空闲资源，使用户及时获取所需信息，提高系统整体运行效率。多终端支持指的是可通过电脑 web 端、手机 APP 端、手机短信、邮件、QQ 等多种接收途径进行学习和获取信息。

从技术上看，"推"模式是具有一定智能性的、可以自动提供信息服务的一种网络信息服务系统。其特点有：

（一）针对性，即个性化

"Push"技术可以针对用户特定的信息需求进行检索、加工和推送。例如，在成绩提交时，需要教师及时在规定时间内提交成绩，如果有老师不按时提交，系统会自动筛选出需要到期提醒的人员，为其推送短信和邮件提醒；有的学生不能按时在规定时间内学习、申请课程考试，系统根据条件筛选出需要特别提醒的学生，为其推送短信和邮件提醒。

（二）高效性

"Push"技术的应用一般在网络空闲时启动，可以有效利用网络资源。例如，为教师发送的信息推送提醒一般设置在早上 7 点左右，此时大部分用户还没有使用网络，信息推送会比较顺利。为学生发送的精彩课程内容包括视频、图片等多媒体信息，系统设置了多个推送时间点，并且在推送之前会检测一下网络访问量，如果处于访问量限度以下（访问量限度需要提前设置）则继续执行推送，如果处于访问量限度以上则暂停内容推送，而只是把教学相关的通知、交流讨论内容等少量内容推送给学生。

(三)灵活性

"推"模式还可以根据用户的需求,定制需要推送的信息。系统中的通知类、公告类、行为提醒类等信息很多,一般平台都是发布信息后等待用户主动进入平台打开页面查看,但如果用户不进入平台就无法接收到一些重要的信息。因此,本系统在开发时结合"拉模式"和"推模式",既设计了通知、公告这样的一般信息发布模块,保证大多数用户能及时接收信息,同时添加了重要信息的"Push推送提醒"功能,例如学籍信息确认提醒、教师上课时间提醒、教师上线答疑提醒、成绩提交时间提醒、学生按时学习提醒、学生考试申请提醒等,并且通过电脑Web端、手机APP、手机短信等多种终端进行信息的发布与推送,不断提醒学生按时看视频、做作业、进行测试等。基于此我们设计了"推"模式与多终端支持的自主学习模型,如图4-6-1所示。

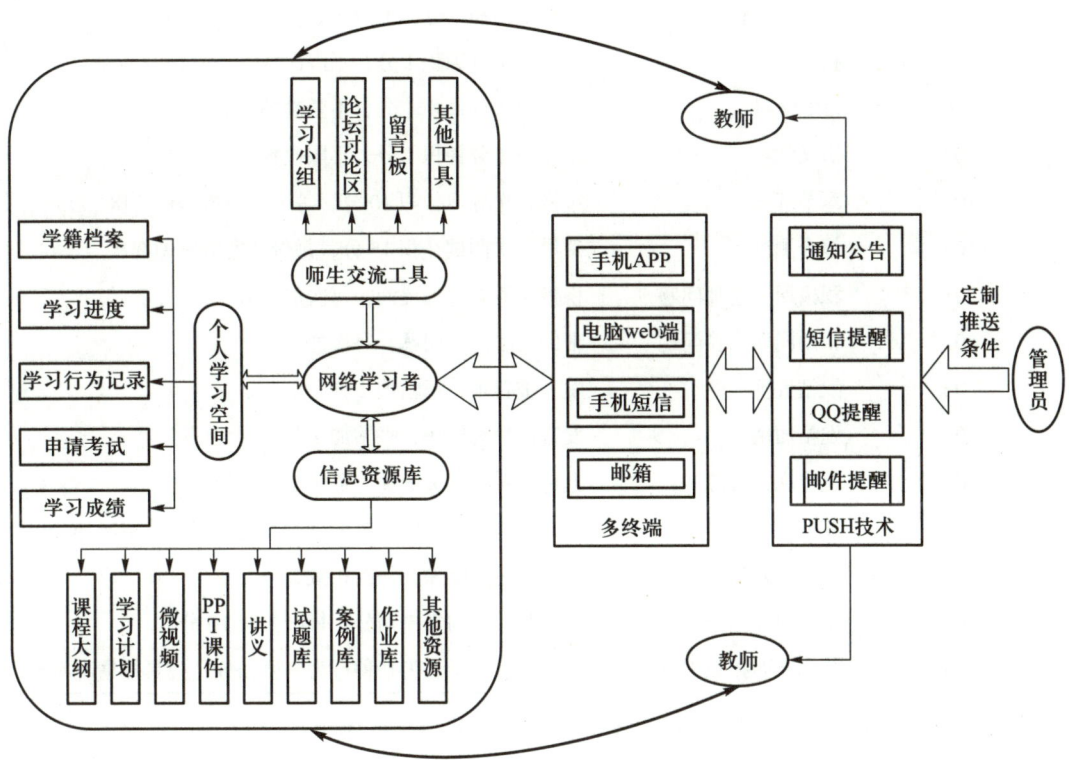

图4-6-1 基于"推"模式的自主学习模型

三、基于"积分制"的网络学习行为评价模型设计

为了对学生网上学习行为和教师服务行为进行有效评价,研究者们提出了自我评价、小组评价、班级评价、教师评价以及电子档案袋评价等许多方法[5]。但是这些方法难以科学、合理地对学生学习行为和教师服务行为进行量化,难以激励教师和学生参与网络教学活动。为此,我们对网络学习行为特点进行了深入分析,并据此提出了以积分制为评价依据的方案,通过对学生网上学习行为进行积分换算,对其进行过程性评价[6]。

例如，当学生登录、看视频、PPT学习、提交作业、讨论区发帖、做测试题等行为发生时，都将获得一定的积分。为了避免学生为赚取积分而随意发帖、找人代替学习，我们又加入了许多基于评价的处理，如发无意义帖被删除将获得加倍的减分处罚，而如果帖子被置顶、置精或回答问题积极主动则将获得额外的积分奖励等。表4-6-1定义了自主行为积分评价体系。

表4-6-1 自主学习行为积分评价体系

积分项编号	积分项名称	积分规则
	登录	每次进入系统积1分，每天最多积5分
101	修改个人信息	每修改一次个人信息积1分，每天最多积2分
103	提交作业	每提交一次作业积2分，每天最多积10分
104	讨论区发帖	每次发帖积1分，不限次数
105	视频学习	每学习1分钟积1分，不限次数
106	PPT学习	每学习1分钟积1分，不限次数
107	讲义学习	每学习1分钟积1分，不限次数
108	章节练习	每做一次练习，积10分，每个练习最多做3次
109	综合测试	每做一次测试，积15分，每份试卷最多做3次
201	积极回答老师问题	积极回答老师的提问，每次加2分
202	帮助同学回答问题	帮助同学回复问题，每次加2分
203	发帖置顶	发言被置顶，每帖加2分
204	发帖加精	发言被加为精华，每帖加2分
205	上传优秀资源	上传与课程相关的优秀资源，每次加2分
206	其他原因奖励积分	教师或管理员认为需要加分奖励的，视具体情况加分
901	评论被删除	不当评论被删除，每次扣减2分
902	恶意刷分	同一时间段内集中刷分，每次扣减10分
903	其他原因扣除积分	教师或管理员认为某种行为需要扣分，视具体情况减分

基于表4-6-1的积分指标体系，构建了如下所示的评价模型：

$$Totalp = \omega_1 \Sigma Type_1 + \omega_2 \Sigma Type_2 + \omega_3 \Sigma Type_3 + \omega_4 \Sigma Type_4$$

其中：$Type_1$ = { 登录，视频学习，PPT学习，讲义学习 }，$Type_2$ = { 论坛发帖，积极回答问题，帮助别人解答问题，发帖加精，发帖置顶，上传优秀资源，其他原因奖励积分 }，$Type_3$ = { 提交作业，章节练习，综合测试 }，$Type_4$ = { 评论被删除，恶意刷分，其他原因扣除积分 }，ω_1、ω_2、ω_3、ω_4 为各部分在总积分中所占权值。

在量化学习积分的基础上，系统进一步将学生某门课程的所得总积分转换为在线学习成绩得分，作为学生期末总评成绩的一部分和重要参考。

在线学习成绩的计算算法如下：

设

Gnet：学生某门课程的在线学习成绩（即在期末考试总成绩中的比例）；

Totalp：某学生某门课程在线学习所得总积分；
Gmax：某门课程在线学习满分值（例如 30 分，可设置）；
L 及格：某门课程学生在线学习及格积分线（手工设置，例如 800）；
L 优秀：某门课程在线学习优秀积分线（手工设置，例如 1600）；
根据 Totalp 所在的区间范围，按不同的算法进行计算，分三种情况：
（1）若 Totalp>= L 优秀，则 Gnet =Gmax；
（2）若 L 及格 <Totalp< L 优秀，则
Gnet =x1 ×（0.6+0.4 ×（（Totalp – L 及格）/（L 优秀 – L 及格）））
（3）若（Totalp< L 及格）则 Gnet =（Totalp/ L 及格）×（Gmax×0.6）
说明：
每门网络课程的 L 及格、L 优秀的初始值根据课程学时数、视频时长、资源数量等进行手工设置，试运行期间通过测算及格率及优秀率不断调整其值；稳定后这两个值一般保持不动。

实际应用表明，绝大多数同学都是通过学习视频等教学资源、提交作业、完成在线测试、参与互动等行为获取学习积分。也有恶意骗取积分的情况，但在管理端都很容易发现，通过积分扣除策略都能得到解决。

四、我校成人高等教育网络化教学改革实践

石家庄铁道大学为河北省重点骨干大学，属地方高校，学校依托铁路交通等优势特色专业面向社会开展成人高等教育。受行业特点影响，我校成人教育学生遍布国内各交通土建工程项目一线（有不少还在国外），工学矛盾大，面授全勤率不足 30%；我校函授站遍布全国（分布在 19 个省市），教学成本高，督导难度大。原有函授学习方式已无法适应我校成人高等教育现状。我校于 2013 年初正式启动成人高等教育网络教学改革，其目标是利用 3～5 年的时间使成人高等教育主干专业课程全部实现网络教学。

我校成人高等教育网络教学改革的主要任务包括：①网络学习模式及学习效果评价模型研究；②网络教学平台建设；③在线开放课程建设；④成人高等教育网络教学相关文件制定；⑤依据网络教学模式开展成人高等教育网络教学实践，并在实践中进一步完善教学模式、教学管理平台、课程资源以及相关内容。

（一）网络教学平台建设

网络教学平台一般采用三种方式：购置、租用、自建。每种方式都有优缺点，具体选择哪种方式需要结合学校的实际情况进行综合考虑，如果学校的信息技术水平较高，具有软件设计开发能力，最好能结合自身业务自行设计和建设平台。我校成人教育网络教学系统是按照 MOOC 学习理念，在原自建的综合管理平台基础上进行二次开发的，根据需要，我们设计了"网络课程管理""在线学习""在线辅导""在线监控与管理"和"网络资源管理""网络学习成绩管理"等功能，同时与原有的业务管理平台实现流程的良好衔接，网络教学的功能模块相对独立，方便学生在线学习和教师在线辅导。

我校网络教学管理与在线学习的流程如图 4-6-2 所示。首先，教务管理员添加一门新

的网络课程，建立与课程库中相关课程和专业的关系（可能是一对多的关系，兼容传统面授教学），其次，对课程的版块、页面风格进行定制，添加课程组教师、课程资源，资源添加时按课程章节目录分别添加视频、讲义、PPT 以及试题库等。再次，根据培养计划，按学期进行开课设置，由系统从各班级的执行计划中挑选出需要排课的班级，自动为必选学生选课。学生拥有上课权限后，可以进行课程学习、观看视频、浏览讲义与 PPT 和在线测试等活动，系统自动记录学生的学习进度；与此同时，教师进行在线辅导，为学生答疑、批阅作业、测试题等。最后，系统将学生网上学习成绩进行汇总，按比例折合成一定的分数，与教师给出的试卷成绩、作业成绩、奖励分进行整合，得出学生的最终成绩。

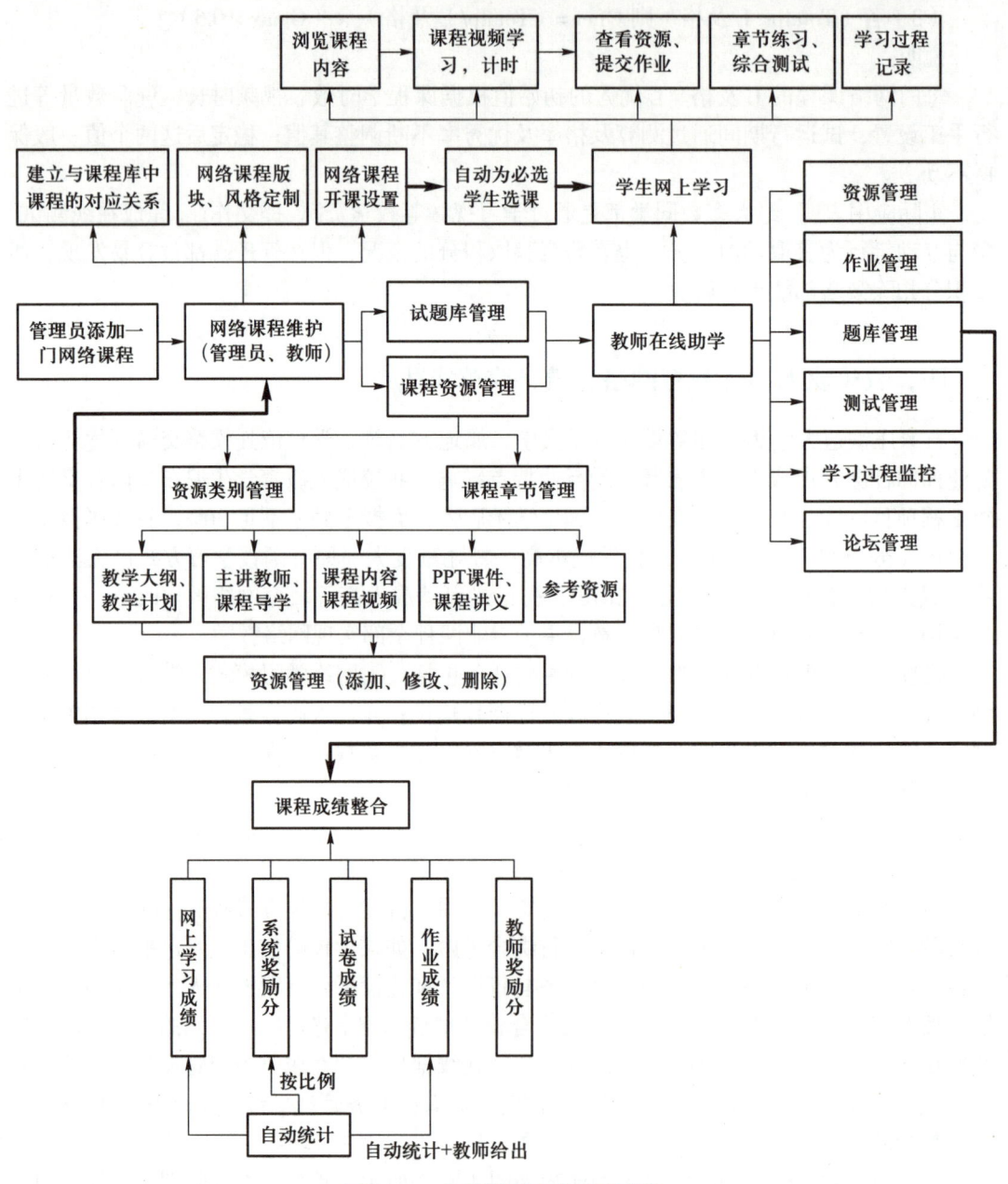

图 4-6-2　网络教学系统主要流程

该网络教学平台于 2014 年 12 月正式投入使用。平台根据我校成人高等教育网络教学模式及业务需求，设计实现了能满足各项要求的全部功能，这些功能覆盖了同类商业软件的主要功能且运行正常稳定。平台最大的优势是与综合管理教学平台无缝衔接，自主性强，可维护性及可扩展性好。

（二）在线开放课程建设

在线开放课程建设是高等院校开展成人教育网络教学的关键环节和核心内容。2014 年初，我校启动在线开放课程建设工作，坚持"以用促建，以用促改，建成一门，开放一门，应用一门"的在线开放课程建设思路，计划利用 3～5 年的时间，重点建设 150 门在线开放课程。截至 2017 年 7 月，我校已完成在线课程立项 159 门，其中，已完成建设 119 门并在我校校园网（http://www.stdu.edu.cn/）发布。经统计，共录制完成 2184 个学时、5089 个教学微视频，此外，还包括 4991 个 PPT、2784 个讲义、4400 段录课音频和 17425 道试题，存储容量超过 1.5T。

我校在线开放课程建设的特点：

（1）课程设计理念新、制作技术新。课程以教学"微视频"为核心，紧密结合 MOOC 教学理念，突出短小精悍、碎片化学习、导学与自主建构和大数据支持等特点。课程教学微视频根据课程特点和教学设计需求，可采用演播厅模式、自动录播模式、录制 DIY 模式等多种混合模式进行录制。根据学习者网络状况，提供课程讲授视频和课程讲授音频 +PPT 课件两种学习方式。教学视频采用高清数字摄像机录制，根据需要采用 MP4、FLV 等技术进行压缩，有效保证了视频文件的高流畅、低失真、小存储。

（2）教师队伍强、教学水平高。已完成的百余门课程中，教授、副教授主讲的课程占 60% 以上，65% 的课程由 2 名以上教师讲授，有 336 名教师参与授课，学校众多教学名师均参与其中。为了录制高水平的在线开放课程，每位教师都做了充分的准备，包括教学设计、课件制作和资料整理等，平均每讲授 1 学时要投入 10 小时的准备时间。一分耕耘一分收获，老师们的付出换来了我校一批高水平在线开放课程的发布，其潜在的效益和影响是巨大的。

（3）教学资源丰富、内容品质高。为保证在线开放课程的建设效果，在建设初期，我校就制定了《石家庄铁道大学成人高等教育在线开放课程资源建设规范》，明确指出课程基本资源包括课程介绍、教学大纲、教学计划、章节目录、教学指导、课程讲义、多媒体课件、教学微视频、作业、习题及解析、拓展资源等反映教学活动必需的资源，所有参建课程必须遵照执行。

（4）因材施教，突出实用适用。成人教育学生基础普遍较差、学习动机不一，重技术轻理论、重专业轻基础。我校的课程建设理念是：基础课的讲授一定要有针对性，要突出重点，针对考点，难度适中；专业课的讲授一定要突出实用，多用案例驱动，讲解透彻深入，直指专业前沿，要给想学习的学生提供充分的选择空间，让不太想学习的学生也能对专业有所了解、有所收获。

（三）网络教学相关文件制定

新的教学和管理模式需要新的规章制度去引领和规范。为此，我校对一系列相关规章制度进行了完善，主要包括《石家庄铁道大学成人高等教育网络教学课程考核及成绩管理暂行规定》《石家庄铁道大学成人高等教育学生延长学习年限管理暂行规定》《石家庄铁道大学成人高等教育网络课程资源建设规范》《石家庄铁道大学成人高等教育网络教学教师工作规范》《石家庄铁道大学成人高等教育网络教学学生学习管理暂行规定》《石家庄铁道大学继续教育学院班主任工作规程》《石家庄铁道大学成人高等教育教学管理工作规程》《石家庄铁道大学成人高等教育学籍管理工作流程》八个文件，并在实践中严格按规定执行。

（四）网络教学效果成效

2014年9月，随着我校自主开发的网络教学平台上线试运行以及第一批8门网络课程的建设完成，我们将2014级成人教育专升本在本部面授的土木工程和工程管理两个专业作为试点。经过1个学期的在线学习，学生圆满完成了6门课程的学习任务，普遍反映在线学习很方便，教师讲课效果好，有利于解决工学矛盾。

在总结经验、完善教学平台功能设计、细化操作流程和管理规范的基础上，2015年3月，我们在本部2015级成人教育学生中全面推广使用网络教学模式组织实施教学，并选择肃宁教师进修学校教学点作为试点，同步开展网络教学。2017春季学期共开通网络课程77门，参与同步网络学习的函授站有12家，学生在线学习达75万人次；学生累计学习时长达32万小时；参加面授辅导考试学生到课率明显提升，教师满意度和学生满意度大幅提升。

五、下一步改革方向

为贯彻落实《教育部关于推进高等教育学分认定和转换工作的意见》以及《河北省教育厅关于推进高等教育学分认定和转换工作的实施意见》精神，推进继续教育在各类高等学校之间的学分认定和转换进程，打通继续教育和终身学习通道，我校于2017年5月向省教育厅提出申请，开展学分制教学改革、学分认定和转换试点工作。为配合这项工作的顺利进行，我校首先制定了《石家庄铁道大学成人高等教育学分认定和转换试点工作实施方案》和《石家庄铁道大学成人高等教育学分制管理规定》，明确成人教育学分制改革的一系列工作内容和流程，并着手修订专业培养计划，制定了《石家庄铁道大学关于制订成人高等教育专业培养方案的指导性意见》，召集各专业负责人重新制定符合学分制选课要求的培养方案。同时，新的人才培养模式需要设计新的平台功能去适应，为此我们根据学分制改革的需要，重新梳理学籍、教务、考务和网络教学流程，制定《石家庄铁道大学成人高等教育选课管理办法》和《石家庄铁道大学成人高等教育学分认证转换办法》，设计和开发新的"成人高等学历教育教学平台"，将学生自主选课、按学分交费、网上学习、考试申请、在线考试、学分认定与转换、毕业申请等功能全部在新的平台中实现。预计这项工作在2018年底完成，计划将在2018级新生中试行完全学分制管理模式，充分尊重学生选课自由，满足个性化学习需求，允许学生自定学习步调，实现学生按需选课、按学分收费、弹性学习年限和外部课程学分替换等。

参考文献

[1] 张顺行.成人高等教育网络教学模式研究[J].中国成人教育，2011（23）.

[2] 王志国，崔亮，马水东，等.基于网络化教学创新地方院校成人高等教育教学模式的思考[J].成人教育，2015（1）.

[3] 王书海，韩立华，杨杰，等.地方院校成人高等教育网络教学探索与应用实践[J].成人教育，2015（12）.

[4] 王书海，韩立华，杨杰，等.地方院校成人高等教育网络教学若干问题研究[J].石家庄铁道大学学报（社科版），2015（12）.

[5] 邹显春，吴春明，李盛瑜，等.基于积分评价的个性化网络平台设计与实践[J].西南师范大学学报（自然科学版），2012（12）.

[6] 彭文辉，杨宗凯，刘清堂.网络学习行为系统概念模型构建研究[J].中国电化教育，2013（9）.

（韩立华、王书海、陈国华）

适应继续教育改革新形势
谋求公共服务体系新发展

远程教育公共服务体系是我国现代远程教育发展过程中重要的组成部分，多年来，伴随着试点高校的发展，公共服务体系经历了从无到有、从小到大的过程。本文以奥鹏公共服务体系发展为例，分析国内外远程继续教育发展环境与形势，探讨公共服务体系在新形势下的转型发展，并提出进一步发展建议。

一、公共服务体系发展主要进展

十多年来，公共服务体系在体系建设、信息技术应用、资源集成与共享、支持服务模式等方面得到长足发展，在全民终身学习社会建设中开展了有益的探索与尝试，在助推我国高等教育大众化进程方面发挥了积极的作用。

（一）建立了教育公共支持服务质量保证体系

公共服务体系建成了由总部、管理中心、学习中心组成的覆盖全国城乡社区的三层架构支持服务体系，探索了一条为多家高校、不同专业层次、众多学生提供专业化公共支持服务的路径，促进优质资源的共建共享以及同类服务的集约发展，符合我国地域辽阔、人口众多、教育经费总体匮乏的教育基本国情。

公共服务体系建设了全过程立体化的学习测评与监控体系。以统考工作为例，公共服务体系完成了所有学习中心考试环境的标准化建设，包括教育部网络教育统考考点，采用政府监管与体系自检、现场考试与远程监控相结合的方式，实现立体化质量动态监控，建设了学习测评信息系统，在题库建设、大规模网上机（网）考、网上阅卷、数据安全等方面创新考试组织管理与技术服务模式，确保考试流程的规范和服务质量的稳定，保障考试的公平、公正及数据安全。

公共服务体系建成了内外部相结合的质量管控体系。在公共服务体系外部，接受教育行政主管部门的考核评估，严格按照各教育主管部门的要求开展学习中心的建设、管理与人员培训，并根据各省评估指标体系，建成自身体系的规范准则。在公共服务体系内部，建成了规范总部业务流程和学习中心日常服务的质量标准规范，结合ISO质量管理体系建设，严把招生入口关和考试出口关，重视助学过程服务，重视资源整合与创意实现，实现管理与服务两手抓。

在过往历史中，公共服务体系为高校远程教育工作保驾护航，在未来的改革发展中，公共服务体系仍将继续支持高校教育质量提升，发挥根本保证作用，也将成为推动"互联网+教育"，加快高等教育大众化向普及化迈进的坚定基础保障。

（二）在推进现代信息技术与教育教学深度融合中起到了积极的引领作用

作为第三方社会化公共支持服务机构，公共服务体系与单一学校相比，其核心优势在于信息技术的快速应用与产品研发。目前，在云平台、大数据、人工智能等都有探索与应用。在人工智能方面，将实施人脸识别、图像识别、文字识别、语音识别、语言处理、自然语言、知识图谱等多项AI技术的集成，研发并推出智能图片处理、论文查重、智能助教等多项智能化应用，为在线教育的教学效果、管理规范、服务效率提供更好的支持与辅助。在大数据应用方面，与北师大、华中师大等学校合作开发了大数据技术平台，应用于学校教学实践。在数据时代，公共服务体系最大的价值在于拥有海量学生行为数据，可以说业已建成继续教育领域最大的数据库，在数据的挖掘与分析方面，公共服务体系进行了多项应用探索：

一是开展学生学习数据分析模型研究，通过实时展示学生学习动态和多维度对比分析，构建中国网络教育学生画像；同时研发了单院校、省运营中心和终端学习中心数据端口，直观呈现学生的学习状态，实时查看学生动态，多维度（如时间、区域、课程资源、批次、层次、专业等）提供对比效果，为高校、运营中心、学习中心开展相关业务提供数据支撑和业务决策依据。数据表明，高校网院学生的上网率有明显提升，而且通过移动学习的比例也大幅提升。网络教育已经成为一种学生获得文凭并获取知识的重要途径。

二是优化服务资源配置。数据表明，西部学生的上网率要高于东部地区的学生，这就是在线教育在优质教育资源输送所发挥的重要作用，借助互联网学习的西部学生在本地优质资源相对匮乏的情况下，能够更多享受知识共享、资源共享的红利。

三是应用先进的数据分析可视化工具，逐步完善数据报表体系，加强了考试身份验证、在线学习与作业完成等方面的分析，支撑公司质量战略；建立了学生学习积极度评价模型，按照学生的学习积极性程度提供个性化的支持服务，提高了学生从被动学习向主动学习的转化率；优化了日报/月报体系和自主分析平台，更好的支撑具体工作的开展。数据表明，发现学生对移动学习的需求程度逐渐增加，移动学习已将成为未来学习的主流。对于以"90后""00后"等互联网原住民为学习主体的新生客户，移动上网、移动学习的比重将会更加提高。

当前，公共服务大数据平台已无偿提供给西安交通大学、北京理工大学、大连理工大学、华中师范大学等多所知名高校使用，这些数据不仅能为学校的教育教学改革提供客观真实的支持，也能为政府的行政性决策提供多角度的借鉴。

（三）在促进资源共享、推进教育公平方面开展了有益的探索与尝试

我国是一个人口众多、教育资源相对匮乏，而继续教育任务异常繁重的国家，要实现"使全体人民学有所教"，首先要解决优质教育资源共享，让广大社会成员能有选择学习的机会，才可能推进教育公平。实践表明，借助于远程教育公共服务体系，搭建全民终身学习的服务平台，才有可能把各种教育资源和服务送到广大学习者身边，为广大学习者提供学习的

机会和良好的服务。目前，奥鹏公共服务平台上，集成了 40 多所高校网院高等学历教育的各具特色、不同学科、专业、课程的优质资源，以及各级各类非学历教育资源，共计近 40TB。而且各个学校、办学机构的教学模式、管理模式和运行机制改革情况在一个平台上展示和沟通，促进了各种教育资源交流和共享，为广大学习者提供了多样选择和学习的机会，成为推进教育公平的一条重要途径。

奥鹏公共服务体系以 MOOC 中国联盟为依托，推进资源共享共用，探索优质资源共享、学分互认，为搭建终身学习立交桥、促进终身教育体系和学习型社会的建设服务。公共服务体系的核心优势之一是做单一院校无法做的事。联盟建立了多方共赢机制，根据不同共享类型，采取不同机制，明确资源输出和使用的规则、方式、费用标准和期限，保证参与高校教师的知识产权，调动资源提供方和使用方的积极性，通过协议明确资源的共享和使用范围，切实保障各方权益。截至 2017 年年底，平台用户数量过千万，20 余所高校参与学分积累转换，8.86 万人参与资源共享、学分积累。

二、国际、国内远程继续教育发展新形势

（一）国际远程继续教育发展趋势

随着经济全球化和教育技术的进步，在人类终身学习理念的引领下，如何促进教育公平，满足更多的人得到应有的、更多的教育机会成为各国教育领域关注的主要问题，因此，世界范围内各类学校，特别是世界一流大学在推进现代远程开放教育的改革和发展中正在发挥引领作用。根据 2014 年《泰晤士报高等教育特刊》公布的世界大学排名，这些排名前列的世界名校都采用开放型的办学模式，MOOC、SPOC 等新的教学模式和教学理念受到追捧。世界名校通过远程开放教育与培训的形式将高校优质资源向更多的人敞开。

从市场环境看，2015 年，全球在线教育市场规模约为 1650 亿美元。根据欧洲知名 E-learning 公司 Docebo 预测，2016—2023 年的七年间，全球在线教育市场年均增长率为 5%；预计到 2023 年，全球在线教育市场规模突破 2400 亿美元。借助新兴技术的有效融合，社交化学习、移动学习、微学习、企业 MOOC 等学习方式将成为在线教育市场的主要驱动点；在技术应用方面，游戏化学习和可穿戴设备技术的应用将为在线学习市场带来发展潜力。

从长远发展看，远程教育市场存在很大发展空间，多数人对远程教育未来的发展持积极态度，远程开放教育呈现增长趋势。2013 年 ICDE（国际开放与远程教育理事会）第 25 届世界大会上提出，有 32% 的学习者已经至少学习过一门网上课程，同时，世界人口的一半都在 20 岁以下，20 亿名青少年生活在发展中国家，远程与继续教育的发展存在很大空间。美国和欧洲占有在线学习 70% 的份额，亚太地区以及越南和马来西亚的在线学习市场增长最快，年增长率超过 20%。

未来，随着人类终身学习理念的不断深入，远程继续教育将不断取得新进展，呈现以下发展趋势：

1. 借助新兴技术与理念，推动远程继续教育的改革与创新

信息技术与远程继续教育深度融合的无限潜力将进一步推动远程继续教育的改革与创新，在线学习、开放学习、移动学习以及概念学习等新的学习范式已经出现，未来能够实

现普遍应用。信息技术的发展对远程继续教育的教育质量和效益、教育体制和模式、教育方法和理念以及教育合作产生至关重要的影响。

2. 加大优质开放教育资源建设，实现全球教育资源的共建与共享

国际远程开放教育注重教育理念、教育机会、教育资源、教育模式和教育过程的全面开放，远程继续教育在实现全民教育、终身学习方面具有无限的潜能和发展前景，MOOC、SPOC等教学模式的诞生能够推动远程继续教育的发展。2017年在加拿大多伦多召开的第27届ICDE世界大会上，宣布成立了OER（Open Education Resources）倡议委员会。美国远程教育协会荣誉主席PaulBardack担任委员会首任主席，该委员会将致力于制定有关OER方面的政策，促进OER的使用和重用。

3. 建立远程继续教育的质量保障体系，推进远程继续教育的可持续发展

未来，要建立适用于远程继续教育的质量保障体系，将提高质量融入远程继续教育机构的使命中，形成多种评价模式，逐步形成一种开放、包容、自主和多元的质量文化。

案例：共享经济下在线教育企业发展新模式：U2U与kWeWork的合作

2018年1月22日，美国在线教育企业U2U（以代理高校研究生项目和收购短期培训项目为主要形式，自有教学平台）与共享办公空间企业kWeWork（基于创新创业项目扶持的办公场地租赁经营）达成全球独家合作伙伴关系。双方从课程资源、技术平台、用户资源共享、线下活动共建等多个层面开展深入合作。围绕终身学习理念，共同探讨并推动O2O学习的可能性，提升高等教育的可及性和灵活性，强化"学习圈和社交圈"搭建。

（二）国内教育改革新形势

1. 人民群众对美好生活的向往对我国教育改革提出了更高的要求

党的十九大报告提出，中国特色社会主义进入新时代，我国社会的主要矛盾已经转化为人民日益增长的美好生活需要和不平衡不充分的发展之间的矛盾。今后教育发展的任务就是进一步促进教育均衡发展，解决好不平衡不充分的问题，满足人民日益增长的享受更公平更高质量教育的需求。当前，人民群众日益增长的个人成长和全面发展教育需求和教育供给不足已成为教育的主要矛盾问题，而这个问题仅仅依靠传统的学校教育是不能解决的，要破解这个问题，必须在认清国际国内教育发展趋势的基础上，适应国家宏观政策的调整和现代教育服务发展的需要，发挥校内和校外教育两个优势，在不断提升教育质量的同时，加快教育信息化的建设，推进现代教育公共服务体系建设，扩大优质资源覆盖面和提升信息化教学支持服务水平。

2. "互联网+"新兴业态对新型教育服务供给方式提出新要求

在全球新一轮科技革命和产业变革中，互联网与各领域的融合发展具有广阔前景和无限潜力，已成为不可阻挡的时代潮流，正对各国经济社会发展产生着战略性和全局性的影响。近年来，我国在互联网技术、产业应用以及跨界融合等方面取得了积极进展，以"互联网+"为基础的新兴业态和公共服务模式快速发展，对打造大众创业、万众创新和增加公共产品、公共服务"双引擎"起了极大的促进作用。与此同时，也对以"互联网+"为基础的新兴业态和公共服务模式发展所需的人才资源建设提出了要求。

3. 信息技术的发展助推教育改革进程

2018年4月，教育部关于印发《教育信息化2.0行动计划》的通知（教技〔2018〕6号）

正式发布。该行动计划是教育部为深入贯彻落实党的十九大精神,办好网络教育,积极推进"互联网+教育"发展,加快教育现代化和教育强国建设而制定的教育信息化发展方略。行动计划中明确提出"2022年基本实现'三全两高一大'的发展目标"。教育信息化2.0是把教育信息化1.0时代引进的外生变量转化成内生变量,教育信息化将从融合应用向创新发展演进,全面提升师生信息素养;构建一体化的"互联网+教育"大平台,建成国家数字教育资源公共服务体系;充分发挥市场在资源配置中的作用,提升教育治理水平。

三、公共服务体系的转型发展

新时期教育发展任务不仅为公共服务体系的发展提供了新的空间,也对公共服务体系提出了新的要求。公共服务体系作为网络教育中不可缺失的一个环节,在内外环境的多重变化影响下,也面临着巨大挑战,需要探索新的定位、内涵和发展优势。公共服务体系受政策环境和合作伙伴的影响较大,需要具备快速应变能力,急需拓宽服务范围和服务内涵,快速提升组织能力和产品能力。

在继续教育领域,奥鹏公共服务体系将积极参与教育部主导的继续教育改革,并在教育主管部门的指导下,把握住"互联网+"发展契机,积极参与并推动高校继续教育资源建设和课程标准体系建设,构建终身学习公共服务体系。公共服务体系紧紧围绕教与学的本质规律,实践驱动,研究并行,在实践业务的推动下开展理论研究,在前沿理论指导下探索业务创新。一是通过申报教育部、科技部、发改委等研究项目,紧跟国家科研决策,与高校联合,与业内企业合力,快速了解新技术、掌握新动向,推进科研成果的产业化。二是启动系列公共服务体系发展相关项目以及质量专项工程,研究行业发展变化、技术发展与应用,完善质量保障体系建设;三是借力外部专家,集聚电大系统、高校网院、行业企业及远程专家的智慧与力量,为奥鹏公共服务体系的创新发展提供智力支持。

在资源开放共享方面,在"一带一路"走出去迎进来的倡议下,中国企业走出去战略的核心是人才战略,无论是新能源、新交通,还是高端制造、跨境电商,中国企业走出战略要解决的首要问题就是人才问题。用网络教育的手段把资源输出出去,培养"一带一路"沿线高端人才是最适合的方式之一。奥鹏公共服务体系积极发挥自身在平台建设、资源服务、线上线下教学服务、大数据平台建设等方面的特色和优势,参与由西安市政府支持、西安交通大学牵头的"丝路国际学院"建设,协助开发国际远程教育平台和大数据平台,以教育、科技和文化服务"一带一路"发展。并积极开展与"一带一路"沿线国家教育机构合作,提供教育和服务产品,通过提升国际教育服务能力与水平,逐步提升在国际教育交流合作方面的国际竞争力,应对国际教育服务的挑战。

在校企产教融合方面,奥鹏公共服务体系与德国HWK手工业协会达成战略合作,将以培养汽车行业应用型人才为己任,尝试按照德国职业教育质量标准,建立德国职业教育专家、行业实战专家为主的中德师资及管理团队,按照德国职业教育的教学实施流程开展教学,致力于为中国汽车行业培养德国式技术工人,努力让求学者成为最受欢迎的求职者及行业精英。同时,深耕IT从业人员职业培训,联合BATJ(百度、阿里、腾讯、京东)上千名IT精英,打造国内首个IT类移动学习平台——慕课网,弥补高校计算机专业学生从校园到职场的"最后一公里",提升IT从业人员的职场竞争力,做活IT生态圈。慕课网携手行业资深讲师和职场达人推出了系列泛 IT 类精品微课程，以"视频课程+在线编程"混合式教学引领行业平台优势，以 IT 职业教育培训包的形式，把相关的职业能力标准、学科、学历以及学习辅导材料联系起来，为职业教育证书或课程学习创造一套实用的实施方案。其中 web 前端工程师课程选课人数达到 30 万，JAVA 工程师选课人数达到 12.4 万，签约精英讲师 300 余位，在行业内得到了广泛认可。如今，慕课网注册用户已超千万，并实现了营收平衡，其在 IT 行业的知名度和影响力已经超过了国际上其他 MOOC 学习机构，MOOC 在中国落地生根，并茁壮生长。

在教育公平及精准扶贫方面，奥鹏公共服务体系在教育部"国培计划"的整体规划指导下，加大对中西部农村中小学教师、幼儿园教师的远程培训投入。以"教师发展至上、学校发展至上、区域教育发展至上"为理念，依托高质量的课程资源与强大的服务团队，坚持"简单、有用、有趣"的原则，努力打造"教师随身携带的研修社区"，致力于以"互联网+"为驱动，推进教师培训与互联网的深度融合，用互联网思维为教师培训创造新的生态环境，全方位递进式为教师专业发展提供服务，致力于服务地方教师梯队结构的整体提升。每年研发针对中西部乡村教师培训课程近千门，每年培训中西部乡村教师过百万人。除此之外，针对中西部乡村教师师资少任务重，无固定时间培训的特点，先后研发"同学""师训宝""教师秘书"等多款移动学习 APP，在行业中率先实现该领域的移动化学习。所有资源均改造成为不超过 10 分钟的知识点课程，以满足中西部农村中小学教师学员的碎片化学习需求。

在京津冀一体化建设方面，奥鹏公共服务体系与西安交通大学等名牌大学一起，共同承接了国家发改委教育大数据工程，国家投资 2000 万，奥鹏教育投资 1 个亿，总共投资 1.2 亿，积极探索大数据创新应用，依托"互联网教育公共服务大数据重大创新示范应用"，建立并运营国家级互联网教育公共服务平台，服务广大学习者和教育机构。

四、发展建议

"公平而有质量的教育"是党中央对教育事业提出的新要求，也是中国教育砥砺前行的新坐标。党的十九大提出了"办好学前教育、特殊教育和网络教育"、"完善职业教育和培训体系，深化产教融合、校企合作"、"支持和规范社会力量兴办教育"、"办好继续教育，加快建设学习型社会，大力提高国民素质"等新任务。这些任务的实现有赖于我国相关法律法规的建立健全、高校自我约束机制的建立、社会评价与监督机制的完善。立足未来发展，提出以下几点建议：

（一）加快终身学习立法

十八大以来，"四个全面"的战略布局成为新时期做好教育工作的总体依据和行动指南，全面依法治国、健全和完善远程高等教育法律法规已取得一些进展。如 2014 年推出进一步深化行政审批制度改革的措施，取消和下放 70 项审批事项，其中包括取消和下放利用网络实施远程高等学历教育的网校审批。政府在对远程教育的规模、结构、质量进行宏观调控时，不再依靠审批等行政手段，而是注重事中事后监管，加强属地化管理。继续教育作为终身学习的重要组成部分，在实际发展中需要协调多方关系，甚至步履维艰，根本上来讲是源于法治的缺失。在当前"依法治教"的执政理念下,法治缺失将无法有效保障终身学习事业的发展。建议加快终身学习立法,完善终身学习制度、强化政府宏观指导职能、建立健全终身学习服务体系、保障公民学习权利。

(二)加快制定教育公共服务质量标准和校外学习中心监管办法

远程教育公共服务体系作为我国网络教育发展的产物,在特定的历史环境下得到教育部的审批与一定的政策倾斜,随着审批权的下放,市场将更加开放,未来将会有更多类型的服务机构加入垂直化教育服务领域,为各类办学主体提供社会化第三方服务。不同于其他公共支持服务领域,教育服务需要遵循教育本质规律,具有极强的知识性与专业性。质量是教育之本,"质量为王,标准先行",只有制定教育公共服务质量标准才能引领公共服务的规范发展。

我国远程教育机构学习中心存在多头管理问题,在管理体制上,学习中心既在教学上接受远程教育机构总部的指导,又受当地教育行政管理部门的属地监管;在业务委托上,一个学习中心可能同时是多个机构的终端教学点或服务点,如网院自建点、开放教育教学点、公共服务体系学习中心等多重身份,受到多个责任主体的管理与要求。学习中心的二元体制与多元主体问题,直接导致了在全国范围内学习中心规范管理的难度与问题,尤其是加强各省事中事后监管以来,各省评估标准不一,也对公共服务体系在全国层面加强标准化建设带来一定的难度。建议在国家层面对于各类继续教育,如成人教育、网络教育、开放教育、自考等进行归口管理,并将各种类型的基层服务机构统一命名,统一标准,归口管理。

(三)建立健全第三方评价机制,营造公平竞争的市场环境

目前成人继续教育市场存在诸多乱象,虚假宣传、违规广告屡禁不止,低学费、易通过、早毕业等宣传无孔不入,成人教育市场存在劣币驱良币的现象,办学规范、考试严格、确保教学质量的学校反而没有市场竞争力,严重损坏了成人继续教育的社会形象与声誉。究其根本原因在于缺少有力的法治制度与明确的质量监控机制。为深入推进供给侧结构性改革和"放管服"改革,全面实施质量强国战略,国务院《关于加强质量认证体系建设促进全面质量管理的意见》(国发〔2018〕3号)明确提出要运用国际先进质量管理标准和方法,构建统一管理、共同实施、权威公信、通用互认的质量认证体系,强化全面质量管理,并对各行各业建设质量品牌提出明确要求。建议在主管部门的指导下,鼓励有社会公信力的第三方专业评价机构介入,对远程继续教育主办单位的办学条件、人才培养质量,对服务机构的服务条件、服务标准、人员能力等方面进行权威评估,及时向社会公布,以利于学习者甄别选择;同时要配套有法律意义的准入与退出机制,以净化市场环境,营造公平竞争的市场氛围。

(赵敏)

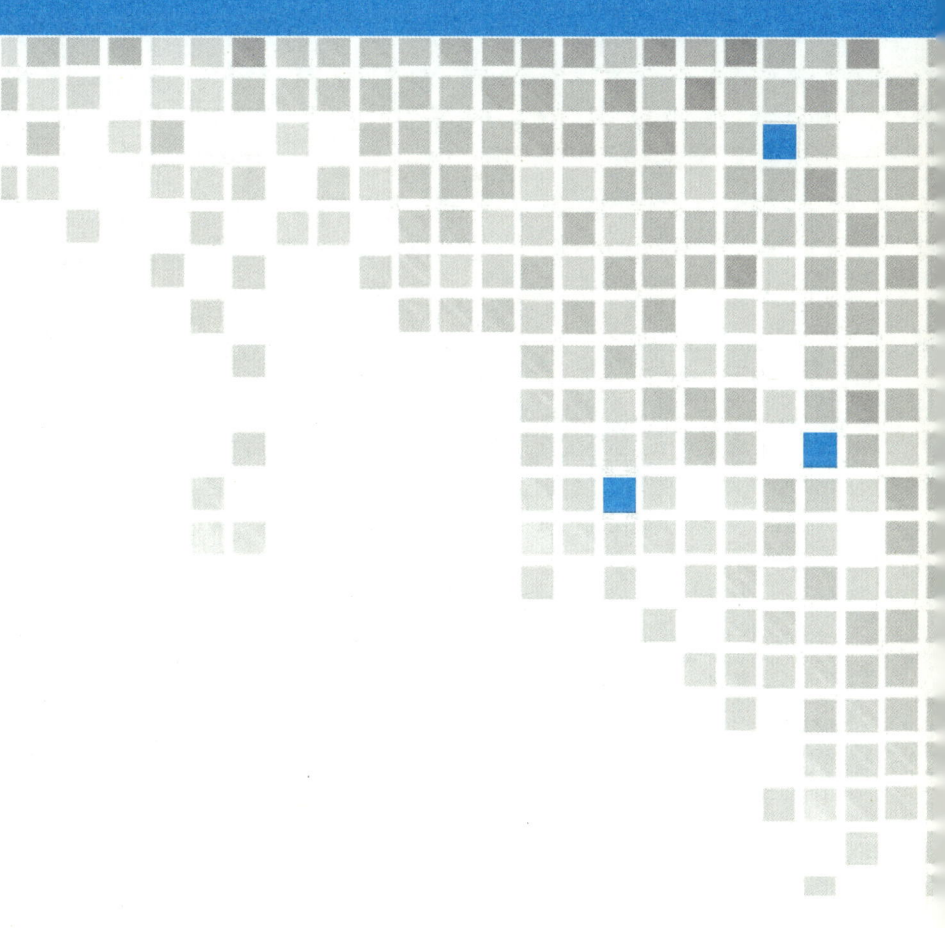

学分银行

我国学分银行制度模式选择和架构设计

学习成果认证、积累与转换制度通常称为"学分银行"制度。"学分银行"制度是对学习者的各类学习成果进行统一核算的新型教育管理制度,为学习者或学习成果携带者提供获取学历教育证书、职业资格证书和岗位技能培训证书的新渠道,提供自学成才的新途径,提供获得评价和鼓励的新形式。

建立"学分银行"制度已经成为世界众多国家教育改革和发展的重要趋势。在国外,较为成功且影响较大的范例有美国学分衔接和转移政策、欧洲资格框架和学分积累与转换系统、英国资格与学分框架、澳大利亚资格框架、韩国"学分银行"制度、加拿大学分转移制度等。在国内,积极开展有关探索实践的地区或联盟有上海、浙江、北京、陕西、江苏、云南、广东、福建、山东、"学院路共同体"等。

从国内外实践来看,若想成功建立"学分银行"制度,必须推进政府职能、法规建设、政策保障、体制机制建设、联盟合作、服务体系建设、管理信息化等多方面的改革。而在我国,虽然部分地区已经在"学分银行"制度的研究与实践探索上取得了一定成绩,积累了一定经验,但由于无法同步在以上几方面获得实质性突破,因此难以从根本上,构建全面实现学习成果认证、积累与转换制度。

由此看来,无论是从国际上看,还是从我国国情来看,"学分银行"制度都需要从国家层面进行顶层设计和建设。

一、国内外学分银行制度现状

根据我们对 15 个国家和地区(爱尔兰、澳大利亚、韩国、马来西亚、美国、加拿大、南非、欧洲、日本、中国台湾、中国香港、新西兰、英国、印度、越南)从背景与发展历程、制度设计、体制机制、实施效果和结论 5 个方面进行的大量文献调研和实地考察;以及对我国开展学习成果认证、积累与转换制度的研究与实践情况进行的研究分析,我们得出以下结论:

(一)国际发展趋势

学习成果认证、积累与转换制度建设已经成为世界各国和地区教育、培训和证书制度改革的重要趋势,成为推进终身教育体系和人才培养"立交桥"搭建的重要途径,以及推进教育公平的重要手段。

1. 制度模式

各国和地区情况不同，制度的名称不同，制度的模式和特点各异。在名称上，有的称学分积累与转换制度，如基于资格与学分框架的英国学分积累与转换制度，基于欧洲资格框架的欧洲学分积累与转换制度以及欧洲职业教育与培训学分积累与转换制度，基于国家资格框架的南非学分积累与转换制度；有的使用"学分银行"制，如韩国的"学分银行"制度[1]。但是其本质都是学习成果的认证、积累与转换制度。在模式上，概括起来有三种：第一种是基于国家和地区资格框架的制度模式；第二种是基于"协议式"的制度模式；第三种是基于国家立法的"学分银行制"的制度模式，后两种均没有国家或地区资格框架（如图5-1-1所示）[2]。

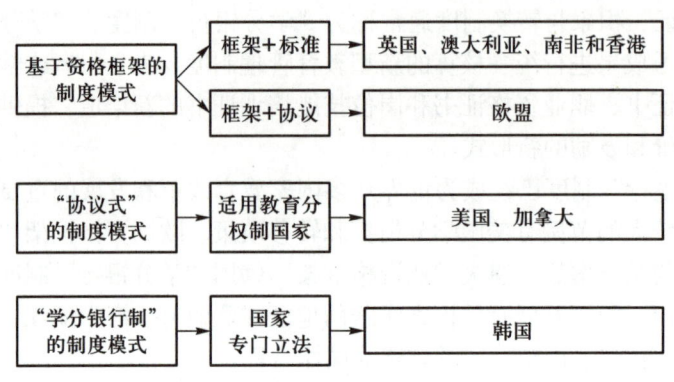

图 5-1-1 国际上制度模式分类图

2. 制度特点

（1）共有特点。不管采取哪种制度模式，各国家和地区往往通过立法或法定机构发布规范性文件保障制度的有效运行。如韩国颁布《学分认证相关法律》（1997年）和《终身教育法》（1999年）[1]；美国颁布《高等教育法案》（1965年）《高等教育法案修正案》（1998年）和《终身学习法》（1976年）；南非颁布《南非资格署法》（1995年）和《南非资格框架法》（2008年）。

（2）基于国家和地区资格框架的制度模式特点。第一，设立专门组织机构，保证制度顺利实施。从国家和地区层面设立专门的组织机构负责基于资格框架的学习成果认证、积累与转换制度。如南非通过立法设立南非资格局，负责国家资格框架开发、实施和相关工作[3]，其运行如图5-1-2所示。

英国根据职、权、责不同，将资格与学分框架标准体系组织机构分为管理机构、标准开发机构、标准执行机构、数据管理运行机构、标准维护与监管机构以及其他相关辅助机构，各机构特点详见《电化教育研究》上刊登的《英国资格与学分框架（QCF）标准体系探究》[4]。其运行如图5-1-3所示。

第二，建立国家和地区资格框架，有效整合各类教育资源。通过该资格框架，对一个国家某一个阶段（义务教育）之后学术教育资格、执业和职业教育资格、培训资格进行整合。通过对资格分级、分类、注册、发布等程序使各种资格更加透明。图5-1-4所示的是南非资格框架。

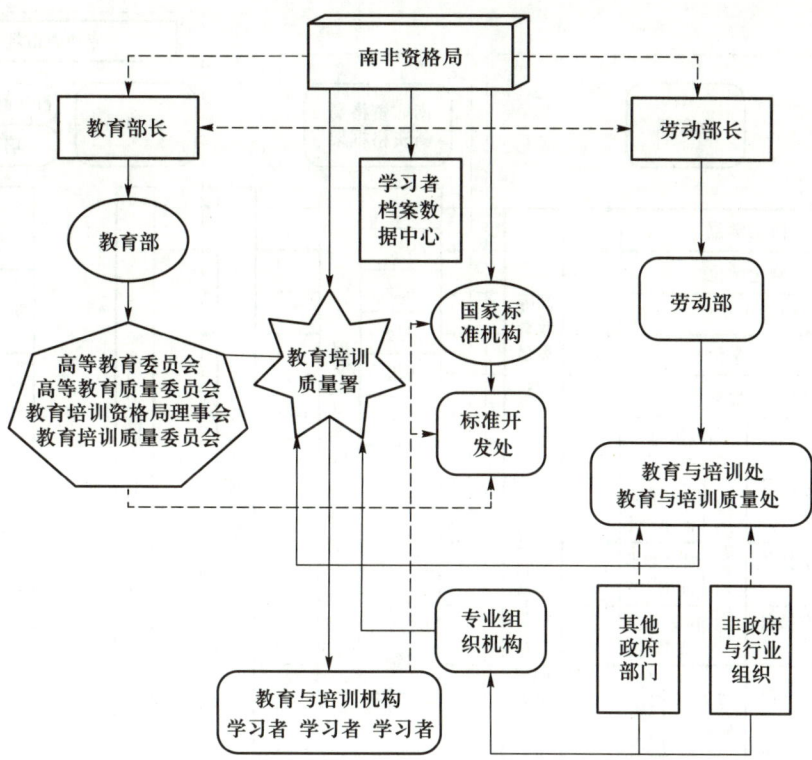

图 5-1-2 南非资格局运行图

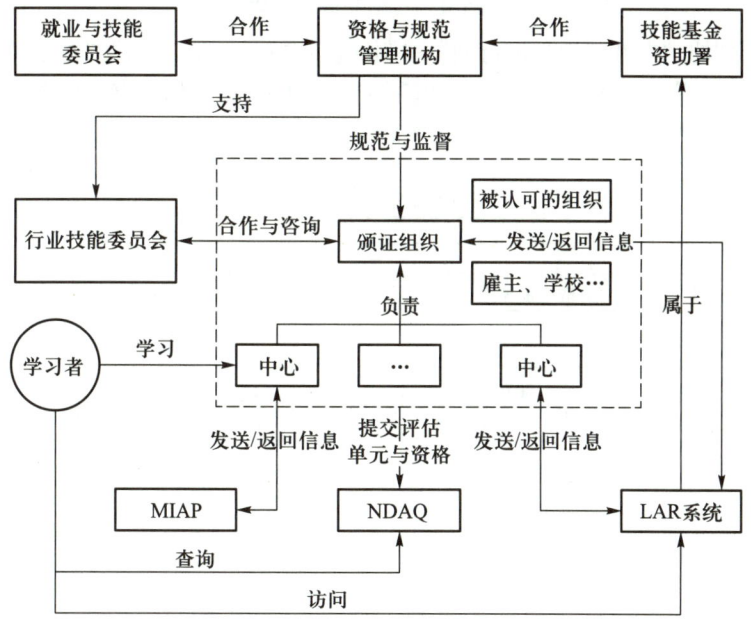

图 5-1-3 英国 QCF 运行图

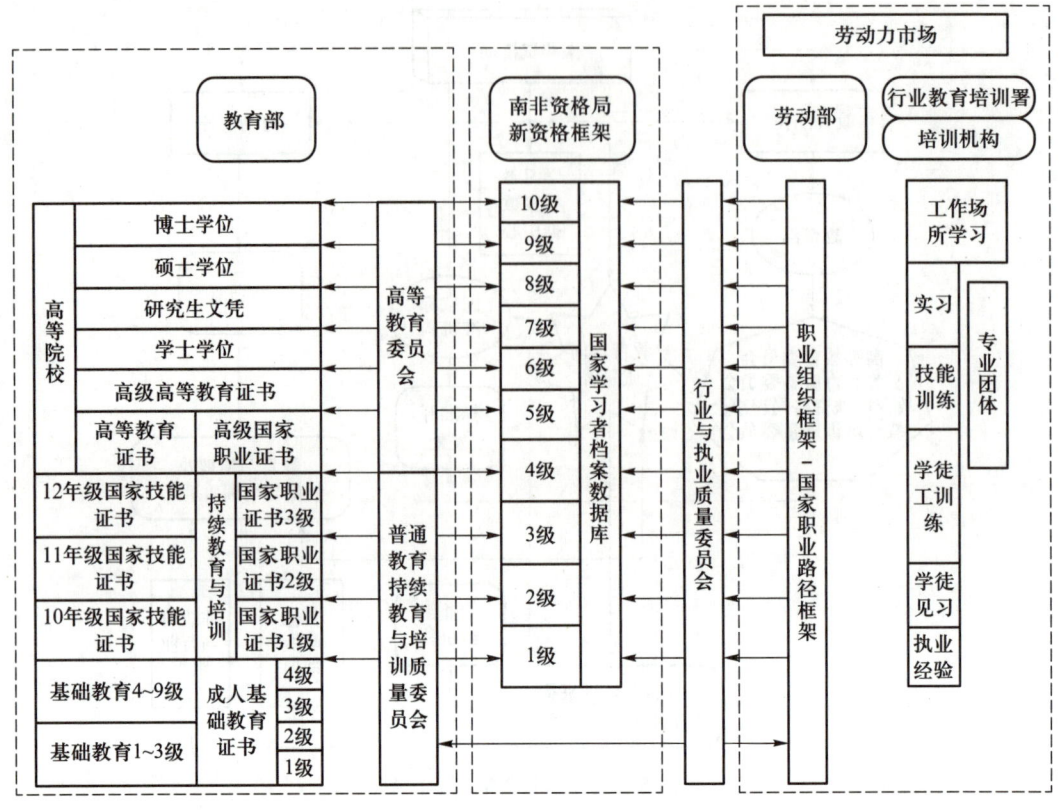

图 5-1-4　南非资格框架

（3）基于"协议"和"学分银行制"的制度模式特点。第一，建立健全资格认证体系，保证制度运行的公信力。虽然没有建立国家或地区资格框架，但有健全的资格认证体系。韩国职业资格认证体系是由国家资格认证系统和民间资格认证系统组成（如图 5-1-5 所示）。

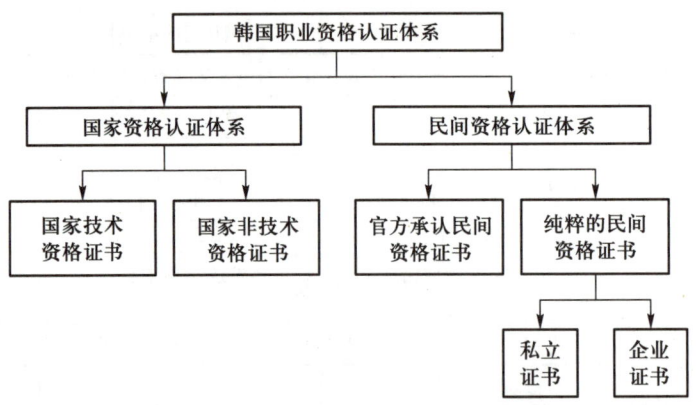

图 5-1-5　韩国职业资格认证体系

国家技术资格认证系统是韩国职业资格认证体系的重要组成部分，由技术类和服务类资格认证构成。技术类资格认证分为四个等级，从高到低分别是高级工程师和高级技师、工程师、工业工程师、技工。服务类资格认证分为三种：第一种是行政管理类的资格认证，包括三级、二级和一级三个等级（由低至高）；第二种是商务行业的资格认证，包括二级和一级（由低至高）；第三种是其他服务行业的资格认证，包括技工、产业工程师和高级技师三个等级。此外，韩国共有727项国家非技术资格认证，涵盖了30个领域，其中机械类共有118项资格认证，是最多的领域[5]。

第二，通过签订双边或多边协议，建立各类教育机构的学习成果认证、积累和转换的合作机制。如美国、加拿大。

第三，建立标准化的课程体系和完善的学分制。韩国标准化课程是由韩国教育科学技术部与终身教育振兴院联合开发的，代表了每个学科领域的综合学习计划，详尽地描述了教学目标、课程科目、专业课程、选修课程、学分要求、学士学位要求等信息，目的在于帮助学习者、教育及培训机构进行学分的评估及认证。学分银行制的标准化课程体系灵活、便于调整、易于取舍，弹性地反映了学习者和教育机构的教育需求和社会需求[6]。同样，美国也设立共同核心课程，开辟了社区学院学生向本科院校转学的"共通"机制。

第四，具有完善的教育认证制度。如美国高等教育认证制度是一个复杂的系统，主要由法律系统、组织系统、标准系统和操作系统四个子系统组成。其运行结构如图5-1-6所示。

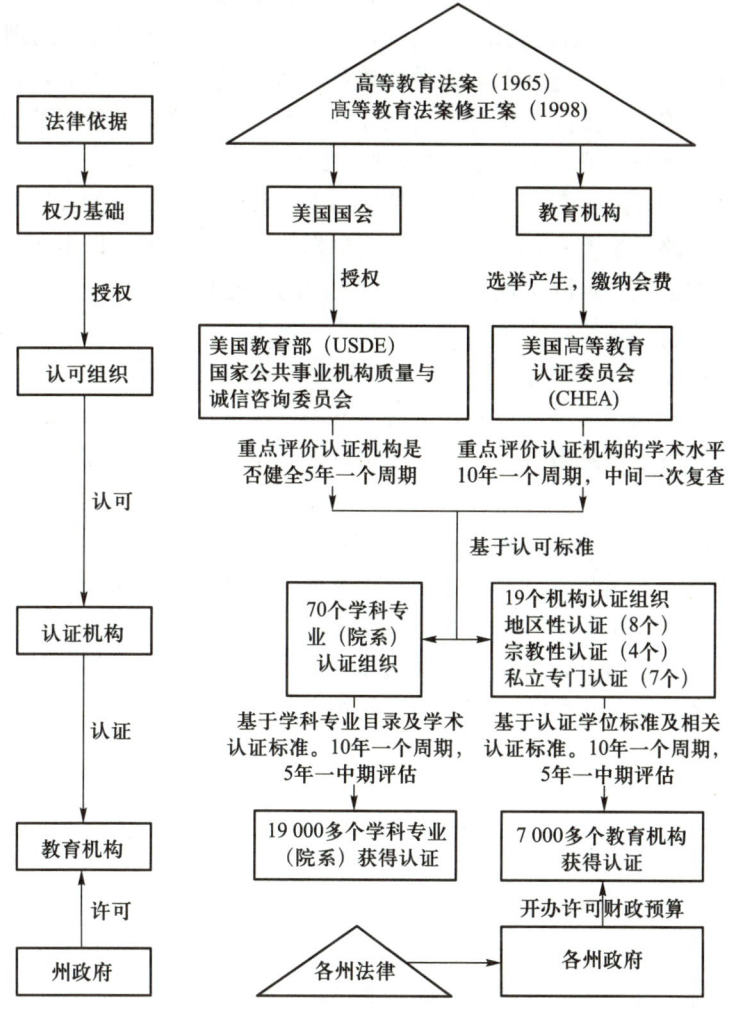

图5-1-6 美国认证制度运行图

（二）国内视角分析

相关实践呈零散、局部、区域和自发特征，没有国家层面的整体设计和统筹安排，缺乏具有公信力的统一标准和公共服务平台，急需进行国家层面制度设计。相关进展及问题主要表现在以下几个方面：

1. 各地政府高度重视学分银行制度建设，但没有经过整体设计和统筹安排，各自为战

（1）上海终身教育学分银行。上海终身教育学分银行由上海市政府主导，上海市教育委员会主办和管理。是面向上海市学习者，以终身教育学分认证、累积和转换为主要功能的学习成果认证管理中心和转换服务平台，其目标是搭建终身学习"立交桥"，推进上海市终身教育体系和学习型社会建设。

（2）浙江慈溪市民学分银行。浙江慈溪市委、市政府为打造杭州湾南岸新型学习型城市，确立终身学习理念，构建具有慈溪特色的市民学习模式，从2008年开始探索市民学习"学分银行"机制。以数字化存储、认证、消费为手段，通过网上建立个人学习账户，实现个人学习与终身学习的信息储存、学分认证、学分兑换、学分消费、学习信用管理。

（3）北京学分银行计划。北京学分银行计划是利用"学分银行"的理念和规则构建新型的校企合作办学模式，建立了学历学科教育、高等职业教育和行业培训及个人先前学习与资历间的转换关系，提高了学习型组织和学习者本人教育培训学习的效率和效益，形成了一种激励个人终身学习、单位建设学习型组织的新机制[7]。

以上三个地区的实践探索，主要目的是推动学习型城市、学习型社区的建立，但各自的模式不同，技术路径也不一，都没有研制资格框架和认证标准，以至于积累的经验不能共享，缺乏统一的标准，难以实现与学历教育之间的沟通与衔接。

2. 建立了地方标准体系，但缺乏具有公信力的标准

各地学分银行建立各自的标准体系，如上海学分银行建立的课程标准，慈溪学分银行建立的学分标准，但在国家层面没有建立统一的参照标准，致使学习成果无法在更大范围内互认，也无法实现与国际教育培训机构对接，课程学习资源得不到共享，更缺乏社会公信力。

3. 建立了地方法规和相关政策，但缺乏国家层面的法规和相关政策

上海市、福建省、云南省、河北省以及宁波市、成都市、太原市等地出台终身教育促进条例；江苏省出台终身教育学分银行管理办法，浙江慈溪市出台市民学分银行管理办法；山东省出台高等学校学分互认政策，海南省出台中高职"立交桥"搭建政策等。目前，在国家层面只是准备出台推进学习成果积累与转换工作的若干意见，宏观层面、制度层面的政策还未出台。

二、我国学分银行制度模式和技术路径选择

建立终身教育体系和学习型社会已成为世界上发达和先进的发展中国家的重要举措。从主观上看，我国业界及社会大众对终身教育（学习）的主动性和自觉性还比较低。从客观上说，政府在促进终身教育发展上（特别是非常规教育方面）还缺乏有效和有力的措施，现有的管理制度和服务模式也远远无法满足现有的教育（学习）需求，比如常规教育（学习）与非常规教育（学习）的成果无法兼容，零散的学习成果无法积累与转换，不同体制

下教育学习的内容存在重复、难以满足区域社会和各类组织对教育的需求，教育（学习）成果与职业生涯发展和工作需要脱节，学历教育与非学历教育无法融通，非常规教育（学习）成果的价值判定缺乏统一标准以至于社会公认度低等等。

学习成果认证、积累与转换是构建终身教育体系和学习型社会的重要支撑和纽带，是现行教育制度创新改革的突破点和抓手。通过教育部职成司委托国家开放大学承担的"国家继续教育学习成果认证、积累与转换制度的研究与实践项目"等专项研究，我们发现，虽然这种制度在各国的表现形态不尽相同，但大都以构建由政府主持或倡导的、用于各种学习成果统一价值比较的资格框架体系为核心和引领。

结合我国的国情，我们认为学习成果认证、积累与转换制度应选择资格框架为引领的制度模式和"框架＋标准"的技术路径。主要基于以下方面的考虑：第一，资格框架实现各种学习成果的统一价值比较，可以解决因体制障碍造成的教育体系与劳动力市场脱节问题。第二，不同体系（市场）均参照统一标准开发各类资源，可以调动市场配置资源的功能和力量，打破各种教育（培训）间的界限，实现不同教育之间的纵向衔接和横向沟通。第三，建立具有公信力的标准，规范培训市场，提高教育培训质量，促进学历教育教学改革。第四，基于独立且具权威性的基准标准，可以有效推动优质资源共享，促进教育公平。第五，此路径的选择是保证学分银行制度运行质量的有效机制，既有利于当下，又有利于未来的可持续发展。

三、我国学分银行的制度架构设计

经过一年多时间的研究与实践，我们认为，我国学习成果认证、积累与转换制度从架构上可以分为制度内核、运行、保障和拓展应用。从制度形式上可以分为运行规则、度量规则、支撑规则和拓展规则（如图5-1-7所示）。

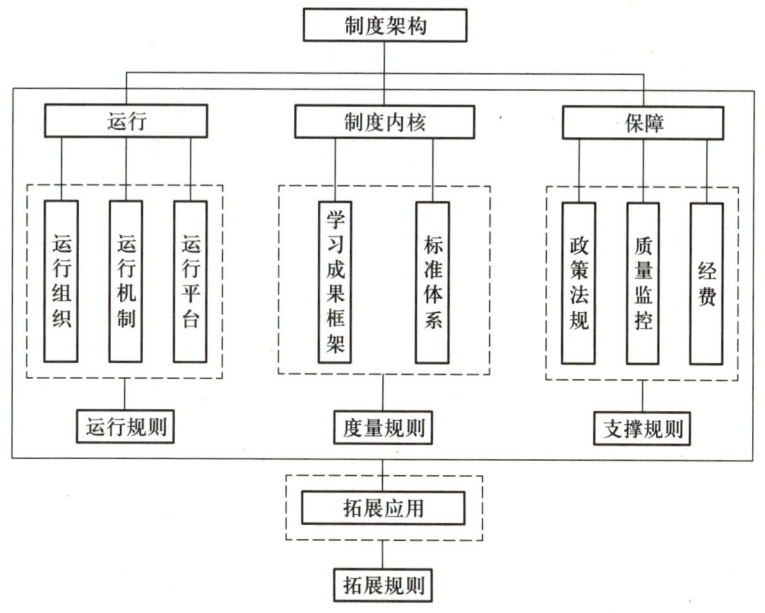

图5-1-7 学习成果认证、积累与转换制度架构示意图

(一) 制度内核

制度内核是制度建设的主要内容和核心,它包括学习成果框架和标准体系(如图 5-1-8 所示)。

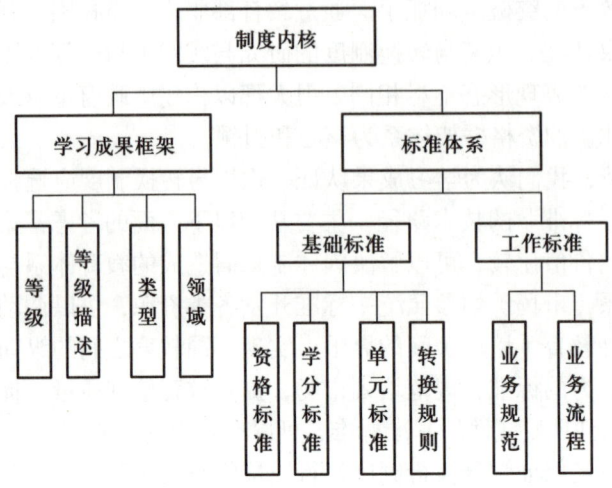

图 5-1-8　国家"学分银行"制度内核示意图

1. 学习成果框架

为实现学习成果认证、积累与转换,按国际惯例通常需要一个学习成果的基准参照系,通常称为"国家资格框架"。学习成果的表现形式通常为资格,但有时也具有其他表现形式,比如参加竞赛的成绩是学习成果但不是资格,但在一定条件下同样可以进行认证、积累与转换。目前,在我国没有国家资格框架的情况下,为了解决学习成果认证、积累与转换实践,需要建立学习成果框架。学习成果框架将有效地提高教育培训质量,增强学习者获得学习成果的透明性、可比性和可转换性,进而促进终身教育和全民学习的学习型社会建立,提升社会成员的就业能力,提高工作者和学习者的流动性[8]。

学习成果框架结构分为四部分,即学习成果基准、学历教育学习成果、非学历教育学习成果和无定式学习成果(如图 5-1-9 所示)。学习成果基准由学习成果等级及其三个维度(知识、技能和对知识与技能运用的能力,以下简称"能力")的客观描述组成,是各类学习成果进行等级划分的共同参照和实现各级各类学习成果之间转换、沟通与衔接的标尺[8]。

为便于学习成果的认证、积累与转换,根据我国学习成果的不同呈现形式,将学习成果分为三种类型,即学历教育学习成果、非学历教育学习成果和无定式学习成果。现阶段各类型学习成果领域划分方式各不相同,通过对我国现行普通教育、职业教育及国民经济行业分类方法的分析,主要参照最新发布的国民经济行业分类标准,我们将学习成果框架分为 20 个领域:①农林牧渔;②采矿;③制造;④电力、热力、燃气及水生产和供应;⑤建筑;⑥批发和零售;⑦交通运输、仓储和邮政;⑧住宿和餐饮;⑨信息传输、软件和信息技术服务;⑩金融;⑪房地产;⑫租赁和商务服务;⑬科学研究和技术服务;⑭水利、环境和公共设施管理;⑮居民服务、修理和其他服务;⑯教育;⑰卫生和社会工作;⑱文化、体育和娱乐;⑲公共管理、社会保障和社会组织;⑳国际组织[8]。

学习成果框架的要素主要包括学习成果等级、等级水平描述、标准与规范、类别与领域[8]。

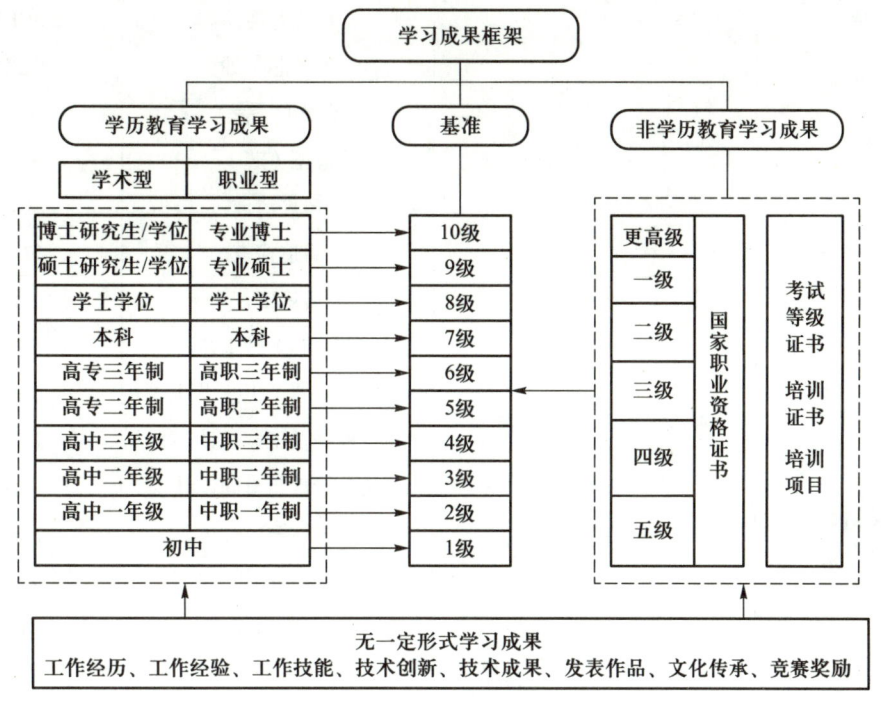

图 5-1-9　学习成果框架示意图

2. 标准体系

标准体系是由实施学习成果认证、积累与转换的一系列有内在联系的标准组成,包括基础标准和工作标准两部分(如图 8 所示)。基础标准主要包括:资格标准(组合规则)、认证单元标准、学分标准、转换规则等。具体内容参见《中国远程教育》发表的《我国继续教育学习成果认证、积累与转换制度中标准体系的构建》[9]。

3. 基于学习成果框架的不同类型学习成果互认应用案例

中国铸造协会承担了"国家继续教育学习成果认证、积累与转换制度的实践项目——基于框架的非学历教育学习成果(职业资格证书或岗位技能培训证书)与学历教育专业之间的沟通与衔接"。该项目从学习成果认证标准(包括认证单元标准和转换规则)制定到认证标准的应用,严格按照"框架+标准"的技术路径进行。主要流程如下:

(1)组建专家团队。组建由行业、企业、学科组成的专家团队,主要负责认证标准制定工作。

(2)划分行业结构。铸造是一个涉及多学科、多技术的行业,行业结构较为复杂。通过对国内铸造行业主体铸件生产企业岗位设置情况的实地调研和电话访问,结合对国内外铸造行业职能分工及从业人员能力要求等的相关研究,经专家团队集体讨论确定:铸造行业以其主体铸件生产企业的岗位方向作为行业方向,共分为"生产操作""工艺技术""质量检验""管理保障"四个主要行业方向。每个行业方向分为若干职能。其行业结构见表 5-1-1。

表 5-1-1 铸造行业结构表

行业	行业方向	编码	职能	编码
铸造 ZZ	生产操作	SC	熔炼及浇注	SCRL
			型（芯）砂	SCZX
			模型（工装）	SCMX
			造型（芯）	SCXS
			铸件清理	SCQL
			铸造检查	SCJC
	工艺技术	JS	熔炼工艺	JSRL
			型（芯）砂工艺	JSXS
			造型（芯）工艺设计	JSZX
			模样及工装设计	JSMY
			设备管理与车间设计	JSSB
			综合	JSZH
	质量检验	ZJ	金相组织	ZJJX
			力学性能	ZJXN
			化学成分	ZJCF
			型砂性能	ZJXS
			探伤及无损检测	ZJTS
	管理保障	GL	采购和营销	GLGX
			技术与质量	GLJZ
			作业及成本	GLZY
			安全与环境	GLAH
			物料与物流	GLWL
			人力资源	GLRL

（3）开发认证单元。通过对铸件生产企业核心能力的分析，得出了铸件生产企业对从业人员的核心能力要求，从而确定各职能方向的能力标准，然后再细化到知识点；同时基于铸造工程师培训用教材，对照各职能方向知识点进行单元划分，并对各单元进行统一描述，形成各职能下的认证单元标准。铸造行业认证单元标准样例见表 5-1-2。

表 5-1-2 铸造行业工艺技术方向认证单元样例

1. 名称	灰铸铁的组织、性能及其主要影响因素
2. 编码	ZZJSRL0501A
3. 应用范围	铸造行业→工艺技术→熔炼工艺
4. 等级	5
5. 学分	0.5

续表

	知识	技能	能力
6. 内容	1. 了解灰铸铁各种性能的定义与作用 2. 掌握灰铸铁的金相组织及其与性能的关系 3. 熟悉影响灰铸铁性能的主要因素，并掌握其影响规律	1. 会辨别碳当量高低及主要合金元素含量对灰铸铁力学性能和铸造性能的影响情况 2. 会从铁液的过热静置及炉料的组成情况辨别其对灰铸铁性能的影响情况	1. 能分析灰铸铁化学成分对组织、性能的影响规律，并在生产条件下加以灵活应用 2. 能根据灰铸铁件的组织和性能要求，设计确定化学成分、浇注温度等工艺条件
7. 考核说明	1. 基本依据：岗位职能应知应会 2. 考试范围：全部知识 3. 考试重点：灰铸铁金相组织和性能的特点以及金相组织对性能的影响规律；冷却速度、化学成分及其他工艺条件对灰铸铁组织和性能的影响规律 4. 考试方式：传统纸笔考试、证书替代		
8. 开发机构	中国铸造协会		
9. 开发日期	2013 年 6 月 25 日		
10. 备注			

（4）认证单元标准应用。认证单元标准应用分为课程置换、双证融通和立交搭建三种模式。课程置换模式主要为单向认定，即学习者持已获得的与学历教育专业相匹配的职业资格证书或岗位技能培训证书，通过"学分银行"认证，按照认证标准置换学历教育专业相应课程的学分。

双证融通模式主要为双向互认，即有机融合学历教育专业教学要求与相应等级职业资格证书、岗位技能培训证书要求，通过认证标准对两类课程进行重组，确定若干门双证融通课程为学历教育专业和证书教育的共同课程。学习者参加双证融通课程学习和考核，成绩全部合格者，颁发相应的职业资格证书、岗位技能培训证书，同时获得学历教育专业相应课程的学分。

立交搭建模式相对比较复杂，既有学历教育之间的，又有非学历与学历教育之间的，即不同层次学历教育纵向衔接和非学历教育与学历教育横向沟通的模式（如图5-1-10所示）。

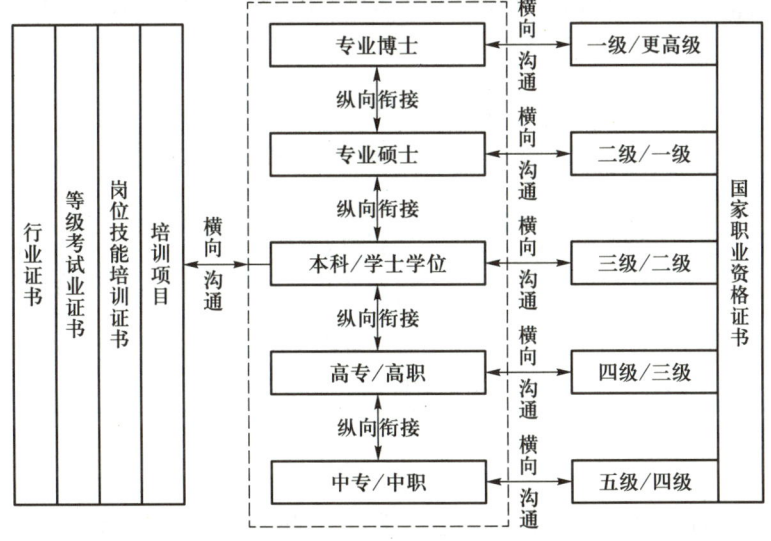

图 5-1-10　立交搭建模式示意图

以"双证融通"模式为案例：非学历教育证书为中国铸造协会颁发的《见习铸造工程师证书》，学历教育基于国家开放大学铸造工艺技术（专科）专业。

首先，通过认证单元标准重组课程体系和教学内容，双证融通课程与学分和认证单元的对应关系见表5-1-3。

表5-1-3 双证融通课程与学分和认证单元的对应关系

双证融通课程名称	学分	对应认证单元
造型材料	3	ZZJSXS0501A、ZZJSXS0502A、ZZJSXS0503A、ZZJSXS0504A、ZZJSXS0505A、ZZJSXS0506A、ZZJSXS0507A
铸造工艺设计基础	5	ZZJSZX0501A、ZZJSZX0502A、ZZJSZX0503A、ZZJSZX0505A、ZZJSZX0506A、ZZJSZX0507A、ZZJSMJ0508A、ZZJSMJ0509A、ZZJSMJ0510A、ZZJSMJ0511A
铸件的品质控制	3	ZZJSZH0505A、ZZJSZH0506A、ZZJSZH0508A、ZZJSZH0509A、ZZJSZX0504A
铸铁及其熔炼	3	ZZJSRL0501A、ZZJSRL0502A、ZZJSRL0503A、ZZJSRL0504A、ZZJSRL0505A
铸钢及其熔炼	3	ZZJSRL0506A、ZZJSRL0507A、ZZJSRL0508A、ZZJSRL0509A
非铁合金及其熔炼	3	ZZJSRL0510A、ZZJSRL0511A、ZZJSRL0512A、ZZJSRL0513A
铸造设备	4	ZZJSSB0501A、ZZJSSB0502A、ZZJSSB0503A、ZZJSSB0504A、ZZJSSB0505A
特种铸造与铸造模具	4	ZZJSMJ0501A、ZZJSMJ0502A、ZZJSMJ0503A、ZZJSMJ0504A、ZZJSMJ0505A、ZZJSMJ0506A、ZZJSMJ0507A

其次，形成见习制造工程师与铸造工艺技术（专科）专业之间互认规则（融通规则），具体见表5-1-4。

表5-1-4 非学历证书与学历教育专业（课程）双向互认

非学历教育学习成果			学历教育学习成果				
证书名称	证书级别	颁证机构	专业名称	层次	融通课程名称	课程学分	备注（获取条件）
见习铸造工程师	学习成果框架5级	中国铸造协会	铸造工艺技术	专科（学习成果框架5级）	造型材料	3	要求8门课程修满28学分，其中《造型材料》《铸造工艺基础》三门课程和《铸铁及其熔炼》《铸钢及其熔炼》《非铁合金及其熔炼》中的任何一门课程成绩在70分以上。
					铸造工艺基础	5	
					铸件的品质控制	3	
					铸铁及其熔炼	3	
					铸钢及其熔炼	3	
					非铁合金及其熔炼	3	
					铸造设备	4	
					特种铸造与铸造模具	4	

（二）运行

运行是通过运行组织、运行机制和运行平台的建立和运作，使制度建设得以正常进行运行。

1. 运行组织

根据各国学习成果认证、积累与转换制度组织结构设计的共性，结合我国学习成果认证、积累与转换制度的建设与实践，学习成果认证、积累与转换组织结构分为决策层、管理层和执行层（如图5-1-11所示）[10]。

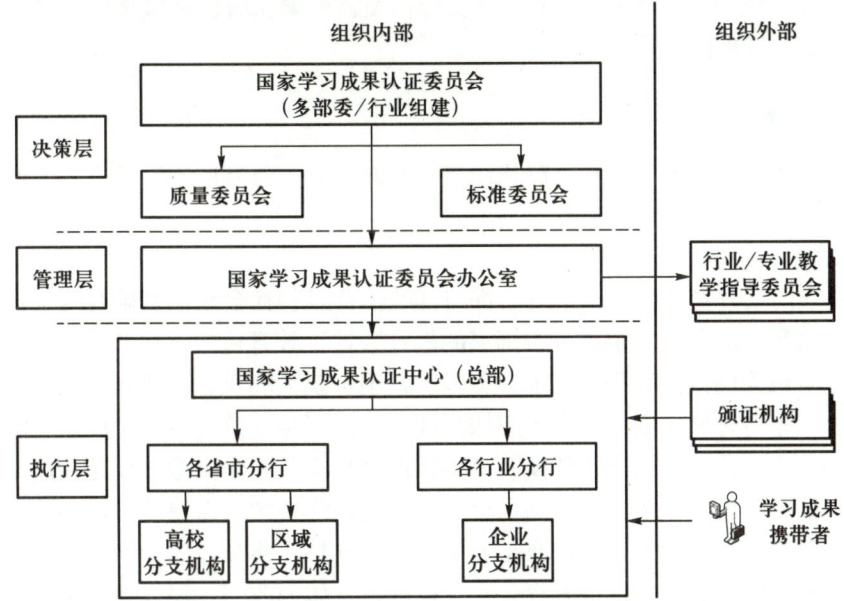

图5-1-11 学习成果认证、积累与转换组织结构示意图

决策层是由教育部牵头，多部委或行业相关部门领导和相关领域专家组成的国家学习成果认证委员会。委员会设立标准委员会和质量委员会，主要负责学习成果框架的建立与实施，相关管理文件和标准的颁布，学习成果认证标准的审核与发布；同时负责对整个国家的学习成果认证、积累与转换制度的认证机构、实施过程进行质量监控，并赋有最终裁决权[10]。

管理层是国家学习成果认证委员会下设的国家学习成果认证委员会办公室。主要负责组织专家制定学习成果认证标准，学习成果认证服务体系的监督与管理，学习成果框架和认证标准的维护以及终身学习档案的管理等[10]。

执行层由国家学习成果认证委员会认证授权的一家或多家按市场机制运作的、非营利性质的国家学习成果认证中心组成。认证中心下设各省市分行（高校和区域分支机构）和各行业分行（企业分支机构），主要是面向社会成员开展学习成果认证、积累与转换工作[10]。

2. 运行机制

学习成果认证、积累与转换组织形成了多元化运行机制，如以政府为引导和推动的集权型、专家型的运行机制，市场化运作的合作型、协议型运作机制。政府在学习成果认证、积累与转换中主要发挥引导和推动作用，政府政策导向运行机制是目前学习成果认证、积累与转换组织不可缺少的运作方式。以市场需求为主导，推动我国学习成果认证、积累与转换制度的建设是未来的发展趋势。同时，建立协议式、共享式的达成某项学习成果认证、积累与转换的运作机制并按市场运行机制，合理收费，建立非营利的认证管理机构[10]也是必要举措。

3. 运行平台

运行平台包括学习成果转换管理网（简称"学银网"）和信息平台。信息平台包括工作平台、服务平台、交易平台以及终身学习成果档案卡，可以实现与"学信网"、"中职学生学籍管理系统"、"MOOC"平台、社会相关领域国家级权威资格认证网以及各异构系统等分类信息管理网对接[11]。

（三）保障

保障体现在政策法规、质量监控和经费三方面，有了各方面的保障方能全面保证学习成果认证、积累与转换制度的运行。

1. 政策法规建设

任何一个国家教育体制改革与发展都与其政治背景和社会经济基础有着千丝万缕的联系，社会政治和经济发展决定了一个国家的教育宗旨、教育目的、教育性质、教育的层次结构及教育组织管理机制等等。英国、美国、韩国、澳大利亚、南非和中国香港等国家或地区的学分积累与转换制度（或资历架构制度）无一不是其政治经济发展到一定阶段的产物。我国学习成果认证、积累与转换制度是推进终身学习和学习型社会建立以及搭建终身学习"立交桥"的重要抓手，是为满足全体社会成员终身学习需要而提供的服务，理应得到来自国家和各级教育主管部门的政策支撑和经费支持，将学习成果认证、积累与转换制度建设作为推进资源共享、促进教育公平、推动教育体制改革、促成终身学习和学习型社会建设的朝阳事业来推进。在国家层面要规划并推出破除体制机制障碍的政策法规，如将"学分银行"制度写入终身教育法，或通过立法，成立跨部委（行业）的管理机构，统筹、规划国家"学分银行"制度建设。国家要推出适应学分制和"学分银行"的教学管理制度和政策，如建立完全学分制和随时注册政策等。国家要建立引导利益相关方积极参与的政策法规，如扶持和激励政策等。总之，要有效运行"学分银行"制度，需要逐步建立具有中国特色"学分银行"制度的政策法规，指导和保障"学分银行"制度建设的稳步推进和可持续发展。

2. 质量监控体系建立

质量监控体系建立是"学分银行"制度建设的关键和前提，提高教育质量的透明度和认可度是质量保证的核心任务。质量监控体系建立应按照"内部与外部相结合、定期与不定期相结合"的原则进行。

内部管理通过引入"ISO9000质量管理体系标准"使管理规范化，明晰业务规范和流程，提高学习成果认证、积累与转换的质量和水平，建立持续改进和完善的机制，满足机构和社会成员对认证服务多样化的需求，提升学习成果认证服务体系的竞争能力。

外部管理通过建立质量管理体系评价机制来实现。主要目的就是为了评定和审核组织所建立的质量管理体系是否合适，运行效果如何，是否达到预期目标，以便发现过程中的问题，提高质量管理体系的有效性。质量管理体系评价机制有三种：第一种是自我评价，即各组织内部自行组织、开展的评价；第二种是联合评价，即组织体系内的相关成员对其进行评价；第三种是第三方评价，即引入第三方评价机构对学习成果认证、积累与转换制度的运行与管理进行评估与检查,并定期向社会发布质量报告。

同时,国家层面要在国家学习成果认证委员会框架下成立质量委员会,旨在监督、指导学习成果认证、积累与转换制度的运行与实施。

另外,为了确保学习成果认证、积累与转换的质量,机构认证(审核)至关重要。机构认证(审核)是由相关授权评估机构对拥有学习成果及颁证资质的教育及培训机构的法律资质、社会信誉、学习过程、学习成果内涵、颁证流程、质量保障等多方面进行考察、鉴定,其范围主要包括行业、教育培训机构、企业以及高等院校等组织。

3. 经费保障

学习成果认证、积累与转换制度的有效运行离不开经费的保障。其运行经费可以采取多元方式筹集,专款专用,形式有三种:第一种是国家专项拨款,主要用于前期的建设费用,如学习成果框架的研制与维护、认证标准制定与维护、基于认证单元的题库建设、学习成果认证服务体系建设、信息平台建设以及运维服务;第二种是各级政府应在现有教育经费中划拨专项经费,支持和保障地方学习成果认证分中心(认证点)建设;第三种是引入市场机制,多渠道筹集经费,探索新型的合作机制和商业模式,也可以根据学习成果认证收费标准,适当收取认证服务费以及咨询费,保障学习成果认证、积累与转换制度的有序运行。

四、政策建议

(一)政策法规方面

为了加快从教育大国向教育强国、从人力资源大国向人力资源强国迈进的步伐,提升我国终身教育的国际地位、影响力和竞争力,我国应积极借鉴国外"学分银行"制度建设的经验,尽快启动国家终身教育"学分银行"制度建设,并逐步建立我国终身教育"学分银行"制度的政策和法规保障体系。

1. 试点期间建议尽快出台相关指导文件和教育政策

(1)教育部出台相关学习成果认证、积累与转换制度的政策指导意见,如《关于推进终身学习成果积累与转换工作的指导意见》。

(2)教育部出台面向社会的教育教学管理政策,如"随时注册"、"随时取证"等政策。

(3)教育部尽快部署完全学分制试点,同时研究出台适应"学分银行"制度的完全学分制管理办法。

2. 试点期间或结束后,根据试点情况,国家层面建议出台相关行政法规和法律

(1)出台相关学习成果认证、积累与转换制度的教育行政法规,如《国家学习成果认证、积累与转换条例》。

(2)出台相关学习成果认证的法律,如《终身教育法》,明确架构、职能、定位、管理体制等。

(二)组织机构方面

1. 试点期间建议以快速推进、方便操作为原则建立相关组织机构

(1)成立由教育部牵头、多部委(行业)领导组成的试点领导小组,主要负责学习

成果认证、积累与转换制度建设的宏观决策和政策支持。

（2）成立由高校、行业、企业等专家组成的专家委员会，主要负责认证标准的审核与发布以及相关试点方案的审定。专家委员会下设标准制定委员会，主要依托行指委，负责学习成果认证标准的制定。

（3）专设试点办公室，与教育部继续教育办公室合署办公，主要负责统筹、协调国家学习成果认证、积累与转换制度建设；协调相关部委、行指委遵照国家资格框架的相关规范制订特定行业（专业）领域的认证标准；组织专家委员会对提交的认证标准进行审核，并向社会发布。

（4）依托国家开放大学成立协调联络办公室，协助试点办公室开展相关日常工作；负责相关制度文件和实施方案的草拟，标准制定委员会的工作联络与协调，协助组织行业（专业）领域认证标准的制定、信息平台的运行与维护，以及学习成果认证服务体系的建设与管理。

（5）成立国家"学分银行"制度研究中心，与国家开放大学"学分银行"合署办公，主要针对"学分银行"制度实施过程中的问题开展研究。

2. 试点期间或结束后建议以发展需要、高度共识为原则适时建立相应组织机构

（1）由国家主导成立国家学习成果认证委员会，认证委员会下成立质量委员会和标准委员会，可挂靠教育部。

（2）成立国家学习成果认证委员会办公室。"学分银行"是个新生事物，也是一项长期、复杂、艰巨的系统工程，"学分银行"制度建设不是靠一个部门、也不是靠一个机构来完成，需要全社会成员和所有机构共同参与、共同完成。另外，学分银行制度在建设过程中，会遇到各式各样的新情况、新问题，需要边研究、边完善、边推进，更需要得到各级政府的大力支持。

参考文献

［1］Kee, Y. W. & Zhang, R.. Credit Bank System: What Has Been Saved for Ten Years of Educational Quality?［R］. Korea: Soongsil University, 2008.

［2］王立科. 从理念到实践：我国"学分银行"制度建设的模式选择与策略［J］.中国高等教育研究，2013（11）.

［3］王立科.南非基于国家资格框架的学分转换与积累制度建设及启示［J］.现代远距离教育，2013（4）.

［4］卢玉梅，王延华，刘志鹏.英国资格与学分框架（QCF）标准体系探究［J］.电化教育研究，2013（10）.

［5］杜社玲.韩国、欧洲学分银行实践及其启示［D］.上海：华东师范大学，2011.

［6］刘红燕，秦冬梅."浙江慈溪市教育局：建'市民学分银行'推动终身教育发展"调研报告［DB/OL］.（2010-12-03）［2014-10-03］. http://www.21cedu.org/2010-12-01 00:28:10.

［7］杨晨，顾凤佳.国外学分互认与转移的探索及启示［J］.现代远距离教育，2011（4）.

［8］卢玉梅，王延华，孙静怡.从资格框架看我国学分银行制度中学习成果框架的建立［J］.中

国远程教育,2013(11).

[9]王延华,卢玉梅,鄢小平,等.我国继续教育学习成果认证、积累与转换制度中标准体系的构建[J].中国远程教育,2014(3).

[10]杨亭亭,刘兴国,邓幸涛,等.终身学习理念下学习成果认证组织与管理体系建设的研究[J].中国远程教育,2013(12).

[11]鄢小平.基于云架构"学分银行"信息管理平台设计研究[J],中国远程教育,2014(5).

(鄢小平)

原文发表于《远程教育杂志》2015年第1期

高校学历继续教育课程学分认定及转换规则的思考

满足全民终身学习的需求,实现学习者在不同高校、教育机构获得的学习成果①可认证、可累积、可转换,已成为信息化社会和时代发展的必然要求。《国家中长期教育改革与发展纲要(2010—2020年)》中明确指出,要"建立继续教育学分积累与转换制度,实现不同类型学习成果的互认和衔接"[1]。目前我国要实现不同教育类型学习成果的互认和衔接,面临一系列问题和困难:首先学历继续教育存在网络教育、夜大学、函授、成人脱产等多种教育类型,各类型学历继续教育普遍没有实行完全学分制,在培养目标、学习方式、课程内容和培养质量上也存在不同程度的差异,缺乏学分衔接和沟通的基础;其次学历继续教育和普通高等教育是两个相对独立的体系,实现学习成果互认衔接缺少从顶层设计到操作层面的整体制度保障。最后,不同高校(教育机构)在继续教育学习成果认定和转换的实际操作中,也没有统一、灵活、详细可行的指导性规则。近年来,我国高校学历继续教育领域已开展了课程互选、学分互认的实践探索。例如全国教师教育网络联盟联合七所成员高校②,依托教师网联公共服务平台对部分网络学历教育课程实行了互选和学分互认[2];华东理工大学开展了现代远程教育理工科课程互选及学分互认实践[3]。这些实践主要基于网络学习方式的特点提出了学分认定规则,但学分互认仍局限于网络教育或某些学科类别的课程,目前尚未建立能广泛适用于所有学历继续教育类型、系统的、具有可操作性的学分认定转换规则。

相较我国,发达国家的学习成果认证、学分累积与转移机制相对比较成熟。英、美等发达国家高等教育普遍实行弹性学分制和完全学分制,已形成相对完善的学分管理制度。比如英国国家高等教育质量控制机构(The Quality Assurance Agency for Higher Education, QAA)推动实行的学分积累和转移计划(Credit Accumulation and Transfer Scheme, CATS),通过开展全国性的学分等值化工程,组织专家对各高校的课程进行评估,依据统一的标准,确定各高校课程的学分和所处的学分等级[4]。再如欧洲学分互认体系(European Credit Transfer and Accumulation System, ECTS),这是一项跨国学分转换政策,可适用于各

---

① 包括个人通过高等教育机构的正规学习途径所取得的证书、课程学分等成果,以及通过非正规的学习而在知识、技能和能力等方面获得增长和提升的证明等。
② 七所成员高校为:北京师范大学、华中师范大学、陕西师范大学、西南大学、华南师范大学、福建师范大学和北京大学。

种类型的课程、不同学习需求的学习者及多样化的学习行为[5][6]。但英美等发达国家的情况与我国不同，同一学历层次在培养目标、质量、课程、证书等方面的标准，不因学习者采取的学习方式（如 part-time 与 full-time）不同而有所区分，不存在普通高等教育和学历继续教育两种独立的体系。各高校的学历课程之间按照成熟的学分管理制度实施学分互认、衔接，不存在制度障碍。

由于历史原因，我国的高等学历继续教育与普通高等教育在诸多方面存在明显差异，学分积累转换制度也无法照搬发达国家高等教育的经验，因此必须结合我国学历继续教育的实际情况提出学分认定和转换规则。在目前我国学历继续教育和普通高等教育仍处于"双轨"并行的情况下，本研究借鉴国内外经验，对我国学历继续教育的学分认定和转换规则进行了系统的思考并提出具体建议，主要包含两方面内容：一是建立学分转换认定的基础即学历继续教育课程学分体系；二是制定基于课程学分体系的学分认定转换规则，包括总的原则，学历继续教育项目之间课程学分认定、非学历学习成果认定为学历继续教育课程的学分认定转换规则及实施流程。

一、课程学分体系

本研究从要素层级和构成模式两个维度探讨学历继续教育课程学分体系的构成。

（一）要素层级

对于学历继续教育的一个专业方向（本文称其为"学历继续教育项目"），其课程学分体系按从高到低分为几个要素层级：课程模块、课程、知识/技能单元、知识/技能点。一个学历继续教育项目由若干课程模块构成，而各课程模块包含具有一定关联度的若干课程，每门课程由若干知识/技能单元构成，每个知识/技能单元包含若干知识/技能点，其构成要素层级如图5-2-1所示。该教育项目的学分值即为所有模块中课程学分值的总和。高校按照这一要素层级构建各自的学历继续教育项目课程学分体系，对课程进行分层分级评估。这一课程学分体系是不同学历继续教育项目之间、不同高校（教育机构）之间对课程学分比较、认定的基础，是实现学分的积累和管理的必要保障。

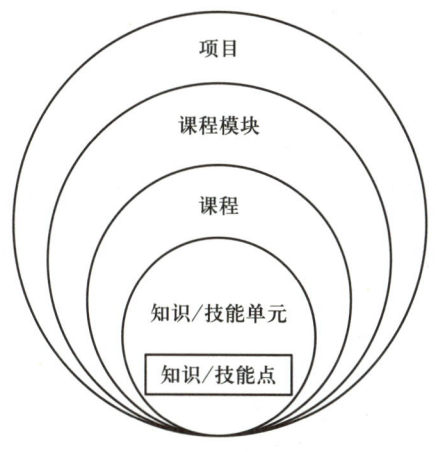

图 5-2-1 学历继续教育项目构成要素层级图

本研究对课程属性的描述包含两个维度，分别为课程等级（以 L 表示）和课程学分值（以 C 表示）。其中课程等级描述模块内课程的难易程度[①]；课程学分值体现达到课程预定的学习成果需要的学习负荷总量。课程学分值通常通过学习时间来体现，包括课堂教学的时间、学生自主学习的时间、辅导答疑等教学辅助环节的时间等。高校根据一门课程所属的学科体系（如一级学科、二级学科）、课程模块及课程本身包含的知识/技能点的难度、该教育项目所处的学历层次等要素确定该课程的等级和学分值的具体数值。若不同学历教育项目（专业方向）涉及的课程名称相同但内容难度不同，为避免认定转换时出现混淆，建议确定其课程等级或课程学分值时要有所区分。

知识/技能单元是课程学分认定参考的最小单位。知识/技能单元可以进一步分解成若干知识/技能点，后者作为课程内容的基本组成部分，其难度评估和分级是整个课程学分体系建立的基础，也是决定课程等级的最重要的核心要素，并作为计算知识/技能单元认定参考值的主要依据。本研究中，将知识/技能点的难度划分为四个等级，如表 5-2-1 所示。

表 5-2-1 知识点难度等级及描述要求

知识/技能点难度等级	描述要求
1	了解
2	理解
3	掌握
4	运用

（二）构成模式

一个学历继续教育项目的各个构成要素层级已经清晰明确的前提下，对其学分体系的构成主要应考虑课程模块数量、模块内课程数量及等级和不同课程模块及模块内课程修读顺序的设置。对于模块数量、模块内课程数量和等级，本研究建议由资格授予高校[②]根据专业培养方案自主决定；不同课程模块及模块内课程的修读顺序可在由易到难的大原则下给予学习者一定的灵活选择权利。参考英国国家高等教育质量控制机构的做法，本研究以某学历继续教育专升本项目为例对课程学分体系构成模式进行展示，见图 5-2-2[7]。

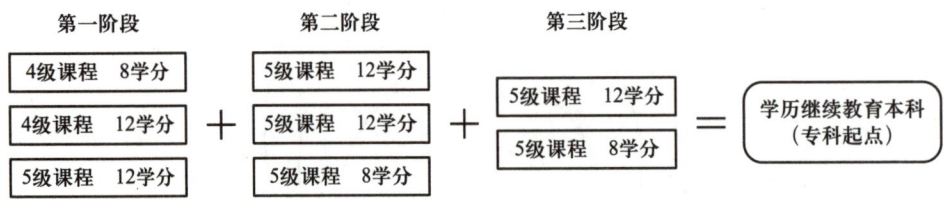

图 5-2-2　某学历继续教育专升本项目课程学分体系模式

---

① 本研究参考"高等学校继续教育课程学分标准及质量内涵和学分转移制度与机制的研究及应用"项目结题报告及附件，将高等学历教育的课程等级分为八级。
② 本研究中，资格授予高校是指授予学生学历、学位的高等学校。

如图 5-2-2 所示，一个学历继续教育专科起点本科项目，其课程学分体系中包含 8 个课程模块，其中 2 个 4 级课程模块共 20 学分，6 个 5 级课程模块共 60 学分，总课程学分达到 80 学分。学生在一定的时限内，基于由易到难的课程开设顺序修读完成。

二、课程学分认定规则

高校（教育机构）需要基于已建立的课程学分体系制订相应的课程学分认定规则。本研究认为课程学分认定规则总体上应遵循如下两条原则：

第一，以资格授予高校为主导。建议在认定规则中明确资格授予高校的自主权，以利于高校处理学分认定申请中的各类特殊和具体情况。为了确保高校公平、有效地履行自主权，认定规则还应规定，资格授予高校应接受教育主管部门和社会的监督。

第二，申请认定学分总量要有限制。学习者申请认定的课程学分数占申请修读的教育项目的课程总学分数的比例应有限制，具体比例可由资格授予高校自行确定，本研究建议该比例不超过 40%。

在遵循以上原则的前提下，本研究分别针对学历继续教育项目之间课程学分认定、非学历课程及学习成果认定为学历继续教育课程两种情况详细讨论学分认定转换规则，并提出课程学分认定流程。

（一）学历继续教育项目之间课程学分认定规则

基于课程学分体系，本研究在探讨学历继续教育项目之间的课程学分认定规则时，主要考虑学习者申请认定的资格授予高校课程、学习者已修课程的课程等级（L）和课程学分值（C）之间的差异，先比较课程等级（L1 与 L2），再比较课程学分值（C1 与 C2）。具体规则建议见表 5-2-2。

此规则中，对于资格授予高校课程等级（L1）比学习者已修读课程等级（L2）高出 2 级或更多的情况，建议对学习者已修课程的学分不予认定，学习者应重新修读该课程；在资格授予高校课程等级（L1）与学习者修读课程等级（L2）的差值为 1 乃至相等或低于后者的情况下，对课程学分值差异（C1-C2）进行比较后对学习者修读的课程进行学分认定。认定规则中建议资格高校享有三种认定自主权：一是直接按照资格授予高校课程学分值（C1）认定学分；二是根据课程知识/技能单元差异程度要求学生以灵活方式补修一定数量的知识单元，通过课程考试后按 C1 认定；三是不予认定。根据课程等级差异和学分值差异程度的不同，认定规则建议资格高校享有的自主权范围各有不同。本研究在总的原则框架下提出了系统的、具体的、可操作的建议，既有统一规则，也给予高校充分的学分认定自主权，可供高校灵活选用。

表 5-2-2 学历继续教育项目之间课程学分认定规则

资格授予高校课程等级（L1）与学习者已修课程等级（L2）的比较	资格授予高校课程学分值（C1）与学习者已修课程学分值（C2）的比较	认定规则
L1−L2 ≥ 2	所有情况	不予认定
L1−L2=1	C1−C2 ≥ 2	不予认定
L1−L2=1	C1−C2=1 C1=C2	资格授予高校享有以下认定自主权： 1. 根据课程知识/技能单元差异程度要求学生以灵活方式补修一定数量的知识/技能单元，通过课程考试后按 C1 认定。 2. 不予认定
L1−L2=1	C1<C2	资格授予高校享有以下认定自主权： 1. 按 C1 认定学分。 2. 根据课程知识/技能单元差异程度要求学生以灵活方式补修一定数量的知识/技能单元，通过课程考试后按 C1 认定。 3. 不予认定。
L1=L2	C1−C2 ≥ 2	资格授予高校享有以下认定自主权： 1. 根据课程知识/技能单元差异程度要求学生以灵活方式补修一定数量的知识/技能单元，通过课程考试后按 C1 认定。 2. 不予认定。
L1=L2	C1−C2=1	资格授予高校享有以下认定自主权： 1. 按 C1 认定学分。 2. 根据课程知识/技能单元差异程度要求学生以灵活方式补修一定数量的知识/技能单元，通过课程考试后按 C1 认定。
L1=L2	C1 ≤ C2	按 C1 认定。
L1<L2	C1−C2 ≥ 2	资格授予高校享有以下认定自主权： 1. 按 C1 认定学分。 2. 根据课程知识/技能单元差异程度要求学生以灵活方式补修一定数量的知识/技能单元，通过课程考试后按 C1 认定。
L1<L2	C1−C2 ≤ 1	按 C1 认定学分。

（二）非学历学习成果认定为学历继续教育课程学分的规则

非学历学习成果，包括非学历课程和非课程类学习成果。非学历课程指通过非学历教育项目修习的课程，非课程类学习成果则比较复杂，包括学习者获得的各类资格证书以及学习者在相关行业领域的实践经验证明等。本研究主要对非学历课程的学分认定提出规则建议，对于非课程类学习成果认定为学历继续教育课程学分提出指导原则的建议。

1. 非学历课程认定为学历继续教育课程学分

当学习者申请将已修读的非学历课程认定为相同学科领域、相同名称的学历继续教育项目课程学分时，建议资格授予高校首先对学习者已修课程的知识/技能点和知识/技能单元进行评估。评估原则以知识/技能点难度评估为基础，以知识/技能单元评估学分为最小计量单位，得出课程学分认定参考值（C_R）。具体规则如下：

（1）课程知识/技能点的评估规则。比较资格授予高校课程和学习者已修课程的知识/

技能点难度等级，确定评估结果，具体规则如表 5-2-3：

表 5-2-3　非学历课程认定为学历教育课程知识 / 技能点难度评估规则

资格授予高校课程和学习者已修课程的知识 / 技能点难度等级的比较	已修知识 / 技能点评估结果
前者要求的难度等级低于或等于后者	予以承认
前者要求的难度等级高于后者	不予承认

例如，某知识 / 技能点在资格授予高校课程中要求理解（难度等级为 2 级），在学习者已修课程中要求掌握（难度等级为 3 级），则学习者已修的该知识 / 技能点评估结果为予以承认。

（2）知识 / 技能单元学分评估规则。基于以上的知识 / 技能点评估结果，得到某一知识 / 技能单元中学习者已修的予以承认的知识 / 技能点占资格高校课程知识 / 技能点的比例，进而评估得出该知识 / 技能单元的学分认定参考值（C_R）。为了便于实际操作，本研究将学习者已修的知识 / 技能单元学分认定参考值评估为资格授予高校课程的单元学分值的全部、一半或者不予认定。建议资格授予高校分别设置两个比例值 A 和 B（A>B），将其作为 C_R 认定为单元学分值的全部、一半和不予认定的数值参考界限。A 和 B 的具体数值可由资格授予高校根据不同课程特点，经过研究论证后确定。具体评估规则如表 5-2-4：

表 5-2-4　非学历课程认定为学历教育课程知识 / 技能单元学分认定规则

学习者被承认的知识 / 技能点占资格授予高校课程知识 / 技能点的比例	已修知识 / 技能单元学分评估结果
大于或等于 A	C_R 等于资格授予高校课程该单元全部学分
小于 A，大于或等于 B	C_R 等于资格授予高校课程该单元学分值的一半
小于 B	不予认定

假设资格授予高校设定 A 为 60%，B 为 40%。某课程的某知识 / 技能单元共有 9 个知识 / 技能点，若学习者被承认的知识 / 技能点为 5 个，占该单元知识 / 技能点总数的比例在 40% 到 60% 之间，则学习者已修课程中该知识 / 技能单元的学分认定参考值为资格授予高校该单元学分值的一半。

（3）课程学分认定规则。经过知识 / 技能单元学分评估后，将所有知识 / 技能单元的学分认定参考值 C_R 求和，得出学习者已修读课程的总学分认定参考值（$\sum C_R$），比较总学分认定参考值（$\sum C_R$）与资格授予高校课程学分值（C1）的差异，提出具体规则建议见表 5-2-5。

表 5-2-5　非学历课程认定为学历教育课程学分认定规则

学习者已修课程总学分认定参考值（$\sum C_R$）与资格授予高校课程学分值（C1）的比较	认定规则
$\sum C_R = C1$	按 C1 认定学分
$0.5 \leq (\sum C_R)/C1 < 1$	学习者采用灵活方式补修知识 / 技能单元，参加课程考试合格后，按 C1 认定学分
$(\sum C_R)/C1 < 0.5$	不予认定

例如资格授予高校某课程学分值为 4，共有 10 个知识/技能单元，每个知识单元 0.4 学分。学习者已修课程经过评估后，共有 6 个知识/技能单元的学分认定参考值为该单元学分值，2 个单元的学分认定参考值为该单元学分值的一半，2 个知识/技能单元不予认定，则资格授予高校对该学习者已修课程的总学分认定参考值 $\sum C_R$ 为 0.4*6+0.2*2=2.8，与课程学分值 4 比较，超过后者的一半。学习者按照资格授予高校的规定以灵活方式补修有关知识/技能单元，通过课程考试后，可按 4 学分进行认定。

2. 非课程类学习成果认定指导原则

非课程类的学习成果认定为学历继续教育课程学分的情况比较复杂，本研究提出以下指导原则建议：

（1）由资格授予高校按照学习者学习成果和项目课程体系的相关性，根据高校实际情况制定非课程类学习成果的认定标准进行认定。

（2）资格授予高校应建立非课程类学习成果认定的质量保障机制，严格遵循发布的认定标准，聘请相关领域的教育教学专家组成认定团队，经过集体研究后得出认定结论。

（3）资格授予高校将非课程类学习成果认定结果向社会公示，主动接受教育主管部门和社会的监督。

（三）课程学分认定流程

规范的认定流程是学分认定规则得以顺利实施的保障。本研究在以上课程学分体系和认定评估规则的基础上，提出课程学分认定的具体流程建议，见图 5-2-3。

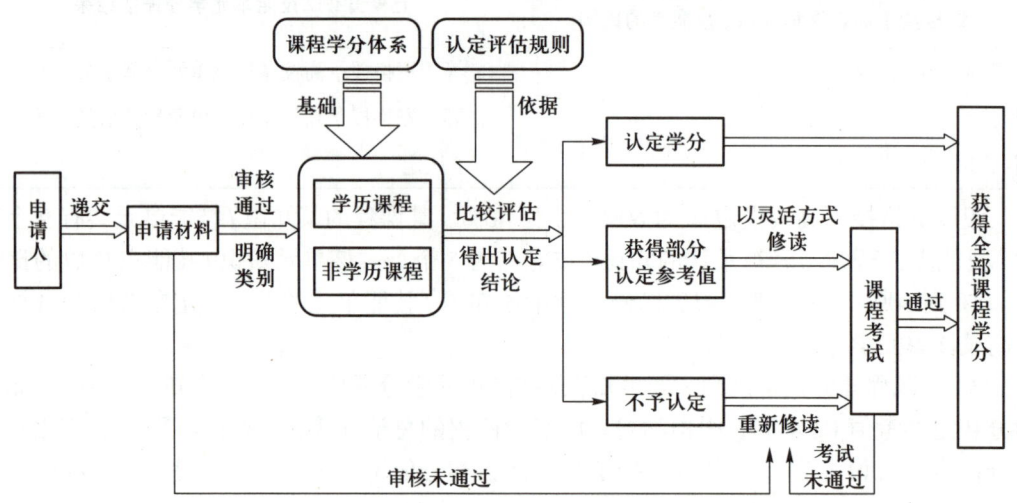

图 5-2-3　学历继续教育课程学分认定流程图

申请者递交申请材料后，由资格授予高校进行审核，明确课程类别，在课程学分体系的基础上对学历课程和非学历课程的知识/技能点、课程等级、课程学分值等分层分级评估，按照认定评估规则对申请者已修课程和资格授予高校课程进行比较，得出不同的认定结论，认定过程中资格授予高校享有认定主导权和一定的认定自主权。学习者根据不同认定结论获得学分或继续进行下一步的学习活动。

三、结语

本研究在借鉴英国等先进国家经验的基础上,对我国高校学历继续教育课程学分认定及转换提出系统的、具有一定可操作性的规则建议方案,为学习者不同学历继续教育项目之间的课程学分、不同高校(教育机构)的课程学分乃至非学历学习成果认定为学历继续教育课程学分的认证与转换提供了参考依据和流程建议。但必须指出的是,本研究提出的学分认定规则建议付诸实施还需要更完善的整体制度和配套政策,例如建立国家教育资格框架、完善教育机构及课程标准体系;推行完全学分制,确立相对统一的学历继续教育学分标准;建立支撑继续教育学习成果认证与转换的公共服务平台与服务标准体系;建立健全高校继续教育质量保证体系等等。本研究对学历继续教育课程学分认定规则的建议也将对整体高等教育学习成果认定和转换提供重要的借鉴和参考。

参考文献

[1] 国务院. 国家中长期教育改革和发展规划纲要(2010—2020年)[Z], 2010.

[2] 包华影, 黄文峰, 夏澜. 全国教师教育网络联盟网络学历教育课程互选和学分互认机制研究与实践[J]. 中国远程教育, 2015(8).

[3] 汪淳, 康小燕, 姚俊, 等. 现代远程教育理工科课程互选及学分互认标准研究初探[J]. 化工高等教育, 2014(4).

[4] 王冬梅. 英国高等教育学分积累与转换制度实践探析[J]. 高等农业教育, 2006(4).

[5] European Communities. The framework of qualifications for the European [EB/OL]. (2005-05-20) [2018-05-15]. http://www.ehea.info/Uploads/QF/050520_Framework_qualifications.pdf.

[6] European Communities. ECTS Users' Guide[EB/OL]. (2009-02-06)[2018-05-15]. http://ec.europa.eu/education/tools/docs/ects-guide_en.pdf.

[7] QAA. Academic credit in higher education in England–an introduction[EB/OL]. (2009-12-10) [2018-05-15]. http://www.qaa.ac.uk/docs/qaa/quality-code/academic-credit-higher-education-in-england-an-introduction.pdf?sfvrsn=a3b3f981_14.

(包华影、王法新、刘远霞、钟秉林)
原文发表于《中国远程教育》2016年第9期

全国教师教育网络联盟网络学历教育课程互选和学分互认机制研究

全国教师教育网络联盟（简称教师网联）是由举办教师现代远程教育的高等学校和其他举办和支持教师教育的机构共同组成的，是教师教育系统、卫星电视网、计算机互联网互相融通（即"三网合一"），实现优质教育资源共建共享的教师学习型协作组织。从2012年秋季学期开始，全国教师教育网络联盟组织七所成员高校（北京师范大学、华中师范大学、陕西师范大学、西南大学、华南师范大学、福建师范大学和北京大学，以下简称七校），依托教师网联公共服务平台，在汉语言文学专业专升本层次开展了网络学历教育课程互选和学分互认的实践探索，并建立了相应的机制。

一、教师网联网络学历教育课程互选和学分互认实践面临的主要困难

开展网络学历教育课程互选和学分互认实践，是建立继续教育学分转换制度的一项有益探索。教师网联从2012年秋季学期开始，依托教师网联公共服务平台，开展网络学历教育课程互选和学分互认实践。但是，受我国高校未实行完全学分制、跨校学分互认机制缺乏、学分标准不统一、学分互认的关键性文件（包括网络学历教育的课程标准）缺失等客观因素影响，教师网联在开展网络学历教育课程互选和学分互认实践时面临重重困难。同时，由于各高校在网络学历教育方面有很强的办学自主性，导致各校在专业及课程设置、课程学时结构、课程组织管理、网络学习平台等方面有较大的差异性，这些差异性不仅造成课程学分内涵的较大不同，还对跨校选课的学分转换和互认实践提出了一系列难题。这些差异可概括为以下五个方面：

（一）专业设置差异

根据各校2013年秋季公布的网络学历教育专业设置信息，参与教师网联网络学历教育课程互选和学分互认实践的七校在专升本层次的专业设置情况如表5-3-1所示。从表5-3-1可见，七校开设的专升本专业总计151个。在剔除各校重复设置专业后，专升本专业合计为55个。但是，在这55个专业中，七校全部都开设的专业仅有三个：汉语言文学、计算机科学与技术、法学。也就是说，其余的52个专业并非所有学校都开设。这种专业设置上的差异对七校共同开展课程互选和学分互认工作形成一定的制约。

表 5-3-1　七校网络学历教育专升本层次专业数

学校代码	A	B	C	D	E	F	G	总计
专升本专业数	15	15	16	39	16	37	13	151

（二）课程类型和学分结构差异

对七校汉语言专业专升本培养方案的课程类型和学分结构情况（见表5-3-2）进行比较可见，虽然各校的总学分要求差异不大，在80—85学分之间，但是不同类型课程的比重和各类型课程的学时数结构差异较大。例如，七校中仅有B校、E校和G校的培养方案涵盖了五种课程类型，A校和D校没有设置公共选修课，C校和F校没有设置公共选修课和专业选修课。由于各校培养方案中课程结构存在明显差异，对共享课程尤其是选修课程的学分互认以及共享课程学分转换标准的制定带来一定的难度。这种问题的形成与各校可完全自主性开设网络教育课程直接相关，如何破解，需要各校进行协商解决。

表 5-3-2　七校汉语言专业专升本课程类型和学分结构

学校代码	专升本毕业所需总学分数	公共必修课		专业必修课		公共选修课		专业选修课		实践环节	
		学分数	占比（%）	学分数	占比（%）	学分数	占比（%）	学分数	占比（%）	学分数	占比（%）
A	80	19	23.8	45	56.3	0	0	8	10.0	8	10.0
B	85	12	14.1	45	52.9	6	7.1	16	18.8	6	7.1
C	85	26	30.6	49	57.6	0	0	0	0	10	11.8
D	80	22	27.5	41	51.3	0	0	8	10.0	9	11.3
E	80	20	25.0	34	42.5	8	10.0	12	15.0	6	7.5
F	83	24	28.9	56	67.5	0	0	0	0	3	3.6
G	85	18	21.2	40	47.1	5	5.9	14	16.5	8	9.4

（三）课程学时结构差异

表5-3-3所示为2012—2013学年七校报送的网络学历教育共享课程的学时结构情况。不难看出，由于共享课程的学时结构、学时总数、学分数都是由各开课学校自主确定的，不同学校的共享课程在课程学时结构上差异明显，即不同教学形式的学时比重差异较大，各校在具体课程的学分与学时的换算方面也没有一致的标准，通过计算，获得单位学分的学时数在15—40学时之间。此外，即便是在同一学校内部，不同课程在学时结构方面也会存在较大差别（如E校和F校）。学时结构的差异化对共享课程的跨校学分互认提出一定的挑战。

表 5-3-3　2012—2013 学年七校报送的教师网联网络学历教育共享课程学时结构情况

开课学校代码	课程代码	不同教学形式的学时结构					学时数总计	学分数	单位学分的学时数[*]
		教学视频学时数	实时视频辅导学时数	网上答疑学时数	学生自习学时数	实践活动学时数			
A	A1	58	2	12	0	0	72	4	18
	A2	50	2	15	8	0	75	5	15
B	B1	15	5	4	36	0	60	3	20
C	C1	78	4	8	12	6	108	6	18
D	D1	20	0	40	60	0	120	4	30
E	E1	18	4	10	16	0	48	3	16
	E2	45	0	13	0	14	72	4	18
F	F1	40	2	8	30	0	80	3	26.7
	F2	66	2	8	44	0	120	3	40
G	G1	12	4	10	34	0	60	2	20
	G2	19	4	10	27	0	60	3	20

注：单位学分的学时数 = 某门课程不同教学形式的学时数总计 / 学分数。

（四）课程组织管理差异

在课程的组织管理上，不同学校的共享课程的选课时段、学习时段和考试时间都不尽相同，课程组织实施的起始时间存在较大差异。以 2012 年秋季学期七校开设的共享课程为例（表 5-3-4），就学习时段而言，A、D、E、F、G 五校的学习时段和 B、C 两校的学习时段差异明显；在考试时间方面，各校的时间基本互不一致。各校开课时间和考试时间的差异对学生进行网络学历教育共享课程的跨校选课和学习的组织造成很大的不便。

表 5-3-4　2012 年秋季学期七校共享课程组织实施的起始时间情况

学校代码	选课时段	学习时段	考试时间
A	8 月 20 日至 9 月 10 日	9 月 20 日至 12 月 28 日	12 月 29 日至 31 日
B	9 月 5 日至 30 日	10 月 15 日至次年 3 月 1 日	次年 3 月 2 日至 3 日
C	10 月 1 日至 15 日	10 月 15 日至次年 2 月 15 日	次年 3 月
D	9 月 3 日至 14 日	9 月 7 日至 12 月 7 日	12 月 8 日
E	6 月 15 日至 30 日	9 月 1 日至 12 月 30 日	12 月 30 日至 31 日
F	8 月 1 至 20 日	9 月 10 日至 12 月 31 日	次年 1 月 11 日
G	9 月 8 日至 10 月 19 日	8 月 27 日至 12 月 7 日	12 月 8 日至 9 日

（五）网络学习平台差异

七校的网络学历教育主要依托各自的学习平台开展，各校学习平台之间基本上相互独立、各自为政，各平台在技术架构、管理功能、资源建设标准方面互不统一。由于七校网络学习平台存在很大差异，并且缺乏统一的课程资源标准和平台接口，因此难以直接对校际间优质教师教育资源进行共享。要通过教师网联公共服务平台与各校网络学习平台进行对接，并基于教师网联公共服务平台实现校际间的优质资源共享，也同样要解决各高校课程资源信息内容和格式不统一、用户身份信息的编码方式不相同等问题。也就是说，平台接口需要将不同高校的共享信息按照统一的接口标准进行转换，以完成信息的共享；用户身份转换功能要完成各高校用户身份和教师网联平台用户身份之间的相互转换。

二、发达国家（地区）学分转换机制的经验及启示

（一）厘清学分内涵是制定学分转换机制的基础

欧洲、英国、美国、韩国等国家和地区的学分转换实践表明，对学分内涵界定的不同会导致学分转换机制的差异，厘清学分内涵是制定学分转换机制的基础。欧洲学分互认体系（European Credit Transfer and Accumulation System, ECTS）将学分内涵与学习工作量（或学习负荷）直接挂钩。英国则把学习成果作为衡量学分内涵的重要依据。美国社区学院强调课程管理政策会直接影响学生选修学分的偏好，进而影响整个学分内涵和课程质量。韩国的学分银行体系实践表明，进行学分互认，最重要的应该是教学大纲中课程知识点的衔接程度，即教学知识点之间的相互衔接是学分累积和学分兑换得以实现的最基本要素。

（二）实现学分转换需要相应制度的支撑

比较来看，欧洲的学分转换系统已经相对成熟且可操作性强，几乎涉及了大部分欧洲地区各类各级别的教育体系。但需要注意到的是，有效并且广泛地实施此类系统的关键前提是制定了一个欧盟地区共同认可的资格互认参照标准：欧洲高等教育区资格框架，说明学分与学历（或证书）之间的关系。通过这个资格框架，在尊重成员国多样化教学的差异和特点基础上提高各国资格体系之间的兼容性和可比性，这也要求教育体系朝更加透明的方向发展。

此外，学分转换需要有效的政策和制度依据。根据国际经验，欧盟、英国、韩国等国家和地区均通过制度层面实现并确定了建立认证机构，提供学分转换，认证非正规、非正式学习和优化利益相关者等推进终身学习的政策举措。美国社区学院与四年制大学的学分互认工作，虽然政策支持有限，但在管理上形成固定的合作机制，通过协议履行学分转换管理义务。

（三）实现学分互认与转换需要信息化技术平台的支撑

信息技术的发展使教育体系，包括学分互认体系，越来越重视与互联网的融合。美国的社区学院学分互认体系通过成员协作共同开发了"电子区域转移通道"；欧洲 ECTS 系统在信息化网络服务系统之外还建立了"欧洲学分转换热线"；在英国，学历证书颁发机构通过信息服务平台向英国学分互认体系提交学习记录；韩国通过学分银行平台对学习者的跨校学习进行学分认证。

学分互认体系与互联网服务平台相结合的最终意义在于建立可操作性强、服务管理规范的"学分银行"体系，即通过选课管理实现课程互选；通过学分管理完成交叉选课、学分互认、记录学分（及学分累积）；通过资源超市费用结算逐步建立"学分银行"。在这一方面，中国尽管仍落后于发达国家，但已经开始了相关实践和机制探索。

三、教师网联网络学历教育课程互选和学分互认的机制

根据以上对教师网联七所成员高校网络学历教育在课程设置、学分构成、学时结构、组织管理、网络平台等方面差异性的梳理分析，以及对国际上主要发达国家和地区的学分转换机制的比较分析，教师网联通过实践探索，研究形成了《教师网联网络学历教育课程互选学分互认机制》（以下简称《机制》），该机制从互选课程描述、课程互选的程序与规则、组织保障体系、费用结算及数据标准等几个方面进行规定，用以指导课程互选和学分互认实践的开展。

（一）规范互选课程信息

《机制》中首先对互选课程进行规范，包括互选课程定义、教学计划、互选课程大纲等。《机制》明确规定：互选课程是指由教师网联成员单位建设，经教师网联审核通过，可供其他成员单位学习者学习的课程。互选课程的所有权归原建设单位，教师网联成员单位录取的学员具有使用权。教师网联制定统一的互选课程目录并纳入各办学单位的教学计划，互选课程占课程总量的比例原则上不高于50%。

为保证各成员单位之间课程互选顺利进行，确保互选课程在成员单位之间的可互认性，方便学生在选课前对所学课程有充分的了解和认识，《机制》对互选课程的课程大纲所包含的信息做出统一要求，主要包括：课程名称、课程代码（由教师网联统一编码）、学时数和学分数、适用专业及专业代码、课程层次（如专升本）、课程类型（如公共必修课）、开课学期、教学团队、课程描述、课程在培养方案中的位置（如先修课程、后续课程）、课程设计及教学组织形式、课程考核、课程资源建设情况、课程学习的基本要求、课程教材及主要参考资料。

教师网联各成员单位开发的课程需要达到规定的条件要求方可纳入可互选课程目录。一般情况下，各校已经建成并申报成功的国家级精品课程可直接参与跨校互选；各校向教师网联申报的其他优质课程，需经教师网联所组织的课程评估专家评审通过后方可参与跨校互选。

（二）明确课程互选的程序与规则

《机制》明确了实施课程互选与学分互认的基本原则、一般流程、学分互认规则。

1. 基本原则

结合当前网络教育的实际运作，《机制》提出课程互选与学分互认必须遵循四项基本原则：

（1）统一规划、分步实施原则。以教师网联建设的"教师网联公共服务平台"（www.tuchina.org）为基础，先进行各成员单位间的课程互选与学分互认试运行，然后向整个网

联框架下的课程互选与学分互认推进；先进行个别网络学历教育项目的课程互选与学分互认，然后推进非学历教育培训项目的学分互认。

（2）利益补偿原则。为了充分调动各成员单位的积极性，需建立长效的互惠互利与优势互补的利益平衡机制，使参与各方的利益得到充分保障。

（3）优胜劣汰原则。建立课程质量审核与评估程序，通过政策引导和经费支持等手段鼓励各成员单位不断丰富现有的资源体系，完善教学管理与监控措施，从而真正实现资源共享过程中的优胜劣汰。

（4）规范与特色并重原则。倡导不同的教学理念、不同的教学组织形式、不同的办学模式的共存和共享，在统一规划的基础上，使各成员单位的办学特色得以保留和发扬。

2. 基本流程

教师网联公共服务平台（www.tuchina.org）的课程互选系统是各校实施网络学历教育课程互选和学分互认的基础。《机制》提出学生跨校选课的基本流程按图5-3-1所示步骤进行。

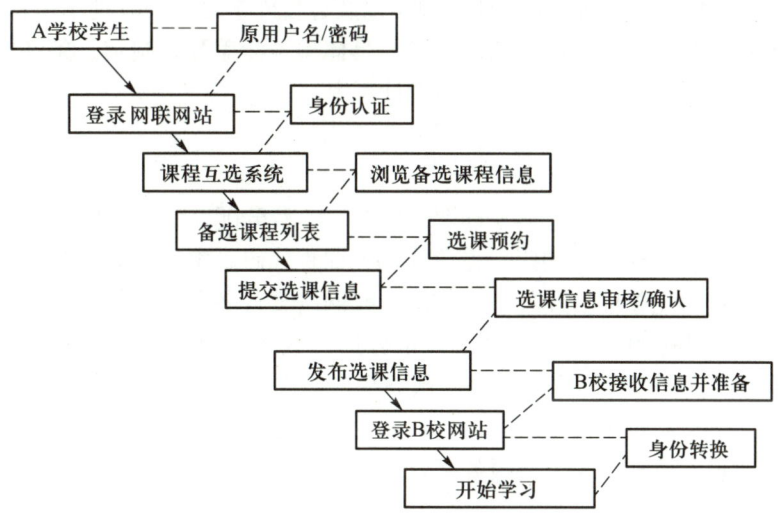

图5-3-1　学生跨校选课的基本流程

3. 课程互选与学分互认规则

课程互选与学分互认规则是教师网联基于资源共享目的而制定的旨在规范和约束各成员单位之间实现课程互选与学分互认的相关政策、制度和约定。规则的制定是实施课程互选与学分互认的基础。为实现不同办学主体之间的课程互选和学分互认，《机制》从七个方面进行约定，包括：各方权力限定、互选课程规则（包括课程限制、选课约束、选课人数限制、选课方式限制、退选课程限制等）、课程教学规则、课程考试规则、教材订购、学分互认规则、质量认证规则。

（三）建立组织保障体系

教师网联网络学历教育课程互选与学分互认既涉及教师网联、各成员单位以及校外学习中心的利益，也需要各方的积极参与和配合。教师网联秘书处组织各成员高校共同成立了网络学历教育课程互选和学分互认工作领导小组及工作组。工作领导小组成员由教师网联秘书长、副秘书长,各校网络教育学院院长以及教师网联公共服务平台建设专家工作组有关专家组成,主要负责课程互选和学分互认政策、原则的制定和相关实施方案等事项的审定。工作组接受领导小组的领导,主要由各校网络教育学院分管教学教务的负责人和具体工作人员、教师网联秘书处有关人员以及教师网联公共服务平台建设专家工作组有关专家组成,负责网络学历教育课程互选和学分互认工作的具体组织协调与管理。

根据《机制》确立的"分步实施"原则,并考虑到七所教师网联成员高校均为网络学历教育办学主体,且各自拥有办学自主权,为了确保各校间的课程能够进行有效互认,2012年教师网联秘书处组织七校签署了《关于依托全国教师教育网络联盟公共服务平台开展网络学历教育课程互选和学分互认试点工作的合作协议》,将工作领导小组及工作组的主要职责写入协议,明确第一步先开展汉语言文学专业的课程互选学分互认实践。从2012秋季学期开始,由每校至少选送一门优质网络教育课程作为共享课程,依托教师网联公共服务平台进行课程互选,各校要相互认可共享课程的学分。同时,为了方便操作,在进行校际结算时所有共享课程将统一按照3学分核算。

在具体实施过程中,教师网联、成员单位以及各校外学习中心分别承担着不同的职责,"机制"对各自的职责与分工做了明确规定,具体事务涵盖政策制定、条件保障、课程互选、课程教学、课程考试、学分互认、经费计算等。

(四)制定费用结算和有关数据标准

《机制》还对费用结算(包括互选课程学费、学费分配、结算时间和方式等)和统一编码的数据类型(包括学校识别码、专业代码、课程代码、学生代码)等进行了约定,以确保学分转换过程的完整性。此外,为实现七校网络教育平台与教师网联公共服务平台在身份认证系统、选课系统、资源库系统等部分进行数据交换,2012年教师网联与各高校分别签署了《全国教师教育网络联盟公共服务平台与成员单位配套平台接口项目协议书》,根据协议要求,参与高校须按照教师网联研制的《数据接口标准与规范》,完善各单位相关配套平台,实现与教师网联公共服务平台的数据对接。

四、问题与思考

教师网联在学习借鉴国外学分转换机制的有益经验基础上,通过实践探索形成了富有特色的网络学历教育课程互选和学分互认机制,为我国高校开展课程互选、学分转换实践提供了一个开创性的典型案例。三年以来,七校累计共有5134名学生进行了跨校选课学习,共开设网络学历教育优质共享课程57门次。三年的实践不仅积累了校际间开展课程互选和学分互认的经验、丰富了理论研究,也发掘出一些在开展普通高校继续教育课程互选和学分互认中遇到的深层次、具体操作上的问题,引发了基于实践基础上的思考。

(一)高校参与度问题

首先,教师网联网络学历教育课程互选和学分互认所涉及的院校范围还仅局限于七所成员高校,若要在更多高校范围开展这类实践,不仅需要建立有效机制,还需要从思想上达成共识。其次,参与网络学历教育课程互选和学分互认实践的这些高校各自的办学水平虽有一定的差异，但毕竟差异不大，基本在同一层次上。虽如此，还是存在选课不均的现象。如果扩大到不同层次学校，这种不均势必会更加扩大，进而影响高校的参与度。

（二）专业层次问题

教师网联网络学历教育课程互选和学分互认所涉及的专业及其层次比较单一，要扩大到多专业、多层次，需要克服一些制约，进行更为复杂的设计，包括课程等级、课程标准、学分标准的制定等。

（三）互认学分所占比例问题

在教师网联开展的课程互选和学分互认实践中，各校参与专业每个学生的学分互认量仅为1门课程的学分，其在整个培养方案中所占的学分比重很小，对各校学生选学本校的课程影响不大。在今后的实践中，学分互认课程所占本校培养方案要求的学分的比例可进一步提高，但应不高于50%。

（四）学分标准问题

为切实开展网络学历教育课程互选和学分互认的实践，参与院校经商议达成从简到难的共识：各校对外校共享课程的学分数拥有最终认定权，基于各校总体情况分析研究的学分转换标准仅供各校参考；共享课程统一按3学分结算。今后的实践需要在统一的学分标准基础上进行，同时仍要遵循主办校的主导权。

总之，若要在更大范围实现课程互选和学分互认，需要在学校数量、学历层次、专业领域等方面均有较大突破方可达成。与此同时，需要建立一个让更多院校参与、涉及更多学历层次、涵盖更多专业领域的课程互选和学分互认机制。

参考文献

[1] 覃兵，胡蓉. 韩国高等教育学分银行制探析[J]. 比较教育研究，2009（12）.

[2] 米红，李国仓. 美国大学与社区学院学分互认机制研究——以北卡罗来纳州为例[J]. 比较教育研究，2007（10）.

[3] European Communities. ECTS Users' Guide [EB/OL]. (2009-02-06) [2018-05-15]. http://ec.europa.eu/education/tools/docs/ects-guide_en.pdf.

[4] QAA. Higher education credit framework for England: guidance on academic credit arrangements in higher education in England [EB/OL]. (2008-08-15) [2018-05-15]. http://www.qaa.ac.uk/docs/qaa/quality-code/academic-credit-framework.pdf?sfvrsn=940bf781_12.

（包华影、黄文峰、夏澜）

本文主要内容发表于《中国远程教育》2015年第8期

现代远程教育理工科课程互选及学分互认标准研究初探

目前,世界上不少国家对学分互选互认和转移机制进行了积极的探索实践,其中较为成功并产生了较大影响的有欧洲学分转换与累积系统、美国学分衔接和转移政策、澳大利亚资格框架、韩国"学分银行"体系、加拿大学分转移制度等,这些系统各有特色和侧重。欧洲学分转换与累积系统由欧洲委员会研发和推行,旨在提供一种在学校间测量、比较和转让学习成绩的工具,是一个以学生为中心的系统[1]。美国的学分衔接和转移政策,从实践中摸索得出以核心课程作为互选互认主体的结论,并结合不同州、不同层次和类型的学校的情况签订学分转移协议。澳大利亚资格框架将学校教育、职业教育和大学教育的资格证书连接在一个国家体系中,成为了整个体系的基础[2]。

国内的学分互认体制还处在研究阶段,课程互选、学分互认工作也只是小范围简单的探索实践,且均以全日制普通高校的课程互选及学分互认为主。在网络教育领域,全国教师教育网络联盟积极开展网络学历教育课程互选学分互认试点工作,成为构建网络教育领域学分互认机制的先行者。华东理工大学网络教育学院(以下简称华理网教)依托高校学科优势,注重对理工类人才的培养,在国内较早展开远程教育实验课程的建设,并与一些高校网络教育合作开展理工类课程(含实验)互选互认的研究与实践工作,积极探索此类课程的互选互认机制,校际间实现紧缺、优质的资源共享,以达到服务大众、完善教学的目的。

一、课程标准—学分互认的基础

课程学分互认的基础是课程标准的建立,包含课程目标、内容、教学任务、评估建议等,需重点分析教学计划下各门课程遵循教学大纲所涵盖的知识点及其教学要求。我国各类院校之间的同一课程,尽管各自的培养目标、课程的设计思路、课时总量、理论课程与实践课程的比例各不相同,但是都具有许多共同的教学内容,这种内在的必然联系和共同的教学内容就是制定学分互认协议及学分转移的基础条件。例如通过课程的教学内容来认定课程学分是否可以转移,就是美国学分衔接和转移政策的有效途径之一。

首先,我们来分析一个案例。华理网教本科"机械设计"课程,是"机械设计制造及其自动化""过程装备与控制工程"专业的主干课,专科"机电一体化"等专业有类似的

"机械设计基础"课程,教学要求比本科低。本科机械专业教学计划中,共有22门课程、84个学分,"机械设计"课程5学分,其中授课4学分,实验1学分。分析"机械设计"课程的教学大纲内容[3],含理论教学与实验实训环节,共有4个知识模块、13个知识单元、96个知识点、4个在线实验(涉及4个知识单元)。

(一)教学计划

专业教学计划含公共基础课、专业基础课、专业必修课、专业选修课、公共选修课几大模块。全日制本科学生还有实践环节,包含社会调查、毕业实践等,这个概念在网络教育领域被淡化,只有毕业实践、毕业设计等课程,且被列入专业必修课模块中。为强调实践的重要性,我们提出实践课程模块的概念,实践课程模块由含实验课程的实验实训环节、独立实验类课程、专业综合实验、毕业实习等组成。在理工科(含实验)课程的互选互认工作中,应优先选取这个模块内的课程作为研究对象。

(二)教学大纲

教学计划中的每门课程有着各自的教学大纲,一般会列出该门课程的地位与目的、教学任务、教学内容与要求等。各章节所需学时及知识点要求掌握的程度等都应有所体现,这就为后续学分或学时计算、知识点评级等提供了理论依据。

含实验的理工类课程,一般分为含实验课与独立实验课,前者考核要求仅比普通课程多了实验环节,后者考核要求可以更集中于实验操作阶段的学习。无论哪种实验类课程,都可以按照教学大纲的要求,划分知识点等级。甚至某一门课程的实验部分如包含若干个实验,这些实验都可以单独列出作为互选互认的对象。

因此,基于课程组合的概念,为选择其他院校优质实验教学资源,可以有三种模式进行课程互选互认:① 含实验课程整体互选互认;② 独立实验课程整体互选互认;③ 单个实验参加互选互认。

所选含实验课程及独立实验课程可作为本校独立课程,且独立实验课程或单个实验也可作为本校普通课程的实践模块的补充。

(三)课程知识点

课程知识点是构成课程内容的基本要素,知识点的涵盖面及对知识点的掌握程度是判别课程难易或方向需求的依据。因此在学分互认标准中,我们引入知识点等级的概念,进而提出了课程级别的概念。在通过对不同等级的知识点数量进行计算后得出课程的所属级别,并进一步根据包括实验环节在内的课程内容,确定课程内容系数(含常规内容系数和实验内容系数)。以教学计划、教学大纲、课程知识点构成的学分互认基础框架如图5-4-1所示:

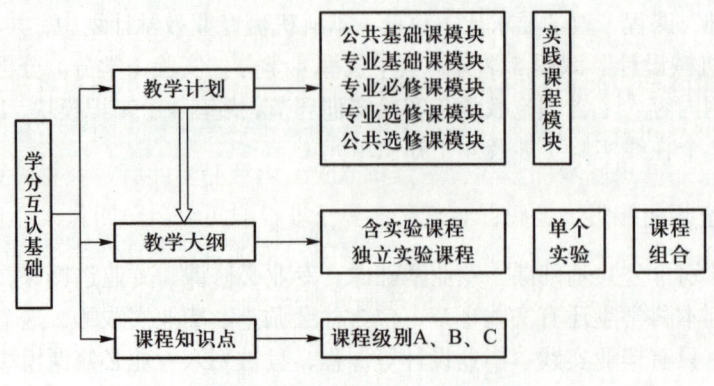

图 5-4-1 学分互认基础框架图

二、学分互认标准及转移方法解析

综合国内外调研数据，结合我国网络教育实际情况，应从四方面来考虑制定标准，即课程内容、学习时长、课程性质及学习效果。

（一）课程内容

与课程内容相关的标准架构见图 5-4-2。

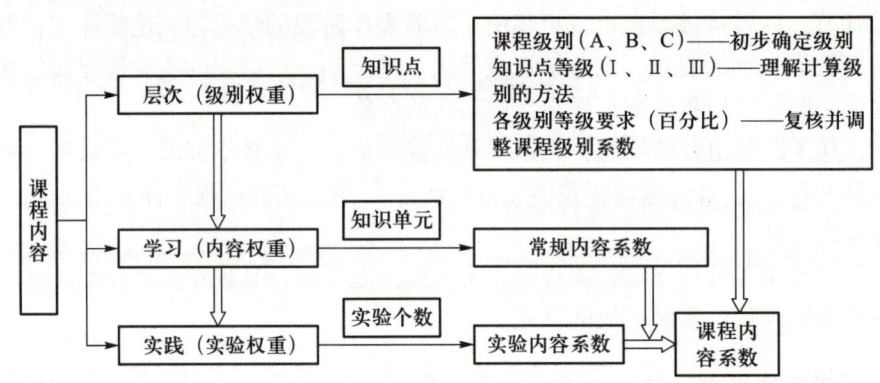

图 5-4-2 课程内容系数推导图

1. 层次（级别权重）

在进行互选课程前，首先需要作课程级别认定，此项以各级知识点为计算单位。

（1）课程级别。因部分课程在本科及专科层次均有开设，对不同层次的课程内容，应有不同的要求，且不同专业对相同课程的教学要求也有差异。因此本标准将每门课程按内容要求分为三个级别，以满足不同的需求。以华理网教本科"机械设计"课程为例，即：

本科 A：本科机械专业、过程专业（专业核心课程）；

本科 B：本科其他专业（专业非核心课程）；

专科 C：专科专业。

（2）知识点等级。无论是含实验课程还是独立实验课程，知识点均应进行等级划分，即需要掌握的内容、需要理解的内容、仅需了解的内容。本标准将课程内容按知识点划分为三个等级,即Ⅰ级核心内容(掌握)、Ⅱ级一般内容(理解)、Ⅲ级可选内容(了解)。

(3)各级别课程的知识点要求。课程知识体系构成如图 5-4-3 所示[4],所要求的课程内容以知识点为基本单位,各级别课程的知识单元涵盖面仍需按实际教学要求设计,即三种课程级别的课程中,各知识单元包含不同等级内容的知识点的个数及比例不同。

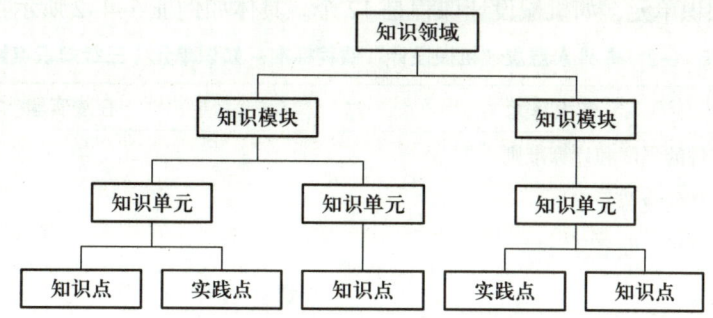

图 5-4-3 课程知识体系框架图

不同级别的课程,教学要求应有不同,因此掌握的各等级知识点应有区别。本标准规定,各等级内容应在课程全部内容中有一定的占比,所占比例由知识点数量确定。在计算课程知识点数量时,实验课程依据课程教学大纲,独立实验课程依据实验教学大纲。而单个实验参加互选时,级别认定跟随其所属课程的级别。根据调研数据统计结果(见例证 5-4-1),确定课程级别划分方法(见表 5-4-1)。

例证 5-4-1 课程各等级知识点比例调研数据

学校	层次	专业	课程	核心知识点个数	一般知识点个数	可选知识点个数
华东理工大学	本科	机械设计制造及其自动化、过程装备及控制工程	机械设计(含实验)	50(52%)	28(29%)	18(19%)
大连理工大学	本科	电气工程及其自动化	电机与拖动(含实验)	51(72%)	8(11%)	12(17%)
哈尔滨工业大学	专科	公共课	大学物理(含实验)	14(30%)	19(40%)	14(30%)
山东大学	专科	计算机信息管理	计算机网络基础(含实验)	11(35%)	9(29%)	11(36%)
华东理工大学	本科	化学工程与工艺	化工原理实验(独立实验课)	18(81%)	3(14%)	1(5%)

表 5-4-1 互选课程级别参照表

课程级别	Ⅰ核心内容(掌握)	Ⅱ一般内容(理解)	Ⅲ可选内容(了解)
本科 A	50%	30%	20%(含专家讲座)
本科 B	40%	40%	20%
专科 C	30%	40%	30%

表 5-4-1 可作为互选课程的知识点含量标准,规定共享课程需要达到的教学水平。例

如本科"机械设计"课程,在作为机械专业的核心课程时,必须包含 50% 以上的核心内容,建议包含 30% 左右的一般内容。在绝对值指标方面,必须包含 12 个以上的知识单元、50 个以上的知识点(由各校统计结果得出),在线实验至少涵盖 4 个知识单元(优质在线实验资源)。每门课程应有统一的至少涵盖一定规模的知识单元模块,这个基本的内容要求,即必须包含的知识单元,如机械设计课程是 12 个。具体如例证 5-4-2 所示:

例证 5-4-2 本科 A 层次"机械设计"课程标准 – 知识单元(三级知识点略)

序号	知识单元	在线实验
1	机械零件的强度和计算准则	
2	机械零件的疲劳强度	
3	摩擦、磨损、润滑及密封	
4	螺纹联接	螺栓变形协调关系实验
5	轴毂联接	
6	带传动	皮带传动实验
7	链传动	
8	齿轮传动	齿轮变速箱装拆实验
9	蜗杆传动	
10	轴	
11	滑动轴承	滑动轴承动压润滑实验
12	滚动轴承	

学分互认学校的课程基本信息,即课程名称、学分、教材等可不同,但主要知识点须相同;不同院校在互选课程时,可按照课程所属专业选择不同级别的课程。

此项以各级知识点为计算单位,规定核心内容占比合格的情况下,默认系数为 1。为保障教学质量,互选时可选择高级别课程,但不可选择低级别课程,课程每高一级此项系数增加 0.1。反之,如核心内容计算结果不符合相应级别要求,则课程级别系数相应降低,规定核心内容占比每降低 10%,课程基本系数降低 0.1。因此某门课程作为选课对象时,它在规定等级里的系数应等于或小于 1。

故此项学分转移计算式为:课程级别系数 $=1\pm0.1\times n$

2. 学习(内容权重)

确定了课程级别系数后,还要考虑同级别课程在不同学校的教学内容并不相同,因此也需要有转换系数。上述级别系数中是以知识点为计算单位,划定了课程级别,下一级内容权重将仅以知识单元为计算单位,使得操作性更强。

以知识单元数量计算,知识单元相似度 = 两校课程相同知识单元数量 / 选课学校课程知识单元数量。

上述为含实验课程的常规内容系数计算方法。同理,独立实验课程此项依据为实验大纲,根据实验大纲可计算实验内容涉及的知识单元的数量,从而计算独立实验课的常规内容系数。而含实验课程或独立实验课程中的单个实验参加互选时,常规内容系数确定跟随其所属课程的系数。无论是含实验课程还是独立实验课程,均强调课程内容是否符合本校专业知识结构,因此常规内容系数最高为1。此项系数低于0.5,则不可互选。根据调研数据统计结果(见例证5-4-3),确定常规内容系数如表5-4-2所示。

例证5-4-3 课程知识单元相似度调研数据

课程	层次	选课学校	被选学校	知识单元相似度	常规内容系数
大学物理(含实验课程)	专科	哈尔滨工业大学:13个知识单元	华东理工大学:12个知识单元	11/13 ≈ 85%	0.85
化工原理实验(独立实验课)	专科	华东理工大学:6个知识单元	江南大学:9个知识单元	6/6=100%	1
机械设计(含实验课程)	本科	哈尔滨工业大学:15个知识单元	华东理工大学:13个知识单元	12/15=80%	0.8

表5-4-2 常规内容系数表

知识单元相似度(%)	100	80~99	70~79	60~69	50~59	40~49	30~39	20~29	10~19	0~9
常规内容系数	1	0.8	0.7	0.6	0.5	0.4	0.3	0.2	0.1	0

3. 实践(实验权重)

实验环节因其特殊性,涉及的知识点分散在各单元模块中,因此课程级别系数与常规内容系数不单列实验占比,但因实验环节在工科课程中尤为重要,因此需要单独考虑实验内容的权重。以知识单元为计算单位,分析了常规课程内容,更深一层的实验内容系数仅以实验个数为计算单位。

理工科含实验环节的课程分为两种情况:讲课内容含实验环节的实验类课程及仅有实验环节的独立实验课程。另外,实验环节通常包括若干个实验,这些实验的内容相互关联又各自独立,因此也可以单独列出参加互选。对于不同情况,应针对含实验课程、独立实验课程、单个实验课程分别做出阐述:

(1)含实验课程。在课程互选时,无论是含实验课程还是独立实验课程,均强调鼓励学生多学习实验内容,因此实验内容系数以学生所在学校课程为参照物,此项系数为1。如被选学校相应级别课程的实验个数每增加(或减少)1个,此项系数对应增加(或减少)0.1,最多增减0.9。参见例证5-4-4。

(2)独立实验课程。独立实验课程一般包含某门课程的多个实验,因内容较多或是整个专业的基础且重要的内容,则单独设课。此处同样以实验个数为考量依据,参见例证5-4-4。

例证5-4-4 课程实验数量调研数据

课程	层次	选课学校	被选学校	实验内容系数
大学物理(含实验课程)	专科	哈尔滨工业大学:8个实验	华东理工大学:5个实验	0.7
机械设计(含实验课程)	本科	哈尔滨工业大学:无实验	华东理工大学:4个实验	1.4
化工原理实验(独立实验课)	专科	华东理工大学:6个实验	江南大学:9个实验	1.3

（3）单个实验课程。单个实验课程参加互选时，一般是本校未开发此实验资源，因而此项系数为1，外选若干单个实验课程时，系数随实验个数增加而增加，最高为1.9。对于未开发实验环节的学校，选择有实验环节的课程或独立实验甚至单个实验作为该校教学内容的补充，此实验内容系数必然较高。

综上，课程内容系数＝课程级别系数 × （常规内容系数＋实验内容系数）/2

（二）学习时长

与学习时长相关的标准其架构以图表形式表达如图5-4-4：

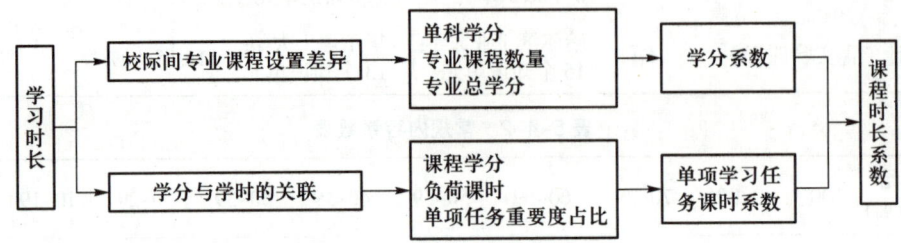

图 5-4-4　课程时长系数推导图

同一门课程，即使内容完全相同，在各校的学分及学生需要完成的学习时间也未必相同，因此，学习时长需按一定标准转换，使之成为可量化的指标并在学分互认时具有可操作性。

1. 校际间专业课程设置差异

考虑到各校相同或类似专业课程设置、教学计划总学分及课程数量均不相同，因此课程学分高低不能作简单对比。

根据统计结果（参见例证5-4-5），规定如下：

每门课程的学分系数＝单科学分 × 专业课程数量/专业总学分

例证 5-4-5　网络教育专业及课程学分调研数据

课程	层次	专业总学分	课程数量	课程学分
华东理工大学	专科	82	22	1—6
江南大学	本科	80	19	3—5

2. 学分与学时的关联

学分与学时的关联是有节点的线性关系，与课程内容量大小、各校教学要求掌握程度、各课所涉学习过程等相关。前两点在上述"课程内容"中有所体现，此处重点考虑学习过程因素。如例证5-4-6，华理网教过程考核有六项，占课程总成绩的40%，每项分值如表中所列。各校学习负荷不同，依据为教学大纲中的课时总和。参见例证5-4-7。

例证 5-4-6　过程考核标准调研数据

学习阶段	课件点播	作业	论坛讨论	问卷调研	面授出勤	实验实训
单项分值	10	15	3	2	10	10

例证 5-4-7　学习负荷调研数据

学校	华东理工大学	哈尔滨工业大学	大连理工大学	江南大学
学习负荷	16课时/学分	16课时/学分	15课时/学分	16课时/学分

例证 5-4-7 中的负荷课时与课件课时的差异幅度与课程内容量有关，且与单项学习任务的重要度占比既有一定的重复性，又有一些区别，因而此因素也放到后面第三点考虑。

课程的单项学习任务课时系数 = 课程学分 × 负荷课时 × 单项任务重要度占比

综上得出：每门课程的时长系数 = 学分系数 × 课程学分 × 负荷课时 × 单项任务重要度占比之和

上述为含实验课程，独立实验课我校标准为考试占比 40%（即本地实验，实地操作后提交实验报告）、在线实验占比 60%。因此单项任务重要度占比为 100%。

在同一个学校，或不同学校间的课程互选阶段，考虑单项任务占比意义不大，但在学习效果分析中，应凸显各单项任务重要度对学习总成绩的影响，从而促使被选学校提高单项完成率，并为今后的学习支持服务提供分析依据。

（三）课程性质

与课程性质相关的标准的架构如图 5-4-5 表示。不同课程性质反映了该课程在该专业知识结构中的重要程度，但各校专业不同，同样的课程可能重要性质不同，因此需要界定一个转换系数。

图 5-4-5　课程性质系数推导图

现有教学计划中的课程性质一般含公共基础课、专业基础课、专业必修课、专业选修课及公共选修课几大类。专业选修课与公共选修课在专业知识体系中重要性相对较低，尤其后者只是为学生开拓视野及提升综合素质的课程。实验环节只是各种性质的课程中一个教学环节，因而在此项分类中不单独列出。

根据调研分析，制定课程性质系数如表 5-4-3 所示。

实践课程模块概念的提出只是为了强调实验环节，并不影响课程在专业计划中的属性，因此此项系数依旧按常规属性划分来计算。

表 5-4-3　课程性质系数表

课程性质	专业基础与必修课-核心课	公共基础课-核心课	专业基础与必修课-普通课	公共基础课-普通课	专业选修课	公共选修课
单项分值	1	0.9	0.8	0.7	0.6	0.5

（四）学习效果

与学习效果相关的标准的架构如图 5-4-6 所示。学习效果分析用于课程互选后的认定，考虑学生的学习成绩，含各阶段学习任务完成情况、考纲要求的掌握程度、课程成绩的分值阶段、考试的难易程度等。

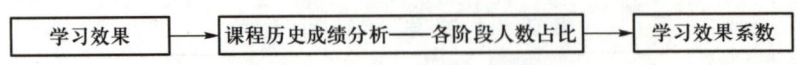

图 5-4-6　学习效果系数推导图

在互选课程时就需要知道此项换算系数,而不是学习结束后确定外选成功与否的结论,因而此项学习效果侧重分析考试大纲或教学大纲要求掌握的难易度及历年来被选学校学生该门课程考试成绩的分布(参见例证 5-4-8),以此作为平衡各校对课程考核要求不同而造成的学习难易差别。而外选课程在课程所在学校最终考核成绩合格,即认为该课程互选有效。

例证 5-4-8　课程考试成绩分布调研数据

学校	层次	课程	及格率	分段人数占比				
				100—90	89—80	79—70	69—60	59—0
华东理工大学	本科	机械设计	92.77%	1.20%	31.33%	43.37%	16.87%	7.23%
华东理工大学	专科	物理化学	93.29%	2.44%	31.71%	41.46%	17.68%	6.71%
华东理工大学	专科	工程制图	92.77%	1.81%	21.69%	45.18%	24.10%	7.23%

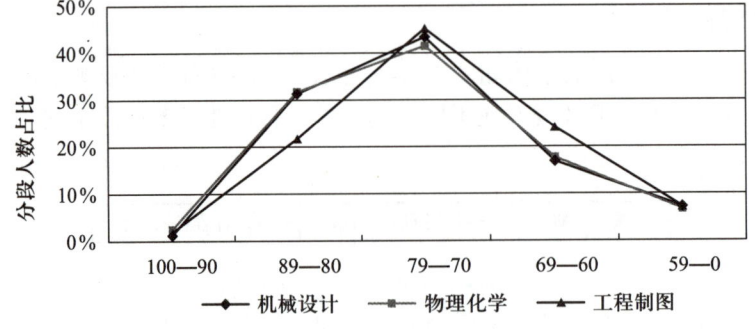

图 5-4-7　课程成绩分析图例

由例证 5-4-8 及图 5-4-7 可见,不同成绩阶段可反映学习效果差异,因此可规定如表 5-4-4 所示系数。

表 5-4-4　学习效果系数表

成绩分段	100—90	89—80	79—70	69—60	59—0
学习效果系数	0.9	0.8	0.7	0.6	0.5

由图 5-4-7 可见,我校课程成绩基本呈正态分布,70—79 分阶段人数占比最多,因此可规定这几门课程难易程度为中,学习效果系数为 0.7。

三、学分转移计算式

(一)转移计算

课程内容系数 = 课程级别系数 ×(常规内容系数 + 实验内容系数)/2

1. 课程级别系数 $=1 \pm 0.1 \times n$
2. 常规内容系数 $=0—1$

3. 实验内容系数 = ± 1.9（或 0—1）
a. 含实验课程
b. 独立实验课
c. 单个实验

（二）转移计算

课程时长转移系数 = 被选学校课程时长系数 / 选课学校课程时长系数
其中，课程时长系数 = 学分系数 ×（课程学分 × 负荷课时）× 单项任务重要度占比之和
1. 学分系数 =（课程学分 × 专业课程数量）/ 专业总学分
2. 单项任务重要度占比之和 =100%

（三）转移计算

课程性质转移系数 = 被选学校课程性质系数 / 选课学校课程性质系数
课程性质系数 =0.5—1

（四）转移计算

学习效果转移系数 = 被选学校课程学习效果系数 / 选课学校课程学习效果系数
意即总体成绩越低，表明课程难度越大或学习效果越差，因此被选时，需要提高此项分值，此项系数将倒置。

综上所述，规定学分转移计算方式如下：
转移学分 = 选课学校课程学分 × 课程内容系数 × 课程时长转移系数 × 课程性质转移系数 / 学习效果转移系数

四、验证

最后，我们选取哈尔滨工业大学选择的我校本科"机械设计"课程进行验证。
转移学分 = 选课学校课程学分 × 课程内容系数 × 课程时长转移系数 × 课程性质转移系数 / 学习效果转移系数

第一项计算：课程内容系数 = 课程级别系数 ×（常规内容系数 + 实验内容系数）/2=（1×（0.8+1.4）/2）=1.1

第二项计算：课程时长转移系数 = 被选学校课程时长系数 / 选课学校课程时长系数 = 学分系数比 ×（课程学分比 × 负荷课时比）× 单项任务重要度占比之和比 =（课程学分比 × 专业课程数量比）/ 专业总学分比 ×（课程学分比 × 负荷课时比）× 单项任务重要度占比之和比 =（5/5）×（24/22）/（84/80）×（5/5）×（16/16）×1=1.04

第三项计算：课程性质转移系数 = 被选学校课程性质系数 / 选课学校课程性质系数 = 0.8/0.8=1

第四项计算：学习效果转移系数 = 被选学校课程学习效果系数 / 选课学校课程学习效果系数 =0.7/0.7=1

综上，转移学分 = 选课学校课程学分 × 课程内容系数 × 课程时长转移系数 × 课程

性质转移系数 / 学习效果转移系数 =5 × 1.1 × 1.04 × 1/1=5.72

计算结果大于选课学校课程学分，因此选课可以认为是选择了优质教学资源。分析其中原因，一是选课学校无实验环节，课程内容系数大于1；二是被选学校该课程在专业计划中学分占比较高，专业知识结构上较重要，因此课程时长转移系数较高。

五、结论与展望

（一）结论

经过对参选学校课程信息分析，结合网络教育教学特点，可以总结出以上课程互选与学分互认的标准与转移计算方法。在选取一门课程进行学分转移计算分析后，得出所定标准基本符合实际需求的结论。后期将根据更多课程调研数据对标准中的数据进行修正，从而得出更加科学的结论。

在目前阶段，课程互选及学分互认的目标是：按照互选互认标准计算得出所选课程的转移学分，如大于本校课程学分，则认为所选课程优异，推荐选课；如小于本校课程学分，则不推荐选课，如坚持选择，在保证完成本校教学计划总学分的情况下，需要在其他课程上选择外校优质课程资源作为补充。

（二）展望

本标准考虑了实验环节的重要性，规定了基于知识点的实验内容系数，但没有加入在线实验操作中涉及的诸如导学、过程指导、学生评价等方面的内容，这是今后需要考虑的重点。

另外，学习效果系数不仅要考虑分段成绩占比，还应从考试大纲等方面进行深入研究。最后一个重要问题是，规定课程内容等系数的具体数值时结合了主观经验值与客观案例，比较得出相对于被选学校课程的本校课程的转移学分。为最大程度地避免数值差异带来的影响，最大程度考虑可操作性，设定所有的系数基数为1，波动幅度为0.1。而在今后研究中，可假定已有一个课程指导委员会，对相同课程制定统一的标准，无论是被选学校还是选课学校的课程，都可依此进行学分换算。相关系数也可由标准课程的数据提供，并进一步调整相应系数等。这样换算的结果，相对客观，标准一致，长远来看，也为学分积累与学分银行的相关研究，提供必要依据。

参考文献

[1] European Communities. ECTS User's Guide [EB/OL].（2015-12-16）[2018-05-15]. https://europass.cedefop.europa.eu/sites/default/files/ects-users-guide_en.pdf.

[2] 杨晨，顾凤佳. 国外学分互认与转移的探索及启示 [J]. 现代远距离教育，2011（4）.

（汪淳、康小燕、姚俊、高建宝、程华、应卫勇）
本文主要内容发表于《化工高等教育》2014 年第 4 期

质量保障

普通高等学校学历继续教育课程标准构建

课程是教育的主要内容媒介，高校学历继续教育的实施需要通过课程来实现。建立完善的课程标准体系，是保障继续教育质量之必须。

一、课程标准的内涵

对于课程及课程标准概念的理解，是推进课程发展与建设的重要前提。课程标准在整个课程内容体系中居于核心位置，是课程设计建设和课程内容体系建构的指导原则。有了完善的课程标准，就可以发展课程内容体系，建设完备的课程。明晰完备的课程标准体系，亦是建立课程学分标准，进行学分认证与学分转移的基础。

（一）课程与课程标准

课程的概念在《教育大辞典》中被界定为"课业及其进程"，是学校为实现教育的目的、目标，向学习者提供预先计划好的内容，借以发展学习者的品格，开发他们的潜能。这种教育内容的系统组织，称之为课程，转译为"学习之道"（course of study），是根据教育目标指导学习者的学习活动并编制教育内容的整体计划[1]。施良方归纳了6种典型的课程定义，分别如下：课程即教学科目；课程即有计划的教学活动；课程即预期的学习结果；课程即学习经验；课程即社会文化的再生产；课程即社会改造[2]。由此可见课程的概念所包含的内容比较广泛。通常广义的课程是指学校为实现培养目标而选择的教育内容及其进程的总和，包括学校教师所教授的各门学科和有目的、有计划的教育活动；狭义的课程是指某一门学科。

课程所包含内容的具体表现形式是课程计划、课程标准和教材，对应教学体系中的教学计划、教学大纲以及教材。不同的发展时期，不同教育阶段对于课程的要求不一致，对于课程所包含内容的称谓也不同。普通高等学校学历继续教育阶段的课程是高等学校为了实现高等教育的目的，为指导学习者的学习活动，有计划编写的教育内容的整体计划。在其课程及教学发展中，重视课程标准的构建，研究制定与本阶段相适应的较为完备的课程标准，成为指导教学实践、探索课程内容改革建设的重要思想。

课程标准（curriculum standards）在《教育大辞典》中被定义为"规定教育的培养目标和教学内容的文件""是确定一定学段的课程水平及课程结构的纲领性文件"。课程标准（结构）一般包括课程标准总纲和各科课程标准两部分。总纲规定学校教育的总目标、学科的设置、各年级各学科每周教学时数和教学通则等。分科课程标准规定各科教学目标和教材纲要、教学要点和教学时间的分配、应有最低限度的教学设备以及教学方法和其他应注意的事项。1952年后,称前者为"教学计划",后者为"教学大纲"[3]。具体来说,课程标准是规定某一学科的课程性质、课程目标、内容目标、实施建议的教学指导性文件,对课程的基本理念、课程目标、课程实施建议等阐述详细、明确,提出了面向全体学生的学习的基本要求。课程标准是编写教材、组织教学、课程考核和教学质量评估、实施教学管理的基本依据。

对于课程标准的理解与界定,不同国家对其表述各有侧重。美国通常用"academic benchmark"表示,国内学者如崔允漷用"standards"表示。在美国《美国国家科学教育标准》中,课程标准是量度教育质量的准绳,包括学生掌握的知识和能力、教学的质量、教学系统的质量等[4]。此定义更多强调课程标准为教学活动的各方面提供审核、评估和测量的依据。在澳大利亚维多利亚州的《课程标准框架》中,课程标准被定义为"学生学习所包括的主要领域及大多数学生在每一学习领域能达到的学习结果"[5]。此定义更侧重学生的学习内容和学习结果。在《加拿大安大略共同课程省级标准》中,主张课程标准是为评估学生学习而设计的一般标准,此标准为教师、家长和学生提供了清晰的教学目标[6]。从这些定义可以看出,对于课程标准的理解具有一定的共通性,强调目标体系的建立,为学习结果提供了评价依据。

(二)课程标准与教学大纲

在我国明确以"课程标准"作为教育指导性文件的是1912年南京临时政府教育部公布的《普通教育暂行课程标准》。此后,课程标准一词沿用约40年。直至1952年,我国借鉴和学习苏联的教育理念和教育模式,支持建立以教学为核心的教育体系,改称课程标准总纲部分为"教学计划",改称各分科目课程标准部分为"教学大纲"。

进入21世纪以后,基础教育领域开展改革,实施新课程改革,《基础教育课程改革纲要(试行)》明确指出,课程标准是教材编写、教学、评估和考试命题的依据,是国家管理和评价课程的基础。2001年中华人民共和国教育部制定、发行了《语文课程标准》,从此,在基础教育领域恢复使用"课程标准"。而在高等教育(包含高等学历继续教育)领域仍称为"教学大纲"。

一段时间以来在教学实践和研究领域,对"课程标准"与"教学大纲"两个概念认识和表述不够清晰,比如,戚万学主编的《教育学》指出:"所谓课程标准,就是根据课程计划以纲要的形式编写的有学科教学内容的指导性文件。"扈中平、李方、张俊洪主编的《现代教育学》指出:"教学大纲又称课程标准"。阎立钦、倪文锦主编的《语文教育学引论》指出:"语文课程标准又称语文教学大纲"[7]。以上表述均存在对两者认识混淆的情况。

通过国家课程标准和教学大纲的基本框架对照(见表6-1-1),对两者间的相同与不同之处有更加清晰的认识[8]。

表6-1-1 国家课程标准与教学大纲的基本框架对照

国家课程标准总体结构框架		教学大纲
前言	课程性质 课程基本理念 标准设计思路	

续表

国家课程标准总体结构框架		教学大纲
课程目标	知识与技能 过程与方法 情感态度与价值观	教学目的
内容标准	内容领域及行为目标	教学内容及要求
实施建议	教学建议 评价建议 教材编写建议 课程资源开发与利用建议	教学建议 教学中应注意的问题 课时安排 考核与评价
附录	术语解释 案例	

从表 6-1-1 可以看出，课程标准注重的是课程本身的建设，是衡量学校课业和进程的准则，对每一学科课程的定位、功能做了定性描述，阐述本课程领域的基本理念，并对课程标准设计的思路做了详细的说明，便于教师整体把握课程学科的性质、地位与课程目标。简单地说，课程标准是为了实现教育目标而规定的教学科目及其目的、内容、范围、份量和进程的总和，包含知识技能、思想品德、行为习惯、身体素质等全方位的标准规范。其内容标准包括知识的内容领域及行为目标。可见，课程标准不仅对学生的认知发展水平提出要求，而且对学生学习过程和方法、态度、价值观方面的发展提出目标要求，具有全面体现知识与技能、过程与方法、态度与价值观三位一体的功能。然而，教学大纲是在教学实施环节中，对课程的内容、顺序和进程做出明确规范，更关注的是传授知识和技能的教学活动本身，以及教学知识点的系统排列。侧重规定教学指导思想和实施建议，重在规范知识体系和教学实施过程。简单地说是系统排列的，学校中教师引导学生学习的教与学相统一的活动的内容要点，对教学重点难点和教学时间顺序提出了要求，更多强调达到教学功能和教学目标的实现。

可见，课程标准注重学生的参与性，教学大纲强调教师的主体性。课程标准区别于教学大纲，从教学大纲强调教师的教转变为更着眼于学生的学，强调学习的过程与方法，倡导学生主动参与、乐于探究、勤于动手的习惯和养成，更着眼于培养学生搜集和处理信息的能力、获取新知识的能力、分析和解决问题的能力以及交流与合作的能力。在当今信息化教育大背景下，高等学历继续教育信息化迅速发展。在线教学的发展，学生为主体，课程资源更加立体和丰富，强调在教学过程中注重培养学生的自主性和独立性，引导学生质疑、调查、探究，在实践中学习，创设能使学生主动参与的教育环境，有利于培养学生主动学习，构建以学为主的教学体系。基于满足教育信息化，开展在线教育需求的角度，构建标准化、清晰化、可比较的课程标准便显得尤为重要。

二、构建课程标准的意义

课程标准建设对于高等学历继续教育的发展具有重要的意义，是促进人才培养质量提升的基础。课程标准的建立与完善，可以使现有高等学历继续教育的课程体系更加完善，课程的目标体系更为清晰，对教学过程实施的指导更加明确和有效；可以推动课程内容的标准化建设，对不同类型继续教育领域的教学内容、学习结果目标提供系统的标准化规范，从而对教学质量、人才培养质量提供有力保障；可以为教学实施以及教学评估提供可借鉴、可测量的指标体系，通过测量与分析，推动质量评估的有效实施。

（一）课程标准是理解质量内涵、提升教育质量的抓手

根据国际标准化组织 ISO9000：2000《质量管理体系基础和术语》中的定义，质量是指"一组固有特性满足要求的程度"。在这个定义中，质量不仅限于产品或服务，而是泛指一切可以单独描述和研究的事物，可以是活动或过程，也可以是产品或组织。教育就其行为本身来讲，是一种特殊的社会生产活动，生产特殊的教育产品，教育质量就是这种特殊产品的质量[9]。在普通高等学历继续教育发展中，课程标准的构建有助于理解、评价或判定其教育质量，将无形的教育质量外化为有形可见的系列标准体系，是人才培养目标的具体化。在教育行为达到和满足这一系列标准目标的过程中，教学内容、教材、教学方法、考试、质量评价均受到课程标准的规范指导和制约，教育这一社会生产活动所产出的教育产品质量会得到持续改进和提升。因此，一套完备的课程标准体系建设，是理解质量内涵、促进教学质量提升的抓手，能促进学校教育教学向更好方向发展，促进学校课程体制机制的建立健全，促进教育质量的不断改进与提升。

（二）课程标准对课程体系架构及课程内容建设起关键指导作用

课程标准是确定一定学段的课程水平及课程结构的纲领性文件，既包含学校教育总目标和课程体系的设计标准，又对每一具体学科或课程的目标定位、功能做了定性描述，对本课程领域的基本理念、课程标准设计的思路及培养目标建设详细阐述，对学生在知识、技能、情感态度和价值观等维度提出目标要求，促进学生的有效发展。课程标准体系的建设与完善能为学科课程体系架构和课程内容建设提供理论依据和实践指导规范作用。课程标准以明确规范的标准，构建课程教学实施及学生培养的目标体系，建立课程在学生素质、能力和专业技能培养方面的目标要求，具有突出教育应用性和培养应用型人才的功用。

（三）课程标准为实施教育评估提供标准化测量依据

课程标准指导课程评估指标体系的拟定与实施，为教学与人才培养质量的评价提供有效的目标体系，也有助于推动基于标准化的测量与分析，为质量评估提供有效的依据。在课程评估指标体系中，考核评价是其重要测量因素，是对课程在知识、能力、技能、素质等方面提出的"质"和"量"的准绳，主要包括课程的知识、能力、技能与素质的考核标准，考试大纲，考核方法，应取得的证书名称及等级等。课程标准的建立与完善，有助于推动评估的有效实施，促进质量的完善。课程建设质量与人才培养质量，均可通过标准来引导质量评估，通过评估反过来推动质量的改进与完善。

（四）课程标准为学分标准设立和学分积累与转换提供理论依据

完善的课程标准体系下，建立科学的测量和评价体系，可为课程学分标准的设立提供

理论依据。理论上，有了学分标准体系，教育成果在不同类型教育领域之间便可以进行衔接与沟通。由于在不同类型的教育领域中，有各自不同的人才培养定位、特征、任务，如何进行衔接与沟通，是标准研制时必须给予高度重视的关键点。另外，不同教育类型因其培养目标各不相同，对于课程标准的要求程度亦不一致。

以课程标准为依据，建立基于标准化的教学测量与分析的模块，可以给课程学分标准建设提供理论依据。同时，为解决不同教育类型培养目标与课程标准体系不一致问题，在课程标准体系的研究和建立上，若能兼顾不同教育类型课程目标与内容的衔接性，则可以为不同教育类型教育成果的积累与转换搭建沟通的桥梁和纽带。

三、高等继续教育课程标准的构建

由于课程标准建设关系到教育质量的提升和教学结果的检测，而目前高等继续教育领域还没有系统的课程标准，所以客观、全面、科学地构建课程标准，是保证高等学历继续教育质量、促进教育发展的首要问题。高等学历继续教育与其他类型教育相比有自己的特点：首先是学习者的复杂性，具体表现为学习需求、学习风格、学习动机的独特性，学习时间碎片化，空间分布不集中，学习内容按需索取、不系统等特点；其次是教学实施和管理的灵活性、开放性。因此，其课程标准与其他类型教育的相关课程只有有限可比性，需要根据学习者的特点和教学模式而有针对性地研制。事实上，从普通高等教育中以学科体系为基础的课程设置转变到高等学历继续教育中以能力培养为基础的课程设置，更强调某个知识和技能的掌握和习得，弱化知识的系统性和学科基础性。另外，以课程标准为前提的学分标准、学分共享和学分转移的研究，需要体现继续教育的特点，与继续教育课程标准相呼应，相应的学分计量和管理应用能灵活、多元，以适应继续教育学习者和管理者的实际需要。

（一）高等继续教育课程标准构建的维度

1. 基于课程知识体系的课程标准构建

此维度指向一门课程在专业领域的定位、目标与任务、知识与体系、教学组织与实施方面的具体要求。例如，浙江大学的《计算机应用基础》课程标准与学分标准构建是完全基于课程知识体系构建的课程标准，即以知识（专业）领域、知识单元（模块）、知识点（实践点）这样的知识体系维度为统领，模块化建构课程标准，教学内容围绕知识模块递进和呈现，学分的设置和分配以知识模块为单位，将课程打散"化整为零"，赋予每个模块合理的学分的分值，并以模块化学分分值为基础，建立起课程教学实施和质量评价的操作模式，从而达到对课程质量的把控。

图 6-1-1 的继续教育课程知识结构模型图是浙江大学设计的"四级两类"的继续教育课程知识结构模型。如图所示，基于这种知识体系的课程标准的构建，可使学分的设置"化整为零"进行碎片化，其优势是当课程的教学内容发生变化时，学分标准却能相对稳定和标准化，从而能够满足继续教育学习者知识和技能学习的相对片段性和独立性的特点。

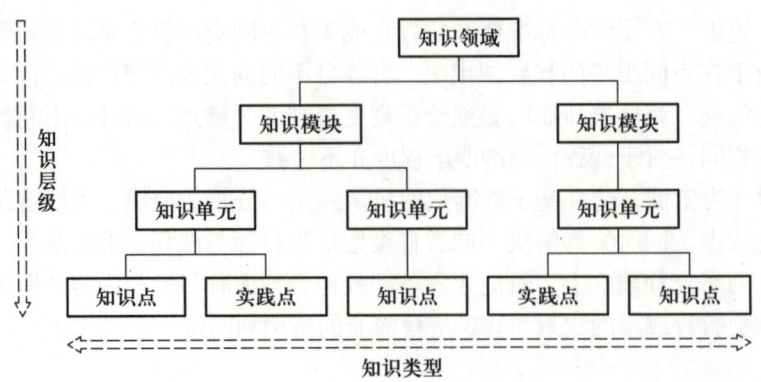

图 6-1-1　继续教育课程知识结构模型图

图 6-1-2 以《计算机应用基础》课程为例，基于计算机课程知识体系的不同模块来构建课程标准，将一门完整的课程根据其在专业领域的定位、目标与任务、知识与体系、教学组织与实施方面的具体要求进行具体化和模块化。当课程知识结构相对稳定时，即可以根据知识体系模块化设置课程的学分标准，即使有动态变化的知识内容，基于知识体系的学分标准方案也能保持相对的稳定和标准化。可见，基于课程知识体系构建课程标准的特点和优势便是能使学分的设置也模块化，从而适应继续教育学习者碎片化的学习特点，把完整的课程学分分解为多个知识结构单元的学分，实现学分的"化整为零"，为学分的灵活认证和积累转换提供理论基础。

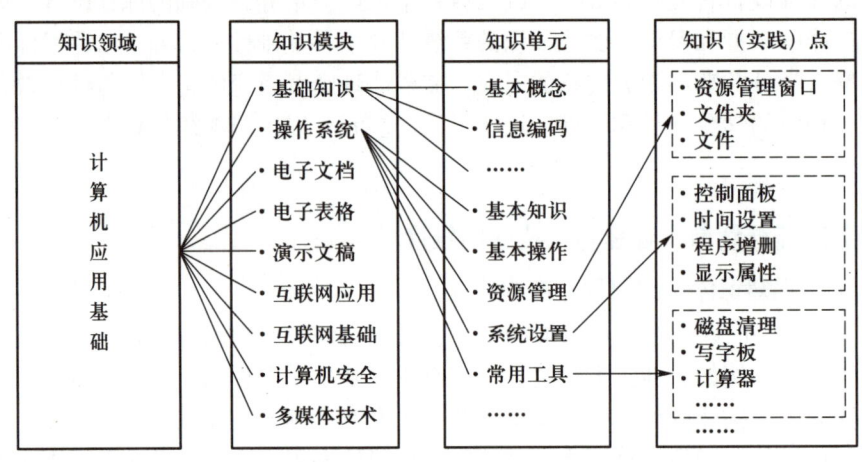

图 6-1-2　《计算机应用基础》课程基于"四级两类"知识结构的知识体系示意图

2. 基于能力本位的课程标准的构建

这一维度以学生经过课程学习而获得的能力养成与提高为本位，关注的是一门课程在评价体系方面的知识、技能、能力、素质方面的质量标准。以网络教育《大学英语》课程标准研制为例，北京外国语大学的学者在对国外外语课程标准对比研究和对国内网络大学英语课程设置调研基础上，从语言知识和实际应用能力两个方面，以六个层级的维度研制构建了网络教育大学英语课程标准框架，见表 6-1-2。

表 6-1-2　网络教育大学英语课程标准框架

网络教育大学英语课程标准		
前言	课程性质	
	课程理念	
	标准设计思路	
课程目标	总目标	
	分级目标	
内容要求	A级要求	
	B级要求	
	C级要求	
实施建议	教学资源建议	
	助学方式建议	
	考核方式建议	
	技术标准建议	

表 6-1-2 体现的是基于能力本位的课程标准，强调的是以学习结果为导向，为参与网络教育的学生、教师以及利益相关方，提供明确的、可操作的、技能型的学习目标导向，从课程目标、内容要求和实施建议等方面对网络教育学生的英语能力进行描述和界定。这种基于能力养成与提升为根本出发点的课程标准的研制，力图在"课程目标"、"内容标准"和"实施建议"等方面全面体现"知识与技能、过程与方法以及情感态度与价值观"三位一体的课程功能，通过课程标准实现对课程的定位、功能以及知识领域的具体描述，使培养目标的内容具体化，促进教育功能的实现，体现出课程标准在教育体系中所具有的作用和意义。

因此，在高等继续教育领域，上述这种以学习者经过课程学习所达到的知识水平和能力结果为关注点的课程标准的构建，能够更加适应成人在职者参加课程学习的学习目的和动机，更加符合高等学历继续教育所特有的复杂性和特殊性需求。

（二）高校继续教育课程标准框架构建

高等学历继续教育课程标准既包含宏观的规划和建议，又包含微观的实施设计。课程的价值蕴藏在对课程的规划和设计[10]。探求课程的最大价值，是遵照社会发展和人才培养的需求，提供学生最有价值的知识，并使学生获得最必需的技能和能力以及最基本的思想品德、审美情趣和身体素质。这是设计和研制高等学历继续教育的课程标准框架必须考虑的。表 6-1-3 是高等学历继续教育课程标准框架及内容蕴涵，其中对课程标准二级框架的内容蕴涵作出了详细说明，旨在指导具体实践研制工作。

表 6-1-3　高等学历继续教育课程标准框架及内容蕴涵

课程标准一级框架	课程标准二级框架	内容蕴涵
课程性质	课程性质 课程基本理念 标准设计思路	对课程的性质、价值、功能的定性描述，阐述课程在学科领域的定位、课程基本理念、课程标准设计思路等
课程目标	知识与技能 过程与方法 情感态度与价值观	所要达到的学生发展状态和水平的描述性指标；学生学习达到的结果目标和学习过程体验目标，体现为总体目标和阶段性目标
课程内容标准	内容领域及目标	课程知识领域、知识体系的具体描述
实施建议	教学建议	体现课程的基本理念的教学实施建议，包括学习方式的建议
	学习支持建议	包括教与学的建议、评价建议、课程资源的开发与利用建议以及教材编写建议
	课程资源开发与利用建议	建设基于现代信息技术的、开放的、共享的课程资源的实施建议
	教材编写建议	在课程理念支撑下，编写高质量教材，用以支撑教与学的行为的建议
	评价建议	提供评价指导，结合学科的特点提出有效的策略和具体的评价手段，建立学习结果与学习过程并重的评价机制
技术环境标准	课程资源开发标准 兼容度 安全性和稳定性	有效利用网络多媒体等现代信息化技术进行教学和资源共享的技术环境
课程考核要求	考核标准 考核方式 形成性考核 终结性考核	提出课程知识、能力、技能、素质的考核标准；考试大纲；考核方法，应取得的证书和等级等要求
附录	术语解释及课程标准案例	

图 6-1-3 是高等学历继续教育课程标准的编制流程示意图图解，以便于更形象理解高等学历继续教育课程标准框架构建的内涵及逻辑。

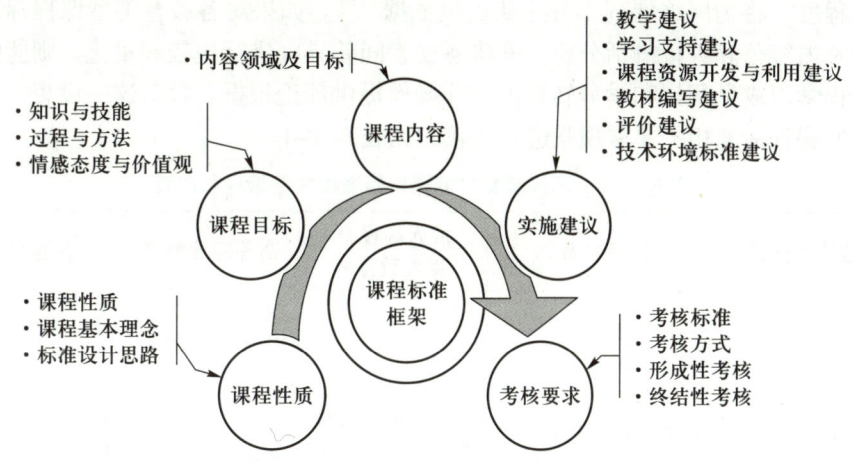

图 6-1-3　高等学校继续教育课程框架图解

通过分析上述高等学历继续教育课程标准框架及内容蕴涵，关于高等学历继续教育课程标准的构建的几点思考如下：

第一，我国目前对高校继续教育办学行为立法不足，对高等学历继续教育课程标准的建构尚无国家法律层面力量的保护。我国在继续教育立法中需要考虑本国固有特色及适应性。在课程标准框架建设上，高等学历继续教育领域需要有适宜的国家层面立法保护，使教育质量的保障与监控有法可依。

第二，不同培养类型和培养目标所设置的课程不完全相同，所针对的课程标准也应各有侧重。因此，在建设课程标准的过程中，需要考虑在课程标准的总体结构框架基本一致的前提下，不同学科课程标准要根据各自特定的要求，在具体体例、风格上保持一定的独特性。

第三，在研制具体的某一门课程的课程标准时，要充分考虑继续教育学习者的需求。与普通高等教育相比，高等学历继续教育学习者学习动机明确，需要更加灵活和开放的教学、实践和管理环境。因此，高等学历继续教育课程标准的建设应体现在以下几个方面：①以促进学生学习行为发生为基础，以促进学生知识、技能、能力、素质的提升为目的；②在课程理念、课程目标的设计上具有针对性和适应性；③课程内容和体系的建设要目标明确和清晰；④课程实施的建议要更加具体，增加对技术环境标准的要求，增加教与学之间互动的设计和课程教学环节的设计，要关注教学模式、资源开发、教材的编写、学习支持服务的设计以及课程考核评价等课程标准各要素间的协调一致。

（三）不同教育类型课程标准相关要素的比较

目前，我国高等学历继续教育、高等职业教育、普通高等教育三种教育类型的需求和人才培养方案各不相同。不同教育类型在人才培养目标、课程目标与教学内容、学制、教育管理模式等方面各有不同，在课程标准的每项指标因素上具有不同的内涵及定位。通过比较分析不同教育类型课程标准相关要素目标的设计，可以对不同教育类型的课程进行一致性、相似度等维度的研究,从而找到不同类型课程之间较为科学的比较量。其中网络课程目标与社会需求的符合程度、课程目标与其实现手段的符合程度、课程目标与其学习评价的符合程度,将为网络课程学分互认提供依据[11]。如果对各教育类型课程标准相关要素的标准及内容蕴涵进行概括分析,并将各要素间差异度进行比较和量化,则能够为不同类型间课程学习成果积累和学分转换的实践操作提供理论根据。针对这一设想,可以对不同教育类型课程标准相关要素现状进行比较,见表6-1-4。

表6-1-4 不同教育类型课程标准相关要素现状比较

课程标准基本框架		网络教育	成人函授、夜大教育	高等职业教育	普通高等教育
课程性质（课程定位、设计理念、标准设计思路）	课程定位	专业领域	专业领域	职业技术领域,以就业为导向	专业领域
	设计理念	培养应用型人才	由单纯的掌握知识型向能力技能型过度,培养应用型人才	关注学生职业生涯,培养职业技能型人才	培养专业型人才;注重学科知识探究,为研究打基础;向应用型人才培养转移
	标准设计思路	体现素质教育理念,强调学生的自主学习		以职业能力和职业技能为重点来设计标准	注重全体学生的发展有学科本位思想
课程目标	（知识、能力目标）	体现"知识与技能、过程与方法以及情感态度与价值观"三位一体的课程功能的总目标和阶段性目标	体现"知识与技能、过程与方法以及情感态度与价值观"三位一体的课程功能的总目标和阶段性目标	体现"知识与技能、过程与方法以及情感态度与价值观"三位一体的课程功能的总目标和阶段性目标	体现"知识与技能、过程与方法以及情感态度与价值观"三位一体的课程功能的总目标和阶段性目标
课程内容标准	专业领域和知识体系	无专门内容标准,参照普通高等教育课程教学大纲的教学内容和要求	无专门内容标准,参照普通高等教育课程教学大纲的教学内容和要求	以职业能力和职业技能形成为重点而确定的课程和教学内容标准	体现素质教育和创新教育理念;对课程专业领域和知识体系有具体描述
教与学的建议	教学资源	线上资源+线下资源学习方式多样化学习过程交互和互动不强	线下资源学习方式单一	线下资源学习方式单一	线下资源为主,在线资源辅助提倡学习方式多样化
	学习支持方式	方式手段多样;传统方式与现代信息技术手段相融合;跟踪学生从注册到毕业全过程;分为学术性和非学术性的支持服务	方式手段单一传统学习支持与服务方式	方式单一传统学习支持与服务方式	由单一方式向多样化转变
	技术环境建议	充分而有效利用网络多媒体等现代信息化技术进行教学	采用传统面授的教学模式,对现代信息化技术利用较落后	采用传统面授的教学模式,对现代信息化技术利用较落后	利用多媒体、网络技术发展带来的契机,课堂教学模式向现代信息化技术为支撑的个性化教学模式转变

续表

课程标准基本框架		网络教育	成人函授、夜大教育	高等职业教育	普通高等教育
教材编写建议	教材建议	要求较随意 教师自编或选用相关教材	随意，无硬性要求	专用教材	基本统一规定的或专用教材
评价建议	考核要求	形成性与终结性结合	形成性与终结性结合	终结性考核、实习实践	形成性与终结性结合
资源的建议与共享		电子教材、网络课程；有多媒体应用需求；可共享和下载	无共享和下载要求	无共享和下载要求	无共享和下载要求

从理论上讲，在对不同教育类型在人才培养目标及课程标准所要求的各项指标因素进行适应性调整时，当其核心指标的内涵趋于统一或一致的情况下，各教育类型的学习成果可以实现沟通与衔接，也可能实现在后续教育阶段弥补由一种学习成果向另一种学习成果转化过程中的可比较的量化的差距点。当专业知识掌握、系统理论完善、能力与素质提升、职业发展愿景、职业技能储备、人格心理塑造、自我意识与精神培养等方面满足受教育者的需求，并且达到社会对人才标准的需求时，教育发展可以说是达到了质量内涵的同步发展。

因此，探讨和研制具有适应性的课程标准体系十分重要。在此基础上，促进普通高等教育、高等职业教育、继续教育等不同教育领域间的融合，打通不同教育形式间的割裂和壁垒，让学习成果在不同教育形式间进行有效积累和转移，这些方面正是后续研究和关注的重点。

参考文献

［1］顾明远.教育大辞典（第一卷）[M].上海：上海教育出版社，1990.

［2］陈玉琨.课程改革与课程评价[M].北京：教育科学出版社，2001.

［3］同［1］.

［4］美国国家研究理事会.美国国家科学教育标准[M].北京：科学技术文献出版社，1999.

［5］崔允漷，沈兰.澳大利亚维多利亚课程标准框架述评[J].外国教育资料，2000.

［6］沈兰.关于制订课程标准的建议——兼评《加拿大安大略省数学课程标准1—9年级》[J].外国教育资料，2000.

［7］杨明月.2001年课标实践研究评述[J].文教资料，2014（10）.

［8］刘兼.国家课程标准的框架和特点分析[J].人民教育，2001（11）.

［9］胡弼成.高等教育质量观的演进[J].教育研究，2006（11）.

［10］朱莹.论新时期高等教育自学考试课程标准的构建[J].湖北招生考试，2012（18）.

［11］张润芝，张进宝，陈庚.网络课程质量评价实践及学术研究评述[J].开放教育研究，2011（4）.

（邵轩、包华影）

基于学分制的学历继续教育专业课程体系建设

学分制是一种与学年制相对的教学管理制度,具有柔性和弹性等特点。它没有固定的学习时数和学年,而是以学分为计量单位,以学生选择课程为核心,以导师制为支撑,以取得必要的最低学分为毕业和获得学位的要求,进而综合衡量学生的学习质量。学分制以选修制为基础与前提,1872年发端于美国哈佛大学,由时任校长艾略特创立和开始推行。学分制的诞生将"(美国的)大学像烙饼一样,翻了个底朝天"[1]。至此,学分制开始传播至欧亚乃至世界各国。1918年,在蔡元培的大力倡导下,北京大学率先实行选课制,标志着我国现代高等教育开始推行学分制。

然而,长期以来,我国学历继续教育多采用学年制。基于传统学年制的学历继续教育,既难以满足成人学生的不同需求,又使人才培养目标难以契合经济社会发展。随着我国普通高等教育学分制发展的逐渐完善,以及学历继续教育的不断发展和创新,在学历继续教育中推行学分制成为趋势。学分制的核心是选课制,因此,构建基于学分制的学历继续教育专业课程体系成为趋势,通过建设合理、科学的专业课程体系,进而实现学历继续教育应用型、创新型、复合型人才培养定位,这也是新时代学历继续教育专业课程体系建设的必由之路。因此,如何构建基于学分制的学历继续教育专业课程体系就显得十分重要。作为学分制核心和基础的专业课程体系是围绕某一专业人才培养目标所需要的课程的总和,不仅包括课程结构和内容设计,还包括内在逻辑设计,这就需要在相关原则的指导下,积极进行专业课程开发,建立课程体系评价和保障机制。因此,可以从遵循原则、课程体系结构建设、课程开发以及课程体系评价与保障等方面推进学历继续教育专业课程体系建设。

一、基于学分制的学历继续教育专业课程体系建设遵循的基本原则

(一)自主性原则

自主性原则是指学习者能够按照自我意愿和动机,并根据自己的学习能力、学习任务和学习进程进行学习。基于学分制的学历继续教育专业课程体系建设应充分尊重成人学生的自主性,使其能够对学习内容和学习进程进行自我掌控。成人学生不同于普通全日制本科学生,他们具有独立自主的自我概念,是一个独立的个体,希望他人将自己看作成人,他们中的大多数人能够进行有效的自我管理、正确判断自身实际情况,并进行自我决策。因此,基于学分制的学历继续教育专业课程体系应充分体现灵活和自主的特点,包括专业课程和教师选择的灵活性、学习形式的多样化、课程考核的灵活性以及学业年限的弹性化。进而使成人学生能够根据自身需求,依据既定目标自主选择专业课程、教师、学习形式,

规划学习进程，在规定年限修完学分，达到毕业要求。

（二）发展性原则

发展性原则是指专业课程设置要契合学习者的未来发展方向，满足他们的未来价值需要。成人学生接受学历继续教育是为了使自身得到更好的发展。因此，专业课程的设置要能够促进成人学生的发展。发展性原则要求基于学分制的学历继续教育专业课程体系以成人学生的自我发展为根本和中心。成人学生的发展是一个动态过程，因此，学历继续教育专业课程体系建设应紧紧围绕学分制，充分利用学分制灵活性的优势和特点，强调动态与调整，使课程的设置和选择变得更加灵活，能够激发成人学生的学习兴趣，培养他们自主、主动学习的意识。此外，要在传授专业知识和技能的基础上，培养和提高成人学生的有效学习能力，使他们学会学习，促进他们的知识更新以及个人发展的不断完善，并适应不断进步、发展的社会，进而为实现成人学生的长远发展以及终身学习打下基础。

（三）系统性原则

系统性原则是指专业课程设置应依照课程目标，综合考虑各个课程要素之间的关系，形成完整有序的课程结构。"杂施而不孙，则坏乱而不修"，专业课程体系不应该是杂乱无章的，应该是有层次、有条理、有规律、科学的完整结构。基于学分制的学历继续教育专业课程体系应在体现成人性的基础上，进行科学合理的构建。专业课程设置应以培养目标为前提和基础，设置体现成人学生特点的课程内容，充分利用和整合课程资源，对不同类型和不同层次的课程进行归类分析和有机结合，统筹安排课程之间的合作与分工，合理分配课时和学分，循序渐进，由浅入深，由表及里，形成较为系统和科学的专业课程结构。

（四）目标导向性原则

目标导向性原则是指从目标出发，并以实现目标为核心和最终目的。学历继续教育作为一种有目的、有意识培养成人学生的社会实践活动，其运作过程离不开培养目标。因此，专业课程作为载体，其体系的建设应立足于成人学生的实际情况，服务于培养目标，促进培养目标的实现。成人学生的学习目标明确：一方面，从近期看，成人学生可以通过灵活选择某一门专业课程，实现近期目标，即当前在工作或生活中遇到的小问题。另一方面，从长远看，成人学生可以在教师的指导下，结合个人发展方向或人生规划，合理规划课程，以完成长远目标。

二、课程体系结构建设

"课程结构是指按一定标准和选择组织起来的课程内容所具有的各种内部关系，主要包括各类课程的比重，各门课程之间的联系、配合和相互渗透，课程内容的排列顺序。"[2]学历继续教育专业课程体系结构不应该是零散的，而应该是一个有机的整体；不应该是普教化的，而应该具有成人性；不应该只强调理论的系统、知识的连贯以及学科的内在逻辑，而应该将成人学生的学习与实践紧密联系。因此，基于学分制的学历继续教育专业课程体系建设应针对社会的需求和成人学生的特点，将创新型、技能型、应用型和复合型人才的培养目标作为依据和指南,以成人学生的实际,特别是成人学生的职业需求为出发点,按照课程内容和属性划分专业和模块,依据人才培养目标进行专业课程设置,明确不同专业和层次人才培养修读学分的要求,进而合理设置学时、学分,以及各模块之间的比例。

学历继续教育专业课程体系,要以人才培养目标为依据,通过科学运用学分制,体现学科广、灵活性强等特点,围绕"强基础、注延伸、拓视野、重实践"的理念,强调夯实成人学生理论基础,注重拓展他们的专业视野,着力培养他们的实践能力。基于此,可以将课程体系结构分为基础课程模块、专业课程模块、拓展课程模块以及实践课程模块四部分,并针对不同模块,围绕不同重点,设置不同性质的课程(即必修课和选修课)。具体如表6-2-1所示。

表6-2-1 课程结构设置

课程模块	课程类别	课程性质	具体内容
基础课程	公共基础课程	必修	基础、工具知识课程,包括理论素养课程、信息素养课程、语言运用课程与数学思维与技能课程
	专业基础课程	必修	相同门类学科开设的学科基础课程
专业课程	专业核心课程	必修	专业必备的基础课程,包含专业领域必须掌握的理论、知识与技能
	专业发展课程	选修	学科前沿课程、最新成果
拓展课程	公共拓展课程	选修	除公共基础课程以外的公共课程
	专业拓展课程	选修	跨学科课程
实践课程	专业技能实践课程	必修	专业能力所必备的实践技能
		选修	促进个人职业发展的实践技能

基础课程包括公共基础课程和专业基础课程,旨在培养成人学生的基本政治素质,夯实知识基础,增强基本信息素养,并为专业课程的学习打下基础。专业课程包括专业核心课程和专业发展课程,旨在加强成人学生专业知识和技能的基础,紧跟学科前沿,通过特色鲜明的专业课程培养成人学生的学习兴趣,促进其专业能力的进一步提高。拓展课程包括公共拓展课程和专业拓展课程,旨在结合成人学生的职业需求,打破学科壁垒,促进各学科间的交叉和融合;依据学校和社会的实际情况,设置特色课程,激发成人学生的学习动力,培养成人学生的创新意识和能力,拓展成人学生的视野,提升多方面的素质。实践课程旨在结合成人学生的特点以及其职业特点,以"学以致用"为理念,在指导毕业论文(设计)和答辩的基础上,通过具体实践,提高成人学生的专业技能,使其掌握从事职业领域实际工作的基本能力和基本技能,同时掌握促进个人职业发展的实践技能。

基于学分制的课程结构,从知识本位的课程理念转变为强调综合素质的课程理念,打破了学年制固化的、只有公共课和专业课的单一课程结构,课程模块变得更加丰富。从课程性质上来说,增设更多选修课程,以满足成人学生灵活选择课程的需要;从课程类别来说,增设专业发展课程、公共拓展课程、专业拓展课程以及专业技能实践课程,以满足成人学生根据自身实际需求进行选择的要求。成人学生对于课程的学习顺序可以由上自下依次进行,即从基础课程模块到实践课程模块,也可根据实际情况,在开展基础课程的同时支持其进行选修,以及时掌握本领域的最新动态,提升实践能力,及时将所学理论知识运用到实践中，进而满足成人学生的职业需求。

此外，在加强专业技能，提高实践能力的理念下，可以根据学校实际情况，合理设置专业课与公共课的比例、必修课与选修课的比例以及理论课与实践课的比例，以及明确各门课程的学分，达到培养创新型、技能型、应用型和复合型人才的目标。目前，我国一部分继续教育学院已开始实行学分制，例如，云南大学职业与继续教育学院规定想要获得学位（专升本）的学生，需拿到80个学分；其中，必修课与选修课学分分别占总学分的60%和40%。[3]齐齐哈尔医学院成人与继续教育学院必修课学分占总学分的65%，其中，公共课占10%，专业基础课占25%，专业课占30%；选修课学分占总学分的35%，其中，限制性选修课占20%，任意选修课占15%。[4]借鉴相关学校实行学分制的经验，我们可以将学分（专升本）规定为80个，必修课和选修课学分分别占总学分的60%和40%，学分分别为48个和32个，各模块、类别课程所占学分及比例如表6-2-2所示。如此设置学分，一方面，改变以往简单的学分比例和结构，使得课程结构更加丰富、清晰，成人学生获得学分更加灵活，更能够满足他们的不同学习需求；另一方面，体现成人性，突出实践课程，使得实践课程的学分至少为24个，占总学分的30%，相对于传统重学历轻技能的课程体系结构是一种突破，更有利于成人学生对于专业技能的学习。

表6-2-2 不同模块、类别课程的学分设置及所占学分比

课程模块	课程类别	课程性质	学分		学分占比	
基础课程	公共基础课程	必修	8	28	10%	35%
	专业基础课程	必修	20		25%	
专业课程	专业核心课程	必修	16	20	20%	25%
	专业发展课程	选修	4		5%	
拓展课程	公共拓展课程	选修	4	8	5%	10%
	专业拓展课程	选修	4		5%	
实践课程	专业技能实践课程	必修	4	24	5%	30%
		选修	20		25%	

教育学（专升本）专业，是以培养热爱教育事业，掌握系统学校教育理论知识与技能，熟悉我国学校教育政策法规，具备在学校教育领域从事教学、研究和管理等实际工作的高级应用型人才为目标。以教育学（专升本）专业为例，其课程可以依据表6-2-3设置。

表6-2-3 教育学（专升本业余）课程结构设置

课程模块	课程类别	课程性质	具体（典型）课程	学分	学分占比
基础课程	公共基础课程	必修	马克思主义基本原理、中国近代史纲要、毛泽东思想和中国特色社会主义理论体系概论、计算机基础及上机、英语	8	10%
	专业基础课程	必修	教育学原理、普通心理学、教育心理学、中国教育史、外国教育史、教育科学研究方法	20	25%

续表

课程模块	课程类别	课程性质	具体（典型）课程	学分	学分占比
专业课程	专业核心课程	必修	课程与教学论、德育原理、教育管理学、教育法学、教育技术学	16	20%
	专业发展课程	选修	教育测量与评价、教育学专业外语、教育统计学、成人教育学等	4	5%
拓展课程	公共拓展课程	选修	公共关系与社交礼仪、应用文写作、个人理财学、法律基础与职业道德修养等	4	5%
	专业拓展课程	选修	发展心理学、多媒体课件设计与开发、人力资源开发与管理等	4	5%
实践课程	专业技能实践课程	必修	毕业论文写作与指导	4	5%
		选修	就业创业指导、校外实习、微课教学、教学技能训练等	20	25%

三、课程开发

基于学分制的专业课程体系，要充分发挥其灵活性，通过准备大量、丰富的专业课程给予学生更多选择权。同时，这些专业课程不应该是照搬普通高等教育的，而应该是具有继续教育特色的。因此，专业课程开发就显得至关重要，它是基于学分制的学历继续教育专业课程体系建设的关键。由谁进行课程开发、开发什么内容的课程，直接关系学历继续教育专业课程体系的质量，进而影响学历继续教育的质量。因此，学历继续教育的性质和教育对象与普通高等教育存在很大差异，其专业课程的开发要更多地体现学历继续教育的特殊性。

（一）树立正确理念

其一，摒弃传统观念。教育家夸美纽斯曾说："凡是想要建立一座新建筑的人，一定先把地基打平，去掉那些较不舒适或已被毁的屋宇。"[5]一方面，要摒弃轻视学历继续教育的观念，重视学历继续教育在高等教育中的地位和作用，走出对课程资源固有的僵化的观念，由静态的课程观转变为动态的课程观，树立强烈的课程开发意识。另一方面，摒弃学分制不适宜在我国学历继续教育领域推行的这一观念，明确学分制对于发展学历继续教育的重要作用，并在借鉴发达国家成功经验的基础上，结合实际，积极推行学分制，努力完成由学历继续教育学年制向学分制的过渡。其二，以"人"为本，彰显成人性。基于学分制的专业课程体系，要以成人学生为中心，以人才培养目标为依据，既要全面提高成人学生的素质，给予他们更多人文关怀，又要培养他们适应经济社会发展以及满足所承担不同社会角色需求的各项能力，以促进他们达到自我实现的需要。其三，以满足学生发展为宗旨，彰显课程开发的动态性。将学分制引入学历继续教育，其目的就是以学分制的灵活性和自主性，更好地满足成人学生的发展。成人学生的发展是一个动态的过程，这种动态性要求学历继续教育专业课程需要针对成人学生职业需求进行不断更新和变化，防止一成不变，同时，要以是否满足成人学生发展为评价标准，及时进行课程评估。

（二）多元主体参与

基于学分制的学历继续教育专业课程体系要彰显成人性、高度契合人才培养目标，仅靠单一力量是不能实现的，需要多方参与，方能全面考虑成人学生自身需要以及经济社会发展的需要。国外对于由什么团队对专业课程进行开发这一问题展开了一系列的探索，从设立具有全国性的课程开发机构，到探索校本课程开发，再到以教师为中心通过行动研究开发课程以及官方实施课程变革等都做了大量研究；而我国专门从事专业课程开发的团队或人员却为数不多，尤其是在学历继续教育的课程开发方面。因此，应建设由课程专家、学校教师、企业专家、学校管理人员、成人学生共同参与的课程开发团队，从不同角度共同开发具有针对性的适合学分制的学历继续教育课程资源。其中，要尤其注重成人学生的参与。学历继续教育的主体是成人学生，他们对于学习内容的体验尤为重要。成人学生参与课程开发，基于自身特点设计课程，能够体现课程体系的成人性。此外，注重与校外专家的合作，与企业共同开发课程。参加学历继续教育的成人大多为了满足岗位需求，希望能够实现职业发展。可以在立足我国实际情况的基础上，借鉴国外经验：例如，加拿大社区学院专门设置课程顾问委员会，由企业的领军人物组成，共同制定专业课程和教学大纲，了解社会及企业发展动态，适时调整课程。

（三）合理设置课程内容

"课程内容是课程的基本要素"，"没有内容的课程是不存在的"。[6]成人学生不同于普通全日制本科学生，他们拥有独立自主的自我概念、重视已有经验、学习需要明确并以解决生活或工作中的问题为学习目的。目前，学历继续教育专业课程设置普教化倾向严重，过多模仿普通高等教育，开设相似专业，专业课程内容没有考虑到成人学生的特点和根本需求，更没有密切结合学分制特点。学分制以选课为特点，促使学校优化学历继续教育专业课程内容，进而使其吸引成人学生选修：一是丰富性与多样性相结合。成人学生来源的广泛性、层次的复杂性以及需求的多样性，要求专业课程内容需要在注重系统性和整体性的基础上，更多地体现灵活性。因此，基于学分制的学历继续教育专业课程内容可以借鉴国外包罗万象的课程内容，基于多学科、多视角，储备大量的、内容丰富的专业课程，在重视基础理论的前提下，加强延伸和拓展，关注不同学科间的渗透，让不同成人学生根据自身的知识结构、职业需求和生活需求等方面自主选择课程，使他们"学其所想"、"学其所需"。二是前瞻性与时代性相结合。学历继续教育专业课程内容不仅要有利于成人学生掌握扎实的专业知识和技能，还要使其具备适应社会发展所需的各种能力，即在重视基础课程模块和专业课程模块内容的同时，注重丰富和更新拓展课程模块内容。这就要求学历继续教育专业课程内容在注重基础的同时，紧跟时代发展，吸收最新和最前沿的知识，甚至具有一定的预测性，为成人学生的长远发展提供条件和支持。三是系统性与经验性相结合。专业课程内容要尊重成人学生的已有经验，在对课程进行整体规划、保持课程内容完整性的基础上，结合成人学生已有经验，充实和调整专业课程内容，发挥课程对人才有针对性的培养作用。

四、课程体系评价与保障

(一) 以全方位为标准,完善专业课程评价

课程评价是运用科学、系统的方法,对课程的过程和结果收集资料,并对其效果和价值作出判断的过程。评价是专业课程体系必不可少的环节之一,"课程评价本身应该引领课程开发并与之相结合",[7]它决定专业课程的质量以及发展方向。统一的课程评价方式对于基于学分制的专业课程体系的建设是不利的,不能充分发挥学分制的优势。此外,基于学分制的学历继续教育专业课程体系对于人才的培养更加灵活,每一位成人学生均能根据自身实际情况,规划适合自身实际的个性化培养方案,其复杂性要求坚持多元化、全方位的科学课程评价机制。其一,评价主体多元。对于学历继续教育专业课程的评价,不能局限于某一个机构或某一个群体,应坚持多元评价,给予不同主体话语权。评价主体既包括正规教育管理部门、相关教育评价或决策机构,也包括课程专家、教师以及成人学生。只有所有参与到课程中的主体都对课程进行评价,才能够全面反映课程设置的真实情况,判断其是否适合学分制。其二,评价视角多元。一方面,将形成性评价与总结性评价相结合。既要注重及时提供反馈,以改进和调整课程,并为未来的课程规划提供基础,又要注重对结果的鉴定,以判断是否完成预期目标。另一方面,将质性评价与量化评价相结合。既要注重标准化、数量化和客观化,又要注重真实性和深入性,进而通过质性评价和量化评价的相互补充,从整体上把握课程的开发、规划与实施。其三,评价方法多元。根据侧重点不同,选择不同的课程评价方法。例如,侧重评价课程结构,可以使用观察法等;侧重评价课程成果,可以使用测验、考试、问卷等。此外,要及时进行元评价,即对专业课程评价的评价。通过元评价,以监控评价本身的科学性和规范性,使课程评价更为有效,以更契合学分制。

(二) 以针对性为原则,健全保障体系

完善的保障体系是构建基于学分制的学历继续教育专业课程体系的重要保证,主要包括四个方面。第一,手段保障。运用现代化管理手段,打造先进的管理平台,方便成人学生选课以及教师管理。同时,由于成人学生的特殊性,可以将部分课程,尤其是选修课,通过网络授课的方式,实现自主学习。第二,管理保障。基于学分制的学历继续教育专业课程体系相对于学年制来说更加复杂,课程体系的变化,使得成人学生淡化以往以固定班级为单位的学习形式,将教学班取而代之。因此,对于课程、成绩以及学籍的管理,也会变得复杂且更具有动态性。教学管理教师要正确认识并适应新转变,提升自我综合素质,善于探索规律,明确分工,提高业务水平,强化服务理念,善于运用现代化手段,使新的专业课程体系运作得更为流畅。第三,资源保障。充分利用各种资源。一方面,借助普通高等教育教学资源,例如实验室、机房和录播室等,给予成人学生更多实践的机会,保证其所选课程,尤其是体现实践性的课程能够有效实施。另一方面,加强校企合作,创建校外实践基地,课程以真实项目和任务为载体,以企业或学校作为学习场地,通过项目运营、组织活动等形式,将知识和能力培养渗透其中,保障课程的务实性和实践性,更突出基于学分制的课程体系的灵活性。第四,师资保障。对于选修课需求的大量增加,需要一支强大的专业师资队伍,以保障课程的顺利开展以及课程的开发。此外,还要培养一部分课程

指导教师，建立导师制，即导师对学生在学习、生活等方面进行个别指导的一种制度。导师制是基于学分制的学历继续教育专业课程体系以开设相当数量的选修课为前提，通过成人学生对于课程的自主选择实现。导师可以对成人学生进行单独指导，依据其个人需求，帮助其制定学习计划，防止出现凑学分导致的知识结构不完整的现象。导师制是成人学生合理选择课程以及学分制顺利实现的保证。

参考文献

［1］舸昕．从哈佛到斯坦福——美国著名大学今昔纵横谈[M].北京：东方出版社，1999.

［2］程凯，李如密．成人教育教学论[M].郑州：河南教育出版社，1999.

［3］竟明亮．成人高等教育在学分制下的课程结构研究[D].昆明：云南大学，2012.

［4］王海军，辛杨，王蒙，等．成人高等学历教育学分制改革实践研究——以齐齐哈尔医学院成人与继续教育学院为例[J].中国卫生产业，2016（35）.

［5］夸美纽斯．大教学论[M].傅任敢，译．北京：教育科学出版社，2014.

［6］A. V. Kelly. 课程理论与实践[M].吕敏霞，译．北京：中国轻工业出版社，2007.

［7］钟启泉．课程论[M].北京：教育科学出版社，2007.

（冯琳、闫树涛）

高校学历继续教育的质量保证体系构建

高校学历继续教育在我国高等教育体系中占有一席之地，为我国高等教育大众化和学习型社会建设做出了重要贡献。但是质量水平和质量问题一直困扰着高校学历继续教育，政府和办学机构为此做了诸多努力，然而这些工作零散、不成体系，仍停留在质量管理层面，并没有落实到真正的系统的质量保证工作当中[1]。质量保证和质量管理尽管从表象上看非常相似，但是却有着质的不同。质量保证是一个前摄性的质量活动，以过程为导向，主要关注如何防止过程中问题的发生；质量管理是反应性的质量活动，以产品和结果为导向主要关注的是结果的评估[2]。如果从工具的视角来看，质量保证是管理工具，而质量管理是纠错工具。现阶段，我国需要的不是"遇火救火"的质量管理工作和制度，而是一个系统的质量保证体系，建立科学的、系统的、完整的高校学历继续教育质量保证体系尤为重要和紧迫。

一、质量保证相关概念

（一）质量

从语义学的角度看，"质量"一词的含义比较清晰。"质量"的英语"Quality"一词源于拉丁文，指某一给定实体的性质，只描述事实，不作价值判断，不区分好坏。随着时间的推移，质量的定义中慢慢出现了价值判断的成分，质量开始含有评价的意思。《朗文现代英语词典》解释为"grade, degree of excellence"，意思是"优秀的等级或程度"。《汉语大词典》对质量的解释是"事物、产品或工作的优劣程度"。[3]

也有人提出，质量的概念是从工业引出的，质量必须是建立在一个过程中，包括前期的产品设计、产品生产加工过程和后期的产品测试过程[4]。类比工业概念"质量"，学历继续教育领域的质量也需要包含前期的课程设计、系统设计、人力物力准备，过程中的学习支持和非学习支持，以及后续的评价和评估。

（二）质量保证

质量保证的概念由英文"Quality Assurance"翻译而来，学者哈曼和米克定义为："质量保证是指通过监视过程和结果，以确保实现指定或提高质量的系统化管理和评估过程。"[5]全国科学技术名词审定委员会解释为"为使物项或服务符合规定的质量要求，并提供足够的置信度所必须进行的一切有计划的、系统的活动。"质量保证一词最早出现于1987年版 ISO9000 族系列标准，在 1994 版的 ISO9000 族标准风行全世界的同时，质量保证这一名词也广泛被使用。[6]

教育中的质量保证概念是从工业质量领域中"租借"而来，质量保证、质量控制等术语均来自工业生产中对产品质量的控制。工业质量管理思想如 ISO 9000 和全面质量管理（Total Quality Management, TQM）等至今仍对教育质量保证影响很大，但是与工业质量保证相比，教育领域中的质量保证在内涵与外延上都发生了很大的变化。[7]英国高等教育质量保证署（Quality Assurance Agency, QAA）提出了教育质量保证定义：教育质量保证是提升教师教学、学术及科研，以及学生学习的质量的全部标准体系、资源和信息的总和。田恩舜认为高等教育质量保证是指特定的组织根据一套质量保证标准体系，按照一定程序，对教育质量进行控制、审核和评估，并向学生和社会相关人士保证高等教育的质量，提供有关高等教育质量的信息，其基本理念是对学生和社会负责、保持和提高高校的教育质量水平、促进高等教育整体发展[8]。

通过以上对质量保证概念的解析，可以得到三个结论：（1）质量保证的目的有两个，一个是为了确保和提升质量，另一个则是让外界确信该教育形式能提供合格的教学和服务；（2）质量保证不是单个活动，而是由一系列有关管理和评估的活动组成；（3）质量保证活动是按照一定的程序和标准开展的。因此，学历继续教育质量保证是学历继续教育系统为使人们确信办学机构能提供合格的教育服务，按照一定的标准和程序，在内部对教育质量进行控制、审核和评估，确保质量的所有活动和过程[9]。这种活动的标志或结果就是提供"证据"，以确保用户和消费者对质量的信任。

二、国外高等教育质量保证体系

（一）英国高等教育质量保证体系

英国的高等教育质量保证分为内部质量保证和外部质量保证两部分，这是由其制度决定的。英国的大学和学院都实行自治，学校需全面对本校所设专业和授予学位的质量和标准负责。因此，各学校均设有内部质量保证机制，以期在专业规划、审批、监控和审查等各个环节把住质量和标准，外部的质量保证是为了促进内部更好地质量管理而设置的。根据研究的需要，我们主要来关注一下英国的外部质量保证系统。

外部质量保证分为以下两个系统，一个是与政府有一定联系的非官方组织，另一个是民间的监督和评估系统。

1. 与政府有一定联系的非官方组织

与政府有一定联系的非官方组织有高等教育基金委员会（High Education Funding Council, HEFC）、国家学位委员会（CNAA）、高等教育质量委员会（HEQC）、高等教育质量保证署（Quality Assurance Agency in Higher Education, QAA）等机构。

高等教育基金委员会和国家学位委员会是代表政府对高等教育实施水平认证、基金分配和质量监督的机构，前者的主要职责是根据每 4 年一次的认证结果制定高等教育基金分配方案，并与大学签订合同，监督经费的使用效益，后者的职能是对大学以外的高等学校（如技术学院、师范学院、继续教育学院等）进行质量监督、统一颁发学位文凭和证书[10]。

QAA 于 1997 年成立，它在质量保证方面替代了高等教育质量委员会（HEQC）和高等教育基金委员会（HEFC），负责对全英高等学校提供统一的综合质量保证服务。QAA 的职责其一是提供咨询、指导和支持，以帮助英国的大学、学院及其他机构尽可能为学生提供最好的高等教育服务；其二是审查机构并发布报告、公布调查结果；其三是发布指导意见，促进质量的提高。

QAA 的组织经费来自于各个高校的会费以及委托评审的签约组织。其最高领导理事会由 14 人组成。合作伙伴包括高等教育工作人员、学生（包括现有的和潜在的）、雇主、专业、法定和监管的机构（PSRBs）、政府机构和高等教育拨款委员会、其他在英国高等教育代表特殊利益的机构以及欧洲和国际高等教育部门。

该机构的工作流程如图 6-3-1 所示，首先机构进行自评，形成自评报告，将自评报告提交给评估小组，评估小组在分析完自评报告之后，组织专家到实地进行考察，最后形成认证报告。

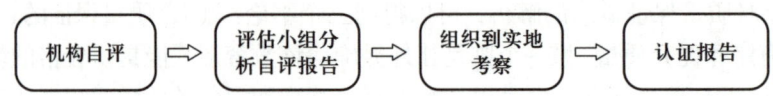

图 6-3-1　QAA 工作流程图

2. 民间的监督和评估系统

在对高等教育进行质量保证过程中，民间的监督与评价系统也发挥着越来越重要的作用与影响。《泰晤士报》自 1992 年后每年一次公布英国大学排行榜，至今已历二十多届。它是从民间的立场出发，组织有关专家对高等学校进行的评估。由于指标设计合理（含教学、科研、学生录取水平、师生比例、图书及计算机支出、其他设施支出、优秀本科毕业生、毕业生就业等）、数据来源可靠（取自政府的统计报告、大学的年度报告等），具有较高科学性和社会可信度，成为英国政府和大众以及国际社会评判英国高等学校质量与水平的重要依据之一，同时对各大学不断提高教育质量发挥很大的促进作用。[11]

总结英国高等教育质量保证可以看出以下几点：

第一，政府职能从直接管理变为宏观调控，具有了一个统管高等教育质量的全国性组织——高等教育质量保证机构（由 QAA 统筹全局，开发新的、统一的质量保证方案）；建立了一套统一的全国学历、学位标准和规范高等教育质量管理的指导性文件（包括：高等教育资格框架、各学科的学科基准、专业规格编写指南、学术质量和标准的实施规则、学术审查手册等）。

第二，机构由被动接受评估转变为主动要求认证。在学术审查的基础上，各专业职业团体或其他法定团体按各自的职业要求对各自相关的专业进行专业鉴定。

第三，强调公开、透明性。认证机构定期公布对院校的质量认证结果，这会影响院校的声誉，影响社会、机构和学生对其质量的信任度，最终影响其生源和经济收入，形成依据市场对其质量制约的机制。

（二）澳大利亚高等教育质量保证体系

20 世纪 70 年代初，由于澳大利亚政府取消大学本科阶段收费，大学的人数迅猛增长。据澳大利亚大学校长委员会的远景预测，到 2020 年至少三分之二的澳大利亚人将接受高等教育。由于入学人数剧增,澳大利亚高等教育面临质量下降的问题。针对这一现象,澳大利亚从 20 世纪 70 年代就开始对高等教育质量保证体系进行改革和完善。目前,澳大利亚已经初步形成了体系完备、内容务实具体、效果良好的高等教育质量保证体系。

1. 澳大利亚学历资格框架(AQF)

AQF 是澳大利亚控制教育和培训资格的国家政策机构,AQF 包含教育和培训机构的资格认证,基于此形成一个全面的国家资格框架。

AQF 学历资格水平包含学历水平、资格类型、资格名称三部分内容。在 AQF 学历水平中,有 10 个级别,从最低 AQF1 级到最高 AQF10 级。AQF 学历水平级别共 14 种,囊括全国各地的所有教育和培训领域,除了高中教育证,其余均属这 10 个级别,AQF 所界定的层次是学习成果表现的标准。[12]

AQF 的学历水平分级及其资格类型如表 6-3-1 所示。

表 6-3-1 AQF 学历资格水平分类[13]

AQF 学历水平	资格类型	资格名称
	高中教育证书	跨辖区的名称会有所不同,使用时会附带名称声明:"(证书名称)在澳大利亚学历资格框架(AQF)是一个高中教育证书"。
1	一级证书	一级证书(研究领域/学科)
2	二级证书	二级证书(研究领域/学科)
3	三级证书	三级证书(研究领域/学科)
4	四级证书	四级证书(研究领域/学科)
5	文凭	文凭(研究领域/学科)
6	高级文凭	高级文凭(研究领域/学科)
6	副学士	副学士(研究领域/学科)
7	学士	学士(研究领域/学科)
8	学士荣誉学位	学士(研究领域/学科)(荣誉)
8	职业研究生证书	职业研究生证书(研究领域/学科)
8	职业研究生文凭	职业研究生文凭(研究领域/学科)
8	研究生证书	研究生证书(研究领域/学科)
8	研究生文凭	研究生文凭(研究领域/学科)
9	硕士学位(研究)	硕士(研究领域/学科)
9	硕士学位(授课式)	硕士(研究领域/学科)
9	硕士学位(扩展)	硕士(研究领域/学科)(可用于例外情况,见下文*)
10	博士学位	博士(研究领域/学科)
10	高等博士学位	博士(研究领域/学科)

2. 澳大利亚质量保证

澳大利亚质量保证采取内部保证和外部保证相结合的方式,遵循以下几个原则:第一,坚持院校的多样性,保持学校特色;第二,检查要有公开性、可信性和高效率,要有利于促进和提高质量，有利于好的经验的传播；第三，要有内外监督；第四，要减少指令性和官僚做法，减少开支；第五，外部质量保证是内部质量保证的补充，不能干涉或替代内部质量保证；第六，检查不仅仅是评价大学已取得的成就，更要评价它所确定的目标与取得的成就是否一致，检查的最终目的是帮助大学达到它确定的目标，促进大学质量的提高；第七，要和有关部门充分协商（如专业学术团体、澳大利亚副校长委员会、海外教育认可委员会等）。

澳大利亚高等教育质量保证体系由大学、联邦政府、澳大利亚学历资格评定框架署（The Australian Qualifications Framework，AQF）、澳大利亚大学质量保障总署、州或地区政府、外部学术团体六部分组成。在澳大利亚高等教育质量保证体系运行机制中，大学是一切工作的对象；联邦政府根据《高等教育基金法》三年一度的基金协定为大学提供资助，监控大学绩效信息以增进大学质量，公布大学绩效；大学向联邦政府提供质量保证计划和研究计划。[14] 州政府、联邦政府、学术团体和行会对大学提出了质量要求；州和地方政府根据有关规定负责所属大学的资格认定；澳大利亚学历资格评定框架署负责大学的注册和学位颁发；大学质量保证署负责开展外部质量检查，并提供最终检查报告，联邦政府根据检查报告对大学进行不同等级的资助。[15] 在澳大利亚，主要的外部质量保证活动包括资格认定、注册和学位颁发评审、外部检查，其运行关系简图如图6-3-2所示。

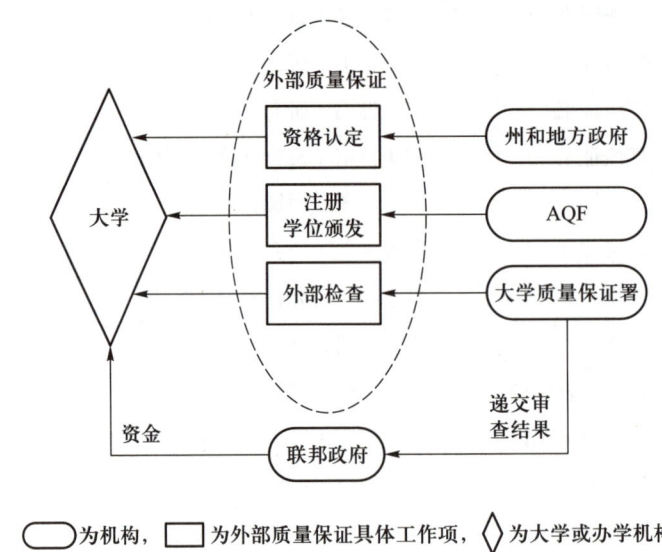

图6-3-2 澳大利亚高等教育质量保证体系运行关系图

总结澳大利亚高等教育质量保证可以看出：

第一，质量保证体系内外结合，质量保证机构和谐统一。政府通过质量保证署拨款机制加强对大学的控制，以提高高等教育的质量，增强高等教育的活力。

第二，质量保证体系与本国国情相适应。澳大利亚考虑到联邦体制的特点和本国的历史传统与大学的特色，并没有盲目模仿其他国家的模式。澳大利亚高等教育虽然深受英国模式的影响，但是它并没有照搬英国的评价模式，澳大利亚的质量保证体系既由政府倡导组织，又脱离政府单独行使职权，而且强调政府只是提供一个质量保证的框架，现存的州及地方政府在质量管理中发挥了重要的作用。

第三，质量保证检查重视对预期目标的达成考核。要求被评大学或专业制订明确的教育目标，拟定达到这一目标的途径和方法；以充分的材料证明已达到了预期的教育结果；提出下一轮改进和提高教育质量的措施。[16]

三、学历继续教育质量保证体系构建

基于以上分析，我国学历继续教育质量保证体系可以如此设计（如图6-3-3），共四层，从上位到下位分别是质量定位、学分体系、质量保证标准以及质量保证组织实施模式。质量定位是最先需要定义清晰的，不同的质量定位关系到不同的学分体系；在明确的质量定位下，建立统一的国家层面的资历框架，也就是学分体系；在国家资历框架中，学历继续教育开展自身的质量保证工作，包括构建质量保证标准和在质量保证标准下的质量保证组织实施模式构建。

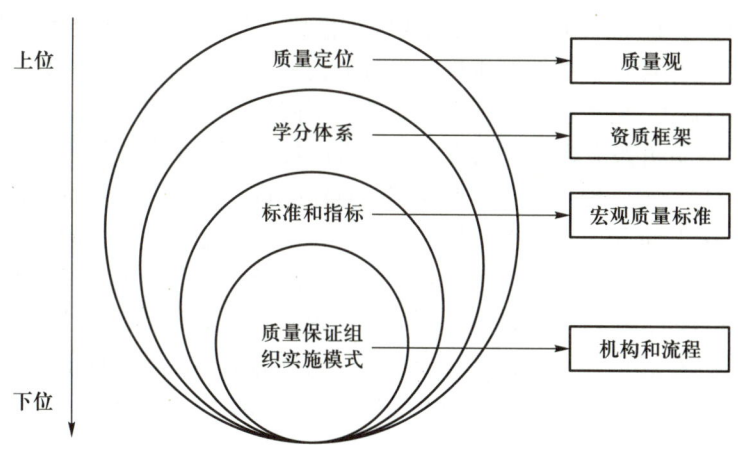

图6-3-3 我国学历继续教育质量保证体系

质量定位，即对高校学历继续教育进行清晰定位，指明质量方向[17]。目前，对高校学历教育的质量内涵并没有达成共识，总体来说有三种质量内涵：一种指向过程，注重过程当中的服务和增值；一种指向结果，注重培养目标和社会效益；一种是指向教育形式本身的身份和地位，关注是否与其他教育形式地位相当。对应三个指向的质量内涵；有六大质量观：①从学生角度出发，只要学习者进步了，就是具有好的质量，即增值性质量观；②从培养目标出发，认为只要学习者达到了预期的目标，就是有质量的教学，即目标性质量观；③从社会效益出发，只要培养出的学生符合社会和市场的需求标准，就说明教育质量过关，即市场化质量观；④从服务过程出发，认为过程达到标准是质量的体现，即标准性质量观；⑤认为学历继续教育需要跟传统教育区分，生源不同，培养目标也不同，其质量标准也需区别对待，即分立性质量观；⑥认为传统教育和学历继续教育只是形式上的不同，但是作为高等教育的组成部分其目的都是一致的，所以应采取同一性质量观。同一性质量观是国际上比较认可的一种质量观，对其认可的代表国家有日本、马来西亚、印度尼西亚、菲律宾、新加坡、斯里兰卡、英国和澳大利亚。在同一性质量观下，各类教育形式地位平等，依靠资历框架相互联通。同一性质量观既有利于各种人才的培养，又可平衡高等教育的质量发展。英国开放大学正是由于秉持着同一性质量观，其教育质量在英国高校中名列前茅，不仅仅是英国高等教育界，也是世界高等教育领域中的"常青藤"。澳大利亚综合一体化的双重院校办学模式也是同一性质量观的体现，这种办学模式消除了继续教育和传统面授教育之间的壁垒，以同等的教学要求和经费支持建立其继续教育与传统面授教育相等的地位，从而使澳大利亚的继续教育能顺利实现入学机会平等、受教过程平等、获得成功机会平等的平等理念。

学分体系，也叫做资历框架。无论是传统教育还是继续教育，基于同一性质量观，都在统一的学分规则体系下运行，包括基本的学分要求以及学分所代表的学习当量等，制定学分银行与学分认证制度。学分制度的建立能够较好地处理学历继续教育和传统教育的转换与衔接问题，以学分为纽带，学历继续教育的学习当量能够得到清晰的规则指导，而办学质量也将在统一的学分框架下得到明确约束。英国早在20世纪80年代就采用了学分积累和转换的机制，英国的一个学分当量是10个学时，学分按照学习内容的难易程度可以划分为八级，其中4—8级是高等教育的学分层次，对取得不同的学位会有对应的学分要求。澳大利亚从1995年1月启动了"澳大利亚资历框架"，涵盖所有义务教育后教育和培训颁发的资格证书。按照证书的授权机构分类可分为三类，分别是职业教育部门、普通教育部门和高等教育部门，由于这三类证书承认的是不同类型的学习，反映的是各部门不同的教育职责，所以之间并没有标准化的等价或先后排名。中国香港资历框架的推行始于2008年，由香港教育局统筹管理，资历架构秘书处具体执行，学术及职业资历评审局负责机构和课程的评审。资历框架包含七个级别的资格，每一级的定义中不仅规定了此级别对应掌握的知识和能力目标，也说明了学习和发展的可能路径。从业人员在岗位上积累的知识、技能和相关工作经验，也可以通过以《能力标准说明》为基础制定的"过往资历认可"机制得到认证。资历框架的建立是搭建终身学习立交桥的基础，是实现不同类型学习成果互认和转化的前提，是实现各种教育类型互通的先驱性问题。而想要建立资历框架，实现各类教育之间的学分转化和学生流动，我们必须平等对待各类教育，这是实现终身学习和学习型社会的必要条件。

标准和指标即学历继续教育质量保证标准。质量保证标准包含质量保证标准项和质量保证指标，质量保证标准项是指学历继续教育中教育教学各环节应该达到的工作水平；质量保证指标是质量保证标准的量化指标，是检测教育实践是否达到要求的观测点，更具体、更具操作性。只有建立质量保证标准才能有效地把教育的各个环节，即各种要素合理地组织起来，按照质量保证标准要求去教学、管理、提供技术保障和后勤服务，并用统一标准进行控制、检查与监督。北京师范大学远程教育研究中心经过长期的研究积累，构建了高等远程教育质量保证标准，包含11个要素和53条标准项。11个要素为办学资质、组织管理、师资队伍、内部质量保证、学术研究、基础设施、课程设计与开发、专业建设、招生宣传、学习支持与学生管理、学习评价，框架是构建高等远程教育质量保证标准的基础。通过实证调研，得出11个要素的重要性排序：最受重视的要素为办学资质、基础设施和专业建设，相对不受重视的要素为课程设计与开发、学习评价、内部质量保证和学术研究。该研究给高校学历继续教育质量保证标准的构建奠定了良好的基础。

质量保证组织实施模式这一层次是更为下位和具体的工作，具体包括质量保证机构的建立与管理、具体实施程序等，形成一个自适应的学历继续教育生态系统。在学历继续教育质量保证生态中，主要包括生态主体和生态环境。生态主体存在多个种群，种群之间存在进行能量、知识、信息交互转换的生态链，是生态系统良性循环的基本途径和方式。生态环境系统是以学历继续教育为中心，对学历继续教育产生、发展起制约和调控作用的多元环境体系，是生态系统得以存在和发展的载体。在生态主体中，有三个中坚种群，分别是办学机构、学术机构和评估机构（如图6-3-4所示）。

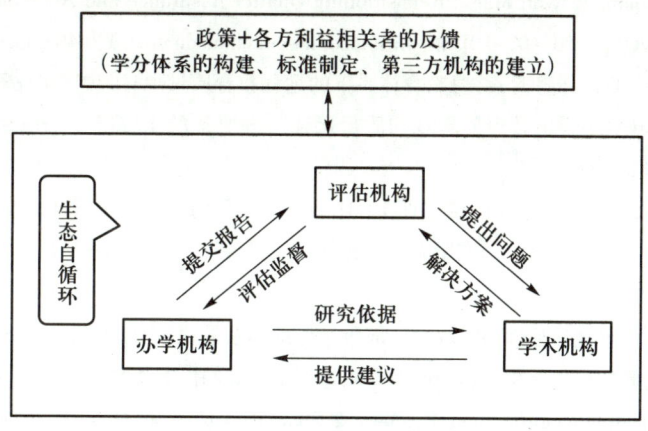

图6-3-4 组织实施模式生态系统

评估机构定期对办学机构进行评估，监督其运行和质量情况，办学机构根据规定定期向评估机构提交报告；评估机构在其工作过程中，会遇到各种各样的问题，向学术机构咨询，学术机构根据实践调研和理论研究提出解决方案；办学机构是学术机构开展科研活动的研究依据，而学术机构定期发布研究成果，向办学机构提供建议，帮助办学机构质量提升。生态环境相当于无机环境，主要指的是政策和来自各个利益相关者的质量反馈。从生态学的角度分析，没有一种生命有机体是可以孤立存在的，任何一种有机体都必须依赖周围的环境，都必须与周围环境进行物质能量和信息的交换才能生存下来。同样，学历继续教育质量保证生态系统要顺利发展，也不能离开其赖以生存发展的环境，包括政策法规、各个利益相关者的反馈等方面[18]。政策包括学分体系的构建、标准制定、第三方机构的建立等，政策作用于三个机构，三个机构的发展和挑战也刺激着政策的进一步制定和改进。除了政策的支持，生态主体发布其评估结果，并接收来自学生、教师、雇主及其他社会成员的质量反馈。任何一个生态系统的结构和功能都相互依存、相互完善，从而使生态系统在一定时间内各部分通过制约、转化、补偿、反馈等处于最优化的协调状态，表现出高的生产力。生态系统中的生态平衡是生态系统可持续发展的保障，生物之间以及生物与环境之间保持生态平衡，就能够使生态系统处于相对稳定状态，使生态系统获得可持续发展[19]。在质量保证系统中，机构之间相互能量流动、物质循环、信息传递，相互制约、相互促进，构成了一个良性循环，体现了该生态的稳定性和自我调节的能力。

参考文献

[1] 陈丽. 亚洲国家现代远程教育质量保证体系比较研究[J]. 现代远程教育研究，2012（2）.

[2] DIFFEN. Quality Assurance vs. Quality Control [DB/OL]. (2014-12-31). http://www.diffen.com/difference/Quality_Assurance_vs_Quality_Control.

［3］汉语大词典编辑委员会.汉语大词典普及本[M].上海：汉语大词典出版社，2000.

［4］罗洪兰,邓幸涛,杨亭亭.中国电大远程教育质量保证体系及标准初探（上）[J].中国远程教育，2001（11）.

［5］Grant Harman, V Lynn Meek. Repositioning Quality Assurance and Accreditation in Australian Higher Education [DB/OL]. [2001-02-10]. http://asiapacific-odl.oum.edu.my/C09/F409.pdf.

［6］袁松鹤,齐坤,孙鸿飞.终身教育体系下的远程教育质量观[J].中国电化教育，2012（4）.

［7］白滨.中英网络学历教育质量观与质量保证关键要素的比较研究——专业人员的视角[D].北京：北京师范大学，2009.

［8］田恩舜.高等教育质量保证模式研究[M].青岛：中国海洋大学出版社，2007.

［9］沈欣忆,杨利润,陈丽.国家层面的远程教育质量保证政策体系框架研究[J].电化教育研究，2014（6）.

［10］张立国.中英现代远程高等教育外部质量保证体系的比较[J].教育信息化，2005（10）.

［11］刘晖.高等教育大众化进程中的教育质量评估问题[J].外国教育研究，2001（6）.

［12］The Australian Qualifications Framework Council. Australian Qualifications Framework Second Edition January 2013 [EB/OL]. [2014-01-11]. http://www.aqf.edu.cn.

［13］Issuance of AQF Qualifications. Australian Qualifications Framework [EB/OL]. [2014-01-11]. http://www.aqf.edu.au/AbouttheAQF/AQFQualifications/IssuanceofAQFQualifications/tabid/195/Default.aspx.

［14］Mahsood Shah, Sid Nair, Mark Wilson. Quality assurance in Australian higher education: historical and future development[J].Asia Pacific Educ. Rev, 2011（12）.

［15］同［5］.

［16］侯威.英、澳、新三国高等教育质量保证机制的比较研究[A].福建师范大学，2003.

［17］赵继红,刘利.远程教育政策：现代远程教育生存发展的重要保障[J].湖北广播电视大学学报，2005（22）.

［18］艾修永.网络远程教育生态系统的组成与建构[J].山东广播电视大学学报，2011（4）.

［19］曾祥跃.网络远程教育生态系统特征分析[J].广州广播电视大学学报，2011（6）.

（沈欣忆）

利益相关者视角下的高校
继续教育质量保障体系探析

继续教育质量保障活动中存在着多个利益相关者,其中政府、教育主管部门、社会、高校、学生以及相关教育机构是继续教育质量保障的主要利益相关者。不同的利益相关者对继续教育质量有不同的价值判断和诉求,在继续教育质量保障活动中进行着质量观和质量保障权力的博弈。为了实现利益相关者整体利益的最大化,应当重视利益相关者对继续教育质量的价值诉求和质量保障权力、完善学生利益表达机制、加强利益相关者之间的合作,以促进高等教育质量保障多元主体参与机制的建立和完善。

一、利益相关者理论

利益相关者理论是 20 世纪 60 年代在西方国家对主流企业理论的质疑和批判中逐步产生和发展起来的。该理论认为任何一个组织的发展都离不开各种利益相关者的投入与参与。这些群体与组织息息相关,组织行为会对他们产生重大影响。反过来,这些群体的行为也可能影响组织。也就是说利益相关者会对组织目标的实现产生正面或负面的影响。组织必须正确处理与利益相关者之间的关系,以利于组织目标的实现。相关利益方只有享有平等参与企业治理的权利才能确保契约多方主体的利益受到保护。主流企业理论认为,股东是企业物质资本的所有者,对企业拥有控制权和所有权,企业经营活动的目标是实现股东利益的最大化,只有股东才是公司治理的主体,其他的利益相关者只能对企业经营决策提建议,而不能成为治理主体参与企业管理。

20 世纪 80 年代以来,利益相关者理论的影响迅速扩大,逐渐超出了企业管理的范畴,向经济、政治和社会等领域渗透。高校作为一种非营利组织,一直以来都被认为是教师、学生、管理人员的集合,究其实质,实际上是一种多边契约的联合体,相关各方都影响着大学组织目标的实现,并受其实现过程的影响。从这种意义上说,教育体系也是一种典型的利益相关者组织,利益相关者理论同样适用。

(一)利益相关者的定义

美国学者弗里曼在《战略管理—利益相关者方法》(Strategic Management: A Stakeholder Approach)书中给出了利益相关者的定义。"利益相关者(stakeholder)"是指任何一个影响公司目标的完成或受其影响的团体或个人,包括雇员、顾客、供应商、股东、银行、政府以及能够帮助或损害公司的其他团体或个人。

（二）利益相关者方法

该理论通过运用利益相关者方法，分析经济、技术、政治、社会、管理等方面不同利益相关者行为对组织的影响以及组织行为对利益相关者的影响，从而形成企业战略，即一般利益相关者战略和特殊利益相关者战略，并对利益相关者战略的执行和监督做出描述。管理者更关注企业自身的存在和发展与其他利益团体和谐共存的问题，更关注在与利益相关者互动中实现双赢或共赢。

二、高校继续教育质量保障的利益相关者

（一）高校继续教育的突出特点

1. 实践应用性

不同于本科教育与研究生教育，继续教育是一种特殊的教育，主要是对专业技术人员的知识和技能进行更新、补充、拓展和提高，进一步完善知识结构，提高创造力和专业技术水平。因此继续教育更加注重教育教学的实践性和应用性，更直接地指导受教育者。

2. 兼容并包

继续教育是一种开放式教育，继续教育的主体、受教育者、教育方式等多方面都不拘泥于传统的教育形式，而是更加兼容并包、融会贯通。

3. 发展速度快

继续教育作为终身教育的重要阶段，应紧紧跟随社会发展的脚步，及时更新教育手段，采用现代化教育技术，发展远程、线上教育方式，普及终身教育理念。

（二）高校继续教育质量保障的利益相关者

继续教育要由利益相关者共同合作才能完成，利益相关者模式已经成为继续教育发展的战略模式。继续教育质量管理的利益相关者是指，以不同的方式与继续教育质量管理发生联系，会因为质量管理而获得或者失去资源与利益的个人和团体。鉴于继续教育的特殊性，建立健全继续教育质量保障体系需要从以下利益相关者入手分析：

1. 政府

政府作为高校继续教育质量外部保障的重要主体，其政策变化会直接或间接地影响到高校继续教育的定位和发展，以及由此引起的相关决策和行动的变化。立法机关通过专门立法或修改《教育法》《高等教育法》等为继续教育质量管理活动提供法律层面的合法性。政府的主要作用是宏观管理，颁布基本质量准则、评价程序与规制，依法被赋予对高校、社会机构等评价主体进行元评估的权力，即对继续教育质量评估或监控本身的合法性、科学性等进行评估或监控等管理行为，而不是直接介入继续教育质量管理实践。政府颁布的质量标准应适应社会经济发展水平，继续教育层次质量与结构质量布局要合理，监督程序要合理合法。

2. 继续教育行政主管部门

继续教育行政主管部门指直接对高校继续教育负责的部门，高校继续教育的各项规定、

措施等必须符合政府的要求和文件精神。继续教育行政主管部门对高校继续教育进行监管，它起到了协调、组织、宣传等多方面的作用。首先，教育主管部门应贯彻实施政府颁布的各项政策、法律法规，架起政府与高校之间的信息桥梁，起到质量监控过程中的纽带作用；其次，各级教育主管部门在继续教育质量监管中扮演了重要角色，采取绩效评价、满意度调查等手段，对高校继续教育的实施做好全过程质量管理；同时，教育主管部门还能够有效的宣传正确的继续教育理念，起到导向与指导作用。

3. 高校

高校是专门实施继续教育教学与管理职能的组织，根据学校的总体目标来实施、管理和监督全校各类继续教育工作。对于普通高校而言，不仅要将继续教育质量保障的研究与实践置于宏观社会环境中，更重要的是要立足自身实际，建立健全继续教育质量内部保障体系。因此，高校应充分发挥主动性，对继续教育管理以及教学质量进行自律控制和自我评价，不断优化其自我约束和自我发展机制，建立健全高校与政府、社会良性循环的继续教育质量内部保障体系。该体系中，办学指导思想是继续教育质量保障的导航器；稳定的、高素质的师资队伍是提高继续教育教学质量的重要基础；教育资源保障是对实现继续教育教学目标必要支持；教育评价是针对继续教育质量监督中发现的问题，组织有关学科专家和管理专家进行诊断分析，并及时提出建议的评价反馈过程。高校有义务向政府和社会证明其办学质量，高校继续教育管理部门定期对继续教育质量进行自评，自评结果可以通过多种形式对外公布，接受社会监督，并作为政府拨款的参考依据；高校要结合国家质量标准，制定具有本校特色的继续教育质量标准。

4. 社会

社会经济发展以及用人单位对人才的需求，也会影响到继续教育的专业设置、招生规模以及教学方式的变化。普通高校继续教育质量是在开放的环境中形成的，社会对高校继续教育机构办学水平的认可度，以及用人单位对毕业生质量的满意度等因素，都直接或间接地对高校继续教育质量产生影响。因此，应充分发挥社会在高校继续教育质量保障中的作用。就社会保障而言，今后应大力推进非政府性的、有一定学术权威的、相对独立的社会中介机构的建立，积极支持、发展社会学术团体、行业协会、中介组织、新闻媒体对普通高校继续教育质量的评估活动，并将评估结果作为政府评定高校继续教育机构办学质量的依据。社会评估机构的建立将使高校继续教育满足社会多方面的要求，同时也将使普通高校继续教育外部质量保障体系更趋完善。社会评价机构的责任在于拥有足够权威且能够公正实施评价的专家，拥有先进的评价技术和评价方法。社会公众和舆论媒体等社会组织、团体和个人的质量责任在于依法公正、诚实地履行监督义务，以舆论的声音推动各质量主体履行质量责任，预防、控制和纠正质量目标的偏离。

5. 学生

学生是继续教育的对象，学生按规定交纳学费，并接受学校提供的教育管理和服务。同时作为学生还需遵守校纪校规，并履行学生应尽的义务。学校按照培养目标，发挥人才培养的功能，把学生培养成应用型高级专门人才。作为继续教育的消费者，学生非常关注学校的教育质量。高校继续教育质量的好坏，不仅直接关系他们的知识能力水平与个人修养的提高，还影响到他们在将来就业市场的竞争力乃至未来的发展前景，因此，让学生参与到继续教育的监督管理工作中，使之成为学校教育质量的评价者、改进者与监督者十分有必要。继续教育管理者应改变学生管理的理念,转变学生管理模式,激发学生参与热情,确保教育信息的开放,建立起学生参与的激励机制、健全的民主监督机制和科学民主的质量管理决策机制。

6. 其他继续教育机构

一方面,在目前高校继续教育的体制下,社会力量办学机构作为合作单位,大多以主办高校的校外教学点的形式存在,可以参与主办高校的继续教育活动。相关教育机构对主办高校起到支持作用,丰富高校的教育资源。另一方面,社会各级各类的继续教育办学机构与高校继续教育部门是同行竞争者,它们在生源、教学资源、师资队伍、教学质量等方面存在着竞争关系。

三、利益相关者分析矩阵

弗里曼认为利益相关者分析主要分为三个层面:理性层面、过程层面和交易层面。理性层面要解决的是"谁是利益相关者"和"这些利益相关者可观察到的赌注是什么";过程层面要解决的是组织如何处理其同利益相关者的关系;交易层面要解决的是组织与其利益相关者之间的交易或讨价还价。继续教育质量保障体系的具体利益相关者及其利益或需求部分是理性层面的分析;利益相关者对质量保障体系的影响程度、重要性以及卷入的可能性是过程层面的分析;利益相关者的优势和劣势部分是交易层面的分析。继续教育质量保障体系的利益相关者分析如表 6-4-1 所示。

表 6-4-1 继续教育质量保障的利益相关者分析矩阵

序号	利益相关者	利益或需求	影响力	重要性	卷入的可能性	优势	劣势
1	政府	促进继续教育质量提升,推动与社会接轨	高	高	高	强有力的政策、法律调控	
2	继续教育主管部门	保障继续教育整体质量	高	中等	高	继续教育的直接监督和倡导者	
3	高校	提高继续教育水平,保证教育质量	高	高	高	继续教育管理的主要实施者,拥有主动权	
4	社会	获得适应社会需要的人才	中等	高	中等		
5	学生	获取优质高校的教育资源,适应社会需要	低	低	中等		被动接受教育,影响力较小
6	其他继续教育机构	一方面为主办高校继续教育提供支撑,一方面与高校形成竞争	高	低	中等		间接影响继续教育实施的质量

在理性层面上，从继续教育质量保障体系作为价值链和供应链流程的角度上看，学生作为教育过程的消费者存在；高校是高校继续教育的主要实施者；政府对继续教育实施具有直接的导向作用；继续教育主管部门对于继续教育有着监督和指导作用；社会是继续教育的最终接受者，是高校继续教育供应链的终端，对高校继续教育"产成品"即学生有着一定的需求；继续教育机构间接影响教育的实施，一方面支撑主办高校提供教育资源，另一方面与高校继续教育形成竞争。

在考虑内部和外部的利益相关者后，我们认为现有的外部利益相关者主要包括政府、教育主管部门、社会和继续教育机构，内部利益相关者主要包括高校与学生。不同的利益相关者的利益和需求不同。例如，学生的利益和需求在于建立和巩固职业所需的教育知识、实践能力，适应社会需要；高校的利益与需求在于提高教学水平；教育主管部门的利益与需求在于保障区域内部继续教育的整体质量。

从过程层面上看，继续教育质量保障体系必须关注利益相关者对它的影响力、重要程度以及卷入的可能性。由于学生在某种程度上只能被动地接受高校安排的教学，因此对于整个体系的影响力较低。学生既是继续教育的"产成品"又是消费者，重要性低，卷入的可能性在于对继续教育质量的反馈，因而也较低。政府强有力的宏观调控使得其对于继续教育质量的影响力、重要性以及卷入的可能性都很高。高校是实践继续教育的主要实施者，处于主导地位，因此其对于继续教育教学体系的影响力、重要性和卷入的可能性也都很高。教育主管部门是实践继续教育的倡导者和上级领导部门，因此具有很高的影响力和卷入的可能性，但是由于不能直接作用于教学环节，重要程度为中等。社会属于继续教育的消费者，继续教育质量保障所针对的目标就是培养出高质素的人才以满足社会的需要，重要性很高，在卷入的可能性上看也属于中等偏高水平，而继续教育的成果能直接进入其中，影响力为中等。

从交易层面上看，不同的利益相关者具有不同的优势和劣势。在以高校为主体的学习过程中，高校作为整个体系的主要实施者握有主动权，而学生是被动接受教育，对于体系影响力小。继续教育主管部门是教育的监督和推动者，其优势也很强。从影响力和重要性两个维度看，各种不同利益相关者的影响力和重要性有所不同，我们可以建立继续教育质量保障体系的利益相关者影响矩阵，如图6-4-1所示。

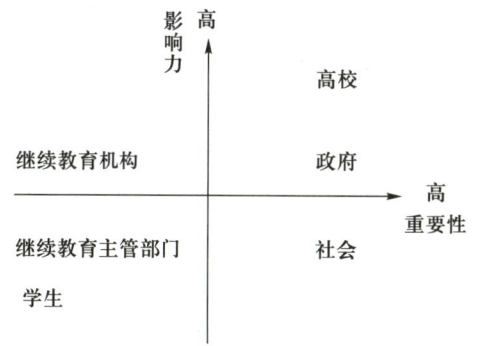

图6-4-1 继续教育质量保障的利益相关者影响矩阵

四、结论与启示

以上运用利益相关者理论，针对高校继续教育质量保障体系的利益主体和利益相关者关系进行分析，得出以下结论：①应充分利用各利益相关者的优势，协调相互关系，实现质优效高。高校实施继续教育要建立与各利益相关者之间的沟通机制，了解各利益相关者的核心利益、需求以及其具有多重属性的本质。要能够掌握利益相关者各自的资源优势，趋利避害，实现质量最优，效率最高。②依据高校继续教育的自身目标和定位，合理选取利益相关者，全方位保障教育质量。政府、教育主管部门、教育职能部门等对于高校继续教育来说是不变的，而大多数的利益相关者是可以有限选择的。如学生这一群体，可以通过各种入学门槛进行选择；专业院系，可以通过调整专业进行选择。选择利益相关者的基本原则是利益相关者的行为将不能损害和影响到主办高校的声誉和办学质量。

本文利用利益相关者理论和关系分析，为高校继续教育质量保障体系提供了一个全新的视角，对于高校继续教育目标的实现具有现实意义。鉴于研究的局限性，本文只是将利益相关者理论引入继续教育质量保障体系中并做了初步探析，而关于各利益相关者之间的关系以及相互作用的动态分析，还有待进一步研究。

参考文献

[1] 马成. 基于利益相关者理论的高校继续教育质量管理机制[J]. 继续教育，2011（7）.
[2] 刘晓. 利益相关者参与下的高等职业教育办学模式改革研究[J]. 职教论坛，2013（1）.
[3] 寇春娟. 高校继续教育转型发展的趋势及对策[J]. 产业与科技论坛，2014（3）.
[4] 朱建文. 普通高校成人高等教育人才培养的质量保障和评估体系[J]. 继续教育研究，2010（1）.
[5] 常青. 成人高等教育质量保障体系研究[D]. 西安：陕西师范大学，2013.
[6] 焦磊. 大学教育质量保障与提升[D]. 上海：华东师范大学，2010.
[7] 李亚东，陈玉琨. 我国高等教育外部质量保障组织体系顶层设计[J]. 高等教育研究，2015（3）.
[8] 黄富平. 继续教育教学质量保障体系的构建与创新[J]. 产业与科技论坛，2017（12）.
[9] 王晨. 谈如何根据国际经验，建立我国特色的继续教育质量保障体系[J]. 才智，2016（35）.
[10] 张晓宇. 论成人继续教育教学质量构建机制和保障体系[J]. 才智，2017（20）.

（盛筠、王一烜）

比较视角

美国高校继续教育发展分析与启示

美国是世界上最早接受终身教育思想并广泛推行终身学习实践的国家之一，先进的终身教育理念深入人心。继续教育作为促进美国政治改革，经济发展以及提升国际竞争力的重要手段，获得美国联邦政府及社会各方面的重视，继续教育的规模正以每年100万人次的速度持续扩大。从美国国家层面来看，继续教育的内涵十分广泛，凡在正规学校接受专业基础知识学习之后的再教育活动都是继续教育的范畴。美国保障国民平等受教育的机会，接受继续教育的人群不论阶层、种族、年龄、行业以及受教育程度等，只要是有学习的欲望和计划的成年人都可以找到满足个人发展需要的培训课程和学习场所。20世纪60年代以后，科技的进步进一步推动了美国经济的快速发展，从工业经济到知识经济的过渡更促使优先发展教育成为重要发展战略。第三次科技革命的浪潮袭来，新兴综合性研究领域不断显现，知识更新速度不断加快，一次性终结的学校教育远远无法满足经济社会发展的需要。从个人层面来看，人们需要知识更新完成职业技能的提升以适应人才市场与行业发展的需求；另外，人们渴望充分利用闲暇时间提升个人素质，满足精神生活的追求。因此，继续教育成为美国经济社会发展的重要支柱，在国家教育中发挥着举足轻重的作用。

美国的教育体制具有开放性和多样性的特点。在美国发达的市场经济运行体制下，实施继续教育的机构呈现多元化态势：一是以正规学校教育机构为主，包括不同层次的高等院校、社区学院；二是企业或政府机关部门，主要对员工开展继续教育活动；三是美国行业协会、学术团体等社会机构；四是私人机构或私营教育机构等。各类机构提供的课程内容涵盖学历教育、非学历教育、基础补习课程、职业技能培训、闲暇娱乐教育等项目，满足社会大众的学习需求。同时，完善的继续教育体制机制以及国家层面的学分互认体系保证正规的学校教育与非学校教育之间互相贯通，公立与私立、全日制与非全日制、普通高等教育与职业教育、精英与大众教育等各类教育之间基本实现无障碍转换，形成各级各类教育的融合发展[1]。发达的终身教育体系鼓励各类机构参与继续教育的建设，但在高等教育领域，常规的高等教育机构仍是美国提供高等继续教育的重要力量，所提供的继续教育在美国继续教育体系中占比达到24%[2]，几乎每一所大学，社区学校都注重发展不同类型的继续教育项目，培养和输送人才，服务于当地社会经济发展。美国是当今世界高等教育最发达的国家之一，而高校继续教育的发展也已拥有百年以上的历史。探索美国高校继续教育的人才培养模式及办学特色对于剖析国际社会继续教育办学经验具有指向标意义，不仅能够引领国际高等继续教育的发展趋势，也对我国继续教育变革发展提供借鉴和参考。

一、在法律层面保障高校继续教育发展

美国高校继续教育的健康稳定开展离不开美国政府的支持和法律层面上对继续教育的规范及保障。美国政府历来重视继续教育的发展，建立了规范的立法制度，在终身教育领域、高等教育领域包括针对大学及社区学院等继续教育活动方面出台了一系列专门的法案和法律法规。早在1862年，美国联邦政府颁布了《莫里尔法案》，宣布各州开办赠地学院，在已有的州立大学或学院内设置农工学院，为工农业的发展培养专门性人才，开始出现了调整高等教育机构的人才培养结构以适应社会发展的端倪。1917年，美国国会通过的《史密斯·休斯法案》提出联邦政府应大力扶持和资助职业教育的发展。在1958年颁布的《国防教育法》中又进一步增加教育经费，设立职业技术教育机构，对成年人开展职业培训，培养科技人才。20世纪60年代后，美国继续教育进入立法高潮阶段，在成人继续教育大众化的基础上，1965年出台的《高等教育法案》提出大力支持大学开办继续教育，给予成年人平等接受教育的机会[3]。随后，1966年出台的《成人教育法》扩大了成年人受教育的机会，对成人教育的目标、内容、管理体制、师资、经费等方面做出了全面的规定，带动继续教育逐渐走向制度化、法制化。该法及其修正案详细规定联邦政府和州政府财政支出必须涵盖成人教育的预算，企业、工会及私人机构也需要承担成人教育的经费。在继续教育师资培养方面，《成人教育法》明确规定，联邦政府拨给各州的经费中必须有相当一部分用于培训从事或即将从事继续教育的人群，各州将用于成人教育专款中的12.5%用于成人教师的专业发展[4]。在终身教育领域，美国相继制定和实施《终身学习法》《中学后继续教育法》《职业训练合作法案》等法律，不断地完善终身教育体系的法律框架，为整合教育资源，促进继续教育的发展提供政策支持和制度保障。特别是1976年美国通过具有历史意义的《终身学习法》，从实践层面推动终身学习的实施，明确联邦政府、各州政府、地方政府对终身学习的各级职责。1980年颁布的《中学后继续教育法》更突出强调高等院校与相关社会机构在终身教育实施过程中的作用，要求将大学纳入终身教育体系中，以法律形式确定高校对于发展终身教育及继续教育事业的责任和义务，促进高等院校与社会的双向结合，实现高等院校教育资源共享。美国政府出台实施的一系列法律法规为高等院校继续教育的开展营造了一个良好的政策环境。

二、继续教育纳入高等院校的主要发展战略

在美国，研究继续教育常常会出现三个概念，成人教育（adult education）、高等继续教育（continuing higher education）和职业继续教育（continuing professional education）。成人教育包括的范围最广，包括针对成人的个人素质和工作技能方面提升的所有教育活动。高等继续教育属于高等教育范畴，通常也被称为大学继续教育（continuing university education），而职业继续教育则是高等继续教育的子类，旨在提供所有职业技能相关的继续教育课程[5]。高等继续教育近年来在美国成人教育研究中的地位和重要性越来越凸显。众所周知，20世纪70年代以后，多数发达国家的正规高等教育经历了由大众化向普及化的过渡，由于战后新生儿激增而出现的入学高潮已经过去，适龄学生大量减少，大龄学生进入高等教育机构学习的比例逐步增加。20世纪末，美国18—24岁适龄大学生选择全日

制学习的比例明显缩小，非全日制比例不断增加。如表 7-1-1 所示，2015 年进入高等教育机构学习的本科学生的入学人数达到 1700 万人次，其中，非全日制本科学生达到 640 万，占入学总人数的 40%，非全日制学生的入学数量到 2026 年预计将达到 740 万，其增长速度（15%）将超过全日制入学人数的增长速度（13%）。

表 7-1-1　2015 年美国本科及学位后教育全日制与非全日制入学人数、
25 岁以上学生比例以及未来 11 年预计入学增长率情况

学历层次	入学方式	2015 年入学人数（百万）	2015—2026 年预计入学增长率	25 岁以上学生比例
本科教育	全日制	10.6	13%	11%（4 年制机构） 23%（2 年制机构）
本科教育	非全日制	6.4	15%	45%（4 年制机构） 42%（2 年制机构）
学位后教育	全日制	1.7	10%	62%
学位后教育	非全日制	1.3	14%	89%

（数据来源：The Condition of Education 2017 (NCES 2017-144),chapter 2.）

同样，2015 年到 2026 年期间，本科学位后教育入学人数中非全日制注册人数增长速度将达到 14%，超出全日制注册人数的增长速度。相对于本科教育，学历层次越高，成人学生的比例越大。本科阶段的非全日制学习者中，超过 40% 的学生都是 25 岁以上的成年学生。而 2015 年，学位后教育中 62% 的全日制学生年龄在 25 岁以上，非全日制学生中 25 岁以上比例更是接近 90%。另外，虽然美国较早进入高等教育普及化阶段，本科注册生逐年增加，但根据美国国家教育统计中心历年数据，美国四年制大学本科毕业率整体偏低，增长趋势不明显[6]。为此，美国联邦政府采取多项措施，努力提高大学完成率，据统计，在 2000 年到 2016 年期间，美国 25—29 岁具有副学士学位以上学历的成年人占比由 38% 增加到 46%，具有本科学位以上学历的人数占比由 29% 增加到 36%[7]，这一情况表明仍有部分成人学生需要回校继续完成本科学历。另一方面，随着科学技术的进步以及学历不断高移化，已经获得较高学历的成年人不再需要一味追求学历的晋升，大量与工作相关的高端培训更受青睐。非传统学生不断增长的趋势促使美国重新思考高等教育的使命并从终身学习的角度确定高校的发展定位，不断扩大高校的开放性和灵活性，将继续教育从边缘地位转变纳入高校的主要发展战略计划，努力为非传统学生提供更多个性化的学习服务。

三、高等继续教育与普通高等教育处于同一体系

美国几乎所有的高等教育机构都提供继续教育服务，但是开展继续教育的体量和形式不尽相同。按照卡内基高等教育机构分类法，高校分为博士学位授予大学（Doctoral Universities）、硕士学位授予机构（Master's Colleges and Universities）、学士学位授予机构（Baccalaureate Colleges）、学士或副学士学位授予机构（Baccalaureate/Associates）、副学士学位授予机构（Associate's Colleges）、专业学院（Special Focus Institutions）和部落学院

（Tribal Colleges），每一类授予机构下都有具体的分类标准来简化美国庞大的教育系统。为方便统计管理，联邦教育部又将高等院校分为博士院校（研究型大学）、综合院校、普通院校、社区学院以及专门学院[8]。授予博士学位院校一般也被称为研究型大学，研究程度越高的学校越有较高的世界排名。综合院校除了提供本科学位课程以外，以颁授硕士学位以上学历为主。而副学士学位主要来源于两年或四年制的社区学院，专门学院等。2005年一份关于高等继续教育在不同类型机构中开展情况的问卷调查中显示，博士授予院校（研究型大学）（89%）、副学士学位授予学院（78%）以及硕士学位授予机构（62%）提供继续教育的程度最高。同时，研究发现入学率越低的机构可能参与继续教育的程度也越低，相反，入学率越高的机构可能提供更多继续教育的机会[9]。截至2015年，全美共4664所大学，各类机构数量分布及2014年秋入学人数统计如下表所示。

表 7-1-2 美国各类高等教育机构数量分布和 2014 年秋入学数量及占比情况

机构类型		机构数量及占比		2014年秋入学数量及占比	
		数量	占比 %	数量	占比 %
博士学位授予大学		335	7	6455622	32
硕士学位授予机构		741	16	4422535	22
学士学位授予机构		583	13	999834	5
学士或副学士学位授予机构		408	9	1079576	5
副学士学位授予机构		1113	24	6524819	32
专门领域的机构	两年制	444	10	204321	1
	四年制	1005	22	776979	4
部落学院		35	1	17929	0.1
总计		4664	—	2048165	—

从各机构2014年秋入学的情况来看，博士学位授予大学、硕士学位授予机构和副学士学位授予机构入学人数最多，三者所占比例达到总入学人数的85%。由此推断，目前以上三类机构是继续教育发展最快、规模最大的部分。更重要的是，这些美国中学后教育系统中提供正规高等教育的院校本身就是成人学生学习的场所，高等继续教育与普通高等教育完全是同一人才培养体系，也就是说，成人学生完成毕业要求后，可以取得相应的与普通全日制等同的学位证书，不存在与普通教育平行的独立的成人教育体系。

四、灵活自主的继续教育办学模式

继续教育逐步成为美国高校关注的重心之一，几乎所有的高等院校都设立专门的继续教育部门、继续教育中心或开展继续教育相关的课程。在高校继续教育的办学模式方面，联邦政府、州和地方政府实行分权管理，一般以经费拨款、政策制定、监督保障等方式参与继续教育的管理，而在实际办学层面，高校拥有高度的自主权。另外，由于美国高等教育体系享有高度自治的特点，在联邦和州层面没有统一的治理模式，即便是同一水平层次的高校，机构之间的体制机制差别也比较大，继续教育的办学模式会随着高等教育机构内部组织结构的不同而呈现出多样化的特征。因此，很难从整体布局方面概括或确定一种统一的继续教育办学组织形式，高校更多的是通过市场化运行机制，依靠高校丰富的教育资源自主选择继续教育的发展模式。一般情况下，大学开展继续教育离不开专业院系的支持，大学提供继续教育的学术单位（academic units）可以分散在各专业院系之下，也可以是学校专门的继续教育部门（colleges/schools）。

表 7-1-3 美国代表高校中主要继续教育部门列表

学校	主要继续教育部门
Harvard University（哈佛大学）	Harvard Extension School
Stanford University（斯坦福大学）	Stanford Continuing Studies Stanford Center for Professional Development
University of Wisconsin at Madison（威斯康星大学麦迪逊分校）	UW—Madison Continuing Studies
The University of Chicago（芝加哥大学）	Graham School of Continuing Liberal and Professional Studies
Boston University（波士顿大学）	Center for Professional Education
New York University（纽约大学）	School of Professional Studies
George Washington University（乔治华盛顿大学）	The College of Professional Studies

学者 Röbken（2009）对美国大学继续教育联盟（University Continuing Education Association, UCEA）高校中具有代表性的24所机构进行了定量研究，将这些高校中开展继续教育的主要单位大致归纳为4种类型，分别是：①行政服务部门（administrative service unit），②院系内的学术中心（academic center within a faculty/faculty unit），③独立的学院（院系）（self-sufficient college）④以继续教育为主的大学（continuing education university）[10]。第一类行政服务部门通常是指学校整体开展继续教育的模块，统筹和协调各院系下适合成人学习的学位项目和学分课程，发挥行政管理职能，本身不提供或较少提供专业学位项目及学分课程，主要业务集中在非学分课程及短期培训课程，注重创造市场价值，与院系合作开发新的项目。例如美国威斯康星大学麦迪逊分校，该校继续教育学院150名教师及管理人员为学校提供所有非学分项目服务，开发了上百门课程满足人们职业能力及个人素养的提升。同时，继续教育学院与一些院系合作，帮助有需求的成人学生选择适合的学分课程或学位项目。第二种类型是在某一个院系之下开展继续教育，以院系的学术中心或作为院系中一个部分存在。这类开展继续教育的单位为非传统学生提供学分课程、非学分课程和不同种类的证书课程，可以与其他院系合作，但是通常情况下不开设与院系相同的常规学位课程。例如，斯坦福大学工学院下的职业发展中心（Stanford Center for Professional Development）和哈佛大学文理学院下设置的拓展学院（Extension School），两者都在各自院系内由专业学院自主管理，自行开发职业发展类的文凭课程或定制类培训项目，授予证书和学分，同时与专业院系合作，为职业人士提供一些更注重实践和交叉学科融合的学位

项目。第三类是完全独立自主的继续教育学院（colleges/schools）。在定位上，这些单位与专业学院并列，享有高度的自治权。除了提供大量的非学分课程、证书课程之外，还设置一些跨学科的学位项目，更适合在职人士多样化和个性化的学习需求。美国芝加哥大学格拉哈姆继续教育职业学院（Graham School Continuing Liberal and Professional Studies）就是这一类院系设置的代表，每年为近4500名学生提供大量的学分课程、非学分课程、证书课程以及硕士学位项目的选择。其中，硕士学位项目不同于专业院系的课程设置，涉及多个领域的研究，非常重视实践应用，帮助在职人士解决实际问题，提升研究水平。同样，乔治华盛顿大学专业进修学院（The College of Professional Studies）自身不仅提供硕士学位，而且在2006年与政治管理研究院合作，为在职人士设计应用政治学相关的硕士学位项目，邀请一批拥有全球视野的政治家、外交领域精英为其授课。除此之外，学院结合自身学科发展的特点及现代社会对人才的需求，还提供一些发展前景广阔的本科学位课程，如网络安全、政策及国土安全学等。最后一类是以继续教育为主体的大学，例如，美国马里兰大学学院分校（University of Maryland University College），是世界上最大的远程学习机构之一，提供本科、硕士、博士不同层次的学位项目及证书课程。

由此可以看出，美国高校开展继续教育的组织形式灵活多样，传统院系的课程与继续教育部门提供课程之间没有清晰的界限。值得肯定的是美国高校中继续教育的发展是各大学的主体责任，继续教育逐步与大学的学术主体开展广泛合作，这样的合作是基于大学专业院系与继续教育部门之间的双向参与，包括研究、教学和服务管理等方面，继续教育部门可以借助专业院系师资力量进行市场化运行，针对社会及个人的需求提供一些职业化和个性化的"学习产品"。事实上，无论哪一种类型的高校，无论提供继续教育的部门是单独设计继续教育项目还是与专业院系合作开发项目，本质职能都是为各类学习者提供更多的学习渠道，在职业能力提高、学历补充等方面给予优质的教育服务。

五、"和而不同"的继续教育发展格局

总体上来看，美国高校继续教育办学模式多样化，各类高校可以根据各自院系及学科的特点和优势确立自身发展的定位和模式。美国一些研究型大学和排名世界前列的综合性院校越来越注重人才培养的多样性，推广终身学习的价值理念，重视发展继续教育的规模，为学习者提供不同学科、专业的课程资源。也有高校追求适度发展，在某些学科领域培养高层次专业性人才，提供更高学历项目以及以职业为导向的针对性强的高端培训课程，打造特色鲜明的品牌项目。无论继续教育是"遍地开花"还是"一枝独秀"，一流大学的继续教育发展都呈现出两个比较明显的特征。第一，证书课程等非学历继续教育现象明显。前文所提到的哈佛大学、斯坦福大学、威斯康星大学麦迪逊分校、乔治华盛顿大学等高校的专业院系和主要继续教育部门都提供大量的证书课程、学分课程以及非学分继续教育项目。证书课程包括向更高学历过渡的进阶课程，但更多的是为已经有学历基础的在职人士提供职业技能等相关培训。例如，美国加州大学圣塔芭芭拉分校继续教育部门开发涉及会计、人力资源管理、市场营销、儿童生活、应用行为分析等10余个专业证书项目，提供近200门的学分课程，有效地促进了就业以及行业发展。在教师教育领域，许多职业提升的项目面向校长、教育管理者、教师，项目邀请当地学区的领导者及精英分享实践经验，

使教育工作者在实际教学及管理相关知识和技能方面有更深刻的理解。第二，市场化属性越来越突出。除了证书课程，学分及非学分课程，定制类培训项目也是非学历继续教育的重要组成部分。这类项目通常寻求与行业企业联合，针对企业雇主及客户的需求，结合本校办学优势和资源，为职业人士量身定制培训项目。斯坦福大学的职业发展中心运用"4D"（Discovery·Design·Delivery·Debrief），即"定位·设计·呈现·反思"的系列流程，为政府、企业、各类组织机构提供定制课程，锁定教学目标，有效应对实际问题与未来挑战。同时，项目设计人性化的学习方式，既可以采用混合式授课形式，也可以在工作地点授课，学习时间和地点非常灵活，更符合在职人士的学习特点。

美国一流大学继续教育的发展引领着未来继续教育发展的趋势，各级各类学校在开放学校资源，服务行业社会方面都做出了各自相应的尝试和努力。笔者在调研过程中发现一些美国本国排名 100 名以后的普通院校都注重发展学校终身教育以及职业教育等学习项目，尤其是以培养本科学位人才为主的大学，根据自身的需求和情况，特别设置了"本科学位继续学习项目"（Bachelor Degree Completion Program）。例如太平洋大学（University of the Pacific）、查塔姆大学（Chatham University）、加州路德大学（California Lutheran University）、贝拉明大学（Bellarmine University）等。美国财政部和教育部联合发布的"高等教育的经济"（The Economics of Higher Education）报告中显示，拥有本科学位的毕业生的周平均收入比高中毕业生高 64%（$1053:$638）。由此可见，对于这一类大学来说，本科学位继续学习的项目是继续教育办学的重要组成部分，主要为那些因中途退学或其他原因没有完成本科学位的学生或在职人士提供继续学习的机会。课程由专业院系提供，可以通过继续教育部门进行招生和管理，申请者之前的学习经历可以进行学分转换。另外，社区学院作为主要发展继续教育的高等教育机构，其教育对象大部分为成人学生，面向所在社区提供以职业技术为核心的应用类课程以及针对社区居民设置的生活类、兴趣类等培训课程等。在专科层次的学历继续教育中发挥着不可替代的重要作用。

六、对我国高校继续教育发展的启示

（一）完善针对高校继续教育发展的相关法律法规

我国缺少从国家层面推行的专门的继续教育法律制度，尽管国家强调办好继续教育，加快建设学习型社会，提高国民素质等目标的重要性，但是仍然没有从法律层面对高校在继续教育工作中应承担的使命进行明确和保护。2016 年，教育部出台《教育部关于印发〈高等学历继续教育专业设置管理办法〉的通知》在一定程度上使继续教育在调整专业结构方面更具可能性，但仍停留在局部的小修小补阶段，健全继续教育整体发展体系、高校继续教育办学模式、体制机制、经费等方面仍需要更多的政策支持和引导。在国内外经济社会发展的转型期，我国高校继续教育也正经历着深刻的转型和变革，因此，需要进一步加强继续教育的法律地位，坚持高站位，注重从顶层设计层面考虑继续教育发展道路，建立完备的政策法规规范高校继续教育行为，为形成健康有序的继续教育发展格局奠定法律基础。

（二）重视继续教育在高校中的作用

随着高等教育不断普及，到2020年我国高等教育毛入学率将会达到50%，加之科技高速发展，人口老龄化程度加快等社会因素，越来越多的非传统学生将重新回到学校接受再教育，一次性学历教育必然向着终身学习阶段迈进。对于高校来说，继续教育发展面临挑战，另一方面，也将迎来大有可为的新局面。高校应该转变教育观念，重视发展继续教育事业，明确发展继续教育的责任和义务。继续教育是大学人才培养的重要组成部分，探索适应当下国家战略和区域社会发展需求的培养模式，努力提高育人质量。同时，要不断提高大学的开放性和包容性，扩大学习机会，促进教育公平，发挥大学服务社会、服务民众的重要职能。

（三）扩大高校办学自主权，促进各高校分类发展

相对于美国，我国高校继续教育的发展比较被动，国家教育行政部门应该深化简政放权改革，明确政府、高校、社会第三方机构在管理体系中的角色定位，改革继续教育管理职能，扩大高校自主办学的权利。只有给各高校赋权明责，学校才能充分调动积极性，主动寻找自身定位和优势学科，进行"量体裁衣"式发展。尤其在非学历继续教育方面要利用市场手段，结合学校优势专业和学科资源，进行品牌建设和推广。根据政府机构、行业协会、企业以及社区的发展需求，设计实用性强，满足多方需求的前沿性课程。另一方面，从开展继续教育的机构来看，我国众多高等院校的层次、类别和发展阶段各不相同，这就决定了必须站在不同的角度审视发展继续教育的方向和措施。各级各类高校应该分类发展，一流大学开创一流的继续教育，可以多学科广泛开展继续教育，扩大继续教育的规模；一流学科建设高校可以不追求规模发展，向精深化发力，与行业企业合作，侧重培养高端应用型人才；普通地方院校等机构可以根据自身需要和社会需求，适度规模发展本科、专科层次学历继续教育以及非学历继续教育，辐射特定人群，以职业发展为导向，注重实际技能的培养。

我国继续教育的发展正经历服务经济社会转型的新时期，认清高校对继续教育发展应承担的责任尤为重要。我国应借鉴美国继续教育发展的有益经验，把握其中的共性和趋势，结合我国高校发展的特点和现状，寻找继续教育发展定位，发挥特色优势，创新发展模式，打造"各尽其能"、"各安其所"的高校继续教育发展格局。高校继续教育改革是一项复杂而艰巨的工作，未来应该加强有关高校继续教育生存与发展方面主题的研究工作，为进一步思考有关体制机制、教学方法、质量保障等层面的问题提供科学决策依据，为高校继续教育综合改革贡献力量。

参考文献

[1]杨子舟,龚云虹.美国当代成人教育探略[J].教育与职业,2016（19）.

[2]孙江涛.美国继续教育发展的成功经验及其对我国的启示[J].成人教育,2017（03）.

[3]王红新,陶爱珠,沈悦青.大学使命：国际视野下一流大学继续教育[M].上海：上海交通大学出版社,2013.

[4] 沈爱凤，今晨. 中美继续教育发展比较研究及启示 [J]. 中国成人教育，2015（24）．

[5] Röbken, H.. Continuing Higher Education in the United States of America (USA) [M]. Netherlands: Springer, 2009.

[6] 邬大光，滕曼曼，李端淼. 大学本科毕业率与高等教育质量相关性分析——基于中美大学本科毕业率数据的比较分析 [J]. 高等教育研究，2016（12）．

[7] 同 [5]．

[8] 国兆亮. 美国高等教育机构分类述评 [J]. 华北电力大学学报（社会科学版），2013（01）．

[9] Pusser, B., Gansneder, B., Gallaway, N., & Pope, N.. Entrepreneurial Activity in Non-Profit Institutions: A Portrait of Continuing Education[J]. New Directions for Higher Education, 2005 (129).

[10] 同 [5]．

（高美慧、包华影、黄文峰）

英国高校继续教育的主要特点与启示

英国高校开展继续教育历史悠久。早在19世纪50年代，牛津大学开始为社会举办校外讲座。60年代，英国三一学院的斯图尔特倡导建立"流动大学"，让更多的人有机会接受高等教育，并为社会上的协会组织、技工讲习所等开办讲座。19世纪70年代兴起了大学推广运动。到19世纪末期，牛津大学、剑桥大学等高校面向社会的成人教育和继续教育活动蓬勃发展，并且产生了专门的继续教育机构——继续教育学院，继续教育成为英国大学面向社会培养人才和社会服务的重要途径。英国政府十分重视高校继续教育的发展，在政策法规和资金上给予有力支持，为高校继续教育发展创造了良好的政策环境。各高校把开展继续教育作为重要使命并积极开放办学，在提升学历、发展高端培训和增强学习意识方面发挥着重要的作用。同时，英国还成功创办了具有自身国家特色的开放大学，让更多社会成员有机会接受大学教育。

一、政府对高校继续教育的管理举措

英国高校继续教育在加强职业技术培训和提高国民综合素质方面发挥着重要作用，英国政府十分重视对高校继续教育的管理，主要表现在通过政策法规和经费拨款等途径促进其发展。

在政策法规方面，1924年英国政府颁布《成人教育规定》，开启了政府干预大学继续教育的先河。在20世纪40年代，英国政府将传统大学的继续教育学院和开放大学一起纳入国民教育体系[1]。由教育与科学部发起的继续教育工作小组在1984年的报告中认为，继续教育有利于促进公民技术水平的提升，从而促进国家经济的发展。该报告提出的继续教育概念更为综合，包括"连续的初始教育结束之后任何形式的教育，不仅有职业教育也有普通教育"，而且指出改变继续教育在大学中的边缘地位，使其具有与本科和研究教育教学同等地位，并鼓励大学各成员不断重视继续教育的作用。[2]这样可以在一定程度上扭转此前英国高校继续教育中过度重视学历教育的问题，通过对成人的短期培训来增加大学与工业的对接，最大限度发挥高校继续教育学院的经济职能，从而提升英国工商业的竞争力。1992年英国政府颁布《继续和高等教育法》并成立了高等教育基金委员会，开启了高校继续教育主流化的新纪元，在一定程度上促进了政府和大学之间的沟通，既防止政府过多干涉高校继续教育，又有利于政府通过拨款来促进其发展。

在经费方面，20世纪40年代，英国的相关法案明确规定英国高校对继续教育的发展负有不可推卸的责任，因此高校有资格获得政府的直接经济资助。受新公共管理的影响，英国高校继续教育进行市场化改革，政府通过减少资金投入刺激高校之间的竞争，提高资金的利用率。政府给大学更多决策权力以提高其决策能力，并不断建立完善的评价和绩效运行规则。在这种背景下，高校继续教育同样采用竞标的方式来刺激其竞争。竞标合格者获得经费资助但是其经费的使用受到政府的监控。这样既可以增加资金的使用效益，又能提高政府的宏观调控，促进了高校继续教育的发展。[3]英国高校继续教育拨款机制发生转型，拨款方式更加多元、拨款对象面向所有大学。拨款机制的一致性，便于政府对大学继续教育的管理和控制，拨款机制的多元性有助于提高资源的利用率，从而保障了大学继续教育的质量[4]。

二、成人学历学位教育的主要特点

20世纪六七十年代之后，随着英国社会的不断发展，英国高等教育大众化已成为时代的主流。英国高校纷纷通过拓宽入学渠道、设置模块化课程和规范学分认证体系等多种举措，为众多成年人提供了进入高校学习并获取学历学位的机会，有力地促进了英国学习化社会建设的进程。

特点之一，拓宽入学渠道。英国高校不断拓宽入学渠道，以增加公民参与高等教育的入学机会，满足广大公民接受高等教育的需要。成人一般可以有三种渠道进入高校。一是获得A等级的普通教育证书。成人可以利用夜间或是闲暇时间学习完成普通教育证书课程，并参加统一的考试以取得进入高校学习的机会。如英国剑桥大学，A等级课程一般包括70多门，学生可以选择3—4门主要课程进行考试，成绩皆优秀者可以接受剑桥大学的教育。二是取得职业资格认定。成人通过取得由商业及技术教育委员会授予的中级或高级职业资格，以获得进入职业性副学位课程学习的机会。对于未能取得学士学位的成人只要获得"高等国家文凭"或"高等国家证书"，同样有资格进入高校。对于国家急需的人才，例如信息工程技术，将职业资格和入学机会结合，可以给成人更多进入高校学习的机会。三是学习继续教育学院开设的预科课程，以帮助那些因为教育体制或是自身因素等原因无法进入高校学习的成人。大学预科课程是基础课程，是进入高校学习的一个重要手段。预科课程与大学的基础课程相连接，通过对预科课程的学习也可以掌握相应的大学课程，获得学士学位。但是预科课程没有明确的考试制度，所以高校在考核申请者的条件时坚持客观谨慎原则，以保证入学质量。

特点之二，采用模块化的课程体系。英国高校继续教育课程组织形式集中体现为一套独立的、模块化的课程体系，分为选修课程、必修课程、讲授课程和实践课程四个模块。这样的课程体系使得课程的选择更加灵活，更符合市场变化和发展，成人学习者可以根据自己的学习需求选择学习内容，促进学习高效进行。将一门学科分为几个模块开展教学，每个模块所花费的时间较短，教师可以根据自己擅长的内容进行授课，做到"因人授课"。教师在进行模块化课程的讲解时，可以体现自己的教学优势，并结合最新的研究成果进行授课。在进行较小模块的讲解时，教师可以根据学生最感兴趣的内容，激发学生的学习兴趣，同时也可以结合最新的研究热点，保证模块的新鲜性。例如学习计算机课程时，教师可以根据自己所擅长领域分别讲授网络、办公操作或是计算机维护等课程。这些课程虽然相互独立，但是服务于整体的教学目标，每个课程都需要单独考核，任意五个模块合格者即可获得相关资格证书。另外，模块化课程使学生根据自己需要进行课程选择，有利于激发学习兴趣。这是内外因共同作用的结果，从外因来说，模块化课程时间短暂、内容紧凑，可以增强成人学习者的学习动力；从内因来说，成人学员会根据自身兴趣进行课程选择，从而使学习动力最大化。模块课程是分段式学习，成人在因个人因素缺失某部分课程但是仍想继续完成学业时，根据以往的学习情况选择学习内容，可以有效避免时间浪费。模块化课程可以促进学校课程与实际工作的有效对接，在一定程度上方便成人学习。高校可以根据本校成人学生的特点制定不同的模块课程，符合成人特点的课程可以较大程度地激发成人的学习热情，并通过相应的资格考试以获得相关领域的资格证书或学位证书。

特点之三，实行学分认证制度。英国高校继续教育，能够将成人学习者多样化的学习结果予以学分上的承认，成人学习者根据自己的学习条件选择相应的学习方法，逐步完成学位。成人学习者通过完成相应模块课程的目标来获得相应的学分，并在学分累积达到一定的标准后获得相应的资格证书或学位证书。英国学分认证制度有三个主要特征。一是广泛性。成人学习者从一所高校转到另一所高校时，之前获得的学分依然有效，这样可以满足一些工作流动性大的成人的学习需要。二是衔接性。英国高校的继续教育部门与各继续教育机构开展合作，教学效果由高校评定，学员在通过考试修满学分后可以获得由高校颁发的证书。三是灵活性。成人学生可以根据自己的闲暇时间选择上课时间，所学内容也可以根据自己的爱好或者工作需要进行多课程的学习。此外，如果中途因某些原因中断学习时，学分依然有效。这种灵活、自主的学分认证方式，既有利于提高学习者学习的积极性，又有利于学习型社会的构建。

三、高校面向行业企业的高端培训

随着社会的不断进步，各个行业对高端技术人员的需求越来越大，英国政府也不断提高对高端培训的重视程度，这对高校继续教育的发展产生了重要影响。例如，2003年英国教育与技能部颁布的《高等教育的未来》白皮书中，对高校继续教育如何创造财富进行了说明，强调要在高等教育和商业、企业之间建立紧密的合作关系[5]。有研究认为白皮书的重要核心是要提高高校的科研能力，为更多企业提供技术支持和咨询服务[6]。为了不断满足雇主和雇员的需求，英国高校继续教育采用多种方式加强与企业的合作，为企业提供高素质的人才。英国高校在面向行业企业开展高端培训方面主要表现为以下几个特征。

（一）紧贴经济社会发展需求

随着社会的不断发展和科技水平的不断进步，企业对员工素质的要求越来越高，英国高校继续教育部门积极与企业开展合作，满足企业对优质员工发展的需要，紧跟时代发展的步伐。不同时代背景下，企业的发展理念、经营方式和对员工的要求在不断变化，高校继续教育积极了解企业的需求，并根据自身优势设计精品课程，以满足企业对管理及技能人才的需要。例如，牛津大学以经济和商科为主，每年吸引成千上万的学员来此学习，企业也积极选派高级管理人员进修，提高其管理水平。利兹大学以会计、审计、金融和人力资源管理等课程著称，该校商学院积极为英国高层次财会人员开展培训。高校充分利用其专业优势，面向企业中已经接受高等教育的专业人员开展高端的短期专业培训，使高级专业人员能够掌握学科专业的最近进展,把最新的专业知识、技能等内容带回公司。例如,英国宇航公司与沃里克大学合作,学员在沃里克大学的工程系接受研究生层次的新技术高端培训,满足了英国宇航公司发展的需求。

(二)与企业紧密合作

英国高校在与企业开展合作培训时一般都要结合当时的社会发展环境,根据当地工业、商业和服务业的实际需要来确定课程体系和培训内容,以确保培训的针对性和时效性。高校对企业开展培训一般要有4个必备阶段。一是对企业进行实地考察和交流,了解企业的特色和对人才的需求,以此确定培训主题和具体内容。例如,格兰菲尔德大学为企业高管提供工商管理的培训,并根据不同企业的特点进行策划,制定不同的培训方案。二是进行面授教学,这一部分占到培训总学时的30%左右。主要是针对员工在实际工作中遇到的问题进行技术指导,对一些新的研究成果进行理论讲解,以提升其技术水平。三是让参加培训的员工回到企业,把理论带到实践中去,检验培训所得能否有效转化为工作中的应用能力。这一过程非常重要,将面授中的知识及时进行实践效果的检验,同时还配以现场的指导,能够有效地促进学员对理论知识的吸收运用。四是培训学员写出总结反思,促进员工能力提升。反思可以使员工对所学知识有新的理解和吸收,对于提高自身素质有十分重要的作用。高校与企业合作开展继续教育,一般都要结合学校的优势或特色学科,并结合企业发展特色,实现两者的有机匹配,并据此建立稳定的合作关系。例如,英国诺丁汉大学的优势学科为国际商务、国际管理和金融与投资,其继续教育学院主要针对该优势对外开展培训,与大批金融企业开展合作。继续教育学院和企业开展深入合作,既可以增强企业的创新性和竞争性,促进企业发展,同时也为高校的继续教育培训提供了新的方向。

(三)培训形式灵活多样

根据成人的发展特点和实际情况,英国高校继续教育学院通过开展不同形式的培训满足成年人不同的学习需求。例如,利兹大学在开展培训时,充分考虑参训者的心理和工作特点,将培训时间安排到午餐时间,大家在餐桌上进行讨论,在轻松的氛围中学习相关技能和知识。在英国,许多高校都设有培训部或发展与培训部为企业提供继续教育服务,其主要通过短期培训和长期培训结合的方式开展。英国剑桥大学继续教育学院为学员提供包括本科和硕士的学历教育课程、国家短期非学分证书课程和暑假课程等不同类型的课程。[7]此外,高校还为合作公司已经毕业数年的大学生开展继续教育,可以短期返回大学接受继续教育,弥补知识和技术不足的问题。各高校还积极推进培训手段的创新。21世纪是信息化社会,发达的信息技术为继续教育培训提供了广阔平台,成人的工作和生活压力使成人没有大量的时间进行系统化学习,一些大学的继续教育学院充分利用移动设备方便成人进行碎片化学习,既可以节约时间又可以满足成人的学习需求。英国诺丁汉特伦特大学是移动学习的领先者,教师往往将学习内容发到移动网络平台,学员利用乘车或是吃饭的零碎时间进行学习和讨论。通过开展灵活多样的培训,满足不同年龄、阶层和文化水平成人的学习需求,真正实现全民学习。

四、颇具特色的英国开放大学

英国开放大学（The Open University 简称 OU）成立于 1969 年，其目的是通过远程教育向成人提供学位课程[8]。作为国际远程教育的典范，英国开放大学尽管采用远程教育的手段，但是从未放松对教学质量的要求，它以完善、独特和有效的组织管理形式、媒体教学形式和专业课设置，在人才培养和科学研究等方面取得了良好的成绩，得到了英国和欧洲其他各国的支持[9]。英国开放大学的鲜明特色主要体现在以下几个方面。

（一）开发高质量的课程

英国开放大学的课程设置是保障高质量教学水平的关键要素，是体现其培养目标、办学理念和特色的重要方面。首先，课程开发满足了不同学员的要求，特别是在职成人学员的学习需求，在课程的编排上会基于学员自身的学习需要和所处环境，来帮助其更好地发挥自身能力和实现技术上的更新。在课程形式上设有单一课程、短期课程和资料汇编三种。课程内容十分丰富，目前涉及 14 个课程领域的 600 多种课程门类，以满足不同类型学员的学习需求。其次，在课程建设方面消耗时间较长。一门新的课程需要多年的筹划，并需要多方面专家共同协作完成。一门课程的开发通常需要 4 年左右的时间，课程的投入一般在 200 万英镑以上，多则达到 1000 万英镑，且经过测试后每 5 年还需要修改一次[10]。例如，一门新课程的设计大约需要 4 年才能完成，即 2 年的课程设计，1 年的课程开发和 1 年的课程制作，一般开放大学课程的使用寿命为 8 年，并且期间贯穿对课程的评估和测试。再次，英国开放大学创造性地采用了模块化的方式，将相关的学科糅合成为一个模块，在每个模块下面还设有课程组开发各个单元课程，在每门课程的下面除了提供课程内容，还包括课程说明、作业要求、实践指导和学习进度建议等内容，方便学员的自主学习。

（二）提倡全面的开放性

英国开放大学尤其倡导全面的开放性，即对公众开放、教学地点开放、教学方法开放和理念开放（Open to People, Place, Method and Ideas），具体表现在以下三个方面：一是学习者的开放。学习者不论年龄、身份、性别还是种族，只要有学习的意愿，都可以报名注册入学。英国开放大学建校 40 多年来，总共有 200 多万学生参加学习，已成为英国最大的大学，承担着全国 35% 的业余本科生教学任务，年龄从 16 岁到 60 岁不等，其中，女生人数占总人数的 50% 以上，残疾人占总数的 6%[11]；二是学习地点的开放。学习者既可以到大学参加全日制学习，也可以在工作场所或者家里进行业余的学习；既可以在学习团体中进行学习，也可以进行自学。进入 21 世纪，英国开放大学更是拓展到许多非洲和亚洲的发展中国家。从 2005 年开始，开放源软件包课程管理体系的 Moodle 作为学习环境基础，创建了免费的开放学习资源网站，目前正向 160 多个国家和地区的 100 多万学生免费提供开放学习的机会和支持[12]；三是教学方法和理念的开放。英国开放大学打破了教学用教室、教材等所形成的时空封闭的状态，利用电子信息技术全方位为学生提供服务，使每个学生都能意识到学习的重要性。理念开放是开放大学办学的灵魂，决定开放大学的命运。英国开放大学的本科开放政策扩大了开放大学的生源，灵活多变的课程结构和教学方法可以满足成人多变的学习需求。英国开放大学向所有有抱负、有理想的成年人提供高质量的教育，从而增加了就业机会，提高了国民素质。

（三）健全学习支持服务体系

英国开放大学完善的学习支持服务体系一直被业界所称道，英国开放大学本身也认为这是其成功的关键。英国开放大学始终贯彻学习者是服务对象的宗旨和以人为本的教育观念。一是充分利用现代教育技术，为学员提供优质的学习资源。2006年10月，英国开放大学正式发布了Open Learn 网站（http：//openlearn.opn.ac.uk），这标志着英国开放大学Open Learn项目正式启动。这个网站可以满足已经走出校园并想获得职业发展的成人学习需求，促进学员的个性化发展。二是建立责权明确的三级学习服务体系。学习支持服务体系分为总部、地区中心和学习中心（点）三个层次。这三个层次各司其职，促进英国开放大学的发展。总部的主要职责是研制远程教材、制定相关制度和提供学分转换制度等内容。地区中心的主要作用是根据教材内容提供个性化的服务、制定学习计划和制定学习生涯指导等方面的内容。学习中心（点）的主要作用是发放面授辅导的日程安排，提供必要的IT设施等内容。三是针对不同的学生进行个性化指导。学员的每门课程都会有专业化的教师进行指导，教师会通过电话和邮件等不同形式与学员进行交流，因材施教，为学员答疑解惑。

五、几点启示

（一）加强政府对高校继续教育的支持

借鉴英国经验，我国政府应在立法保障和财政支持两个方面加大对高校继续教育的支持力度。我国继续教育和终身教育立法进展缓慢，关于高校继续教育的相关政策法规也是少之又少，使得高校继续教育的发展缺少必要的法律保护。在我国大学继续教育发展中，往往过多看重经济效益而忽视内涵建设，导致高校继续教育容易出现乱收费、乱办学的现象，在一定程度上严重阻碍了我国高校继续教育的发展。通过必要的立法，加强对高校继续教育的规范管理，可以在很大程度上减少不良现象的发生。其次，加大财政支持力度。要尽快改变政府对大学继续教育投入不足的现状，通过加强政府引导性拨款以强化其宏观调控的功能。还可以通过建立绩效评价和市场运行规则，对于绩效成绩高的高校予以财政上的倾斜，促进高校继续教育朝着良性健康的方向发展。

（二）加快创新学历继续教育模式

根据经济社会发展和科学技术的最新趋势，应适应特定时代和特定人群的特别需求，加快创新学历继续教育模式。首先，进一步拓宽成人学生进入高校学习的路径，让更多的成人有机会进入各层、各类高校接受继续教育。同时，也要严把质量观，切实提升学历继续教育的内涵，不能使高校继续教育成为接受高等教育的"方便之门"。其次，继续教育的课程设置应该灵活多样，既可以采用长期课程和短期课程相结合的方式，也可以设置模块课程，使成人根据自己的职业和兴趣需要选择自己感兴趣的课程进行学习，提高学习的积极性。再次，完善学分累计和互认机制，完善学分银行制度，使成人可以根据自身的实际情况持续地进行学习。

（三）加强校企合作

高校继续教育应该积极拓展与政府、行业、企业开展继续教育合作的范围、领域和层次，为社会培养高素质人才。一是提升培训的针对性，充分了解合作机构的特色，根据行业、企业不同的发展理念进行人才培训。二是提升培训的契合性，通过开展短期课程或长期课程等不同形式的培训，满足不同的培训需求。三是丰富培训的层次性，既要满足大众对高等继续教育一般知识、技能的培训需求，也要结合高级管理、专业技术人群的培训需求，充分利用学校学科优势，组织开展高水平、前沿性、创新性的高端培训。四是提高培训的效益性，强化质量意识和内涵建设，最大限度地实现人才培训的经济效益和社会效益。

（四）促进我国开放大学的改革发展

英国开放大学作为继续教育的典范，对我国高校继续教育尤其是开放大学的发展有许多借鉴意义。首先，要不断开发多元、高质量的课程。应该注重课程开发的重要性，发挥专家学者智囊团的作用，使课程可以更有效地呈现。其次，要充分发挥开放大学全面开放的特点，充分实现对所有人的开放，实现在空间和时间上的充分开放。再次，不断健全服务体系，为开放大学的发展提供一个良好的外部环境，充分发挥现代信息技术的作用，为学员提供优质的学习资源和学习平台。

参考文献

［1］江波，蒋凤瑛，杨劲松，等.国际视野下的我国高校继续教育的改革和发展[J].国家教育行政学院学报，2015（9）．

［2］Chivers, G.& Nixon, K. Government inter-vention in the promotion of continuing vocational education by universities: the British experience[J].Higher Education Review, 1995 (27).

［3］秦发盈，吉小燕.PICKUP项目：英国大学继续教育转型的催化剂[J].职教通讯，2017（09）．

［4］吉小燕，秦发盈.论英国大学继续教育拨款机制的转型[J]中国成人教育，2017（10）．

［5］杨春梅.加强课程与工作世界的联系——20世纪80年代以来英国高等教育课程政策述评[J].国际高等教育研究，2003（4）．

［6］李盛兵.英国高等教育新政策评析[J].高教探索，2003（2）．

［7］沈悦青.剑桥大学继续教育现状[J].课程教育研究，2015（16）．

［8］John T. E. Richardson .Course Completion and Attainment in Disabled Students Taking Courses with the Open University UK [J].Open Learning , 2010 (2).

［9］刘奉越.英国开放大学的办学特色及其启示[J].河北大学成人教育学院学报，2013（1）．

［10］秦发盈，朱强.英国开放大学办学特色及对我国高校继续教育的启示[J].中国成人教育，2013（5）．

［11］陈莺.中国特色开放大学课程体系建构的策略思考——英国开放大学课程体系的特色与启示[J].继续教育研究，2013（2）．

［12］韦润芳.英国开放大学再认识：理念篇[J].中国远程教育，2010（4）．

（闫树涛、王欣）

日本大学继续教育制度设计的分析与启示

随着终身教育理念在国际社会的不断深入，世界各国纷纷提高对终身学习及学习型社会建设的重视程度。日本作为较早吸收终身学习思想的国家，从 20 世纪 70 年代起开始对整个教育体系进行综合性改革，并在 1990 年颁布《生涯学习振兴法》，以法律的形式推进终身学习的发展。为了应对新一轮科技革命和产业变革，继续教育人群尤其是社会职业人士对回校接受再教育的需求高涨。此外，日本文部科学省的统计数据显示，2016 年日本高等教育机构的毛入学率为 80%，进入四年制大学的毛入学率达到 52%，日本高等教育的普及化程度越来越高[1]。在这种背景下，日本终身学习的发展在于提供更高层次和更富个性化的教育，而日本高等教育机构是实现这一目标的关键一环。

日本文部科学省管辖的高等教育机构类型包括四年制大学（含本科学部和研究生院）、"短期大学"、"高等专门学校"和"专修学校"。其中，"短期大学"、"高等专门学校"和"专修学校"的办学以传统职业技术教育为主，但是随着社会经济的发展，这类机构也逐渐开始注重发展转学教育、社区服务、继续教育和普通教育的功能[2]。大学①和这类职业教育机构在不同层次上积极开展继续教育，分工明确又互联互通。更为重要的是，大学处于高等教育的顶端，既要满足高等教育普及化进程中产生的高层次继续学习的需求，又要紧跟时代与社会发展的步伐，相应地承担对社会的教育功能，更好地服务于社会经济的繁荣发展。本文主要从日本大学为社会人士提供接受高等教育机会而设立的相关制度入手，探索日本大学继续教育发展的特色和实践经验。希望能够结合我国国情和继续教育发展的现状，为高校继续教育改革提供参考和借鉴。

一、强化大学继续教育法制化建设

日本大学继续教育的功能十分突出，这得益于日本政府在立法方面对继续教育的保障。日本的大学基本由学部和学科构成，层次上包括大学本科学部和研究生院。其中，除一般性研究生院外，大学还设置专门职业研究生院（专门职大学院）提供专门职业学位课程。日本政府在加快推动全日制教育的同时，面对继续教育学习者的多样化需求，在最初制定相关法律法规的时候，就以高瞻远瞩的眼光进行顶层设计，充分考虑继续教育的供需，为大学继续教育的发展奠定基础。除《学校教育法》外，日本政府相继颁布

---

① 以下若不特殊说明，大学均指四年制大学，不包含短期大学。

了内容更为详尽的《大学设置基准》《大学院设置基准》《大学通信教育设置基准》和《专门职大学院设置基准》,对大学的设立、课程划分、学习方式及毕业取得学位的学分等进行具体要求和详细说明。日本文部科学省根据教育发展的变化,持续地对各类基准进行修改。这些法规体现在:

(1)大学将继续教育纳入学校整体的发展计划,使继续教育的内涵深入到每个学校院系的具体办学过程;

(2)在大学本科学部、研究生院和专门职业研究生院中合适的专攻领域均可以设置弹性时间学习与通信制教育的课程;

(3)建立专门职业研究生院和多样化的入学制度为不同类型的社会人群提供终身学习和提升能力的机会。

二、建立弹性学习制度

日本的大学为提高其社会开放程度,设立夜间开讲制度和昼夜开讲制度。1989年修改的《大学院设置基准》中明确提出了设置夜间研究生院,其主要硕士课程均在夜间完成。大学的本科学部在1991年也确立了昼夜开讲制度,即同一学部白天及夜间的时间段内均设置课程[3]。例如,埼玉大学经济学部为满足社会人士继续学习的需求,在2015年开始设置夜间课程,学部在每个学生入学时都会根据学生情况制定修学计划,修学的方式非常灵活,如图7-3-1所示,学习者可以利用"长期履修制度",最长可延至10年完成规定课程。此外,为考虑社会人士在时间及空间上的局限性,学习者可以利用互联网在线学习,修学放送大学的部分科目,但不得超过40学分(毕业共计124学分),其余课程需在平日的晚间6时至9时在校进行修学。一方面,夜间课程可以解决学习者的工学矛盾;另一方面,大学可以进行合理的课程规划,增强学生自主学习的选择性和积极性,丰富学习的过程。

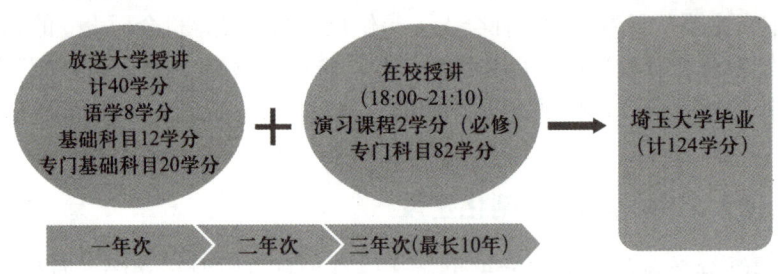

图7-3-1 埼玉大学经济学部夜间课程规划[4]

三、推进基于通信技术发展的混合教育形式

(一)通信制教育的本质

日本大学内设置的通信制教育是随着不同阶段通信形式的发展,而产生的一种结合早期函授、广播电视等传统远程教育形态和现代互联网通信技术为一体的混合式教育形式。《大学通信教育设置基准》中指出,通信制教育的教学方法多样化,可以分为:

(1)通过邮寄指定教材进行自学;

(2)通过传统在校面授的方式学习;

(3)利用电视、广播等视听媒体学习;

(4)基于卫星光纤等通信技术,利用多媒体教学将文本、声音、图形、图像及视频等多种信息提供给学习者学习[5]。其中,面授和运用多媒体教学的授课形式也是全日制(通学制)教育的授课方式。

(二)多媒体教学方式的定位变化

随着通信技术的不断革新,多媒体技术在教学中的地位日益突出。从2000年开始,通学制中可利用多媒体授课形式修学的学分范围从30学分上升到60学分。而在通信制教育中,毕业要求与通学制相同,以面授方式修学的学分至少要达到30学分,这30学分中,最多有10学分可以利用放送或多媒体的授课方式修得。随后,2001年修订的《大学通信教育设置基准》又缩小了面授的比例,并提出毕业所需的124学分可以全部利用多媒体技术等在线方式修得[6]。从这一变化可以看出,通信制教育中的远程在线学习形式所占的比重越来越大,学习者修学方式的选择越来越灵活。虽然日本的大学教育注重发展"互联网+"和数字化学习,但是其发展速度相对比较缓慢,2016年实行通信制教育的大学(不含放送大学)比例仅为5.6%,而且,日本实行通信制教育的大学都是私立大学。另外,从利用网络与多媒体技术的授课方式在通学制和通信制教育中的定位发展变化来看,信息技术的应用需要遵循当下教育发展的规律,从混合的授课形式发展到可以完全网络授课也需要历经一个过程,通信制课程的设立不仅是要充分发挥网络教学的便利性,同时也需要与学生的学习能力和意愿、线上教学过程中师生的合作及学习支持与服务等过程要素紧密结合。

(三)统一政策下的学校自主办学方式

日本的通信制教育虽然在法律上对授课的方式和毕业的标准等进行规范,但在实行的过程中,各大学对于具体的办学过程及方式拥有很强的自主性。学校可以以网络及多媒体技术等在线授课形式为主,也可以不拘泥于一种形式,运用多种方式开展通信制教育的课程。例如日本的庆应义塾大学和早稻田大学的通信制教育各不相同又各具特色:前者在授课方式上运用混合式的方式进行授课,学习的过程涵盖邮寄教材自学等四种方式,学生必须完成每种学习形式下对应的学分要求;与之不同的是,后者的通信制教育(以下简称"e-school")是利用以信息技术为工具的远程教育学习模式,完全线上的教学方式不仅可以最大限度地服务于不同社会背景的学习者,实现自我能力的提升,而且其规范的管理过程有效地保障了教学的质量。

1. 全纳教育的思想体现

早稻田大学"e-school"学习的生源超过八成是社会在职人员,多数学员的学历较高,且30—40岁的人群最多。为体现通信制课程的全纳性,"e-school"采用与通学制不同的"level"概念规划课程,表7-3-1是人类科学学部通学制和通信制本科学位课程的修学计划和课程比较。

表 7-3-1　早稻田大学人类科学学部通学制与通信制本科学位课程的修学计划和课程比较

区分	一年级	二年级	三年级	四年级	毕业要求
普通本科	基础演习	实验调查法	专业演习	毕业研究	124 学分
e-school α course	无	Level A 数据统计；英语；科学概论　各学科概论	Level B Seminar	Level C 毕业研究	
e-school β course	Level 1 学习技能；人类学概论；英语	Level 2 数据统计；科学概论	Level 3 Seminar	Level 4 毕业研究	
选修科目	基础科目		无		
	专门科目				
	其他选修科目（外国语文学、统计学、公开科目等）				

由表 7-3-1 可以看出"e-school"的课程设置分为 α course 和 β course。α course 又分为 Level A、Level B、Level C 三个层次，而 β course 分为 Level 1、Level 2、Level 3、Level 4 四个层次。如果申请高层次的课程，必须完成低层次指定科目的要求并取得相应的学分。进入 α course 学习的学生相当于从编入学年制的第二学年开始学习，而进入 β course 的学生相当于从大学一年级开始学习。统计数据表明，选择 α course 的学生中，约 41% 为大学毕业，31% 毕业于短期大学，22% 毕业于专门学校，学历水平较高；而进入 β course 学习的学员基本上是以取得学士学位为目标的高中毕业生[7]。在课程设置方面，"e-school"的课程体系包括基础类的数据统计和英语科目、人类科学基础科目、专门科目、专门演习和毕业研究等课程模块。学习时间主要集中在夜间和周末，每年注册的课程学分累计不得超过 40 学分，毕业必须通过口头答辩，并累计取得 124 个学分，与全日制学生的培养标准基本相同。

2. 教学过程管理保障质量

早稻田大学"e-school"的上课流程基本为观看视频、在线提问和讨论、小测验和提交论文三大环节。然而"e-school"与大规模在线学习的网络授课形式（如"慕课"）不同的是，为了保证教学质量，"e-school"实行小班教学和全面支援学生的制度，规定每个班级不得超过 30 名学生，并配备一名具有硕士以上学历的专业老师负责学生的学习指导、邮件和在线留言的问题回复等服务。学生最终的成绩也根据在线的发言状况、对课程的理解程度、测验和论文等情况进行综合评定。此外，完成"e-school"项目的学生不仅可以取得学士学位，成绩优异者可以被推荐进入早稻田大学研究生院进行学习，据统计，每年约有 25 名"e-school"毕业生进入研究生院继续学习[8]。由此可以看出，早稻田大学"e-school"遵循通信制教育的设置原则，回归网络教育的本质，在适合网络学习模式的专业领域精准开展小范围的网络教学，其办学定位高，教学计划和过程服务都最大限度地与信息技术下的学习方式相适应，进而有效地保障教学质量，可以达到甚至超越通学制的教学水平。

四、设立专门职业研究生院

日本的一些大学不仅在本科阶段设置多样化的学习体制，在研究生阶段也专门为在职人士提供更高层次的学习机会，如设置专门职业研究生院为社会培养高级专门的职业人才，增强其实用技能和实践教育。日本科学文部省公布的 2016 年学校统计数据显示，专门职业学位课程的在学人数中，30 岁以上的社会人士所占比例达到 50% 左右[9]。这类大学一般在一些职业类型比较明显的学科和综合类交叉学科上设置专门职业研究生院，例如"法科大学院""教职大学院""经营管理大学院"和"公共政策大学院"等。专门职业学位一般参照硕士学位层次，除"法科大学院"提供 3 年的法务博士专门职业课程以外，硕士（修士）专门职业学位课程的标准修业年限是两年。由于实践中考虑成人学习的需求，修士课程可以采用夜间授课或集中授课的形式，因此，有工作经验的学习者可以提前毕业（修业时间大于一年小于两年）。同时，有些课程（如东京大学的公共政策学修士课程）学习的形式为全日制，需要学习者停职进行学习。为了使更多的社会在职人员能够脱产进修或停职后较快地完成研究生学位课程，专门职业研究生院还设立一年制的修士课程，例如日本的教职大学院。同时，日本政府颁布的法律明确规定国立公立中小学和特殊教育学校任职的新教师，应有一年左右的研究进修时间[10]。此外，为了确保专门职业研究生院的独立性和教师组织的完善，2012 年日本中央教育审议会的审议结果规定在每个专攻领域设置一定数量的具有丰富行业实践经验的专任教师，在这些专任教师中，只有担任博士后期课程的教师可以兼授 1 个专攻方向的课程[11]。

五、提供多样化的学习路径

日本的大学除在本科和研究生教育的学习方式和课程设置等方面体现继续教育办学的灵活性和开放性之外，还在各类正规学习与非正规学习的入口处设立多样化的选拔和修学制度。大学主要以授予学位为主，包括学士学位、硕士学位和博士学位。修读学位课程一般被认为是正规学习，而以其他形式学习本科学部和研究生院的课程通常被列为非正规学习。无论是正规学习还是非正规学习，通过灵活的修学制度，有继续教育需求的人群都可以找到合适的学习路径进行有针对性的提升。图 7-3-2 是大学本科及研究生教育面向社会人士的学习路径示意图。

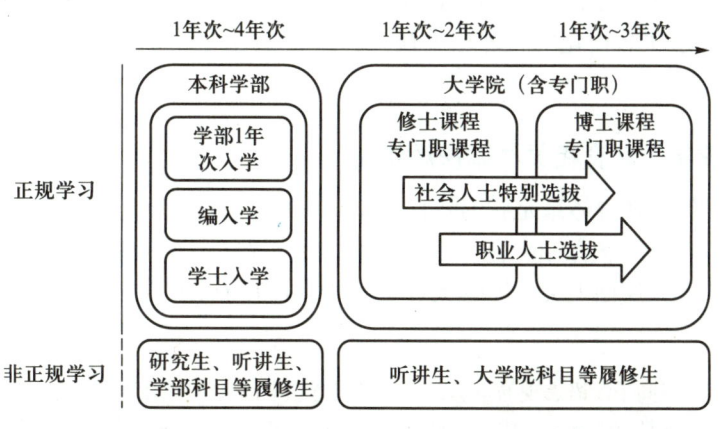

图 7-3-2　大学内本科及研究生教育面向社会人士的学习路径示意图

可以看出，本科学部针对社会人士入学主要体现在进入学部一年级学习的社会人士入学、编入学和学士入学制度。通常情况下，具有高中学历的社会人士可以通过学部一年级入学选拔进入大学学习，同时需满足所报考大学的申请资格，例如年龄、固定职业、工作经验及年限。日本的编入学制度相当于中国的专升本，与之不同的是，学生可以转专业。短期大学、高等专门学校和专修学校的毕业生或在学二年以上学生，一般编入大学二、三年级开始学习，编入校方会对学生之前的学习成果进行认证，原则上学分互认的上限不超过60学分[12]。而学士入学是指那些已经拥有本科学位的学习者，通常这类申请者通过所在学部入学测试后直接进入三年级学习。在研究生阶段，研究生院在一些实践性较强的专攻方向设置社会人士特别选拔制度，但一般研究生院招收社会人士的数量较少，而专门职业学位课程主要面向在职人士，设立职业人士选拔制度，接收拥有不同学科背景和社会背景的学习需求者。社会人士特别选拔或职业人士选拔制度在选拔方式上重视小论文和面试的选拔方式，但各专业院系在招生环节有较强的自主性，有些专攻方向需要进行专业的科目测试，有些则不需要笔试，只进行书面材料的审查和面试。这些制度设立的宗旨是为了进一步增加职业人士接受高等教育的学习机会。另一方面，日本的大学在落实政策的过程中，也注重保证选拔的质量，结合学科的特点和属性，制定有针对性的选拔方式，实现差异化选拔。

此外，大学还设立科目等履修生、听讲生和"研究生"①等制度，学生即使不通过正规入学的过程，也能修读特定科目。1991年《大学设置基准》增设科目等履修生制度，规定学生需要按照正规流程进行申请，递交书面材料并进行面试，每学期修学的科目和学分都有规定的上限。一些毕业生也利用该制度修学所需科目进而考取相应的资格证书。然而听讲生、"研究生"与正规学习生和科目等履修生不同，法令中没有相应的规定，各大学根据实际情况进行招收，一般所修课程不能获得学分或与学位课程的学分互换。除正规课程以外，大学还广泛开设各类公开讲座，一些学术部门也会与政府、企业和其他组织合作提供定制化的课程或培训，将大学教育与研究的最新成果直接回馈社会，惠及当地居民。

六、对我国继续教育综合改革的启示

从日本大学为促进终身学习而推进的各种制度和实施的过程来看，日本政府在高等教育领域对继续教育的办学理念和运行体制机制方面给予高度重视，相关制度的实施保障了不同类型大学多层次多样化的人才培养模式，这对今后我国高校继续教育发展有着积极的启示。

（一）强化继续教育相关法律法规建设

构建完善的终身教育体系是我国教育事业发展的重要目标，然而在我国现行的国家层面教育立法中没有与终身教育相配套的专项法律。继续教育作为构成终身教育体系的重要组成部分，也缺乏在国家层面上关于继续教育如何办学的指导性文件，影响高校在继续教育办学

---

① 此处"研究生"不同于汉语表现的意思，一般指有意愿申请大学院就读的学生以非正规生的身份在大学内进行学习，不具有学籍，完成后不颁发学习凭证，需参加大学院考试转为正规院生。

过程中对实际问题的解决。我国应借鉴日本的立法经验，加快终身教育立法，在终身教育的法律框架下加强继续教育相关法律法规建设，设置办学基准，对大学内继续教育的责任部门、教学方式、课程、毕业学分要求及师资等要素进行原则性规定，保障大学继续教育有法可依，有章可循，最大限度地适应经济社会发展的需求，保障人民广泛参与继续教育学习的权利。

（二）增强大学发展继续教育的责任

我国高等教育的发展重心长期在全日制人才培养上，继续教育主要集中在单独的继续教育学院或网络学院，全日制下的教学很少考虑继续教育人群的需求。然而，发展继续教育应该是所有类型大学的整体责任，也是每个学术部门的责任，有人才需求的院系和学科专业必须参与继续教育的建设。由于知识更新周期的日益缩短和高学历人群的不断增加，大学应提供更高层次和更富个性化的学习方案。这就要求各高校将学历继续教育纳入学校整体发展规划和人才培养体系，逐步达到与全日制普通高等教育相同的质量标准。尤其是建设"双一流"的大学，在培养高尖端人才的同时，也应打造一流的继续教育，坚持办学的整体性和全面性。同时，各高校应弱化学生追求学历的思维，重视学习的过程，鼓励学生在相应的学历层次上有更高水平的提升。因此，不同类型的高校都应该重视在本科及研究生教育中开展多样化的继续教育，创造更多的学习机会满足不同学历背景人群及在职人士的需求。

（三）实施混合式的教学形式

我国高校学历继续教育的办学类型，包括函授、夜大学和网络教育等，仍然各自单独存在。这一现状已经不合时宜。在教学过程中，不同通信形式下产生的实体和虚拟教育形态应该作为不同的学习方式存在，其中，线上学习所占比重可以放大，但是也要根据学科的性质和社会需求进行合理的教学安排，不能盲目地规模化发展。同时，教育信息化以及包括夜间学习等在内的弹性学习时间制度应该覆盖所有的继续教育形式，将多样化的学习方式融入大学本科、研究生等不同层次的办学体制中以便于学生学习，而不是让学生去适应目前继续教育办学类型。各大学也应该重新审视网络教育的发展定位，一方面寻找适合其生长的土壤精准发力，另一方面，采用多种学习方式，或适当地向传统的学习方式靠近并不影响发挥网络教育的灵活性和便利性。降速、降规模也是"以退为进"，只有重视教育的质量才是继续教育健康可持续发展的根本所在。

（四）推进多路径的继续教育学习制度

日本在20世纪80年代就已经进入高等教育大众化阶段，日本的大学为培养专门实用型人才进行了不懈的努力。我国也可以参照日本的做法，结合产业结构和社会发展的需要，在人才需求旺盛的学科或培养跨学科综合性人才的领域建立专门的学院或部门培养服务于社会需求的职业性人才。同时，在本科和研究生层次增加学习的入口，采取弹性的入学制度，加快制定学分转化对策，使不同层次和学历背景的学生享有公平的学习机会和路径。这一构想是建立在同一层次继续教育与普通高等教育具有相同质量标准的基础上。2016年9月，教育部办公厅印发了《关于统筹全日制和非全日制研究生管理工作的通知》，提出全日制和非全日制研究生实行相同的考试招生政策和培养标准[13]，该文件的出台是继续教育在研究生领域进行统筹发展的信号，为未来进一步建立弹性的研究生入学和修学制度奠定基础。

七、结语

继续教育改革任重而道远，作为培养与经济社会发展相适应的人才和提升国民综合素质的重要途径，既需要国家层面关于继续教育相关政策以及法律法规的支持，也需要大学自身树立大力发展继续教育的责任意识，创新继续教育办学的体制机制，采用多种路径和教学方式创造社会人员回校接受正规与非正规高等教育的机会。我国可以充分借鉴日本的有益经验，加快深化高校继续教育改革，构建完善的继续教育人才培养和服务模式，促使我国的继续教育发展重新焕发活力，更好地为国家经济社会的发展和人民的终身学习服务。

参考文献

[1] 日本文部科学省学校基本調査—平成28年度結果の概要 [EB/OL]. (2016-12-22)[2017-05-16]. http://www.mext.go.jp/b_menu/toukei/chousa01/kihon/kekka/k_detail/1375036.htm.

[2] 何宇媚, 吴剑丽. 日本高等职业教育办学功能的演变 [J]. 职业技术教育, 2010 (13).

[3] 中央教育審議会大学分科会・大学規模・大学経営部会（第5回）大学における社会人の受け入れの推進について（参考資料）[EB/OL]. (2009-12-01) [2017-05-16]. http://www.mext.go.jp/result_p.htm?searchTextHed=%E5%A4%A7%E5%AD%A6%E5%88%B6%E5%BA%A6%E7%AD%89%E3%81%AE%E5%BC%BE%E5%8A%9B%E5%8C%96#resultstop.

[4] 生涯を通じた学習機会・能力開発機会の確保に向けた大学等における社会人の学びなおし [EB/OL]. (2017-03-13) [2017-05-18]. http://www5.cao.go.jp/keizai-shimon/kaigi/special/reform/wg7/290313/agenda.html.

[5] 日本文部科学省令第10号 大学通信教育設置基準 [EB/OL]. (2014-03-25) [2017-05-16]. http://law.e-gov.go.jp/htmldata/S56/S56F03501000033.html.

[6] 高等学校における遠隔教育の在り方に関する検討会議参考資料遠隔教育関連データ [EB/OL]. (2014-12-08) [2017-05-18]. http://www.mext.go.jp/b_menu/shingi/chousa/shotou/104/houkoku/1354182.htm.

[7] 早稲田大学人間科学部データで見るeスクール（2016年度）[EB/OL]. (2016-12-21) [2017-05-16]. http://www.waseda.jp/e-school/about/data.html.

[8] 同 [7].

[9] 同 [1].

[10] 沈晓慧. 日本继续教育发展概述 [J]. 世界教育信息, 2009 (8).

[11] 日本文科高第681号専門職大学院設置基準の一部を改正する省令の施行について（通知）[EB/OL]. (2012-11-19) [2017-05-18]. http://www.mext.go.jp/a_menu/koutou/senmonshoku/detail/1328440.htm.

[12] 中央教育審議会大学分科会大学教育部会（第23回）教育機関相互における単位認定・編入学について [EB/OL]. (2012-12-27) [2017-05-18]. http://www.mext.go.jp/b_menu/shingi/chukyo/chukyo4/015/gijiroku/__icsFiles/afieldfile/2013/01/10/1329416_1.pdf#search=%27%E7%B7%A8%E5%85%A5%E7%94%9F%E5%B1%A5%E4%BF%AE%E5%8D%98%E4%BD%8D%E8%AA%8D%E5%AE%9A+%E6%96%87%E9%83%A8%E7%A7%91%E5%AD%A6%E7%9C%81%27.

［13］教育部办公厅．教育部办公厅关于统筹全日制和非全日制研究生管理工作的通知[EB/OL]．（2016-09-14）[2017-05-18]. http://www.moe.edu.cn/srcsite/A22/moe_826/201609/t20160914_281117.html.

（高美慧、包华影、黄文峰、王法新）
原文发表于《继续教育研究》2018年第2期

发达国家和地区学习成果认证和学分积累与转换的经验及启示

众所周知，发达国家和地区的高等继续教育与普通高等教育的关系并非像我国一样的双轨发展，而是采用相同标准、授予相同证书，区别仅体现在学习时间和学习形式方面。换言之，我们很难在发达国家和地区找到与我国高等学校继续教育体系的对应体系。因此，我们在比较研究中主要研究发达国家和地区高等教育学习成果认证政策以及学分积累和转换的规则。

一、欧洲高等教育区的学习成果认证和学分积累与转换

作为推进博洛尼亚进程的重要措施之一，欧洲着力打造了自上而下的统一的欧洲学分互认体系（European Credit Transfer and Accumulation System, ECTS）。ECTS 和欧洲统一资格框架的共同推进增强了欧洲高校间课程和资格的透明度，推动了欧洲各国高等教育资格相互认证的发展。

（一）ECTS 的学分标准

ECTS 学分的计量是以学习成果（learning outcomes）和学习工作量（workload）为基础的。每一个项目的构成部分（学习单元、模块、课程等）都根据学习者通过学习应该收获的学习成果来界定。根据预期的学习成果，高校教师制定要获得相应学习成果所需要的学习工作量，包括教学时数、独立学习和实践作业等内容。ECTS 的学分标准是，一整年正规学习可以获得学分是 60 学分，每个 ECTS 学分代表 25—30 个小时的学习工作量。

（二）ECTS 学分的积累与转换

在欧洲，积累的学分通常记录在高校的官方成绩单上，以保证学习者能够获得学习过程中每一个阶段的学业成就证明。博洛尼亚资格框架规定了完成第一和第二周期学术资格需要积累的学分数量范围。各国的资格框架对学分数量范围的要求可以跟博洛尼亚资格框架进行对接。在国家或高校层面，学习者要获得某一周期内的资格需要完成相应的课程要求，包括学分数量、学习成果、学分等级等方面。这种课程要求可以体现为对课程学习不同阶段的学分数量或学分范围的要求，也可以体现为对不同阶段必修的课程内容和课程等级的要求。

与学分积累相比,学分转移的过程相对复杂。成功的学分转移需要首先对学分进行认证。学分认证是高校对学习者在其他高校获得的学习成果的确认。鉴于高校和课程的复杂性,不同课程项目的内容构成不可能完全相同,对已获得学分的认证需要一个灵活的方式。学分认证应建立在评估学习成果(知识、技能)的基础上,而不是完成资格过程中的各个程序。认证意味着用在其他情境中获得一定数量的学分代替正在学习的课程项目中的学习成果。学分认证和转移的决定由资格授予高校根据可信的信息和证据做出。

(三)欧洲高等教育区资格框架(Framework of Qualifications of the European Higher Education Area, FQ-EHEA)

在欧洲学分互认体系(ECTS)基础上,由来自欧洲各国的专家学者构成的工作组开发了欧洲高等教育区资格框架(见表 7-4-1)。2005 年 5 月,欧洲多国教育部长参加的卑尔根会议通过了采用该综合框架的决定。FQ-EHEA 的主要内容包括三个学习周期(cycles),通用指标(descriptors)和第一、第二学习周期的学分数量区间。

表 7-4-1 欧洲高等教育区资格框架的主要内容

学习周期	学习成果	ECTS 学分
第一周期的学术资格	获得第一周期学习资格的学习者应具备下属能力: ·在中等教育基础上,通过学习先进的教科书,具备某一学科领域的知识储备和理解能力,了解一些学科前沿知识 ·能够在工作或职业中以专业化的方式运用的专业知识和理解,具有提出、支持专业性观点和解决专业性问题的能力 ·具备通过收集和解释相关数据,对相关社会、科学和伦理问题进行判断的能力 ·能够与专业人士和非专业人士进行信息、思想、问题和解决办法的沟通 ·具有继续从事自主学习的能力	180—240 ECTS 学分
第二周期的学术资格	获得第二周期学习资格的学习者应具备下属能力: ·在第一周期要求的知识储备和理解能力基础上,具备更高知识水平和理解能力,为研究情境中的原创性思想的创造和运用奠定基础 ·能够在新的或不熟悉的学习环境中运用知识和理解和问题解决能力 ·整合复杂知识和对不完整的信息进行判断,在知识和判断的运用中能够考虑个人的社会和伦理责任 ·能够与专业人士和非专业人士就个人结论及其依据进行清晰明确的交流 ·具有继续从事高度自我引导学习的能力	90—120 ECTS 学分,其中第二周期的学分数量不得低于 60
第三周期的学术资格	获得第三周期学习资格的学习者应具备下属能力: ·系统理解学习领域的知识,精通本领域研究相关的技能和方法 ·具备构思、设计、实施和调整大型研究的能力 ·通过原创性的研究拓展知识的边界 ·评判性分析、评估和综合新的复杂思想 ·与学术共同体内的同行和社会大众交流个人的专业领域 ·具备推动学术和专业情境中技术、社会或文化进步的潜力	没有明确说明

注:引自 EHEA. The framework of qualifications for the European Higher Education Area[EB/OL]. (2005-05-20). http://www.ehea.info/Uploads/QF/050520_Framework_qualifications.pdf.

二、英国高等教育学分制及学分积累与转换机制

（一）英国高等教育的学分标准

学分由学分价值（credit value）和学分等级（level）两部分构成。学分价值能够提供关于学习工作量和学术要求的相关信息。每一个课程模块或学习单元所承载的学分数量都是基于学生获得该课程模块或学习单元预设学习成果一般需要花费的学时，即概念学时（notional hours of learning）。英国的高等学校在学分的价值上已经取得了共识，即1学分代表10个概念学时，这10个学时不仅包括课堂学习时间，也包括为课程学习进行准备、自主阅读和学习以及完成课程作业等花费的时间。

学分等级是高等学校用于描述课程的相对复杂性、智力挑战、知识深度的指标，它一般包括五个主要因素：知识的复杂性和深度；与学术、职业或专业实践的联系程度；知识的集成程度、独立程度和学习所需的创造性；应用的范围和复杂性；与其他学习者互动中扮演的角色。高等学校可以根据教育学需要对学分等级的具体要求进行自主设计。

（二）学分的评估和授予

学分的评估标准由每一个高校自行制定，主要涉及学习过程中进入新的学习阶段和获得相应资格所需的学分数量和等级要求。各高校自主制定关于学分获得失败、补考、重考等制度安排。关于授予学分的学术标准的决策过程完全由高校自行负责。从另一个角度来看，英国高等教育的学分及其所代表的课程学习成果的质量保障由学分的授予机构负责。

（三）学分的积累与转换

许多英国高等学校接受学分转移并且建立了完善的学分转移机制。需要转移学分的学习者可以根据需要向所在高校提交申请。从理想的情况来看，任何学习经验都应该可以兑换为一定数量的学分，但并非所有的学分都可以在特定的课程项目中进行积累。由于任何一个课程项目的设计、内容和要求都是由高校自主完成的，所以高校可以决定何种学分可以在具体的课程项目中进行积累与转换。每所具有资格授予权的高校在学分转移问题上都有本校的规定，其内容一般包括五个方面：不同资格间学分转移的比例或某一资格可以接收的转移学分所占的比例，可用于转移的学分的有效期，学分的使用和再使用问题，一般学分和专门学分，从头开始的学习学分要求。

学分认定要求高校考查来自学习者的学分转移申请。但是，学习者已获得的学分能否成功转移到特定的课程项目中要取决于先前学习与将要学习的课程项目的相似性。学分积累与转换计划（Credit Accumulation and Transfer Scheme, CATS）是直接规范学分积累与转换行为的制度规范。

（四）英国高等教育学分资格框架

学分资格框架建设的目的在于：清晰描述不同等级高等教育和职业发展资格的具体要求并为之编码；为学生明确学习路径提供学习过程的路线图；为少量的可测量的学习提供认定，鼓励学习者进一步深入学习；通过保留经验证的学习成果证明，帮助学生在高校之间或高校内部更容易地转移学分；提供有助于高校之间或高校内部课程开发的共同媒介；

保证不同学科课程学习量的一致性；鼓励并促进高校间合作；作为与其他国家或地区高等教育体系对接的工具，促进学生进入国际教育领域。目前，英国主要的高等教育学分资格框架有英格兰、威尔士和北爱尔兰高等教育资格框架（Framework For Higher Education Qualifications in England, Wales and Northern Ireland, FHEQ）和苏格兰高等教育机构资格框架（The framework for qualifications of higher education institutions in Scotland, FQHEIS）（属于苏格兰学分资格框架（Scottish Credit And Qualifications Framework, SCQF）的一部分）。

英格兰、威尔士和北爱尔兰高等教育学分资格框架（FHEQ）包含 5 个英国高等教育主要的资格等级（其中 3 个是本科等级，2 个是研究生等级），并且描述了每个等级的特点，具体包括对于预期学习成果的描述、对学习成果的考评方式、学生获得相应资格的要求，以及学生应该具备的综合的能力。FHEQ 等级与欧洲高等教育区资格框架周期的对应关系见表 7-4-2。

表 7-4-2　FHEQ 等级与欧洲高等教育区资格框架（FQ-EHEA）的对应关系以及典型的资格类型

每一个等级的典型资格	FHEQ 等级*	对应的 FQ-EHEA 周期
博士学位（例如，哲学博士学位（PhD）、哲学博士（DPhil）、教育博士（EdD）、工商管理学博士（DBA）、临床心理学博士（DClinPsy）等）**	8	第三周期的资格（周期结束）
硕士学位（例如，哲学硕士学位（MPhil）、文学硕士学位（MLitt）、研究硕士（MRes）、文学硕士（MA）、理学硕士（MSc）等）	7	第二周期的资格（周期结束）
综合硕士学位（例如，工程硕士（MEng）、化学硕士（MChem）、物理硕士（MPhys）、药学硕士（MPharm）等）***		
研究生文凭		
研究生教育证书（PGCE）****		
研究生证书		
荣誉学士学位（例如，荣誉文学士、荣誉理学士）	6	第一周期资格（周期结束）
学士学位		
研究生教育证书（PGCE）****		
研究生文凭		
研究生证书		
基础学位（例如，文学基础学位、力学基础学位）	5	短周期资格（第一周期的一部分或与第一周期相连）
高等教育文凭（DipHE）		
国家高等技术学校毕业证书（HND）		
国家高级合格证书（HNC）	4	
高等教育文凭		

注：引自 QAA. The framework for higher education qualifications in England, Wales and Northern Ireland [EB/OL]. [2008-12-30]. http://www.qaa.ac.uk/en/Publications/Documents/Framework-Higher-Education-Qualifications-08.pdf.

*在 2001 年版的 FHEQ 中，"等级"用证书等级（C）、中间等级（I）、荣誉等级（H）、硕士等级（M）和博士等级（D）等描述。

** 专业博士课程项目除了研究论文外，还包括一些教学因素。这种类型的博士在实践中差异较大，但是典型的职业博士都会包括相当于最少三个学年的脱产研究，其中第 7 等级的学习内容不得多于整个课程项目的 1/3。

*** 综合硕士学位项目一般包括至少四学年的脱产学习，其中至少包含一个学年的第 7 等级的学习。因此，本科等级的学习被整合到了硕士等级当中，该项目要完全达到第 6、7 等级资格指标的要求。

**** 2005 年 4 月，大学教师教育委员会（Universities Council for the Education of Teachers）、大学校长常务会议（Standing Conference of Principals）、英国大学联合会（Universities UK）、高等教育质量保障署（QAA）共同发布了研究生教育证书资格联合声明。

FHEQ 资格指标（Qualification descriptors）对每一个 FHEQ 等级的主要资格的性质和特点都进行了说明，并对不同等级资格间性质和特点的变化进行了对比说明。资格指标能够为每一个等级的资格提供参考标准并描述每一个等级资格预期的学习成果。资格指标包括两个部分：第一部分是预期学习成果和获得相应资格需要具备的学业成就，这个部分与高校课程的设计、修订和检查密切相关，它要求任何一个课程项目为学习者提供的课程和考评应能满足所有学习者都能够达成预期的学习成果；第二部分是对学生预期获得的综合能力的说明，有助于满足雇主以及其他对各种资格拥有者一般能力感兴趣的人的需要。

苏格兰高等教育机构资格框架是与英格兰、威尔士和北爱尔兰高等教育资格框架相对应的高等教育资格框架，该框架与英格兰、威尔士和北爱尔兰高等教育资格框架在目标、特征、构成要素、概念界定等方面存在高度的一致性，差异更多体现在资格等级的划分方面。苏格兰高等教育机构资格框架与英格兰、威尔士和北爱尔兰高等教育资格框架资格等级的对应关系如表 7-4-3 所示。

表 7-4-3 FHEQ 等级与 FQHEIS 的对应关系以及典型的资格类型

每一个等级的典型资格	FHEQ 等级 *	FQHEIS 等级
博士学位（例如，哲学博士学位（PhD）、哲学博士（DPhil）、教育博士（EdD）、工商管理学博士（DBA）、临床心理学博士（DClinPsy）等）**	8	12
硕士学位（例如，哲学硕士学位（MPhil）、文学硕士学位（MLitt）、研究硕士（MRes）、文学硕士（MA）、理学硕士（MSc）等）	7	11
综合硕士学位（例如，工程硕士（MEng）、化学硕士（MChem）、物理硕士（MPhys）、药学硕士（MPharm）等）***		
研究生文凭		
研究生教育证书（PGCE）****		
研究生证书		
荣誉学士学位（例如，荣誉文学士、荣誉理学士）	6	10
学士学位		
研究生教育证书（PGCE）****		9
研究生文凭		
研究生证书		
基础学位（例如，文学基础学位、力学基础学位）	5	8
高等教育文凭（DipHE）		
国家高等技术学校毕业证书（HND）		

续表

每一个等级的典型资格	FHEQ 等级 *	FQHEIS 等级
国家高级合格证书（HNC）	4	
高等教育文凭		7

注：引自 QAA. UK Quality Code for Higher Education: Part A: Setting and Maintaining Academic Standards [EB/OL]. (2014). http://www.qaa.ac.uk/en/Publications/Documents/qualifications-frameworks.pdf.

三、美国高等教育学分积累和转换

在美国，从整体上来看，高等教育系统中的学分积累和转换具有多样化、开放性和灵活性等特点。不同的州之间有不同的学分积累和转换政策，不同的院校之间也形成了各具特色的学分转换方案和系统。这一方面与美国联邦制的政治体制有关，美国各州享有较高的自治权限，也与美国高等教育学术自由、开放和大学自治的传统密切相关。因此，美国并没有形成统一的学分积累和转换的运行模式，而是不同的州和不同的院校各具特色。

美国各个州对本州的教育享有很高的自治权，因此州在学分积累和转换的政策方面发挥着重要作用。各个州可以通过执行学分积累和转换政策来帮助学生成功地获得学位并能够防止他们把已经获得的学分和付出的时间浪费掉。学分转换政策也能帮助州节省资金，因为如果学生可以有效地转换和积累学分而不浪费掉已经取得的学分和付出的时间，那么政府在这方面的补助也就会减少。

美国通过制定有效的州立转换和衔接政策，加强社区学院和四年制大学之间的学分转换。美国州层面的学分转换政策包括：

（一）建立普修课程编码系统

普修课程编码系统（common course numbering system），对州内的公立两年制学院和四年制大学中类似的课程运用相同的名称、标识号和描述。这就使得州之间高等教育机构的学分转换变得容易了。当学生在加入了普修课程编码系统的两个大学之间的学分转换时，其在原来的大学所修读的全部学分就能够完全转换到接收大学。在许多州，普修课程编码系统只用于大学一年级和二年级层面的课程。在这种情况下，这一政策的宗旨是消除对低年级课程可转移性的疑惑，使学生从技术或社区学院转到大学变得容易。

（二）签订从两年制学位转到四年制大学的衔接协议

从两年制学位转到四年制大学，也叫做 AA 或 AS 学位转换，通过签订州内"2+2"的衔接协议，确保州立大学中的大三学生和社区学院中已经获得文科副学士学位（associate of arts, AA）或理科副学士学位（associate of science, AS）的学生是处于相当的标准的（也就是二者是等同的）。截至到 2014 年，在美国有 23 个州（包括康涅狄格州、佛罗里达州、内华达州和俄克拉荷马州等）制定了关于"2+2"学位转换的相关法律；还有其他另外 23 个州（包括阿拉斯加州、夏威夷州、佛蒙特州和怀俄明州等）通过校务委员会或州当局政策，或者通过高校间协议来授权"2+2"学分转换。

以佛罗里达州学分衔接协议（Florida's Statewide Articulation Agreement）为例，该协议详细阐述了"2+2"政策以保证从佛罗里达社区学院获得文科副学士学位的学生能够获得的全部学分，也就是60个学分转换到州立大学，并在他们获得学士学位时候，这些学分是有效的。佛罗里达州大多数的独立学院和大学都承认学分转化政策。同时，佛罗里达州也有核心课程编码系统，并且发展出了转学生权力议案（Transfer Student Bill of Rights）。在美国也并不是所有的州全部参与到学分衔接政策中来。特拉华州有具体的从两年制学院转到四年制大学的协议，但是州内院校是否参加并不强制。内布拉斯加州鼓励院校参加州的学分衔接政策，但是这不是必须的，也是秉承着院校自愿参加的原则。

（三）确定通识核心课程

通识核心课程（general education core）是由大学一年级和二年级层面的课程组成，作为州范围内协议的一部分，这些课程可以很具有代表性地从一所大学转移到另一所大学。其中，单位学分的学时（credit hour）是通识核心课程的重要组成要件，在不同的州，单位学分的学时数从27学时到64学时不等。

截至到2014年，在美国已有23个州的法律（包括加利福尼亚州、佛罗里达州、俄勒冈州和德克萨斯州）授权了通识核心课程的转换，有17个州已经通过校务委员会的政策、州当局的政策或高校网络间的自愿协议来实行通识核心课程的转换。

（四）建立逆向学分转换政策

逆向学分转换协议（reverse transfer agreements）允许学生结合他们在两年制社区学院获得的学分和四年制大学获得的学分来获得副学士学位。例如，学生可以用40学分从两年制学院得到的学分，再加上从四年制大学中获得20个以上的学分，来完成相当于副学士学位的60个学分，从而从社区学院获得学位。也就是说，逆向学分转换协议允许社区学院将学生从四年制大学获得的学分转换为副学士所需的学分，并为达到副学士所需学分要求的学生授予副学士学位，而之前他们是不向学分转换的学生授予学位的。这项政策是2011年和2012年立法会议（legislative session）的聚焦点，而在科罗拉多州、密苏里州、田纳西州和德克萨斯州已经通过了这一立法。还有11个州已经有了逆向学分转换协议或者正在发展的过程中。

（五）创建学分转换路径

学分转换路径（pathways）为在两年制社区学院开始学习而在四年制大学毕业的学生在某个项目或专业进行学分转换提供了一个清晰的课程日程表。以田纳西州转换路径项目为例，它列出了获得副学士学位所必须的所有课程，当学生修读了这些课程并转到四年制的大学或学院中时，这些课程的成绩就会表明他们已经遵循了这一路径。之后，就会确保学生在社区学院所修读的所有学分都会在规定的专业获得学士学位时得到认可。转换路径能够使学生从低一级的学院转到高一级的学校的无缝对接成为可能，前提是该学生须在同一个项目或专业中学习。

学分转换和衔接政策对于那些越来越多的在两年制的社区学院开始学业而在四年制的大学拿学位的学生完成学业来说是一项基本的政策措施。在美国约有三分之一的学生会在大学之间进行至少一次转换，因此，美国各州设计了不同的学分转换政策以促进和帮助实现学分转换和衔接，确保学生在继续他们学业的路上不损失学分或浪费时间。虽然有多种学分转换和衔接的政策可供行政管理者选择，但其目标都是创造一个清晰的、透明的程序可以使学生可以很容易地遵循，使州内所有的公立学校都参与进来。同时应该看到，美国各州的行政管理者在支持学分积累和转换并且帮助平衡州、大学和学生所关心的利益方面扮演着关键性的角色。建立强有力的学分转换政策对两年制学院和四年制大学的发展都有利，既有助于提升大学的支付能力，也有助于各个州实现高等教育发展目标。

四、韩国学分积累和转换的模式——学分银行体系

韩国是国际上首个明确提出"学分银行"概念的国家。韩国的学分银行体系（Academic Credit Bank System, ACBS）是在政府层面的努力下，自上而下的产生和发展起来的，是一个开放的教育体系。学分银行体系是学生在大学或社会教育培训机构进行课程修读或通过教育部的认证考试、自学学位考试等多种渠道和资源获得学分，并将这些学分存入所注册的学分管理系统的账户中，在满足一定的要求和标准后最终获得学位证书的一种学分管理体系。韩国学分银行体系的目标是为全体韩国公民提供更便利、更多样化的学习机会，建设一个终身学习型的社会，提升韩国公民整体的非正式学习的水平，保证韩国人在未来的全球竞争力。

（一）韩国学分银行体系的运行

韩国学分银行体系在1997年通过国民议会议案创立。韩国教育发展研究院（Korea Educational Development Institute, KEDI）一直管理学分银行体系的运行至2008年，此后，韩国所有的终身学习管理活动都被合并到一个机构进行管理——终身教育国家研究院（the National Institute for Lifelong Education, NILE）。终身教育国家研究院的主要职责包括：审查和核准认证要求；制定和执行教育项目重新评估计划；开发标准化教育课程；接受学习者注册和核准学分；审批准学位要求；建立韩国学分银行信息系统；组织学分认证筛选委员会；实施和经营韩国学分银行信息和辅导中心等。

韩国的学分银行体系可以将其视为授予或获取学位的最后的方式。形象地说，学分银行体系允许人们将不同渠道和不同资源中获取的学分扔进一个"池子"中，然后将这些学分打包成学位，或者是以学位为导向的学习计划。韩国高等教育中的课程包括以下类型：ⅰ）学术核心（academic core）课程是指在某一领域中需要集中学习的一系列课程；ⅱ）通识教育（general education）课程是指这样一系列课程：一些是必修的，一些是出于全面发展的考虑而选修的；ⅲ）选修（electives）课程是学生自己选择的，可能属于也可能不属于其所在的专业领域。韩国不同的高等教育机构中的课程项目都是以上三种学时类型的不同组合，所有的课程项目都围绕着这三种学分类型来进行组合。但是，在韩国学分银行体系下并非是任何专业的学位都可以通过学分银行体系来获取的，大多数学位的专业集中在人文社会科学领域，也有很少数的自然科学领域中的专业。

如果学生想要获得学分银行体系的学位，就可以从注册某个特定的项目开始。学生可以在进行学分积累过程中的任何一个点开始注册：有些学生选择在获得一个单独的学分前

注册,还有的学生在积累够他们所需要的所有学分后再进行注册(因为课程发布在网上,而学分银行体系通过电话提供有关注册和招收潜在学生的咨询服务,是可以在获得学位所需要的所有学分后再注册该项目的)。学分银行体系核实课程与项目需要相匹配后并确认是经过认证的项目,如果学生积累的学分满足课程项目的需要,学分银行体系就会推荐教育部颁发学位给该学生。

(二)韩国学分银行体系中学分的获取渠道

韩国学分银行体系中学生获取学分的途径主要有以下六种:

1. 完成被普遍接受的大学和学院中的常规课程。对于那些已经从常规课程中退出来的人来说,这可能是进行学分积累的最重要的途径。以 2008 年为例,这是学分银行体系进行学分认证的最大的来源,而在 2011 年,它也占据了学分授予中 22.6% 的比例。

2. 在被普遍接受的大学或学院中完成半日制或延伸项目(extension programs)。这在本质上与上一种途径基本相同,只为那些不在传统教育流的学生提供。在 2007 年,这种资源在所有的学分中占 33% 的比例,但是到 2011 年,它在学位授予中的比例下降到了 7%。

3. 完成终身教育国际研究院(NILE)和教育部认证的课程。到目前为止,这是获取学分银行体系学分的最大的途径,有超过 64% 的学分来源于这种资源,而在 2008 年,这一途径所占的比例仅为 29%。其增长大部分都来自于在线机构提供者。

4. 获得国家证书(national certificates)或官方承认的私人证书。韩国没有建立国家资格框架(national qualification framework),这样就没有一个很容易得到认证和升级证书的途径。也就是说,学分银行在某些情况下允许这些证书通向更高的学位。在学分银行体系发展的早期阶段,这一途径是学分银行学分的重要来源(在 2005 年占 17%),但是到 2011 年在所有的学分授予中,它仅占到 4% 的比例。

5. 通过自学学士学位考试(Self-Study Bachelor's Degree)。在韩国,学生如果想要获取自学学士学位需要通过四项主要考试。然而,那些通过少于四项考试的学生仍然可以利用这些考试来获取学分(每门考试相当于 35 学分),所需要的其余学分可以通过其他途径获取。这种路径仅占通过学分银行体系获取学分的 1% 左右。

6. 拥有技能或完成所需要的具有重要无形文化属性的技能培训。另外一个相对较少的获得学分资源的途径就是从文化学校或培训中心等特殊的培训中获取(主要是手工艺性的),如教授传统舞蹈、唱歌、雕刻等的学校。在所有的学分来源中,通过这一途径获取的学分所占的比例少于 1%。

韩国终身教育国家研究院(NILE)不需要认证在前两种途径的机构中所获取的学分,因为前两种途径的项目已经在学位层面获得了认可,并且他们作为大学由韩国大学教育委员会(Korean Council on University Education, KCUE)管理并已经获得了认证。然而对于其他四种途径来说,韩国终身教育国家研究院(NILE)就扮演着非常重要的认证功能角色。

五、启示

综上所述,通过对四个国家和地区的学分标准、学习成果认定和学分积累与转换规则的比较研究,可以获得以下启示:

首先，学分的计算标准一般以课堂教学时间或概念学习时间为计量单位。在我国高等教育中，学分的计算一般以课堂教学时间为准，而西方国家一般采用概念学习时间。与概念学习时间相比，课堂教学时间的优点在于计算方便、标准一致，但其不足也十分明显，主要体现在忽视了学生课外的学习准备和实践环节。在继续教育当中，师生面对面的教学不是主要的学习形式，而学生的在线学习时间无法准确计量，概念学习时间就显示出了巨大的优势。

其次，发达国家和地区学习学分积累与转换的形式多种多样。第一种典型的类型是英国模式，即国家制定统一的学分资格框架，供高等学校参考使用。学分积累与转换由各高校根据自主规定的流程，在参考国家统一学分资格框架的基础上，自主进行学习成果认定以及学分积累与转换。第二种典型的类型是韩国模式，即通过全国性的统一系统（学分银行体系）对学习成果进行标准化认定，并对经认定的学分进行积累。在学分银行体系下，仅需积累足够的学分即可获得相应资格，所以不涉及转换环节。韩国各大学间也没有形成规范化的学分转换规则。第三种类型是美国模式。在美国，发展高等教育事业主要是州政府的责任，且公立高等教育和私立高等教育发展都具有较大规模，这两种情况的同时存在加强了美国高等教育的复杂性。另外，美国高等教育机构包括两年制学院、四年制大学、具有博士授予权的研究型大学等多种类型。在如此庞杂的高等教育体系下，美国没有全国统一的学分资格框架，学分标准和学分积累与转换规则主要由高等学校通过签订校际间协议的方式来自主制定，学分积累与转换在不同高校也各具特色。但是，各州政府在学分积累和转换中并非毫无作为。为了促进州内两年制学院和四年制大学的有效衔接，一些州政府也会直接参与到相关协议签署、规则制定当中，或者间接参与、统筹协调。

参考文献

[1] Atwood, R. A. Transfer of Credit Handbook: for TRACS-Accredited Institutions [EB/OL]. [2014-01-08]. http://www.tracs.org/documents/Atwood-TransferofCreditHandbook2013.pdf.

[2] European Communities. ECTS Users'Guide [EB/OL]. [2010-12-26]. http://ec.europa.eu/education/tools/docs/ects-guide_en.pdf.

[3] McComis, M.S. Transfer of Credit: A policy Agenda. Accrediting Commission of Career Schools and Colleges of Technology [EB/OL]. [2015-12-28]. http://www.accsc.org/UploadedDocuments/Transfer%20of%20Credit%20Policy%20Agenda.pdf.

[4] Ministry of Education, Science and Training and the National Institute for Lifelong Learning. Republic of Korea: National Report on the Development and State of the Art of Adult Learning and Education [EB/OL]. [2010-11-30]. http://www.unesco.org/fileadmin/MULTIMEDIA/INSTITUTES/UIL/confintea/pdf/National_Reports/Asia%20-%20Pacific/Rep._of_Korea.pdf.

[5] QAA. Higher education credit framework for England: guidance on academic credit arrangements in higher education in England [EB/OL]. [2009-11-15]. http://www.qaa.ac.uk/en/publications/documents/academic-credit-framework.pdf.

[6] QAA. The framework for higher education qualifications in England, Wales and Northern Ireland

[EB/OL]. [2009-11-15]. http://www.qaa.ac.uk/en/Publications/Documents/Framework-Higher-Education-Qualifications-08.pdf.

[7] QAA. UK Quality Code for Higher Education: Part A: Setting and Maintaining Academic Standards [EB/OL]. [2015-01-20]. http://www.qaa.ac.uk/en/Publications/Documents/qualifications-frameworks.pdf.

[8] QAA Scotland. The framework for qualifications of higher education institutions in Scotland[EB/OL]. [2015-01-20]. http://www.qaa.ac.uk/en/Publications/Documents/FQHEIS-June-2014.pdf.

[9] Universities UK9. Proposals for national arrangements for the use of academic credit in higher education in England [EB/OL]. [2007-12-26]. http://www.universitiesuk.ac.uk/highereducation/Documents/2006/BurgessCredit.pdf.

[10] 陈龙根，陈世瑛. 韩国学分银行体系及其启示 [J]. 成人高等教育，2005（2）.

[11] 陈晶晶，陈龙根. 韩国学分银行制度及其对我国构建完全学分制的启示 [J]. 成人高等教育，2010（8）.

[12] 覃兵，胡蓉. 韩国高等教育学分银行制探析 [J]. 比较教育研究，2009（12）.

[13] 邱萍，刘丹. 美国大学学分转换模式新探 [J]. 比较教育研究，2012（11）.

（王铄、包华影、黄文峰）

后 记

随着普通高等教育的普及，以学历补偿作为主要目标的高校继续教育已经不能适应时代发展的需要。新时代我国高校继续教育的发展需要回答好"为谁培养"、"怎么培养"、"培养成什么样"等三个基本问题。

在"为谁培养"方面，高校继续教育需要满足社会发展和技术变革对人才的需求，也就是要以市场需求为导向，满足各行各业对人才发展的需要。这里的市场需求既有国家层面的，也有区域层面的，如国家供给侧结构性改革对优化人才结构的需求，京津冀协同发展引发的多样化人才需求等。

在"怎么培养"方面，高校继续教育需要重视学历继续教育和非学历继续教育两大类型的协调发展。对于学历继续教育而言，应打破因历史原因形成的"多轨制"办学格局，实行函授、夜大、网络教育等多种办学类型的融合发展，实现各类学历继续教育的统筹规划、统一管理。同时，要引导各类高校从整体发展规划层面统筹发展继续教育，使其与高校自身的社会声誉和地位相匹配，赋予高校充分的继续教育办学自主权。

在"培养成什么样"方面，学历继续教育和普通高等教育的区别应该是针对不同类型的学习者，通过不同的学习方式获得相应的资格证书，而不应该是降低学历继续教育的培养质量，形成一种低层次、低社会认可度、缺乏区分度的学历资格。高校继续教育应在高校全日制本专科专业范围内设置高等学历继续教育本专科专业，将学历继续教育纳入学校的整体发展规划和人才培养体系，实现与全日制教育"同质同证"；同时要求各高校学历继续教育的办学层次、规模和质量要与学校的社会声誉、办学条件、特色优势相一致，实现分层分类发展，尤其是一流的高校应该办一流的继续教育。

本书的出版是许多专家、学者以及企业家通力合作的智慧结晶，在此对各位合作者的辛勤付出和鼎力支持表示衷心的感谢！本书改革背景部分作者有黄文峰、包华影、王法新、刘远霞、高美慧；现状分析部分作者有王法新、包华影、刘远霞、黄文峰、高美慧、李振宇、盛筠；体制机制部分作者有闫树涛、曾海军、王法新、包华影、刘远霞、黄文峰、高美慧、叶青、李振宇、赵睿、贾相梅、张建国；在线学习部分作者有张震、孙鹤、王佳静、孙光国、王涛、王海荣、吕雅文、梁佳、黄钢、卢楠、叶青、韩立华、王书海、陈国华、赵敏；学分银行部分作者有鄢小平、包华影、王法新、刘远霞、钟秉林、黄文峰、夏澜、汪淳、康小燕、姚俊、高建宝、程华、应卫勇；质量保障部分作者有邵轩、包华影、冯琳、闫树涛、沈欣忆、盛筠、王一烜；比较视角部分作者有高美慧、包华影、黄文峰、闫树涛、王欣、王法新、殷红春、盛筠、王铄。由于本书合作者较多，因此统稿任务比较繁重，前后历经多个阶段。包华影负责全书框架设计和统稿，以及学分银行部分的统稿；闫树涛负责改革背景、现状分析和体制机制部分的统稿；李振宇负责在线学习部分的统稿；黄文峰负责质量保障部分的统稿；高美慧负责比较视角部分的统稿。

后　记

　　本书的编撰过程得到北京市教委、北京师范大学继续教育研究与发展中心、天津大学远程与继续教育学院、河北大学继续教育学院以及奥鹏远程教育中心的大力支持。同时，还得到多位国内著名教育专家的指导。与此同时，本书还采纳和借鉴了一些国内外继续教育研究者和实践者的研究成果。在此一并致谢！

编者
2019 年 5 月

郑重声明

高等教育出版社依法对本书享有专有出版权。任何未经许可的复制、销售行为均违反《中华人民共和国著作权法》，其行为人将承担相应的民事责任和行政责任；构成犯罪的，将被依法追究刑事责任。为了维护市场秩序，保护读者的合法权益，避免读者误用盗版书造成不良后果，我社将配合行政执法部门和司法机关对违法犯罪的单位和个人进行严厉打击。社会各界人士如发现上述侵权行为，希望及时举报，本社将奖励举报有功人员。

反盗版举报电话　（010）58581999　58582371　58582488
反盗版举报传真　（010）82086060
反盗版举报邮箱　dd@hep.com.cn
通信地址　北京市西城区德外大街4号　高等教育出版社法律事务与版权管理部
邮政编码　100120